U0920653

ལྷུན་གྲུབ་ཀྱི་ལོ་རིམ་མེ་ལོང་།

林周年鉴

2018

（总第7卷）

林周县人民政府　主办
林周县地方志办公室　编

方志出版社
Publishing House of Local Records

图书在版编目（CIP）数据

林周年鉴. 2018 / 林周县地方志办公室编. -- 北京：方志出版社，2018.7

ISBN 978-7-5144-3197-1

Ⅰ. ①林… Ⅱ. ①林… Ⅲ. ①林周县－2018－年鉴 Ⅳ. ①Z527.54

中国版本图书馆CIP数据核字(2018)第195404号

林周年鉴（2018）

编　　者：林周县地方志办公室
责任编辑：刘方圆

出 版 人：冀祥德
出 版 者：方志出版社
地址　北京市朝阳区潘家园东里9号（国家方志馆 4 层）
邮编　100021
网址　http://www.fzph.org
发　　行：方志出版社图书经销中心
电话（010）67110500
经　　销：各地新华书店
印　　刷：河南金雅昌文化传媒有限公司

开　　本：889×1194　1/16
印　　张：24.5
字　　数：583千字
版　　次：2018年7月第1版　2018年7月第1次印刷
印　　数：001～500册

ISBN 978-7-5144-3197-1　定价：350.00元

林周县行政区划图

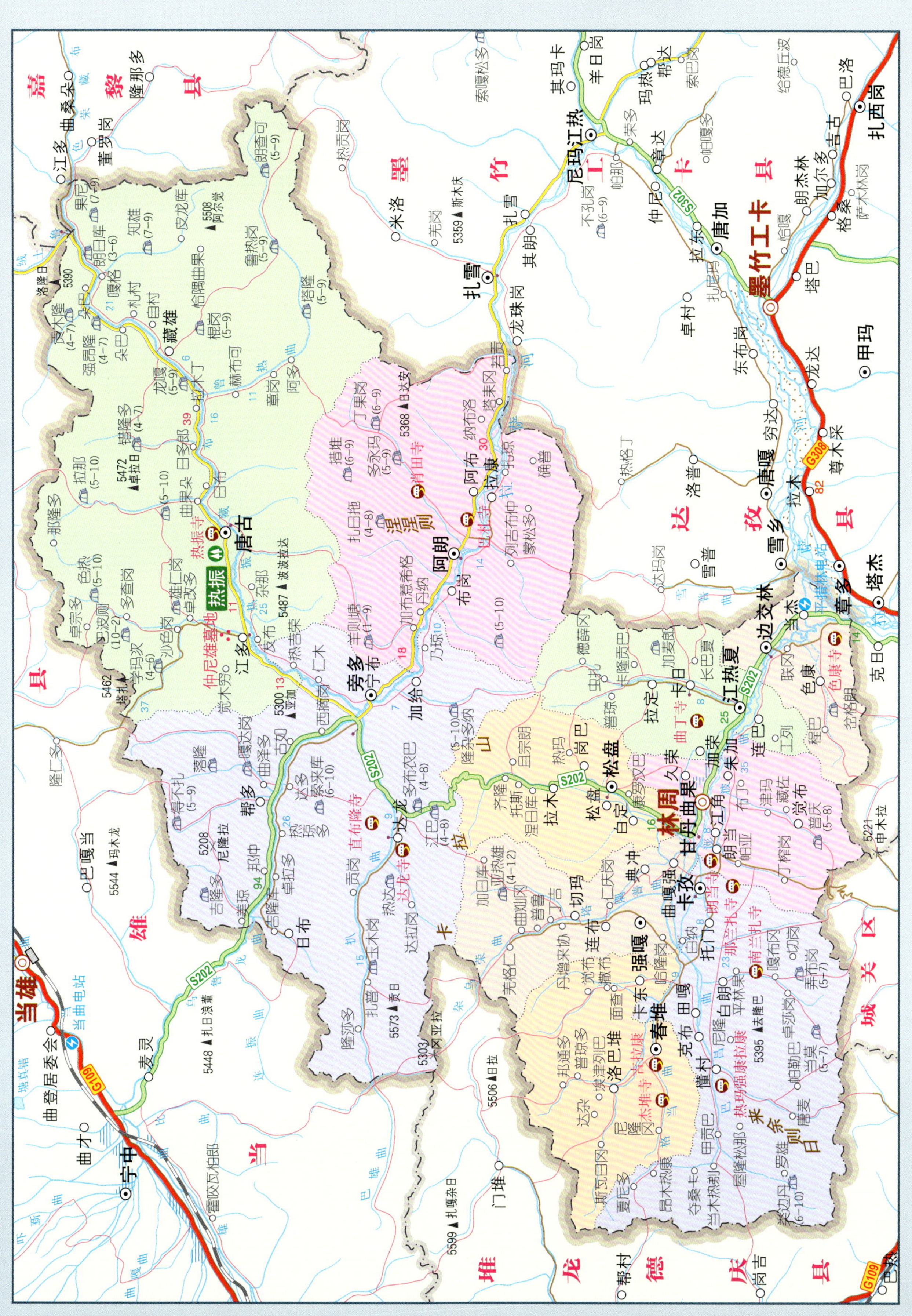

西藏自治区测绘局绘制　　藏S（2015）005号

2017年7月23—24日，全国政协委员、国务院扶贫开发领导小组专家咨询委员会主任范小建（前排右一）带领“聚焦深度贫困，下好扶贫绣花功夫”调研组一行在林周县调研

2017年2月7日，西藏自治区党委书记吴英杰（中）在林周县斯曲亚玛养殖基地，详细了解澎波半细毛羊养殖和人工饲草种植情况

2017年5月12日，西藏自治区党委常委、政法委书记何文浩（左二）在林周县唐古乡调研

2017年9月12日，西藏自治区党委常委、拉萨市委书记白玛旺堆（中）在林周县调研

2017年12月18日，西藏自治区党委常委、拉萨市委书记白玛旺堆（右三）在林周县调研

2017年9月4日，西藏自治区人大常委会副主任周春来（右一）一行在林周县边交林乡亚夏玉米种植基地调研

2017年7月3日，西藏自治区人大常委会副主任巨建华（前排右三）一行在林周县边交林乡调研

2017年10月21日，西藏自治区人大常委会副主任、西藏大学党委书记尼玛次仁（前排左二）在林周县松盘乡检查指导工作

2017年11月22日，西藏自治区政府党组副书记、政府顾问孟德利（前排右二）在安格斯肉牛场调研

2017年6月17日，西藏自治区副主席其美仁增（左一）在林周县卡孜乡残疾人手工编制合作社调研

2017年5月22日，西藏自治区副主席石谋军（中）在林周县调研

2017年8月28日，中央环保督察组一行在林周县检查指导工作

2017年8月20日，江苏省苏州市委副书记、代市长李亚平（右一）带领苏州市代表团在林周县考察交流

2017年7月4日，西藏自治区民政厅厅长嘎玛泽登（前排左三）在林周县五保集中供养服务中心调研

2017年5月31日，拉萨市委副书记、市长果果（前排左二），副市长林生（右二）在林周县调研肉牛养殖情况

2017年11月22日，拉萨市委副书记、市长果果（后排左三）一行在热振寺宣讲党的十九大精神

2017年9月20日，江苏省地震局副局长刘红桂（中）在林周县调研

2017年2月14日，西藏自治区农牧厅副厅长次真（右二）在林周县调研饲草工作

2017年10月25日，西藏自治区党委组织部副部长张咏合（中排左二）一行在林周县强嘎乡调研

2017年9月15日，西藏自治区高级人民法院党组成员、副院长、拉萨市中级人民法院院长郝涛（后排右二）一行在林周县人民法院考察工作

2017年8月16日，西藏自治区林业厅副厅长索朗旺堆（左一）在江热夏乡扶贫搬迁点考察消除“无树户”工作

2017年7月15日，西藏自治区安监局副局长拉增（右二）、拉萨市安监局副局长蔡卫旗（右三）一行在林周县夕瑞德、烨鑫尾矿库开展安全检查

2017年11月28日，西藏自治区气象局副局长赵一平（右）与拉萨市副市长扎西白珍（左）共同为林周县气象局揭牌，宣布林周县气象局正式成立

2017年12月8日，西藏自治区运管局副局长孙继刚（右七）参加林周县农村公交客运启动仪式

2017年3月20日，拉萨市委副书记、常务副市长胡洪（左三）为林周县2017年重点项目开复工培土奠基

2017年5月9日，拉萨市委常委、警备区政委肖光富（右一）一行在林周县旁多乡慰问结对帮扶户

2017年4月12日，拉萨市“四讲四爱”主题教育实践活动启动仪式在林周县卡孜乡卡孜村举行，拉萨市委常委、宣传部部长、市“四讲四爱”主题教育实践活动领导小组副组长吴亚松（左三）出席并讲话

2017年1月25日，拉萨市委常委、统战部部长阿努次仁（右二）在林周县桑旦林寺检查维修项目

2017年9月11日，拉萨警备区司令员韩志宏（右一）在林周县唐古乡看望慰问结对扶贫户

2017年3月17日，拉萨市人大常委会副主任、秘书长张慧（右三）在林周县江热夏乡康龙寺调研

2017年4月14日，拉萨市副市长、市政府秘书长廖波（右三）在林周县司法局指导工作

2017年4月7日，拉萨市副市长林生（左六）调研全域旅游交通路网建设与生态恢复工作

2017年6月4日，拉萨市副市长方桂林（右三）、市政府副秘书长马恩兵（右二）在西安考察林周县招商引资项目

2017年3月3日，拉萨市副市长王国臣（前排右一）在林周县唐古乡慰问贫困户

2017年1月6日，拉萨市副市长贡扎曲旺（左四）在林周县达龙寺检查指导工作

2017年4月10日，农业部规划设计研究院工作组一行在林周县调研澎波灌区土地利用综合规划编制工作

2017年11月7日，水利部长江水利委员会副所长李亚龙（右二）、西藏自治区水利厅检查组一行在林周县督导检查高效节水灌溉工程

2017年4月12日，西藏自治区水利厅农水处处长马继洋（右四）在林周县高效节水灌溉试点检查项目进展情况

2017年8月31日，西藏自治区财政厅农业处调研员尼玛旺久（后排左三）一行在林周县开展财政涉农资金检查督导工作

2017年8月20日，江苏省苏州市政府副秘书长江皓（右）代表苏州市委、市政府向林周县捐赠100万元援助资金

2017年11月28日，拉萨市政府副秘书长次旦卓嘎（右一）、拉萨市卫计委主任扎西德吉（右二）在林周县考核指导卫生与健康工作

2017年2月16日，拉萨市妇联党组副书记、主席向巴彩喜（右）在林周县江热夏乡回访人大代表

2017年2月22日，西藏自治区统计局副巡视员、拉萨市统计局局长、国家统计局拉萨调查队队长蔡岷（右二）在林周县统计局调研

2017年8月17日，江苏省苏州市统计局党组成员、苏州市调查局局长葛惠龙（右二）在林周县调研

2017年6月21日，国家林业局昆明勘察设计院一行在林周县调研

2017年5月15日，江苏省苏州市吴江区委副书记、代区长李铭（右）亲切会见前来回访的林周县委副书记、县长高军

2017年8月19日，拉萨市纪委常委旦增塔杰（左三）、市财政局副调研员牛晓芳（左四）一行在林周县财政局检查指导“三公”经费

2017年7月13日，县委书记次仁顿珠主持召开林周县精准扶贫精准脱贫工作推进会

2017年8月8日，江苏省苏州市姑苏区党政代表团一行在林周县考察交流，县委书记次仁顿珠与江苏省姑苏区委副书记、副区长徐刚（左一）亲切握手

2017年2月23日，县委副书记、县长高军在唐古乡精准扶贫搬迁点慰问

2017年12月13日，拉萨市委政法委副书记万劲松（左二）在林周县检查指导综治工作

2017年9月19日，拉萨市委政研室副主任郭万军（右三）在林周县国土局检查农村宅基地确权登记发证工作开展情况

2017年4月1日，拉萨市民政局副局长宋传强（左二）在林周县五保集中供养服务中心检查消防安全设施

2017年8月10日，江苏省苏州市食品药品监督管理局副调研员、苏州市食品检验检测中心主任杨文刚（右二）一行在林周县考察交流

2017年5月8日，内蒙古鹿王集团商务考察团一行在林周县调研

2017年6月16日，江苏省苏州市姑苏区考察团一行在林周县参加百台爱心轮椅捐赠仪式

2017年8月8日，江苏省苏州市姑苏区委、区政府向林周县人民政府捐赠100万元

2017年2月17日，林周县召开全县经济工作会议

2017年3月30日，召开林周县第十二届人民代表大会第二次会议

2017年3月30日，召开中国人民政治协商会议第二届林周县委员会第二次会议

2017年4月9日，林周县深入开展“讲党恩爱核心、讲团结爱祖国、讲贡献爱家园、讲文明爱生活”喜迎党的十九大主题教育实践活动动员部署大会

2017年4月24日，庆祝政协林周县委员会成立5周年座谈会

2017年5月4日，林周县召开2017年政府廉政工作会议

2017年11月24日，召开林周县第九届委员会第三次全体会议

2017年11月28日，林周县召开创先争优强基础惠民生活动第六批驻村工作总结表彰暨第七批驻村工作动员大会

2017年12月15日，林周县召开2017年度县级“先进双联户”创建评选活动表彰大会

2017年3月16日，林周县强嘎乡曲嘎强村举行春耕春播仪式

2017年3月28日，林周县举行纪念“西藏百万农奴解放58周年”升国旗、唱国歌仪式

2017年8月4日，林周县边交林乡举行“望果节”活动

2017年8月9日，林周县举办首届油菜花观赏节暨林周净土绿色徒步大会

2017年9月30日，林周县举办“四讲四爱”喜迎党的十九大主题教育实践活动文艺汇演

2017年完成文物立碑工作（雄多嘛呢石刻）

澎波半细毛羊

热振风光

湿地风光

黑颈鹤

紫花苜蓿

苏毗女儿国遗址

编辑说明

一、《林周年鉴》2012年开始编纂，每年出版1卷，2018年卷为第7卷。

二、《林周年鉴》以马克思列宁主义、毛泽东思想、邓小平理论、“三个代表”重要思想、科学发展观、习近平新时代中国特色社会主义思想为指导，坚持辩证唯物主义和历史唯物主义的立场、观点、方法，始终坚持“实事求是、质量第一、存史资政、服务大众”的办鉴宗旨，全面、系统、翔实地记述林周县上一年度政治、经济、文化、社会等各项事业的基本情况，为社会各界与国内外人士了解和研究当今林周县提供翔实资料。

三、《林周年鉴》分为正文与彩页两部分。正文采取分类编辑法，以类目、分目、条目为主要框架结构，个别包含多方面资料的条目，则在段落间加插楷体标题提示，方便读者查阅全书。

四、《林周年鉴（2018）》载录林周县2017年经济社会发展的基本资料，设有特载、综述、大事记、政治、军事、法治、经济管理、社会事业、城市建设·环保、邮政·通信、金融、乡（镇）概况、附录等内容。

五、《林周年鉴》的编辑宗旨，在于求真务实，力求真实生动地反映林周县在改革开放和现代化建设中取得的崭新成就。

六、《林周年鉴》所提供的内容和数据，分别来自于林周县各有关部门和乡（镇）人民政府，经各级领导审核，但由于口径与统计方法不同，恐有不一致之处，使用时应以县统计局提供的数据为准。本书中农田土地面积的计量单位使用“亩”。

《林周年鉴》编辑部

2018年4月1日

目 录

特 载

综 述

大事记

政 治

中共林周县委员会

中共林周县委办公室

林周县人民代表大会常务委员会

林周县人民代表大会常务委员会办公室

林周县人民政府

林周县人民政府办公室

中国人民政治协商会议林周县委员会

中国人民政治协商会议林周县委员会办公室

中共林周县纪律检查委员会(监察局)

中共林周县委组织部(编办)

中共林周县委宣传部

中共林周县委统战部(民族宗教事务局)

林周县总工会

共青团林周县委员会

林周县妇女联合会

林周县工商业联合会

林周县信访局

林周县政府藏语言文字工作委员会办公室（编译局）

林周县政府法制办公室

林周县创先争优强基础惠民生活动领导小组办公室

军 事

林周县人民武装部

林周县公安消防大队

武警林周县中队

法 治

中共林周县委政法委员会

林周县公安局

林周县人民检察院

林周县人民法院

林周县司法局

经济管理

林周县发展和改革委员会

林周县统计局

林周县财政局

林周县国土资源规划局

林周县工业和信息化局

林周县安全生产监督管理局

林周县国家税务局

林周县工商行政管理局

拉萨市林周城镇化建设投资发展有限公司

林周县净土产业投资开发有限公司

社会事业

林周县民政局

林周县人力资源和社会保障局

林周县卫生和计划生育委员会

林周县食品药品监督管理局

林周县人民医院

林周县疾病预防控制中心

林周县文化广播电影电视（新闻出版、文物）局

林周县农牧（科技）局

林周县农牧开发建设办公室

林周县林业绿化局

林周县水利局

林周县教育(体育)局

林周县中学

中国人民财产保险股份有限公司西藏分公司林周县公司

林周县鹏博健康产业园管理委员会

林周县供电有限公司

城市建设·环保

林周县住房和城乡建设局

林周县环境保护局

邮政·通信

林周县邮政分公司

林周县电信局

中国移动通信集团西藏有限公司林周县分公司

联通林周县营业部

金 融

中国农业银行股份有限公司林周县支行

乡(镇)概况

甘旦曲果镇

边交林乡

春堆乡

江热夏乡

卡孜乡

阿朗乡

旁多乡

强嘎乡

松盘乡

唐古乡

附录

特　载

在县委九届三次全会上的工作报告

中共林周县委书记　次仁顿珠

（2017 年 11 月 24 日）

今年以来，在以习近平同志为核心的党中央的关心关怀下，在区市党委的坚强领导下，在苏州市的大力支持和无私援助下，我们坚持以马列主义、毛泽东思想、邓小平理论、“三个代表”重要思想、科学发展观、习近平新时代中国特色社会主义思想为指导，深入贯彻落实习近平总书记治边稳藏重要战略思想，坚持“五位一体”总体布局和“四个全面”战略布局，深入贯彻落实区市县第九次党代会精神，加强党的全面领导，紧紧围绕发展、稳定、生态三件大事，正确处理“十三对关系”，深入实施“六大工程”，团结带领全县各族干部群众埋头苦干、奋发进取，全县改革发展稳定各项工作取得显著成效。

一、深入学习领会习近平总书记治国理政新理念新思想新战略，始终在思想上政治上行动上同以习近平同志为核心的党中央保持高度一致

坚决维护习近平总书记的核心地位。充分认

识习近平总书记核心地位是历史的选择、人民的选择、事业的选择，具有重大而深远的意义，牢固树立“四个意识”，坚持把维护习近平总书记的核心地位作为最大的政治、作为最重要的政治纪律和政治规矩，做到在情感上真诚、在内心上忠诚、在信念上虔诚，以坚定的政治立场和鲜明的态度行动，衷心拥戴、绝对忠诚、自觉看齐、坚决拥护以习近平同志为核心的党中央。始终在思想上政治上行动上与以习近平同志为核心的党中央保持高度一致，特别是在反分裂斗争这个重大原则问题上，始终做到旗帜鲜明、立场坚定、认识统一、表里如一、态度坚决、步调一致。

*深入学习领会习近平总书记治边稳藏重要战略思想。*坚持把习近平总书记治国理政新理念新思想新战略特别是治藏方略作为坚定理念、武装头脑、推动工作的强大武器，制定下发《林周县委理论学习中心组2017年度理论学习安排意见》，突出学习党的十八届五中、六中全会精神、习近平总书记系列重要讲话精神、中央经济工作会议精神、全国“两会”精神、全国宗教工作会议精神、党风廉政建设及党的十九大精神，积极开展“两学一做”学习教育，实现常态化、制度化。教育广大群众坚定“四个自信”增强“五个认同”，自觉感党恩、听党话、跟党走。深入开展“四讲四爱”主题教育实践活动，及时制定下发《林周县关于开展“讲党恩爱核心、讲团结爱祖国、讲贡献爱家园、讲文明爱生活”喜迎党的十九大主题教育实践活动总体方案》，采取集中宣讲与个别宣讲、理论宣传与互动交流相结合的方式，确保“四讲四爱”主题教育实践活动深入开展。今年以来，共开展宣讲1200余场次、受教育群众达10万余人次，开展主题教育实践活动35项400余场次，发放宣讲提纲1200余份、“四讲四爱”宣传画报、西藏和平解放60周年歌曲专辑等资料8000余份。

*认真贯彻落实中央、区市党委各项决策部署。*认真学习领会党的十八届六中全会、党的十九大和区市第九次党代会、区市党委九届三次全体会议等一系列重要会议精神，先后召开林周县第九次党代会和县委九届二次全会、全县经济工作等会议，对贯彻落实中央和区市党委系列重要会议精神及党风廉政建设、经济发展、环境保护、综治维稳、宗教管理、党的建设等工作做出了及时安排部署，紧紧依靠全县各族干部群众抓好工作落实，经济保持较快增长，发展质量稳步提升，社会保持和谐稳定，改革开放全面深化，生态环境保持良好，脱贫攻坚全面推进，民生短板加快补齐，党的建设全面加强。

二、始终把加快经济发展作为第一要务，不断增强县域经济内生动力

坚持贯彻习近平总书记“发展是解决西藏所有问题的基础”的重要指示，深刻领会吴英杰书记关于经济社会发展要正确处理好“十三对关系”的要求，坚持稳中求进、进中求好、补齐短板的工作总基调，坚定不移贯彻落实新发展理念，着力补齐发展短板，培育内生动力，经济发展质量和效益不断提升。2017年全县地区生产总值完成18.01亿元、同比增长10.0%，社会固定资产投资完成20.20亿元、同比增长126.8%，完成一般公共预算收入1.04亿元、同比下降19.53%，社会消费品零售总额完成1.91亿元、同比增长13.4%，规模以上工业增加值完成8594.9万元、同比增长10.3%，农牧民人均可支配收入达到11455元、同比增长12.4%。

*项目建设全面加速。*积极向上争取支持，多方联动统筹协调，今年全县在建项目共224个，完成投资约20.20亿元，同比增长126.8%，项目开工率达全年储备项目的140.8%。其中，24个续建项目，共完成投资约3.23亿元；新建项目200个，总投资约21.7亿元，已完成投资约16.83亿元。总投资2.6亿元的林周县藏电开发公司林周县二期二十兆瓦并网光伏电开发项目已成功并网发电；完成总投资0.7亿元的卡孜乡、唐古乡等中低压配电工程；总投资2.97亿元的澎波灌区等子灌区工程到年底可完成总工程量的50%；总投资1.35亿元的45个行政村村级组织活动场所标准化建设项目年底全部完工。

*脱贫攻坚成效显著。*坚持“县负主体责任、乡镇负直接责任、工作到村到户、责任到人”的工作机制，形成上下贯通的责任体系，综合运用“六脱”措施，对不同贫困群众进行精准施策、精准帮扶，助推全县脱贫攻坚工作取得显著成效。扎实推进以业

脱贫，换穷业、促增收。出台《关于推进精准扶贫的实施意见》，每年安排不少于上年财政12%县级资金作为产业发展资金，开工建设产业项目8个，带动630名建档立卡贫困群众脱贫；建立健全就业创业培训制度，完成建档立卡贫困户技能培训1170人次，贫困人口就业927人。强势推进以迁脱贫，挪穷窝、拔穷根。针对“一方水土养不活一方人”的建档立卡贫困群众实施搬迁，出台《林周县扶贫易地搬迁工作实施方案》。截至目前，已完成江热夏乡、卡孜乡、唐古乡3个安置点建设，完成县内搬迁安置300户1255人，跨县区易地搬迁已完成城关区安置214户856人。持续推进以教脱贫，育人才、断穷根。全面落实十五年教育“三包”政策，稳步推进学生“营养改善”计划。出台非义务教育阶段学生资助政策，全面解决全县大学生上学难问题；建立健全“两后生”职业教育资助体系，为建档立卡“两后生”进行职业技能培训，妥善解决已搬迁至城关区恩惠苑小区贫困户中131名学生的就近入学问题。积极推进以补脱贫，重生态、利长远。积极落实国家公益林生态补偿政策，依托林业资源、牧区草场资源，落实生态补偿岗位6119个、定向补助4249人，发放生态定向补助资金共计2170.94万元。稳步推进以保脱贫，补短板、兜底线。充分发挥民政“兜底一批”作用，开展“爱心圆梦大学”行动计划，为219名在校大学生发放资金164.38万元；兑现264户982名建档立卡兜底对象低保金868.53万元，实现建档立卡五保户集中供养全覆盖。全力推进以助脱贫，保健康、奔小康。积极解决建档立卡贫困群众就医难问题，实现贫困家庭参保全覆盖，为患大病、慢性病的建档立卡贫困群众报销住院费用、门诊费用。与苏州市理想眼科医院达成对口帮扶协议，为建档立卡贫困群众免费进行白内障治疗手术和角膜移植手术。

*援藏工作不断深化。*调整优化苏州林周两地乡镇对口帮扶机制，把受援投入重点由民生领域逐步转向民生和产业并重，进一步拓宽受援领域、丰富受援内涵，全年实施受援项目11个、投资1.81亿元，受益群众达6万余名。强化人才援藏工作，2017年投入专项经费149.86万元，协调安排民族交流交往交融项目11个148人。深化医疗援助，今年苏州市选派5名组团式援藏医生和5名援助开展包虫病筛查工作医务人员到我县开展医疗援助，开展“同心·共铸中国心”医疗公益活动，15名医疗专家和10名志愿者深入林周各地免费义诊1000余人次，赠送药物达34类价值10余万元。

三、始终把保障改善民生作为第一目标，着力提高人民群众生活水平

牢牢把握改善民生、凝聚人心这个出发点和落脚点，大力实施民生改善工程，谋民生之利、解民生之忧，不断提高各族群众的参与度、获得感和幸福指数。

*教育事业深入推进。*加快教育领域基础设施建设，总投资7187.3万元实施31个教育领域基建项目，城乡办学条件不断改善。完善大学生资助体系，研究制定《林周县在校大学生资助办法》，今年共发放资金999.71万元，惠及学生1831人。大力实施“拉萨市振兴教育教学质量三年行动计划”，加快发展学前教育，均衡发展义务教育，学前三年入园率、小学和初中入学率稳步提高。加强中小学信息化建设。深入推进校园网络工程，实现校园网络全覆盖，提高教师的现代信息技术应用水平和改革创新能力，助推教育教学质量提升。2017年全县小考、中考再创佳绩，连续两年位列六县第一。

*医疗卫生加快发展。*制定下发县、乡、村三级的分级诊疗疾病谱，实行“双向转诊”制度，逐步提升各级医疗机构的业务能力。充分发挥“组团式”援藏医疗队伍优势，手把手传帮带医疗技术，顺利通过创建二级乙等医院初审。今年以来，在援藏专家指导下完成各种手术100余例。积极开展包虫病综合防治工作，完成包虫病筛查任务5.96万余人、筛查率100%。加大农牧区合作医疗统筹和其他卫生事业发展投入力度，完成城乡居民、寺庙僧尼免费健康体检，医疗保障能力和服务水平进一步提高。

*就业路径不断拓宽。*开展就业援助月、“春风行动”“返乡农民工就业创业宣传专项活动”“招聘会”等公共就业活动，搭建供需平台，促进高校毕业生、建档立卡贫困户等重点人群就业。今年以来，

开发就业岗位 889 个，开展转移就业培训 18 期 927 人，劳动力转移就业 10131 人，城镇登记失业人员控制在 2.2% 以内。

社保体系逐步完善。大力开展全民参保登记工作，完成信息采集录入 57603 人，五项保险参保人数总计 3.54 万人、征缴基金 424.8 万元，覆盖率达 100%，五保老人和孤残弃儿意愿集中供养率均达 100%。加强城乡低保动态管理，清退低保户 74 户 198 人，发放农村低保 314.98 万元、城镇低保 374.89 万元，落实 2017 年农村低保“两线合一”脱贫补助资金 372.21 万元，惠及低保对象 589 户、2169 人；发放医疗救助资金 422.76 万元、惠及 859 人次，临时救助 105 人。加强劳动维权工作，追发农民工工资 423.55 万元，收缴 63 家企业农民工工资保障金 2926.35 万元，同比增长 20%。

四、始终把保护生态环境作为第一底线，努力创造良好生产生活环境

牢固树立绿水青山就是金山银山、冰天雪地也是金山银山的理念，大力实施环境优化工程，强化环境建设意识，以良好的生态环境、优质的发展环境推动经济社会平稳健康发展，实现经济效益、社会效益和生态效益相统一。

坚守生态安全底线。加强项目建设管理力度，严格执行环境影响评价和“三同时”制度，严格按照《中华人民共和国环境影响评价法》《建设项目环境保护管理条例》规定，积极协助配合区、市环保部门做好相关工作和落实建设项目的环保专项验收，严格按照政策实施环评，对配套设施不落实的项目责令停止。全面执行矿山环境“谁开发谁保护，谁受益谁补偿，谁污染谁治理，谁破坏谁恢复”的规定，严厉打击环境违法行为，切实做好辖区环境监管工作，出动行政执法人员 108 人次，依法收缴生态环境恢复保障金 20 万元。加快督办中央环保督察举报案件整改落实，认真办结督察组转办的群众举报案件 12 件，约谈涉案人员 9 人，罚款 46.63 万元，确保我县环境突出问题整改落实到位。

扎实推进生态工程。积极开展自治区级生态村创建，改善农村生态环境质量，先后投入 159 万元用于开展 29 个行政村和 10 个乡镇的生态创建工作。全面开展河道采砂专项整治行动，关停采砂厂 23 家。对全县境内总长 423.53 公里的 23 条重要河流全面实行“河长制”。大力开展林业绿化工作，实施人工造林 2000 亩、封山育林 800 亩，完成义务植树造林 750 亩，建设完成江热夏乡机耕道农田防护林 150 亩，积极消除“无树村、无树户”。

不断优化生态环境。全面开展大气、水、土壤污染防治工作，加大环境监察执法力度，制定下发《林周县环境保护联合执法检查工作方案》，坚持“该停则停、该关则关”的原则，大力开展环境卫生脏乱差、非法采石（砂）场、矿山企业、扬尘污染等环境问题专项行动。今年以来，共开展执法检查 40 余次，下发整改通知 17 份，约谈矿企负责人 30 余人次，城乡环境卫生不断优化。

五、始终把维护社会稳定作为第一责任，确保社会局势持续和谐稳定

牢固树立“稳定是第一责任”的思想，围绕影响社会和谐稳定的源头性、基础性问题，早摸排、早掌握、早分析、早研判、早预防，注重化解矛盾，强化维稳措施落实，确保了全县社会局势持续和谐稳定。

坚决维护社会局势和谐稳定。紧紧围绕“旗帜鲜明、针锋相对、掌握主动、争取人心、强基固本”的基本方针，严厉打击各类分裂破坏活动，深入持久开展反自焚、反暴恐、反极端行为斗争，坚决维护社会安宁，保障群众生命财产安全。全面落实社会治理工作属地管理责任，细化流动人员服务管理措施，做好重点人员的经常性教育和排查管控帮扶，扎实开展社会治安综合整治暨严打行动，确保了社会面绝对安全。紧盯各维稳敏感节点，周密制定《林周县维护稳定工作总体方案》及子方案，构筑了全天候、无缝隙、无盲点的维稳机制，坚决打赢“三月敏感月”“萨嘎达瓦”、党的十九大召开期间等敏感节点的维稳安保工作，确保了全县社会局势持续和谐稳定。健全“党政同责、一岗双责、失职追责”的安全生产责任体系，加强大检查、大排查、大整治专项工作，全年未发生重特大安全生产事故。

强化宗教事务管理。全面准确贯彻党的宗教工作方针，牢牢掌握工作主动权，严格按照“三个不增加”的原则从严审批各类宗教活动，稳妥开展在

编僧尼自然减员补充新增僧尼审报批工作。严格寺庙僧尼请销假制度。加强对寺庙外来朝佛人员登记管理。研究制定《林周县关于进一步加强驻寺干部管理的实施意见》《林周县驻寺干部日常管理实施细则》，全力抓好驻寺干部队伍建设。坚持动态管理，加强防控，在广大僧尼中深入开展“四讲四爱”主题教育实践活动，教育覆盖率达100%。

*完善矛盾纠纷排查机制。*坚持“重点要防、难点要盯、热点要疏、一般要复”的原则，全面落实林周县矛盾纠纷预警排查调处工作机制、矛盾纠纷联席会议制度、林周县干部下访工作制度、重大信访问题领导包案制度，建立完善县、乡、村、组、双联户五级排查体系，依法依规把群众合理合法的利益诉求解决好，确保信访案件“零搁置”。今年以来，共排查调处矛盾纠纷40起，调处化解率达85%。

*加强民族团结。*牢牢守住民族团结这个“生命线”，认真落实《拉萨市民族团结进步条例》，依法治理民族事务，稳慎处理民族问题，深入开展民族团结进步创建活动。注重对学生进行民族团结教育，深入推进民族团结进校园、进教材、进课堂、进头脑，认真开展“民族团结一家亲”等活动，鼓励各族群众交往交流交融，“三个离不开”的思想牢牢植根在各族群众心头。今年以来，获评自治区级民族团结模范集体1家，模范个人2名；市级民族团结模范集体5家、模范个人6名、模范家庭2家。

六、始终把全面从严治党作为第一抓手，不断提高党的执政能力和执政水平

深入实施党建统领工程，以加强党的执政能力建设、先进性和纯洁性建设为主线，以改革创新精神加强党的思想、组织和党风廉政建设，切实把党要管党、从严治党落到实处，进一步夯实了党的执政根基。

*以上率下，常委会工作规范有序。*县委常委会发挥总揽全局、协调各方的领导作用，健全完善《中共林周县第九届委员会常务委员会工作规则》《中共林周县第九届委员会常务委员会议事规则》，对重大决策风险评估在先、集体研究，确保各项决策符合客观规律、符合政策要求、符合群众意愿。全面贯彻落实中央八项规定精神，认真落实民主集中制，带头严格执行党内生活制度，提高科学决策、民主决策、依法决策水平，形成了为民务实清廉的作风新常态，为全县各级党组织和广大党员干部做出了示范、树立了榜样。

*以行践言，党纪党规严格落实。*坚持把严守纪律和政治规矩摆在首要位置，加强党规党纪的学习教育，严肃党内政治生活，严格执行党员不得信仰宗教、参与宗教活动等各项政治纪律。时刻紧绷廉洁自律这根弦，把严守党规党纪作为为官从政的行为准则，融入工作生活的点点滴滴并成为一种思维习惯、行为自觉和工作常态，常委会带头营造了风清气正的干事创业氛围和政治生态。

*以建促管，基层组织基础不断牢固。*从落实责任、健全组织、配强班子、带好队伍、加大投入、完善机制等方面入手，切实加强基层党组织建设。调整优化党组织设置，将16个村党支部调整设置为村党委，将28个村党支部调整设置为村党总支，成立181个村小组党支部，选举产生546名支部委员，进一步优化全县村党组织设置，健全完善了村党组织体系。全力以赴抓好换届选举工作，成立县、乡两级村级组织换届选举工作领导小组，完成4个软弱涣散村党组织整顿工作。大力实施村干部文化素质提升工程。从严把关村级组织换届人选提名关、政审关，先后对村“两委”初步候选人355人，村务监督委员会初步候选人135人进行审查审核。强化基层党组织建设经费保障。投入500万元村集体专项扶持资金，有效衔接全县扶贫产业项目，村级集体经济实现全覆盖。实施45个村级组织活动场所的标准化建设和提档升级工作，为每个村党支部每年落实7万元的专项工作经费，整合投入159.75万元经费用于各贫困村党组织办公场所改善、办公设备提升。加强干部队伍建设。配强配优100名干部进入乡镇党政领导班子，50名干部进入村“两委”班子。深化“强党固基扶村”工作。选派225名干部下沉到村，每年派出182名干部组成45支工作队驻村帮扶，从县直机关、乡镇精准选派45名第一书记、64名大学生“村官”到村任职，进一步充实基层工作力量。大力实施“千名干部帮千户”活动。1360名党员干部与建档立卡贫困户结成对

子、成为“亲戚”,实现贫困人口结对帮扶全覆盖、常态化。

*以严立威,党风廉政建设不断深化。*坚决贯彻落实中央八项规定精神和自治区“约法十章”“九项要求”及市委“八项要求”,及时研究出台《中共林周县委员会关于贯彻落实〈中共拉萨市委员会关于认真贯彻落实党的十八届六中全会精神的决定〉的意见》。制定下发《林周县委2017年落实党风廉政建设主体责任工作要点》《林周县各级党委(党组)落实党风廉洁建设主体责任和纪委监督责任清单(试行)》,进一步明确党风廉政建设和反腐败工作重点、具体措施。严格执行厉行节约反对铺张浪费的有关规定,从严规范公务用车、公务接待等,“三公经费”同比下降7.71%。建立巡察工作制度,成立县委巡察工作“五人小组”和县委巡察工作领导小组,制定《中共林周县委巡察工作实施办法(试行)》《中共林周县委巡察工作五年(全覆盖)规划》,建立县委巡察机构,设立林周县委巡察工作办公室、林周县委巡察一、二组,启动了4家县直单位的巡察工作。坚决零容忍惩治腐败,今年以来,共收到问题线索17件,现已办结9件,给予党纪政纪处分3人。

一年来,我们深深体会到,做好林周工作,必须始终坚持党中央的集中统一领导,确保经济社会发展的正确政治方向;必须始终坚持习近平新时代中国特色社会主义思想,把这一伟大思想贯穿林周县加快全面建成小康社会,谱写林周全面建设社会主义现代化新篇章的各方面、全过程;必须始终坚持习近平总书记“治国必治边、治边先稳藏”的重要战略思想,加强党的全面领导,始终在维护祖国统一、加强民族团结这个着眼点和着力点上持续发力,确保林周社会大局持续和谐稳定;必须始终坚持以人民为中心的思想,坚持人民主体地位,坚持立党为公、执政为民,践行全心全意为人民服务的根本宗旨,始终把人民利益摆在至高无上的地位,做到与人民心心相印、与人民同甘共苦、与人民团结奋斗,夙夜在公;必须始终坚持实事求是,确保各项工作的科学有效;必须始终坚持开拓创新,保持各项事业的生机活力;必须始终坚持奋力赶超、争先进位,为夺取新时代中国特色社会主义伟大胜利、实现中华民族伟大复兴中国梦拉萨篇章做出林周贡献。

一年来,全县各级党组织和党员干部抢抓机遇,不畏艰难、锐意进取,以对党、对历史、对人民负责的态度,坚定信心、奋力拼搏,加快推动林周经济社会长足发展和长治久安。在此,我代表县委向全县广大党员干部和各族群众表示衷心的感谢并致以崇高的敬意。

在充分肯定成绩的同时,我们也要清醒地认识到林周改革发展稳定工作中存在的“六种矛盾”还表现在以下几个方面:一是自我发展能力仍显不足,内生动力缺乏,内向型特征明显,缺乏强有力的产业支撑。二是各项经济指标基数不断增大,因经济发展的不稳定性,增幅时起时落。三是特色产业对经济增长推动乏力、效益不高,没有形成新的增长极。四是非税收收入占比过小,没有形成稳定的基础税源、固定的纳税大户、强有力的纳税企业,财政收入的保障力不够。五是我县人口多、贫困面广,脱贫攻坚任务仍然艰巨。面对这些问题和困难,我们必须要有清醒的认识,认真对待,切实予以解决。

同志们,合抱之木,生于毫末;九层之台,始于垒土。让我们紧密团结在以习近平同志为核心的党中央周围,在区市党委的坚强领导下,以习近平新时代中国特色社会主义思想为指导,深入学习宣传贯彻落实党的十九大精神,不忘初心、牢记使命,带领广大党员干部群众团结一心、苦干实干,为加快全面建成小康社会,谱写林周全面建设社会主义现代化新篇章而奋斗。

林周县人民代表大会常务委员会工作报告

——在林周县第十二届人民代表大会第三次会议上

林周县人大常委会主任　格旦次仁

（2018年1月9日）

2017年工作回顾

过去一年，在以习近平同志为核心的党中央的关心关怀下，在区市县各级党委的坚强领导下，在苏州市的大力支持和无私援助下，我们坚持以马克思列宁主义、毛泽东思想、邓小平理论、“三个代表”重要思想、科学发展观和习近平新时代中国特色社会主义思想为指导，深入贯彻落实习近平治边稳藏重要战略思想，深入贯彻落实区市县第九次党代会精神，充分发挥地方国家权力机关职能作用，坚持人民代表大会制度不动摇，坚持党的领导、人民当家做主和依法治国有机统一，认真履行宪法和法律赋予的职责，维护宪法尊严，不断加强和改进人大工作，在各方面都取得新进展。

林周县十二届人大二次会议以来，县人大常委会召开常委会会议7次、主任会议12次；听取审议“一府两院”专项工作报告8项，通过审议意见8个，开展专题调研5次，专题调查2次，执法检查2次，配合区市人大开展专题调研、执法检查4次，2017年人大工作实现了既定目标任务，取得了阶段性成效，主要做法表现为：

一、正确行使重大事项决定权，依法对重大问题作出决议

人大工作是全县重要工作的组成部分。常委会始终坚持从政治上把握、在大局下行动，大事要事敢于担当、善于作为，确保县委的主张通过法定程序得到保障和贯彻执行。

2017年县十二届人大第二次会议上依法对政府工作报告、计划报告、预算报告、人大工作报告、法院工作报告和检察院工作报告等重大事项作出决议6项。年底根据全县工作安排在县十二届人大常委会第九次常委会会议上做出关于开展“七五”

普法宣传工作的决议。为了切实做好未来5年法治宣传工作,常委会一年来听取和审议了县人民政府关于"六五"普法执行情况的报告和"七五"普法工作的专项报告,做出《关于林周县开展第七个五年法治宣传教育的决议》,要求学习宣传以宪法为核心的中国特色社会主义法律体系,要充分发挥法律"六进"促进全社会尊法学法守法用法,树立宪法法律权威。

二、依法履行监督职责,促进经济长足发展和社会长治久安

常委会认真履行宪法法律赋予的监督权,坚持问题导向,加大监督力度,创新监督方式,增强监督实效。

(一)把加强执法检查摆在突出位置。法律的生命在于实施,法律的权威也在于实施。常委会把保证法律严格实施作为全面推进依法治县的重要抓手,持续加强和改进执法检查工作,对食品安全法和环境保护法的实施情况开展执法检查。

民以食为天,食以安为先。人大常委会严格按照常委会年初工作安排,在我县范围内检查食品安全法实施情况。调研组对县城和部分乡镇周边的饭馆、商户进行实地考察,抓住食品安全监管中的薄弱环节和突出问题,认真负责的提出意见建议,要求限时整改。

用行动护卫家园,用热血浇灌地球。2014年全面修订的《中华人民共和国环境保护法》实施已3年有余,环境保护问题得到了广大人民群众的关注。今年人大常委会专门组织代表在我县环境保护区进行视察。通过实地检查了解督促主管部门关停违规违法小型采砂场、砖厂等,得到了广大群众的一致好评。

同时配合区市人大开展《中华人民共和国教师法》和《西藏自治区实施〈中华人民共和国教师法〉办法》以及《中华人民共和国邮政法》和《西藏自治区邮政条例》的执法检查。

在实践中,常委会不断深化对执法检查工作规律的认识,探索形成了执法检查工作流程。一是选好执法检查题目。重点抓经济社会发展中亟待解决、人民群众普遍关心的突出问题,检查相关法律的实施情况。二是搞好执法检查组织工作。由人大常委会主任、副主任担任执法检查组组长,带队赴实地开展检查;注重深入基层了解实际情况,把问题找准,把症结查清。三是全面报告执法检查情况。提出务实有效的建议,使执法检查报告成为解决问题、完善制度的重要依据。四是认真进行审议。常委会组成人员充分发表意见,集思广益对审议中存在的问题,提出整改要求,限时办理。

(二)促进经济社会稳定健康发展。县人大常委会紧紧围绕县委关于社会长足发展和社会长治久安工作的重大决策部署。一是全力配合做好全县维护稳定工作,人大常委会积极落实维稳制度,在敏感节点、节庆日、十九大期间按照县一线指挥部要求,全面贯彻落实县级领导一线指挥部值班制度和县级领导到包乡维稳督导工作。二是加强人大常委会对全县经济工作的协助力度。人大常委会班子成员同时兼顾全县重点经济工作,一方面以全县精准扶贫工作为主,人大常委会副主任多次被抽到其他县区开展精准扶贫交叉督导、脱贫摘帽验收工作;另一方面人大常委会副主任兼顾我县鹏博健康产业园管理委员会工作。三是加强经济工作监督和预算决算审查监督,听取林周县人民政府关于计划执行情况报告以及精准扶贫、精准脱贫工作情况、新农合资金运行情况等报告,督促有关方面主动适应经济发展新常态,着力提升经济发展质量、效益和内生动力。

常委会听取和审议上半年财政预算、计划执行情况的报告、关于素质教育、卫生和健康推进暨全国健康城市试点及包虫病筛查工作、寺管会管理及工作开展情况的专项报告。还开展国家食品安全城市创建工作情况、净土健康产业发展情况、全县教育"三包"经费管理使用情况、全县幼儿园建设及附属设施配备情况的专题调研。同时配合区市人大开展藏医药立法情况和公安机关执法规范化建设情况的专题调研。在县委的统一领导下,常委会积极参与事关全县的重点工作,特别是围绕村"两委"换届工作,人大常委班子成员多次深入各乡镇,精心指导村"两委"换届选举工作,为进一步促进了村"两委"换届选举依法有序开展。

（三）大力弘扬宪法精神。常委会全面贯彻宪法宣誓制度，依法组织3次宪法宣誓仪式，63名国家工作人员在就职时公开进行宪法宣誓，彰显了宪法尊严和权威。

常委会高度重视促进司法公正。听取审议林周县人民法院和林周县人民检察院关于深化司法公开公正情况的报告，积极推动深化司法体制改革，强化司法公开，规范司法行为，完善监督机制，提高司法公信力。

三、提高服务水平，支持和保障人大代表发挥主体作用

常委会充分发挥代表作用作为增强人大工作活力的重要抓手，不断深化和拓展代表工作。

（一）密切常委会同代表、代表同人民群众的联系。贯彻落实常委会委员联系代表工作，加强常委会同代表的联系。实现代表列席常委会会议、参加执法检查、参与代表活动常态化。一年来，共邀请代表50多人次列席常委会会议，200多人次参加执法检查和专题调研等活动。严格落实《林周县人民代表大会常务委员会代表联络办法》，建立了人大常委会委员联系人民群众的关系网，采用一对多的方式，21名常委会委员都有自己的联系代表。每个乡镇都充分利用“人大代表之家”这个平台，拉近代表和群众的关系。为了更好地接受人民的建议和意见，县乡镇“人大代表之家”安排有接待选民活动，每个选区的选民都可以到“人大代表之家”寻求帮助或是提出宝贵建议意见。

（二）增强代表议案审议和建议办理实效。县十二届人民代表大会第二次会议主席团交付审议的109件代表建议、批评和意见，已全部办理完毕，建议所提问题得到解决或者计划逐步解决的占85.32%。林周县人民政府和有关方面高度重视代表建议办理工作，人大常委会认真协调督办，一年来组织相关单位召开交办会1次，督办会1次。2017年为了更好落实代表建议、批评和意见办理奖励机制，再次通过人大常委会推荐，对表现突出的3家单位进行表彰。

（三）加强代表思想作风和素质能力建设。精心制定代表学习培训计划并认真组织实施，把贯彻党的十九大精神、代表履职、加强代表思想作风建设纳入培训内容。举办人大代表专题学习2次，200余名市县两级代表参加学习，拉萨市县区交流学习2次。组织代表专题调研和集中视察，取得一批重要调研成果，推动了相关工作的开展。

四、加强人大常委会自身建设，履职能力有新提高

（一）扎实开展思想教育活动。一是常委会始终把思想政治建设摆在首位，坚持理想信念，坚持中国特色社会主义道路自信、理论自信、制度自信、文化自信，切实增强责任感和使命感。二是认真开展“两学一做”学习教育，自觉用马克思主义中国化最新成果武装头脑、指导实践、推动工作，做好常委会日常工作，努力提高依法履职能力和水平。

（二）狠抓党建工作力促党风廉政建设。一是高度重视党建工作，人大常委会党组定期组织党组成员召开民主生活会，进行批评和自我批评，严格落实整改自治区巡视一组提出党的领导弱化等方面的意见建议，一年来，整改效果明显。二是贯彻落实全面从严治党要求，扎实推进党风廉政建设和反腐败斗争，严格执行中央八项规定精神，持续深入改进作风。

（三）建强基层人大工作。为了强化乡镇人大工作业务水平，县人大常委会多次组织乡镇人大工作人员开展业务培训。同时人大常委会年初就将深入各乡镇实地检查乡镇人大业务工作纳入工作计划中，并按照时间段开展检查工作。此外还配合拉萨市组织乡镇主席参与“人大代表之家”验收工作，并与拉萨市城关区夺底乡人大开展交流学习。在交流学习中我县基层人大工作获得很多好的经验，对提高我县基层人大业务水平有很大帮助。

各位代表！林周县人大常委会在过去一年取得的成绩，是县委正确领导的结果，是全体人大代表、常委会组成人员和人大机关工作人员共同努力的结果，是“一府两院”及有关部门和各乡镇人大密切配合的结果，也是社会各界和广大人民群众关心支持的结果。在此，我谨代表县人大常委会表示崇高的敬意和衷心的感谢！

回顾过去一年的工作，我们也清醒地认识到，

与形势的发展、人民的期望、代表们的要求相比，常委会工作还存在一些差距和不足。一是对执法检查工作认识不到位，只停留在检查上，对政府及相关单位的监督和整改上重视不够；二是“一府两院”同代表联系工作没有发挥实效，一年来政府、法院、检察院及有关部门邀请代表参加调研，座谈工作并不明显；三是代表履职管理需要积极探索，密切联系群众的相关制度需要更好落实。2018 年我们将高度重视这些问题，不断加强和改进各项工作。

2018 年主要工作任务

2018 年，是全面贯彻落实党的十九大精神的开局之年，做好人大工作意义重大。今年，县人大常委会工作总体思路是：高举中国特色社会主义伟大旗帜，以马克思列宁主义、毛泽东思想、邓小平理论、“三个代表”重要思想、科学发展观和习近平新时代中国特色社会主义思想为指导，深入贯彻落实习近平治边稳藏重要战略思想，坚持“五位一体”总体布局和“四个全面”战略布局，深入贯彻落实区市县第九次党代会精神，特别是区市县党委九届三次全会精神，坚持党的领导、人民当家做主、依法治国有机统一，认真履行宪法法律赋予的各项职权，积极发挥代表作用，不断加强自身建设，圆满完成 2018 年度县人大常委会各项任务，为推进林周长足发展和长治久安做出新贡献。

一、实行正确和有效的监督

人大常委会切实把宪法法律赋予的监督权用起来，把实行正确监督、有效监督作为开展监督检查的基本遵循，不断深化对人大监督工作定位和规律认识。实行正确监督，就得正确处理监督和支持之间的关系，严格按照职权和法定程序进行监督，促进“一府两院”依法行政、公正司法，形成加强和改进工作的合力。实行有效监督，紧紧围绕县委工作大局，坚持问题导向，找准加强监督工作的着力点，完善监督工作方式方法，跟踪问效、一抓到底，推动解决人大代表、人民群众普遍关心的热点难点问题，让人民群众有更多获得感和幸福感。

新的一年，常委会要牢固树立和贯彻十九大精神和新的发展理念，坚持以人民为中心的发展思想，加强对有关法律的实施情况的监督，加强对“一府两院”工作的监督，促进经济平稳健康发展和社会和谐稳定。一是加强对执法检查的落实情况以及后期整改工作的监督。二是加大对预算决算的监督力度，听取审议财政决算报告、预算执行情况报告。三是围绕做好稳增长、惠民生等各项工作，听取审议人民政府关于计划工作执行情况、脱贫攻坚、教育、卫生的专项报告，积极开展精准扶贫、净土健康产业等专题调研。四是围绕促进司法公正，分别听取人民法院、人民检察院关于全面深化司法改革情况的报告。五是协助做好监察体制改革工作，做好监察委员会副主任、委员的任免工作。六是继续加强宪法实施监督工作，依法组织宪法宣誓；七是继续加快人大信息化步伐建设，不断完善人大宣传工作。

二、加强和改进代表工作

人大常委会始终依法执行代表职务，行使代表权利，为人大常委会各项工作奠定坚实基础，为我县经济社会各项事业发展做出重大贡献。我们要从保障人民当家做主的高度，坚持尊重代表的主体地位，自觉接受代表和人民监督，确保人大以及常委会始终成为人民的代表机关。

新的一年，人大常委会要切实做好以下几个重点方面。一是要充分发挥“人大代表之家”平台作用，加强代表培训、学习等各项活动。二是要继续通过多种形式听取和审议代表的意见建议，推动“一府两院”加强与代表的联系，拓宽代表知情知政渠道。三是要做好代表列席常委会会议工作，组织代表参加执法检查、专题调研等。四是要完善人大代表联系群众制度，密切人大代表同群众的关系。五是要切实加强代表思想作风建设，提高代表履职能力，加强代表履职监督，促进代表依法履职尽责。

三、统筹做好其他方面工作

*加强人大意识形态工作。*牢牢掌握意识形态工作主动权，认真学习宣传贯彻好党的十九大精神，是当前和今后一个时期的头等大事。特别是对本县区内市县乡三级人大代表进行《代表法》《组织法》的学习外，还应将十九大精神纳入其中。要

深刻学习和把握党的十九大报告关于坚持和完善人民代表大会制度的论述，坚持以人民为中心的发展思想，加强人民当家做主制度保障，围绕保障和改善民生发挥人大职能作用。

加强人大自身建设。一是加强思想政治教育和理论武器，旗帜鲜明讲政治，进一步增强政治意识、大局意识、核心意识、看齐意识，更加自觉地在思想上政治上行动上同以习近平同志为核心的党中央保持高度一致，更加扎实地把中央决策和区市县党委部署落到实处，坚决维护党中央权威。二是贯彻落实全面从严治党精神，严肃政治纪律和政治规矩，营造风清正气的政治生态。三是加强对乡（镇）人大工作的指导，加大对人大干部的培训力度，着力建设一支能干事、干成事的人大队伍。

加强人大理论研究工作。注重理论研究队伍培养工作，推进研究成果转化，为做好新形势下人大工作提供智力支持。改进人大新闻宣传工作，大力宣传人大制度优势、人大工作实践和人大代表风采，营造民主法治建设的良好舆论环境。密切与乡镇人大的工作联系，支持基层人大建设，总结推广创新经验，推动解决实际问题，不断提升县人大整体工作水平。

各位代表！人民代表大会制度是支撑国家治理体系和治理能力的根本政治制度。人大工作任务艰巨、大有可为，人大代表职责神圣、使命光荣。让我们更加紧密地团结在以习近平同志为核心的党中央周围，在区市县党委的坚强领导下，以更加饱满的政治热情和强烈的责任担当，不忘初心、牢记使命，坚定信心、锐意进取，为全面推进法治建设、全面建成林周小康社会而努力奋斗。

政府工作报告

——在林周县第十二届人民代表大会第三次会议上

林周县人民政府县长 高 军

（2018年1月8日）

2017年工作回顾

2017年，是党的十九大胜利召开的喜庆之年，是全面建成小康社会决胜阶段的关键之年。一年来，在区市党委、政府和县委的坚强领导下，在苏州市的鼎力支持下，全县各族干部群众凝神聚力、奋发进取，深入学习贯彻落实党的十八大，十八届历次全会精神和十九大精神，全面贯彻落实习近平总书记系列重要讲话精神特别是治边稳藏的战略思想，主动适应经济发展新常态，实现了经济社会平稳发展、社会稳定局势持续巩固、人民生活不断改善、生态环境逐步优化的良好局面。

——聚焦经济发展求壮大，各项指标完成良好。2017年全县地区生产总值完成18.01亿元、同比增长10.0%。社会固定资产投资完成20.20亿元、同比增长126.8%。农牧民人均可支配收入达到11455元、同比增长12.4%。社会消费品零售总额完成1.91亿元、同比增长12.4%。规模以上工业增加值完成8594.9万元、同比增长10.3%。农林牧渔业增加值完成3亿元，各项税收完成0.79亿元、同比增长1.72%。完成一般公共预算收入1.04亿元，同比下降19.53%。

——聚焦产业布局求突破，发展态势日趋巩固。农牧业发展稳中有效。全年农作物播种面积18万亩，青稞种植12.46万亩；落实青稞、冬小麦和油菜高产创建11.5万亩，测土配方施肥示范9.5万亩，新品种推广12.55万亩。粮食产量总体保持稳定，全年粮食总产达到1.36亿斤。存栏牲畜22.8万头（只、匹），其中牦牛9.2万只、半细毛羊5.04万只，占存栏牲畜总数的62.5%；牲畜良种率达到42.8%，同比增长0.7%。投用农业机械2.44万台（套），同比增长9%，农业机械化率达94%。特色产业稳步推进。启动实施了松盘乡牦牛育肥基地、格桑塘现代农牧产业示范园建设,逐步形成“集群”“块状”发展格局。采取家庭、集体、企业共同经营模式发展人工饲草种植,全年种植饲草9.01万亩,同比增长46%,带动群众增收170余万元。牦牛短期育肥和奶牛养殖扎实推进。与市净土健康产业公司合作,引进500头安格斯肉牛进行试验性和适应性养殖,优质肉牛规模化养殖初具雏形。成功注册“澎波牦牛”“澎波半细毛羊”地理商标。园区发展基础不断夯实。投资2398万元完善园区配套基础设施建设,充分发挥中小企业孵化基地作用,开展“双创”工作,引进8家实体企业进驻园区,园区承载经济发展能力不断增强。旅游业全面发展。紧紧抓住全域旅游发展机遇,加快推进热振片区规划、林周农场旧址维修保护,成功举办林周县首届油菜花徒步观光旅游节,全年接待游客达15.79万人次,实现旅游收入1989.7万元,分别同比增长17.1%和19%。

——聚焦项目建设求实效,承载基础不断夯实。积极实施项目调度。全年在建项目224个,完成投资20.20亿元,同比增长126.8%。其中续建项目24个,完成投资3.23亿元;新建项目200个,完成投资16.83亿元。项目开工率达全年储备项目的140.8%。协调建设重点项目。全年总投资5000万元以上重点项目共5个,总投资2亿元的村级组织活动场所建设项目和卡孜乡、唐古乡等中低压配电工程顺利完工,总投资2.6亿元的藏电二期20兆瓦光伏发电项目并网发电,总投资2.09亿元的精准扶贫易地搬迁项目已完成总工程量的71%,总投资2.9亿元的澎波灌区子灌区工程已完成总工程量的74%。主动做好项目保障。整合市县两级项目前期工作经费2000万元,大力支持项目前期工作开展。加强项目申报,积极与区市项目主管部门对接,争取到中央预算内投资项目3个、江苏援藏项目4个,总投资约2亿元。

——聚焦精准脱贫求深化,脱贫攻坚稳扎稳打。巩固深化“六脱”措施。深化以业脱贫。大力发展种草养畜类产业,投资3.7亿元实施产业项目27个,其中已开工项目10个(含完工项目2个)、完成招投标项目14个、评审项目2个、采购项目1个。带动1622名建档立卡贫困群众增收。深化以迁脱贫。积极推进县域5个集中搬迁安置点建设,目前甘曲、边林、松盘3个安置点已完成主体建设,卡孜、强嘎2个安置点完成一层主体建设,预计2018年5月份完工搬迁入住。搬迁至城关区的370户1582名贫困群众预计2018年2月实现入住。深化以补脱贫。落实生态补偿岗位6119个,发放生态补偿岗位资金1835.7万元,兑现定向补助资金335.25万元,惠及4249人。深化以教脱贫。研究出台了《林周县在校大学生资助办法》,发放资助金999.71万元,惠及1831人;建立健全“两后生”职业教育体系。深化以助脱贫。健全完善基本医疗保险、大病保险、医疗救助和重特大疾病医疗救助等多重医疗保障体系,做好建档立卡贫困户住院补偿、门诊核销工作,核销住院、门诊补偿21.22万元。深化以保脱贫。实现农村低保和扶贫线“两线合一”,兑现农村低保资金及“两线合一”补助资金925.98万元,为136名困难群众发放临时救助及医疗救助资金33.75万元。结对帮扶工作继续深化。全县1360名干部职工结对帮扶1882户贫困户,常态化开展慰问帮扶工作。于12月接受了自治区脱贫攻坚第三方评估,自治区第三方评估组反馈的评估结果为全县脱贫人口错退率0.64%、贫困人口漏评率1.26%、综合贫困发生率1.43%、群众满意度98.42%。

——聚焦环境改善求促进,城乡面貌与日俱进。统筹编制规划。着眼发展需要,坚持规划先行,先后编制完成《拉萨林周县县城控制性详细规划》《热振旅游度假区规划》《林周县风貌布点规划》,稳步推进《“四乡一村”总体规划》编制。配合开展雅江中游黑颈鹤保护区规划调整工作。深化环境整治。全面推进大气、水、土壤污染防治工作,先后投入800余万元购建环卫设施,建立全县垃圾收集处理长效机制。深入开展环境专项行动,大力开展河道采砂、矿山巡查整治,拉萨河源头、水源地保护工作;严厉打击环境违法行为,禁白成果进一步巩固。接受中央环保督察,及时办结公示转办案件12件。有效实施黑颈鹤保护区管理,建立定点投食机制,配合开展“绿盾2017”国家级自然保护区监督检查专项行动。优化生态环境。完成义务植树造林155亩，累计实施退耕还林9318.76亩，投资230万元进行县城绿化改造提升。对全县境内23条重要河流全面实行“河长制”，总长达到423.53公里，河长制管理体系初步形成。建强市政基础。投资505.89万元实施城区街道路灯改造工程。积极推进“厕所革命”，完成农村改厕19座。棚户区改造、小康安居试点工程扎实推进。质量强县工作积极推进，被评为C级。全县村级组织活动场所实现标准化建设。

——聚焦公共服务求转变，保障体系持续完善。继续做好教育事业。严格落实“五个100%”发展目标，落实“三包”和“营养改善”资金3296.73万元。投资7187.3万元实施31个教育基建项目，教育基础设施不断完善，教育教学质量不断提升，全县中小考成绩连续两年位列全市六县第一。提升全民健康服务能力。食药监管不断加强，严格按照“四个最严”要求，认真履行“四品一械”监管职能，高密度严监管食品药品市场，全年食品药品安全零事故。农牧区医疗保障覆盖面达到100%，报销医疗费用2504.5万元，4.5万余名农牧民群众受益。组团式医疗援藏工作进展有序，利用援藏投资700万元修建强嘎乡标准化乡镇卫生院，县医院成功创建为“二级乙等医院”。包虫病综合防治工作扎实有效，完成筛查59685人，筛查率100.7%、救治率84%；流浪犬只防治管理同步加强。加强社会救助。实现城乡低保动态管理，发放城乡低保资金1288.32万元，新增4家城乡医疗救助“一站式”即时结算服务机构。健全完善防灾减灾工作体系，完成三个乡镇冰雹灾害救助工作。五保集中供养中心管理进一步规范，意愿集中供养率达到100%。提高社会保障。大力开展全民参保登记工作，五项保险参保人数4.68万人，开展职业技能培训16期，劳动力转移就业1.3万人，实现收入0.9亿元，开发就业再就业岗位4500余个，城镇登记失业率继续控制在2.2%以内。繁荣文化事业。常态化制度化开展“两学一做”学习教育。扎实开展“四讲四爱”主题教育实践宣讲、演出、爱国电影巡演等活动，完成县级数字影院改造升级，实现县级有线数字电视500户光缆铺设、调试安装工作。文物和非物质文化遗产得到有效保护。热振曲卓文化艺术传播有限公司等三家单位被命名为县级文化产业示范基地。

——聚焦深化改革求创新，开放步伐切实加快。农村客运改革逐步推进。成立国有控股的林周县客运公司，顺利完成拉萨市至林周县客运班线改制工作，投资390余万元将现有的班线客车全部收归国有。落实“公交优先”发展战略，投资360余万元购置营运客车16辆，12月18日正式启动农村公交客运，开通县乡客运线路7条，覆盖10个乡镇，成为全市首家开通农村公交客运班线的建制县。农牧业供给侧结构性改革积极推进。建立健全土地流转机制，流转土地2.5万余亩，5个主导品种大田统供率88.5%，“万户百场十中心”工作有效落实。乡镇农牧综合服务站实现全覆盖，农牧业科技支撑力度不断加强。与南京农业大学、自治区农科院畜科所达成合作协议，共同推进格桑塘现代农牧产业示范园。引进西藏天域农业科技有限公司，达成投资2亿元的青稞产业园协议。不动产登记及集体土地所有权确权颁证工作有序推进。第三次全国农业普查圆满完成。营商环境进一步优化。继续深化商事制度改革，落实小微企业优惠政策，辖区内小微企业受惠面100%，减免税费249.5万元。新增市场主体415户，新增注册资金12.84亿元。“12315”基层消费维权联络站实现全覆盖。对口援助内涵不断深化。全面深化援藏工作对口帮扶机制，依托援藏平台，发挥援藏优势，深度融合推进干部、资金、项目、产业、智力、人才、公益援藏，实施受援项目12个，投资1.81亿元，受益群众达6万余名；争取江苏省计划外援助资金1.5亿元，签订4项法律教育医疗援助协议。援藏工作呈现全方位、多层次、宽领域的交流交往格局。招商引资扎实推进。按照“三个一批”招商思路，依托自主招商、“西洽会”“商洽会”等平台，完成招商引资7亿元，完成目标任务的100.1%。

——聚焦稳定局势求巩固，综合治理不断加深。强化维稳工作落实。认真落实县级领导包乡、乡级领导包村维稳工作机制，坚持县级领导带班、干部值班等维稳制度，圆满完成了各个节点，特别是党的十九大期间的维稳安保任务。加快公安机关“四项建设”，全县立体化防控建设水平不断提高，人民群众安全感不断提升。狠抓社会面防控。始终保持对各类违法犯罪活动的高压威慑态势，充分发挥网格化、双联户社会服务管理体系作用，加大矛盾纠纷排查化解力度，排查矛盾纠纷40件，调处化解率90%。成立工作专班。强化宗教事务服务管理。全面落实利寺惠僧政策，“六个一”“一覆盖”“一创建”活动深入开展，投入资金347万元实施寺庙维修和线路改造，表彰和谐模范寺庙，爱国守法先进僧尼。全力推进民族团结进步事业发展，铸牢中华民族共同体意识，依法从严管理僧尼，寺庙僧尼、干部群众“三个离不开”“五个认同”意识明显增强，爱国统一战线持续巩固。狠抓安全生产。深入开展安全生产执法检查，全年安全生产事故、死亡人数实现双下降，安全形势进一步巩固。微型消防站实现全覆盖。普法工作扎实有效。完成“六五”普法验收表彰，高标准启动“七五”普法规划，荣获2011—2015年全市法治宣传教育先进县区荣誉称号。

各位代表，一年来，我们在经济下行压力增大、县域经济增长放缓、维稳形势任务严峻的多重考验下，顺利完成了中央环保督察、国务院安全生产考核、区市脱贫摘帽验收等重大工作，顺利完成了年初确定的各项目标任务。政府自身建设不断加强。建立健全了《政府工作规则》，研究出台了乡（镇）、村、驻村工作队三级财务管理办法和《林周县项目管理工作手册》等系列规章制度，持续落实党风廉政建设责任制，持续推动“三转”有效落实，推行权责清单，廉政风险防范机制不断健全，廉政风险不断降低。政府机构改革稳妥有效，完成31个部门“三定”方案修订工作。全县“三公”经费618.5万元，同比下降0.82%。认真办理市县两级人大代表建议和政协委员提案187件，代表委员满意率均达到99%以上。县级政务服务中心办理审批和服务事项21726件（次），荣获全市政务服务工人先锋号荣誉称号，县乡两级政务服务体系实现全覆盖；办理“12345”政府服务热线工单77件，满意率99%；政府施政能力和服务水平不断提高。

这些成绩的取得离不开市委、市政府和县委的正确领导，离不开苏州市的无私援助和社会各界的热心帮助，更离不开全县干部群众的艰苦奋斗。在此，我代表县人民政府，向全县各族人民、苏州人民致以崇高的敬意！向人大代表、政协委员、离退休老干部和全县各族干部职工，向驻军部队、武警官兵、政法干警，向所有关心支持林周各项建设的社会各界人士表示衷心的感谢！

当前，全县总体发展质量还不高，人民日益增长的美好生活需要和发展不平衡不充分的社会主要矛盾突显，产业结构调整与经济社会发展还不相适应、带动经济发展效应不明显，脱贫攻坚和长期巩固任务依然繁重，公共服务保障需进一步加大力度，产业不强、税源不稳定等制约全县经济社会发展的问题还没有得到根本解决，与全国人民一道如期全面建成小康社会还有很大压力。面对这些问题，我们将深化研究，采取有力举措，认真妥善加以解决。

回首过去，我们感慨万千；展望未来，我们信心百倍。林周今天所处的发展时期是历史上最好的发展时期，中国共产党第十九次全国代表大会确立了新时代中国特色社会主义思想和基本方略，为我们干好新时代林周各项工作提供了根本遵循。我们必须认真学习好深刻领会好全面把握好党的十九大重大意义和科学内涵，以新面貌、新气象，展示新作为，创造新业绩。

2018年工作安排

2018年，是贯彻落实党的十九大精神的开局之年，是决胜全面建成小康社会、实施“十三五”规划承上启下的关键一年，也是改革开放40周年。今年，政府工作要牢牢坚持以人民为中心的发展思想，全面贯彻落实新时代中国特色社会主义思想和基本方略，提高思想站位，加强组织保障，落实工作举措，奋力开创新时代林周工作新局面、创造新时代林周工作新业绩。

政府工作总体要求是：高举中国特色社会主义

伟大旗帜，以马克思列宁主义、毛泽东思想、邓小平理论、"三个代表"重要思想、科学发展观和习近平新时代中国特色社会主义思想为指导，全面贯彻落实党的十九大、中央经济工作会议和中央第六次西藏工作座谈会精神，扎实落实习近平总书记治边稳藏重要战略思想，坚持稳中求进工作总基调，深入贯彻落实新发展理念，按照区市县第九次党代会、区市县党委九届三次全会的安排部署，着力解决美好生活需要同不平衡不充分发展之间的矛盾，正确处理好"十三对关系"，深入推进"六大工程"，坚决打赢脱贫攻坚战，奋力谱写林周全面建设社会主义现代化新篇章。

主要预期目标是：地区生产总值增长11.5%；公共财政预算收入增长10%；全社会固定资产增长15%以上；规上工业增加值增长9%；社会消费品零售总额增长12%；农村居民人均可支配收入增长16%；各项税收增长15%；农林牧渔业增加值增长4.6%；改革开放、民生保障和社会事业取得新成绩，现有贫困群众全部实现脱贫摘帽并长期巩固。（上述预期目标为我县预测数，若市委、市政府下达目标与上述目标不一致，将以市委、市政府下达目标为准，并及时向各位代表报告。）

主要做好以下八个方面的工作：

（一）狠抓产业发展第一要务，在产业发展上有新作为

产业是经济发展的"主引擎"。我们要把产业发展摆在更加突出的位置来统筹谋划，立足当前、着眼长远，坚定不移走产业化发展道路。

突出农牧业转型升级。实施乡村振兴战略，贯彻实施拉萨市乡村振兴战略规划，加大新型职业农牧民培养力度，扶持农牧民专业合作社、农牧业龙头企业、家庭农场（牧场）等新型经营主体蓬勃发展。充分发挥我县种植业和畜牧业资源优势，深入实施草畜协调发展战略，依托科研力量，发挥科技作用，精细化、标准化种植饲草，力争种植饲草10万亩，打造饲草综合交易平台。进一步完善现代农业示范园建设，在现有澎波半细毛羊、安格斯肉牛、黑白花奶牛和牦牛养殖的基础上，高水平高起点规划建设格桑塘现代农牧产业示范园，探索种养产销和深加工产业化链条式发展；加快推进牦牛育肥项目，力争规模达到2000头；扩繁澎波半细毛羊7万只，养殖优质奶牛1000头。调整优化粮经饲比，大力引进推广优质青稞品种种植，力争种植青稞12万亩，不断深化与科技企业的交流合作，提高产品附加值，提升经济效应。

丰富旅游发展模式。抓住全域旅游大环线发展机遇，坚持南北错位发展，结合环线公路建设，调整优化全县旅游布局，以厕所革命推进县域旅游基础设施配套完善，着力打造具有林周特色的旅游品牌和精品旅游线路，突出做好"黑颈鹤"主题品牌打造。扩大油菜种植面积，提升林周油菜花观赏节活动影响力，打造成为林周观光旅游的名片。充分挖掘整合潜在的人文、历史、风光、产业等旅游资源，在旅游项目建设、民俗培育上下功夫，进一步释放旅游潜能，着力塑造全民旅游工程。积极协调旁多水库国家级水利风景名胜区保护性开发建设项目落地实施。打造北部湖寺风景观光区、南部现代农牧业观光区、忆苦思甜教育观光区，努力把林周打造成为拉萨全域旅游的重要片区和关键节点。

培育壮大实体经济。以园区建设为抓手，高标准推进现代畜牧业示范园建设，探索"三牛"（牦牛、肉牛、奶牛）专业养殖，着力打造全区优质牛种扩繁基地。做好青稞文章，依托青稞产业园，全力扶持林周天域青稞食品科技有限公司，力争年加工青稞7万吨，实现青稞连片种植和现代食品产业发展有机结合。不断完善现代农业示范园、鹏博健康产业园基础设施建设，进一步明确发展定位，理顺发展关系，结合"双创示范"工作，实施创新驱动，不断增强自身"内力"。强化招商引资，争取更多实力强、潜力大的实体企业落户园区，努力将园区打造成产业龙头带动作用突出、特色产业创新引领、集群规模效应凸显、经济贡献稳定提升的经济产业园区。

（二）抓牢项目建设第一关键，在项目建设上有新动作

项目承载着全县经济发展，是核心、是支撑、也是底气。我们要牢牢牵住项目建设这个"牛鼻子"，千方百计上项目、全力以赴抓项目，实现全县经济提质增效。

推进项目建设。以抓前期工作为突破口，积极推进总投资30.4亿元的102个项目落地实施，重点关注拉萨至林周公路新改建工程项目，做好协调配合，力争项目落地开工。确保2017年精准扶贫易地搬迁项目和澎波灌区子灌区项目续建完成。协调推进总投资3.4亿元的24个重点交通项目建设；紧跟总投资4.5亿元的西藏创科50兆瓦光伏发电项目；加快推进总投资1.5亿元的西藏创科农业林周县高品质奶牛及乳制品加工项目落地实施。加强项目全局谋划，围绕主导产业、重大基础设施、节能环保、“三农”、社会事业等领域，梳理汇总一批有较强带动力的重大项目，促进全县经济可持续发展。

完善要素保障。发挥项目建设前期经费撬动作用，提高资金运作水平，有效调动民间投资热情，实现国家投资和社会投资“双向发力”。结合《林周县土地利用总体规划（2006—2020）》修编，拓宽用地思路、拓展用地空间，开展闲散土地整治活动，提高项目运作水平，做好施工用水、电、路等资源规划配套，提前介入，主动作为，做好服务。进一步优化项目建设审批流程，着力打通项目建设“最后一公里”，推进项目尽快落地建设。

落实监督管理。既重“量”，更重“质”。严格落实《林周县项目管理工作手册》《林周县政府投资项目管理办法》等制度规定，不断促进政府项目投资规范化、制度化。加大监管力度，本着对人民、对历史高度负责的态度，处理好工期、质量和安全之间的关系，强化质量意识和安全教育，严把工程质量关、施工安全关，打造更多优质工程、精品工程。完善项目建设资料，按照标准要求对建成待验项目进行梳理，查漏补缺，确保每个建成项目都能顺利通过财评和验收。

（三）担当脱贫攻坚第一责任，在脱贫巩固上有新提高

脱贫攻坚是党和人民交给我们的重要任务，更是时代赋予我们的历史责任。我们要把脱贫攻坚工作切实抓细抓实抓好，确保实现全面脱贫。

巩固深化脱贫成果。落实习近平总书记精准脱贫要下“绣花”功夫的要求，利用好中央关于“三区三州”脱贫政策，紧盯“两年脱贫、三年巩固”目标，按照县级抓总、乡镇主责的要求，紧盯脱贫目标，强化责任落实，对已脱贫对象进行全面核实巩固，深化“六脱”措施，认真开展自查自纠工作，保证大数据平台信息与户档资料一致，确保全县综合贫困发生率、脱贫人口错退率、贫困人口漏评率均低于2%，群众满意度达到98%以上。加快易地扶贫搬迁安置点配套设施建设，实现易地扶贫搬迁安置点绿化、美化，改善搬迁群众生活条件。

落实扶贫产业项目。充分发挥“产业项目协调机制”作用，对现有脱贫产业进行规划梳理，大力发展符合实际、符合群众意愿的产业项目，确保每名贫困群众都能就近就便依托合适产业实现脱贫。对涉及自然保护区且确定无法实施的产业项目及时进行调整和变更，积极协调上级相关部门，抓好产业项目前置手续办理及落地建设工作；抓紧与银行洽谈融资相关事宜，确保扶贫产业项目建设顺利推进。要突出做好区市精准脱贫验收反馈意见整改工作，总结运用好成熟的经验成果，做实做细脱贫验收考核各项准备工作，确保高标准通过考核验收。

精准资源要素配置。进一步健全脱贫攻坚队伍建设、资金投入、问责考评等工作机制，积极争取中央和区市专项扶贫资金，捆绑打包各类项目、资金实施集中投放，强化扶贫项目资金监管使用，形成资源集聚合力。常态化开展干部结对帮扶活动，鼓励引导社会力量参与扶贫，采取综合性措施，着力解决“两不愁、三保障”问题，形成“大扶贫格局”。做好宣传发动，坚持扶贫与扶志、扶智相结合，实施精神帮扶，从思想上根本转变“等靠要”的落后观念，树立起脱贫致富的信心和决心。

（四）做好民生保障第一工程，在民生事业上有新改善

民生是大如天的事业，更是政府义不容辞的责任。我们要关注民生、重视民生、保障民生、改善民生，持之以恒地做好民生工作，不断提高人民群众幸福感。

深化教育事业发展。继续改善办学条件，充分利用苏州市优质教育资源，学习借鉴先进教育理念、教育教学方法和教育管理经验，不断提升教育质量。学校基本建设达到国家标准，学前两年入园

率达到88%以上，"双语"教育普及率不断提高。义务教育质量大幅度提高，小学、初中入学率持续增长，中小学巩固率稳定在99.99%。加快推进总投资1000万元的阿朗乡和江热夏乡小学风雨操场建设。全面推进残疾儿童融入性教育，积极开展随班就读；保障进城务工子女和留守儿童100%入学。深入开展素质教育，各项指标达到区市考核评估指标要求。

推进健康林周建设。完善农牧区医疗制度，全面启动多种形式的医疗联合体建设试点，县人民医院要参与并发挥引导作用，建立促进优质医疗资源上下贯通的考核激励机制，增强基层服务能力，提高保障水平。进一步推进分级诊疗和家庭签约服务，继续提高基本公共服务经费补助标准，加强疾病预防体系和慢性病防控体系建设，及时公开透明有效应对公共卫生事件，实施全面两孩政策，加强生育医疗保险服务，依法支持藏医药事业发展。推进总投资600万元的唐古乡卫生服务中心建设。加强食药工作，建立健全县、乡、村多角度全方位食品药品网格化体系，推进国家食品安全城市创建工作，切实保障群众饮食用药安全。

加强社会兜底保障。认真落实好社会救助政策，加强社会救助体系建设，加大救灾救济工作力度，深入实施"城乡贫困救助工程"，不断完善自然灾害救助应急预案体系，提升县五保集中供养服务中心运作水平，深入推进农村社区建设试点工作。强化扩面征缴和社会保险待遇支付工作，协调推进"五险合一"制度整合。继续加强职业技能培训，全县就业局势保持稳定，力争完成城镇新增就业900人以上；农牧民劳动力转移就业1.5万人、3万人次以上，实现收入7000万元以上；开发就业及再就业岗位550个；城镇登记失业率稳定控制在2.2%以内；城乡居民、城镇职工社会养老保险参保率达到100%。实施小康安居工程，推动总投资2.32亿元的县城污水处理收集系统项目和县城既有公有房屋节能改造工程开工建设。

（五）激发改革创新第一动力，在深化改革上有新突破

深化改革是发展的活力之源。我们要解放思想、与时俱进，勇于担当、主动作为，理解、支持、参与到改革中来，开启全面深化改革新征程。

全面深化农牧业供给侧结构性改革。在提升农牧业发展质量、提高农牧业综合效益、增强农牧业发展后劲上下功夫，进一步完善县乡村三级土地流转综合服务平台，促进资金、资产、技术、品牌、劳动力等要素融合，有序推进农牧区集体资产改革，大力发展农牧民股份合作，进一步激发农牧业发展内生动力，推动传统农业向绿色现代化农业逐步转变。依托"两创示范"工作，加快农牧业科技创新体系和现代农牧业产业技术体系建设，为现代农牧业发展提供强大科技支撑和智力支持。进一步加大土地流转力度，优化资源配置和要素供给。

努力适应现代企业制度改革。进一步完善城投、净土两家国有企业管理机制，理清政企关系，探索实行企业薪酬制度。积极推动城投公司投资设立的建筑、建材两家公司投入运营。大力拓展业务，积极推进林周产业联盟标准的制定和实施。筹备组建农机服务中心，形成管理、调度一体化规模化运营。深化客运班线改革工作，完善林周县公交运营有限公司管理，实现公司化、规模化、集约化发展，方便群众出行。

不断巩固深化改革开放成果。持续做好"放管服"工作，继续巩固深化农村改革、医疗卫生体制改革、教育综合改革、统计体制改革、司法体制改革和政府自身改革成果。积极稳妥地落实监察体制改革工作，探索推进县一级职能相近的党政机关合并设立或合署办公，努力形成科学规范、运转高效的体制机制。把受援工作摆在突出位置，实施好总投资1.5亿元的9个援藏项目，深入推进产业、智力、乡镇等各方面受援工作融合发展，扩大净土健康产业影响力，承接好产业转移，不断巩固受援成果。配合做好江苏援藏建设志编撰工作。全力做好第三次全国土地调查、第四次全国经济普查。

（六）强化资源环境第一保障，在环境优化上有新发展

优质的环境可以极大地推动经济社会平稳健康发展。我们要牢固树立环境保护的底线思维，强化环境建设保护意识，实现经济、社会和生态融合

发展。

强化生态环境保护。积极做好生态红线划定工作，守住环境保护底线。树牢“绿水青山就是金山银山，冰天雪地也是金山银山”的发展理念，在中央环保督察工作成果的基础上，常态化开展生态保护巡查，保持打击环境违法行为的高压态势。做好中央环保督察整改和矿区生态环境后续修复工作，正确处理好环境保护与经济发展之间的关系，探索推进融合发展。加大生态村、生态乡镇创建力度，力争自治区级生态村、生态乡镇创建率达到80%。加快完成《林周县湿地专项规划》《雅江中游河谷林周县黑颈鹤自然保护区专项规划》《林周县山水林田湖草专项规划》。持续跟进黑颈鹤保护区规划调整。

着力优化发展环境。充分发挥联合执法检查组优势，持续严厉打击惩治非法营运、欺行霸市等扰乱正常市场经济秩序的违法行为，健全监督投诉举报机制，维护保障各类经济主体合法权益。用足用活各类优惠政策，开通“绿色通道”，减少办事环节、简化办事流程，为企业落户提供便捷、高效、周到的服务，不断提高企业落户成功率。实行差别化招商，努力做到“招得进”“留得住”，力争实现招商引资到位资金7亿元。

加强精神文明建设。牢牢掌握意识形态工作领导权和主动权，结合党的十九大精神，以学习好、宣传好、贯彻好习近平新时代中国特色社会主义思想为主线，积极培育和践行社会主义核心价值观，扎实开展“四讲四爱”主题教育实践活动，深入开展公民“四德教育”，把社会主义核心价值观转化为人们的情感认同和行为习惯。加快推进党员党性教育基地建设，力争7月份完工投用。实施文化惠民工程，常态化开展“五下乡”活动，不断完善县乡村三级公共文化服务体系建设，进一步丰富农牧民群众精神文化生活。加快地方志编撰，力争年内完成二轮修志工作。

（七）牢记维护稳定第一前提，在社会治理上有新成效

稳定是发展的基础。我们要倍加珍视团结、倍加维护稳定，全力以赴推动全县长足发展和长治久安。

切实保障公共安全。以深化平安建设为载体，着力加强和改进社会治理创新，推进便民警务站和护城河检查站改革，强化公安信息化建设和应用，进一步健全社会治安综合治理防控体系，夯实社会治安综合治理基础。深入实施安全生产综合治理，有效防范安全事故、坚决遏制重特大事故，确保事故总量、死亡人数继续下降。下好先手棋、打好主动仗，深入开展打击地下非法组织和重点人专项行动，切断十四世达赖集团与境内勾连渠道。加快“雪亮工程”建设，力争完成全县38座寺庙、45个行政村、重要部位等地244个监控点位新建工作。统筹建立健全综治体系，建立县级综治工作中心，逐步实现综治工作机构全覆盖，努力形成维稳综治工作联抓、矛盾纠纷联调、重点人员联管、情报信息联享的综治工作新格局。继续深化网格化管理和“双联户”治理模式，充分调动人民群众参与社会治理的积极性、主动性，筑起全民联防、全民共治的钢铁长城。

坚定不移开展反分裂斗争。时刻牢记中央对十四世达赖的“五个定性”，坚持对达赖集团斗争的方针政策不动摇，积极应对“后达赖”向“达赖后”转变的重大挑战，在政治上牢牢坚持“五个维护”行为准则，坚持不懈地开展民族团结进步宣传教育，全面落实深化利寺惠僧政策，进一步深化和完善寺庙管理长效机制，充分发挥工商联和无党派人士作用，发展壮大爱国统一战线，牢牢掌握反分裂斗争的主动权。

深化社会综合治理。坚持关口前移、源头治理，坚持人民调解、行政调解、司法调解相结合，深入排查化解矛盾纠纷，及时化解不稳定因素，以“六个严防”为重点、全力实现“六个不发生”维稳工作目标。大力化解信访积案，信访案件办结率达到100%，引导群众依法逐级走访，全力打造“阳光信访、责任信访、法制信访”，着力形成“上下联动，左右互应，横向到边，纵向到底”的大信访格局。全面推进“七五”普法工作，统筹建立公共法律服务体系，强化安置帮教、社区矫正工作，着力开展“民主法治示范村”创建，努力推进全县法治化进程。

（八）落实政府建设第一要求，在自身建设上有新变化

站在林周新的发展历史起点上，我们一定要志存高远、脚踏实地，戒骄戒躁、不畏艰难，更加注重自身建设，推动党风政风行风持续向好。

深入学习贯彻十九大精神。整体把握好、辩证思考好、系统认识好党的十九大精神，全面落实新时代党的建设总要求，把十九大报告提出的一系列新思想、新观点、新论断逐一学深悟透、融会贯通，自觉用习近平新时代中国特色社会主义思想武装头脑，坚定执行党的政治路线，严格遵守政治纪律和政治规矩，尊崇党章，严格执行新形势下党内政治生活若干准则，完善落实民主集中制，推进“两学一做”学习教育常态化制度化，扎实开展“不忘初心、牢记使命”主题教育活动，以学促干、知行合一，推动党的十九大精神在林周落地生根、开花结果。

主动担当作为。主动作为是一种工作状态，是对我们党员干部的具体要求。要大力弘扬求真务实的工作作风，坚持说实话、办实事、求实效，力戒形式主义，不搞花架子，树立正确的政绩观，敢于担当、敢于负责，把全部心思和精力用在干事创业上，不断增强进取意识，敢抓敢管，敢闯敢干，以强烈的事业心、责任感抓工作、搞建设、谋发展，主动想事、善于谋事、勇于干事，不断开创工作新局面。

积极创新落实。落实是最好的创新。要牢固树立“抓创新就是抓发展，谋创新就是谋未来”的思想认识，把抓创新落实当作一种政治责任、一种思想境界、一种工作习惯，把创新贯穿到每项工作之中，落实到具体行动之中，敢于打破思维定式，敢于突破陈规旧条，学会运用市场手段和法治思维、法治方法，积极破解经济社会发展过程中的种种难题，不断完善工作思路，改进工作方法，提高驾驭市场经济、谋划科学发展和处理复杂问题的能力。

加强廉洁自律。坚持廉洁从政，认真落实党风廉政建设责任制，严格遵守领导干部廉洁从政各项规定。加大行政监察、审计监督、财政监管力度，加强对精准扶贫、政府采购、项目投资、工程招投标等重点领域、重点部位的监管，坚决纠正部门和行业不正之风，从严控制和压缩“三公”经费支出，以权力‘瘦身’为廉政‘强身’。持续整治“四风”，严肃查处违反中央八项规定，不作为、慢作为，懒政怠政等行为，保持惩治腐败的压倒性态势，守好拒腐防变的思想精神高地。

各位代表，“新时代要有新气象，更要有新作为。”让我们更加紧密地团结在以习近平同志为核心的党中央周围，坚持以习近平新时代中国特色社会主义思想为指引，大力弘扬“红船精神”“老西藏精神”“两路精神”，沿着党的十九大绘就的宏伟蓝图、铺就的康庄大道，不忘初心、牢记使命，为实现全面建成小康社会谱写林周全面建设社会主义现代化新篇章而不懈奋斗。

名词解释

习近平新时代中国特色社会主义思想：新时代中国特色社会主义思想，明确坚持和发展中国特色社会主义，总任务是实现社会主义现代化和中华民族伟大复兴，在全面建成小康社会的基础上，分两步走在21世纪中叶建成富强民主文明和谐美丽的社会主义现代化强国；明确新时代我国社会主要矛盾是人民日益增长的美好生活需要和不平衡不充分的发展之间的矛盾，必须坚持以人民为中心的发展思想，不断促进人的全面发展、全体人民共同富裕；明确中国特色社会主义事业总体布局是“五位一体”、战略布局是“四个全面”，强调坚定道路自信、理论自信、制度自信、文化自信；明确全面深化改革总目标是完善和发展中国特色社会主义制度、推进国家治理体系和治理能力现代化；明确全面推进依法治国总目标是建设中国特色社会主义法治体系、建设社会主义法治国家；明确党在新时代的强军目标是建设一支听党指挥、能打胜仗、作风优良的人民军队，把人民军队建设成为世界一流军队；明确中国特色大国外交要推动构建新型国际关系，推动构建人类命运共同体；明确中国特色社会主义最本质的特征是中国共产党领导，中国特色社会主义制度的最大优势是中国共产党领导，党是最高政治领导力量，提出新时代党的建设总要求，突出政治建设在党的建设中的重要地位。

新时代党的建设总要求：坚持和加强党的全

面领导，坚持党要管党、全面从严治党，以加强党的长期执政能力建设、先进性和纯洁性建设为主线，以党的政治建设为统领，以坚定理想信念宗旨为根基，以调动全党积极性、主动性、创造性为着力点，全面推进党的政治建设、思想建设、组织建设、作风建设、纪律建设，把制度建设贯穿其中，深入推进反腐败斗争，不断提高党的建设质量，把党建设成为始终走在时代前列、人民衷心拥护、勇于自我革命、经得起各种风浪考验、朝气蓬勃的马克思主义执政党。

“三区三州”：中共中央办公厅、国务院办公厅印发《关于支持深度贫困地区脱贫攻坚的实施意见》中指出，西藏、四省藏区、南疆四地州、四川凉山州、云南怒江州、甘肃临夏州即“三区三州”。

“两学一做”学习教育：学党章党规，学系列讲话，做合格党员。

“红船精神”：开天辟地、敢为人先的首创精神，坚定理想、百折不挠的奋斗精神，立党为公、忠诚为民的奉献精神。

“老西藏精神”：特别能吃苦、特别能战斗、特别能忍耐、特别能团结、特别能奉献。

“两路精神”：一不怕苦、二不怕死、顽强拼搏、甘当路石、军民一家、民族团结。

新发展理念：创新、协调、绿色、开放、共享。

“三个离不开”：汉族离不开少数民族、少数民族离不开汉族、各少数民族之间也互相离不开。

“五个认同”：认同伟大祖国、认同伟大的中华民族、认同伟大的中华文化、认同伟大的中国共产党、认同伟大的中国特色社会主义。

“两不愁”：不愁吃、不愁穿。

“三保障”：义务教育、基本医疗、安全住房有保障。

“四讲四爱”主题教育实践活动：讲党恩爱核心、讲文明爱生活、讲贡献爱家园、讲文明爱生活。是区党委为贯彻落实中央第六次西藏工作座谈会精神和全国高校思想政治工作会议精神，决定在全区开展的重大活动，是“两学一做”学习教育的深化和拓展。

“十三对关系”：正确把握和处理经济社会发展中出现的各种矛盾；处理好国家投资和社会投资的关系；处理好重大项目和民生项目的关系；处理好发挥优势和补齐短板的关系；处理好城镇就业和就近就便、不离乡不离土、能干会干的关系，处理好扶贫搬迁向城镇聚集和向生产资料富裕、基础设施相对完善地区聚集的关系；处理好央企在藏资源开发和解决当地农牧民增加收入、解决就业的关系；处理好保护生态和富民利民的关系；处理好城市发展和提高农牧区基本公共服务能力的关系；处理好高校毕业生政府就业和市场就业的关系；处理好简政放权和地方承接的关系；处理好企业增产提效的改善企业职工福利待遇、促进农牧民群众增收的关系；处理好中央关心、全国各族人民支援和全区各族群众自力更生、艰苦奋斗的关系；处理好干部担当干事和容错纠错的关系。

“六大工程”：党建统领工程、环境优化工程、产业支撑工程、民生保障工程、文化提升工程、依法治县工程。

“三转”：转职能、转方式、转作风。

“三定”：定机构、定职能、定编制。

“双创”：大众创业、万众创新。

“六脱”：以业脱贫、以迁脱贫、以补脱贫、以助脱贫、以教脱贫、以保脱贫。

“三包”：包吃、包住、包学习费用。

“营养改善”计划：中国2011年实施农村义务教育学生就餐问题的一项健康计划。

“两线合一”：农村居民最低生活保障标准与农村困难群众扶贫标准合二为一。

城乡医疗救助“一站式”即时结算服务：对医疗救助对象采取在定点医疗机构进行即时结算的方式进行救助。救助对象凭相关证件或证明材料，到定点医疗机构就医所发生的医疗费用，救助对象只需支付自付部分，医疗救助部分由定点医疗机构即时结算、先垫付，定期与民政部门结算，彻底解决过去城乡困难群众患病后无钱住院和往返奔波的实际问题。

“河长制”：由各级人民政府主要负责同志担任“河长”，负责辖区内河流的污染治理。

“四乡一村”总体规划：发挥援藏优势，由苏州市城市规划设计院承编的“边交林乡、强嘎乡、松盘乡、旁多乡、边交林乡当杰村”总体发展规划。

“五个100%”发展目标：中小学双语教育普及率100%、小学数学课程开课率100%、中学数理化生课程计划完成率100%、中学理化生实验课开出率100%、职业技术学校国家目录规定课程开出率100%。

“万户百场十中心”：拉萨市高标准奶牛养殖户达到10000户、集中养殖小区达到100个、养殖中心达到10个。

“三个一批”：开工建设一批项目、签约落地一批项目、洽谈储备一批项目。

“六个一”：交一个朋友、开展一次家访、办一件实事、建一套档案、畅通一条渠道、形成一套机制。

“一覆盖”：落实寺庙僧尼城镇居民社会保障制度，实现寺庙僧尼参保全覆盖。

“一创建”：在全区广泛开展和谐模范寺庙暨爱国守法先进僧尼创建评选活动，让他们政治上有荣誉、社会上有地位、经济上有激励，充分调动广大僧尼爱国守法积极性。

“双创示范”：小微企业创业创新基地城市示范。

“五险合一”：城镇职工基本养老、城镇职工医疗、失业、工伤和生育五项社会保险（统称“社会保障”）实行统一登记、统一基数、统一征缴、统一稽核。

“放管服”：简政放权、放管结合、优化服务。

“四德教育”：社会公德、职业道德、家庭美德、个人品德。

“五下乡”：文化、科技、卫生、法律和爱国爱教宣传服务活动。

“雪亮工程”：以县、乡、村三级综治中心为指挥平台、以综治信息化为支撑、以网格化管理为基础、以公共安全视频监控联网应用为重点的“群众性治安防控工程”。

“五个维护”：维护社会主义民主、维护社会主义法制、维护人民群众根本利益、维护祖国统一、维护民族团结。

“六个严防”：严防发生严生影响政治稳定的重大事件，严防发生大规模重大突发性群体事件，严防发生大规模进京非正常聚集上访事件，严防发生影响恶劣的严重刑事案件，严防发生重特大道路交通、火灾、爆炸等安全事故，严防因执法、涉警问题引发群体性事件或媒体炒作事件。

“六个不发生”：不发生大规模进京集体上访，不发生重特大安全事故，不发生有影响的非正常上访特别是极端恶性事件，不发生在京聚集滞留、丢丑滋事等事件，不发生因信访问题处理不当引发的群体性事件，不发生被有关部门通报等有影响的情况。

“七五”普法规划：中央宣传部、司法部关于在公民中开展法治宣传教育的第七个五年规划（2016—2020年）。

“三公”经费：政府部门人员因公出国（境）经费、公务车购置及运行费、公务招待费。

政协第二届林周县委员会常务委员会工作报告

——在政协第二届林周县委员会第三次会议上

政协林周县委员会党组书记、主席 格桑次仁

（2018 年 1 月 8 日）

2017 年工作回顾

2017 年，是全面深化改革的关键之年，是党的十九大召开之年，也是二届县政协五年任期的第二年。在林周县委的坚强领导下，县政协常委会认真贯彻习近平总书记“懂政协、会协商、善议政”的指示精神，坚定理想信念，严守政治纪律和政治规矩，紧紧围绕全县中心工作，为深入推进党建统领、环境优化、产业支撑、民生保障、文化提升、依法治县“六大工程”，围绕精准扶贫精准脱贫等工作，凝聚共识、凝聚人心、凝聚智慧、凝聚力量。

一、强化理论武装，在懂政协上凝共识

从事政协工作必须做到“懂政协”，准确把握政协的性质定位。一年来，县政协牢牢把握团结民主两大主题，团结带领广大政协委员，始终与党中央在思想上同心同德、目标上同心同向、行动上同心同行。

增强政治定力，自觉保持高度一致。县政协通过党组会、主席会、常委会、委员活动等多种形式，认真学习党的十八大精神、十八届历次全会精神、党的十九大精神、习近平新时代中国特色社会主义思想，认真学习区市县委九届二次、三次全会精神，深刻领会其精神实质，努力做到真学真懂、真信真用。始终坚持党对政协工作的领导，不断增强党的意识、大局意识、责任意识，不断提高政治敏锐性和政治鉴别力。进一步增强政治信仰、站稳政治立场、认清政治形势、明确政治责任、发挥政治作用，着力提高委员的政治把握能力、调查研究能力、协商议

政能力、合作共事能力；深刻领会党的路线方针政策和重大战略部署，与党中央和区市县委始终保持方向一致、目标一致、工作一致、行动一致。

*维护县委权威，自觉服务发展大局。*县政协认真执行季度和重大事项向县委报告请示制度，切实把县委的主张融入政治协商、民主监督和参政议政的具体实践中；认真落实县委次仁顿珠书记在政协成立5周年座谈会时提出的“深化认识，统一共识，切实增强做好政协工作的责任感和使命感；立足实际，开拓创新，努力推动人民政协工作再创辉煌；加强领导，全力支持，不断开创人民政协工作全新局面”等重要指示精神，按照“让群众了解政协、让委员唱好主角、让政协彰显作用”的思路，通过委员走进村组、走进企业、走进学校、走进医院、走进寺庙、走进机关，让委员把行使权利与履行义务统一起来，把发挥岗位作用与履行委员职责统一起来，把增强荣誉感与珍惜话语权统一起来，让善于思考、勤于探索成为履职的新常态，让敢于发声、勇于表达成为履职的新常态，坚持围绕中心大局，履行政协职能，让见解独到、客观科学成为履职的新常态，切实把县委对政协的关心转化为工作的动力。

*发挥政协优势，自觉凝聚强大合力。*高举爱国主义、社会主义伟大旗帜，坚持和发展爱国统一战线，坚持和完善中国共产党领导的多党合作和政治协商制度，认真贯彻落实中央统战工作会议精神和《中国共产党统一战线工作条例（试行）》，把各方面的意见和建议充分反映出来，把各阶层、各民族和县内外的各方力量凝聚起来。全力参与县委、县政府举办的新年茶话会，激发政协委员、离退休老干部等回报林周的热情，并安排两名班子成员，积极投身全县宗教事务，争做旗帜鲜明立场坚定的模范，争做精进学识勤学苦修的模范，争做遵纪守法道德高尚的模范，争做积极作为发挥作用的模范，不遗余力地为构建和谐寺庙建言献策、贡献力量。

二、搭建协商平台，在会协商上出实招

推动政协协商民主发展必须做到“会协商”，既要具有协商意识，更要提高协商能力。一年来，县政协聚焦全县工作大局和县委、县政府中心工作，多层次广泛协商，充分发挥政协人才库、智囊团作用。

*全委会协商呈现新变化。*全委会前，组织委员开展调查研究，广泛征求意见，为全委会建言献策做好充分准备。二届二次会议期间，委员们协商讨论《政府工作报告》和其他报告，通过小组讨论、撰写提案等形式，围绕全县新发展战略，认真协商讨论，积极议政建言；分组讨论上，县委、县政府领导面对面听取了委员发言，与委员们就有关问题进行深入讨论、交流，有力激发了委员协商参政热情；全委会闭幕后，我们梳理出县委、县政府领导在分组讨论时的重要讲话，供广大委员学习、参考。

*常委会协商体现新实效。*县政协常委会把“精准扶贫精准脱贫”“河长制运行情况”等内容作为协商重点。组织委员调研、讨论、协商，提出了多条建议意见，为相关职能部门提供决策参考。如对精准扶贫精准脱贫和全县重大项目推进情况的协商中，政协常委们经过认真调研，在协商会上一致认为，县委、县政府十分重视精准扶贫精准脱贫和重大项目建设，多次召开推进会、多次深入项目现场研究解决问题，效果十分明显。同时，也指出了导致精准扶贫精准脱贫和部分重大项目推进乏力的主要原因是“个别部门推进力度不够、统筹协调不够、担当意识不强、服务保障不到位”，并针对性地提出了相关建议意见，得到了相关部门尤其是扶贫部门的采纳，有力促进了精准扶贫精准脱贫工作的推进。

*主席会协商凸显新亮点。*县政协探索建立了主席会协商制度，把“农村土地流转现状”“农牧业供给侧结构性改革”“党风廉政建设情况”等纳入了主席会协商内容，并形成相关建议意见。如在今年首次协商的党风廉政建设中，充分肯定了我县党风廉政建设宣传有势、预防有方、查处有力、成果有效，讨论了主席会成员将向县纪委报送的《关于强化党委主体责任和纪委监督责任》《关于如何推动党风廉政宣传教育工作科学发展》2篇调研报告，这是政协主席会对推进全县反腐倡廉建设和作风建设协商的一次有益尝试。针对县政协的协商建议，县纪委认真分析研究，吸纳了部分措施。

专委会协商实现新作为。县政协各专委会就“构建协商民主载体”“提案办理情况”等进行了对口协商，并将委员提出意见建议整理形成相应的协商情况报告。6月13日、27日、28日，组织部分委员、乡镇联络室负责人，深入9乡1镇，针对我县基层委员履职情况、各界别活动开展情况、乡镇政协委员联络室创建情况等进行协商讨论，并形成将相关协商成果，制定了各界别活动计划，上报政协常委会研究。

三、提高参政能力，在善议政上献良策

提高履职水平必须做到“善议政”，切实做到议政议到点子上。一年来，县政协紧扣全县重点工作，精心选择党政所思、群众所盼、社会所需、政协所能的课题，深入调查研究，积极议政建言。

视察协商“议”民生所需。县政协积极探索视察协商新思路、新方法、新途径，力求有新突破、新作为。全年就“异地扶贫搬迁、实体经济发展、乡镇企业发展”等课题组织了3次视察协商，提出建议意见10条。根据县委下发的《关于进一步加强人民政协工作的意见》精神，于4月12日，组织委员到堆龙、城关等地采取召开座谈会、实地走访调研、两地委员互动交流等方式，考察学习了堆龙、城关区实体经济、乡镇基层组织建设等工作，并加大考察成果的运用和转化，在林周政协发展史上首次创立了政协委员之家和在乡（镇）创建了政协委员联络室。

调查研究“建”发展之言。县政协以服务全县中心工作为方向、以实现最好的社会效果为目的，坚持求深透、求实效的方法，千方百计提高调研的质量。全年，县政协专委会就我县“放、管、服”工作等课题进行了调研，8月19日采取协调联动等举措，组织县政府办、编办、发改委、政务服务中心、江热夏乡等部门，全力配合市政协群团界、教育体育界政协委员来我县调研县乡政务服务体系运行情况和“放管服”工作，取得了良好效果。

四、围绕全县大局，在民主监督上求实效

彰显政协作用必须履行民主监督职责，讲真话、谏诤言，出实招、谋良策，监督监在关键处。一年来，县政协坚持把关注民生、反映民意作为履行职能的切入点，不断延伸履职触角，扎实开展民主监督，增进人民福祉。

提案办理求实求质。二届二次全会以来，共收到提案52件，审查、立案、交办52件，立案率、交办率均达100%。在提案交办过程中我们首次邀请县政府主要领导，出席政协提案交办会，树立起了提案办理的良好工作导向。各承办单位创新办理方式，所有提案都在限期内进行了办理回复，做到主要领导牵头、分管领导与承办人员深入一线，与委员就提案反映的问题进一步调查研究、分析原因、寻找解决问题的最佳途径，有力地推动了政协提案办理的效率、质量、水平，有了践行了“两个一百”和“一个确保”的具体要求。

反映民意尽心尽职。围绕县委、县政府中心工作，经济社会生活中的重要问题，以及人民群众普遍关心的事关社会稳定、民生和弱势群体权益保障、党风廉政建设等问题，提高广大委员反映社情民意的能力和水平，2017年5月，制定下发《林周县政协社情民意工作管理办法》，选聘了39名社情民意信息员。广大信息员自聘任以来，积极反映社情民意信息，开辟了一条社情民意信息上传下达的全新通道。如杨文委员、张秀英委员先后报送了关于加强县城矿渣车辆管理、关于配套寺庙健身设施等内容的社情民意信息，在各界引起强烈反响。

评议监督有力有效。拟定了《民主监督员管理办法》，组织引导委员广泛参与行风监督、重大工程应急处置现场监督、难点热点问题民主监督和法律实施情况监督。根据县委部署，充分调动委员结合县“六大工程”等“督办联查”，努力促成大督查格局。组织委员参与争先进位目标绩效考核与监督，有效促进相关部门完成年度工作目标。完善委员民主评议，始终坚持准确性、客观性、公正性和可行性的原则，努力做到不造声势真评议、不走过场求实效、与人为善建真言。

五、扩大助推范围，在同频共振上有担当

助推发展必须要有载体、有活动、有成效。一年来，县政协凝聚各方力量，以“四讲四爱”活动、“两学一做”学习教育为载体，广泛开展委员传递正能量履职实践活动。

助力改革发展。强化对县域经济的动态研究和跟踪调查，为促进经济社会持续发展建言献策。2017年7月，在第八批援藏领导的大力支持下，我们与姑苏区政协、常熟市政协建立了友好合作关系，依托友谊的桥梁，苏州市姑苏区政协相炎主席率领10余名政协委员、专家学者，深入我县产业园区等地进行实地调研视察，并召开座谈会，围绕我县"生态旅游、产业园区、结对帮扶、经济发展、乡镇建设"等提出了许多有针对性的意见建议。

助力中心工作。用心画好同心圆。"北部三乡村级组织换届督导、全县客运班线改革攻坚、清退城镇超标低保对象、包案化解重点信访案件"等"牵一发而动全身"，事关我县社会局势稳定的大事中，政协人均勇挑重担、敢于担当、呕心沥血、不辱使命。大力推进政协文史征编工作。进一步发挥文史资料"存史、资政、育人"作用，坚持"亲历、亲见、亲闻"原则，不断拓宽文史资料征集渠道，扎实做好《我的林周记忆》《林周史话》(孤本)的整理、编撰等工作。努力推进重点项目。广泛开展"委员传递正能量"活动，依托政协委员联络室在各乡镇开展志愿服务活动，广大委员和机关职工参加志愿服务达200余人次。

助力脱贫攻坚。县政协围绕"两年脱贫、三年巩固"的工作思路，以着力解决好群众关心关注的实际困难和现实问题为突破口，动员全社会的力量广泛参与，凝聚起扶贫攻坚的强大合力。县政协组织联系指导乡镇和个人认真学习、吃透政策，按照县委的要求，采取召开座谈会、现场办公会等形式，进行户户对接，上门问诊，精准施策，积极协助解决道路、安全饮水、产业发展等问题。县政协党员领导干部认真落实县委、县政府分派的"产业扶贫、精准扶贫交叉验收"等任务，并身先士卒、从严从实、高标准执行县委、县政府关于"十九大期间入户走访贫困户、主抓联系点扶贫工作整改"等一系列关于扶贫攻坚期的"硬要求"，有力确保了联系点顺利通过县市区扶贫考核的交叉验收。同时，全县100余名政协委员积极参与扶贫攻坚行动，注重扶贫与扶志、扶智相结合，全年累计帮扶150余户贫困群众脱贫。

六、加强自身建设，在提速增效上重实效

增强履职的实效必须持之以恒地抓好自身建设。一年来，县政协以"两学一做"学习教育为抓手、以拓展协商民主的深度广度为平台，在增强履职能力上下功夫，在提高服务水平上做文章，在干部作风建设上添措施。

扎实开展专题教育。"两学一做"学习教育开展以来，县政协严格按照县委的要求，认真安排部署，精心设计载体，扎实推动实施。把学习教育贯穿始终，把"严"和"实"的要求贯穿始终，把整改落实贯穿始终、把作风建设贯穿始终、把素质提高贯穿始终；严格按照县纪委、县委组织部《关于开展好"两学一做"专题民主生活会的通知》要求，坚持触及灵魂、红脸出汗，高质量召开了专题民主生活会。既做到了问题找得准、根子挖得深，又做到了相互批评诚恳，整改措施实在，达到了预期的效果；认真组织学习《中国共产党廉洁自律准则》和《中国共产党纪律处分条例》，提高干部职工的廉洁自律能力。全年，组织集体学习12次，政协班子、机关和个人查找整改问题20条，撰写心得体会10余篇，交流发言20余人次。

积极推进协商民主。一是通过培训来推进。切实把"协商民主"纳入了培训课程，先后对政协委员进行了2次专题培训，让委员在协商过程中"有话想说""有话敢说""有话会说"，做到言之有据、言之有理、言之有度，使协商意见具有说服力、感染力和影响力，在协商中发挥更好的作用。二是通过搭建平台来推进。搭建了主席会协商、常委会季度协商、专委会对口协商、提案办理协商等协商平台，不断加大协商密度，不断丰富协商内容，不断完善协商制度，不断提高协商质量。三是通过服务来推进。努力提高政协机关服务能力和统筹协调能力，在推进协商民主工作中更好地发挥参谋、组织、联络、协调、服务、保障等作用。

切实抓好宣传理论。县政协始终牢牢把握意识形态和舆论导向总体要求，将宣传理论作为推动政协工作的重要抓手，作为锻炼政协委员和政协机关干部政治把握能力、敏锐思维能力的重要渠道，健全机制，建强队伍，在政协宣传理论实践中传递

主流意识和社会主义核心价值，最大限度地凝聚思想共识，充分发挥政协宣传理论工作的正效应和正能量。

整体推进机关建设。县政协认真落实中央“八项规定”和区党委“约法十章、九项要求”和市委“八项要求”，切实改进工作作风，贴近群众，为民服务，积极建设“学习型、服务型、创新型、效能型、和谐型”机关；严格执行机关管理的各项制度，以提升执行力为抓手，不断规范履职行为，不断提高机关干部职工政治思想水平，促进政协工作的制度化、规范化、程序化建设；加强政协机关管理，强化服务意识，不断提升机关服务质量和水平。

各位委员，过去的一年，我们克服主席会成员不足、政协机关工作力量薄弱等实际困难，着眼大局精心谋划，对接重点广泛建言，工作质效稳步提升，社会效应不断扩大。我们深知，县政协的每一步成长，都离不开县委的坚强领导和县人大、县政府的鼎力支持；县政协的每一项工作，都离不开工商联、人民团体的积极配合和各界人士的倾情帮助；县政协的每一分收获，都离不开广大政协委员的无私奉献。在这里，我代表县政协常委会，向大家表示崇高的敬意和衷心的感谢！

各位委员，我们在看到成绩的同时，也要清醒地认识到，与新形势、新任务的要求和人民政协肩负的使命相比，工作中还存在一些差距。主要是：协商民主重要渠道作用还没有得到充分发挥；委员的履职意识和履职能力还有待进一步提高；界别的优势和活力还没有充分释放；政协履职成果的反馈与转化机制还有待完善；委员服务平台建设还有差距；委员的教育管理有待加强，等等。对此，县政协常委会将认真研究，切实加以改进。我们也真诚希望大家提出宝贵意见，帮助我们把工作做得更好，不断促进我县人民政协工作的健康发展。

2018 年工作部署

2018 年是贯彻党的十九大精神的开局之年，是实施“十三五”规划承上启下的重要一年，更是巩固脱贫攻坚成果的关键之年。新的一年，县政协工作总体要求是：紧密团结在以习近平同志为核心的党中央周围，高举习近平新时代中国特色社会主义思想伟大旗帜，突出团结和民主两大主题，在县委的领导下，坚持科学思维、辩证思维、系统思维，增强创新意识，不断深化“委员传递正能量”履职实践活动，大力推进社会主义协商民主发展，为全面落实“四个全面”战略布局，为如期实现脱贫摘帽的目标、如期建成全面小康社会做出人民政协新贡献。

一、坚持党的领导，在突出政治引领上下功夫

认真学习贯彻落实党的十九大精神、习近平新时代中国特色社会主义思想、学习贯彻落实区市县委九届三次全会精神，坚定不移地坚持中国共产党对人民政协的领导，围绕“五位一体”总体布局、“四个全面”战略布局和县委对林周工作的新定位，切实把广大政协委员和政协工作者的思想和行动统一到党中央和区市县委的决策部署上来，切实认清县委对我县新时代下发展形势的科学判断，进一步增进政治认同、思想认同；始终把纪律和规矩挺在前面，严格落实县委的决策部署，自觉维护县委的权威，切实增强党的意识、政治意识、大局意识、核心意识、看齐意识，把县委的主张通过民主程序转化为社会各界的广泛共识和自觉行动，为实现县委提出的目标任务提供最广泛的力量支持。

二、坚持改革创新，在献策林周发展上下功夫

牢固树立创新、协调、绿色、开放、共享发展理念，以赶超发展的务实举措，抓住全面建成小康社会这个关键，围绕人民日益增长的美好生活需要和不平衡不充分的发展之间的矛盾，在破解发展难题、增强发展动力、厚植发展优势等方面出实招、谋良策；牢牢把握“十三五”时期我县经济社会发展的特征，在“抓好发展稳定生态三件大事、正确处理‘十三对关系’、深度实施‘六大工程’、农牧业转型升级、打造全区特色农牧结合示范县、打造拉萨美丽副城、园区建设、壮大实体经济、增强发展动力、实施乡村振兴战略、提升城市经营管理水平”等方面，采取行之有效的协商议政方式，为县委、县政府决策提出有价值、有分量、有针对性、有操作性的建议意见。

三、坚持探索实践，在推进协商民主上下功夫

充分发挥人民政协协商民主重要渠道和专门协商机构作用，把协商民主贯穿履行职能全过程，不断推进政协协商民主制度化、规范化、程序化。严格按照县委《关于进一步加强人民政协工作的意见》，认真制定并实施2018年的年度工作计划，认真谋划协商、调研、专项监督课题；进一步丰富协商内容、搭建协商平台、拓展协商形式、增加协商密度、营造协商氛围。强化协商民主制度建设，逐步构建科学规范的社会主义协商民主制度体系；深入了解界别群众的呼声和愿望，围绕协商的重点课题，更大力度地深入基层开展调查研究，通过协商建言、协商建议、社情民意等方式，把滞留在基层、散佚于民间的真实情况，客观准确地反映给县委、县政府；继续探索实施基层协商民主工作，指导基层组织开展协商民主活动。

四、开展三推六进，在助力中心工作上下功夫

扎实开展"立足岗位倾力助推、搭建平台全力助推、凝聚各方积极助推，走进村组、走进企业、走进学校、走进医院、走进寺庙、走进机关""三推六进"委员传递正能量活动，进一步提高主席会成员参与中心工作的主动性，进一步落实主席会成员联系委员制度，建立健全委员联系平台，完善委员联络制度，广泛听取意见，引导委员在本职岗位上做出表率。通过各种方式和途径，充分调动委员的履职积极性，让他们干事有舞台、建言有渠道、履职有作为。进一步引导委员围绕全县重点工作开展"七个助推活动"。即围绕"突出农牧业转型升级、丰富旅游发展模式、培育壮大实体经济"，助推产业发展；围绕"推进项目建设、完善要素保障、落实监督管理"，助推项目建设；围绕"巩固深化脱贫成果、落实扶贫产业项目、精准资源要素配置"，助推脱贫攻坚；围绕"深化教育事业发展、提高卫生服务水平、加强社会兜底保障"，助推民生事业；围绕"深化农牧业供给侧结构性改革、适应现代企业制度改革、巩固深化改革开放成果"，助推深化改革；围绕"强化生态环境保护、着力优化发展环境、加强精神文明建设"，助推优化环境；围绕"切实保障公共安全、坚定不移开展反分裂斗争、深化社会综合治理"，助推社会治理。

五、坚持服务大局，在强化自身建设上下功夫

积极探索委员教育管理的创新实践，通过提交高质量的提案、反映社情民意、参与视察调研等履职活动，发挥委员的主体作用。健全考核、激励制度，通报履职情况，激发委员的活力；继续采取党校培训、专题讲座培训等形式，加大对委员的培训力度，增强委员履职的责任感和使命感；着力加强常委会自身建设，充分发挥专委会的组织优势、专业优势和联络优势，切实增强政协工作的活力；积极协调县委组织部、县委统战部，扎实做好届中委员辞免撤销及递补、补选等工作；巩固"两学一做"学习教育成果，认真贯彻落实党中央和区市县委相关要求，强化委员廉政教育，持之以恒地反对"四风"，继续贯彻中央"八项规定"和区党委"约法十章、九项要求"和市委"八项要求"，深入推进政协党风廉政建设，用新的视角看问题，用新的观念谋工作，用新的思维想办法，努力开创工作的新局面；更加注重宣传理论工作，切实改进调研工作，努力提高议政建言能力和水平，加大政协履职实践宣传力度，提高政协工作的宣传面和社会影响力。

各位委员，开创政协工作新局面需要我们同心同德，加快发展需要我们群策群力。让我们更加紧密地团结在以习近平同志为核心的党中央周围，以党的十九大精神为统领，在县委的坚强领导下，锲而不舍，奋发向上，不忘初心，敬终如始，勠力同心，扎实工作，为林周加快全面建成小康社会，谱写林周全面建设社会主义现代化新篇章而努力奋斗。

以永远在路上的坚韧和执着 坚定不移推动全面从严治党向纵深发展

——在中国共产党林周县第九届纪律检查委员会第三次全体会议上的工作报告

林周县委常委、纪委书记、监委主任 宋平发

（2018 年 4 月 4 日）

会议的主要任务是：深入学习贯彻习近平新时代中国特色社会主义思想，全面贯彻落实党的十九大和十九届二中、三中全会精神，贯彻落实十九届中央纪委二次全会精神特别是习近平总书记重要讲话和赵乐际书记工作报告精神，学习贯彻区市县党委九届三次全会精神以及区市纪委九届三次全会精神，总结 2017 年全县党风廉政建设和反腐败工作，研究部署 2018 年工作。刚才，县委书记次仁顿珠同志作了重要讲话，对贯彻落实党的十九大全面从严治党战略部署，深入推进全县党风廉政建设和反腐败斗争提出了明确要求。大家一定要紧密联系实际，认真学习领会，坚决贯彻落实。

一、2017 年工作回顾

2017 年，以次仁顿珠同志为班长的林周县委自觉担负起管党治党政治责任，深入贯彻落实党的十九大全面从严治党战略决策和区市党委、纪委安排部署，加强对反腐败工作的全程领导，推动全面从严治党取得明显成效。全县纪检监察机关始终坚持“三个牢固树立”，聚焦主业主责，协助县委推进全面从严治党、加强党风建设和组织协调反腐败工作，忠诚履行党章赋予的职责，全县党风廉政建设和反腐败工作取得新进展新成效。

（一）牢固树立“四个意识”，深入学习贯彻党的十九大精神。 县委将学习贯彻习近平新时代中国特色社会主义思想和党的十九大精神作为首要政治任务，制定下发《党的十九大精神学习宣传工作方案》，审议通过《以习近平新时代中国特色社会主义思想为指导 加快全面建成小康社会 谱写林周社会主义现代化建设新篇章的意见》，对学习贯彻十九大精神作出全面安排；充分发挥媒介宣传推动作用，综合利用广播电视、横幅标语、网络微信等，营造浓厚学习氛围；整合宣传力量，培养宣讲骨干，邀请区市党委宣讲团宣讲党的十九大精神 11 场次，实现 10 个乡镇全覆盖；各级党组织主动向县委部署要求看齐，通过理论中心组、机关干部大会及支部学习会等形式，深入领会十九大精神核心要义。全县各级纪检监察机关坚持与区市县党委同向发力，及时召开机关干部大会，传达学习工作方案，明确学习内容、工作措施及具体要求；以机关集体学习和支部建设为依托，通过“分解报告、轮流领学”的方式，着力提升巩固学习成效；将十九大精神纳入纪检监察干部业务培训班重要内容，进一步统一思想、凝聚共识；把林周纪检监察微信公众号作为重要平台，开辟十九大精神学习园地。同时，将督导检查党的十九大精神学习贯彻情况与扶贫领域监督执纪结合起来，深入全县所有乡镇及部分村

（组）进行实地督导检查，确保党的十九大精神覆盖到全县每个角落，广大干部群众入脑入心。

（二）始终把党的政治建设摆在首位，坚决维护以习近平同志为核心的党中央权威和集中统一领导。坚持把维护以习近平同志为核心的党中央权威和集中统一领导作为最重大的政治责任、作为最重要的政治纪律和政治规矩，聚焦“七个有之”问题，重点检查党的路线方针政策及中央和区市县党委重大决策部署贯彻执行情况，坚决杜绝对中央方针政策说三道四，对上级组织决策部署阳奉阴违的行为。认真贯彻执行区市关于共产党员、国家公职人员违反政治纪律行为处分有关规定，联合相关单位成立督查组，对执行政治纪律、维稳纪律、工作纪律等情况进行监督检查，共发现问题40余条，当场要求整改。

（三）抓住管党治党“牛鼻子”，开创全面从严治党新局面。深入落实全面从严治党的各项要求，制定“两个责任”清单、细化责任，发放“两个责任”记实手册60余册，把责任真正落实到各级党组织特别是“一把手”身上。县纪委向县委常委会专题汇报工作8次，提请县委研究党风廉政建设和反腐败工作，分析当前工作形势，研究部署下一步工作任务。协助县委深化约谈工作，推动约谈工作常态化制度化，约谈覆盖面达100%，其中单独约谈达70%以上，特别是对全面从严治党责任履行不够到位，党风廉政建设和反腐败工作开展较差的乡镇和县直单位进行了重点约谈。深入推进党组织书记落实党风廉政建设责任制“双述”工作，实行各乡镇、县直部门书面述责述廉全覆盖，严把述责述廉报告审核关，选择8家乡镇和单位进行现场述责述廉并接受质询评议和民主测评，压紧压实“两个责任”，推动管党治党从宽松软走向严紧硬。动态更新全县科级党员干部廉政档案资料116份，严把干部廉政考察鉴定关，出具干部廉政意见1200余人次。严格执行《中国共产党问责条例》及自治区实施细则，对2起公务用车监管不到位的直接领导予以通报批评，责令作出检讨。

（四）锲而不舍抓作风树新风，密切党同人民群众的血肉联系。坚决捍卫来之不易的作风建设成果，对“四风”问题紧咬不放、紧盯不松，一个节点一个节点抓，一年接着一年干，在重要年节假期前下发通知、通报典型案例，重申纪律要求，强化日常监督执纪，严肃查处不收敛、不收手、不知止的顶风违纪行为，推动作风建设步步深入。2017年共开展监督检查181次，查处违反中央八项规定精神问题2起2人，给予党纪政纪处分2人。紧盯干部群众关注的焦点，深入开展党员干部参与赌博问题专项治理，开展监督检查9次，签订承诺书89份，排查具体问题3个；开展不作为、慢作为、乱作为专项检查工作，对2家单位主要负责人进行约谈提醒；签订60余份《企业助廉守法承诺书》，1家企业被相关部门纳入“黑名单”。

（五）准确运用监督执纪“四种形态”，执纪审查迈上新台阶。不断转变执纪审查理念，准确把握运用监督执纪“四种形态”，特别是第一、二种形态，坚持惩前毖后、治病救人的方针，完善出台《林周县纪委谈话函询、约谈、诫勉实施办法（试行）》。坚持抓早抓小抓预防，对存在苗头性倾向性问题的单位及部门主要负责人及时进行约谈提醒，使咬耳扯袖、红脸出汗成为常态。2017年，共谈话函询7人，下发《监察建议书》11份。始终保持惩治腐败高压态势，坚持无禁区、全覆盖、零容忍，坚持重遏制、强高压、长震慑，紧盯重点领域、重点人员，特别是基层“微腐败”，重点查处侵吞挪用专项资金、截留套取涉农资金、侵害群众利益、以权谋私等群众身边的不正之风和腐败问题。严格执行监督执纪工作规则，规范审查程序，严肃审查纪律，不断提高纪律审查质量。2017年共收到问题线索26件，办结25件，立案5件，给予纪律处分4人，组织处理8人。

（六）强化扶贫领域监督执纪问责，为脱贫攻坚提供有力保障。深入贯彻落实中央和区纪委关于扶贫领域监督执纪问责工作电视电话会议精神，主动扛起监督责任，组织全县10个乡镇纪委召开专题会议，分析扶贫领域风险隐患和漏洞，对全县扶贫领域监督执纪问责工作进行安排部署。结合市纪委关于严肃查处侵害群众利益的不正之风和腐败问题的工作要求，将两项工作统筹安排，及时组织扶贫办、财政局、人社局等相关部门召开会议，要求各部门认真履行对扶贫领域的行业监管职责，从严从细开展扶贫领域自查自纠工作。制定下发扶贫领域专项监督检查工作方案，对全县扶贫政策、项目、资金落实情况进行大起底，抽查6个乡镇、8个行政村扶贫工作开展情况，将发现的38条一般性问题及时反馈被检查单位并下发通报，要求限时整改。结合全县党风廉政建设责任制落实情况考核工作，对未抽查的4个乡镇扶贫工作进行专项检查，实现乡镇扶贫检查全覆盖，为打赢脱贫攻坚战提供坚强纪律保障。2017年，共收到扶贫领域问题线索12件，立案4件。

（七）以创新精神推动“三转”，扎实推进纪检监察体制改革。再次清理调整县纪委参与的议事协调机构，由16个减少至11个，进一步调整内设机构，科学优化科室人员配置。完善纪检监察干部管理办法，严格执行乡镇纪委定期向县纪委请示报告制度，推动纪委双重领导具体化程序化制度化。认真贯彻执行巡视工作条例和区市党委关于推动巡视巡察联动开展的工作要求，科学制定九届县委巡察规划，及时设立巡察机构，顺利启动第一轮常规巡察。首轮巡察工作顺利、成效明显，反馈三类问题71条、立行立改问题21条，有效发挥了巡察利剑作用。认真落实中央全面推开监察体制改革试点工作的决策部署和区市党委的工作要求，统筹协调配合，稳步推进全县监察体制改革试点工作，顺利成立县监察委员会，实现了对行使公权力人员的监察全覆盖，不断提高反腐败工作的法治化水平。

（八）坚持打铁必须自身硬，建设忠诚干净担当的队伍。组织学习纪检监察干部违纪案件及其教训警示的通报，观看《打铁还需自身硬》等专题教育片，推进“两学一做”学习教育常态化制度化，每月集中学习不少于3次，深入学习习近平新时代中国特色社会主义思想和党的十九大精神，用心学习、融会贯通，筑牢干部思想政治基础，切实增强“四个意识”，坚定“四个自信”。强化干部教育培训，与苏州市纪检系统建立对口帮扶交流机制，先后派出2批4人前往常熟市、姑苏区进行跟岗培训，姑苏区纪委一行4人来林周考察交流，同时选派60余人次参加中央和区市纪委组织的各类培训，不断提高纪检干部的素质能力。举办林周县纪检监察干部业务培训班，通过交流研讨等方式，有效提升乡镇、村级纪检干部业务水平。强化内部监督管理，制定出台《林周县纪检监察干部管理办法实施细则》《关于对全县纪检监察干部“八小时外”社会交往活动监督的暂行规定》等制度，规范纪检监察干部行为举止。

实践中，我们深切体会到，党的十九大作出了中国特色社会主义进入新时代的重大政治判断，对坚定不移全面从严治党作出了战略部署。党的纪律检查委员会是党内监督专责机关、是管党治党的重要力量，要把学习贯彻党的十九大精神作为当前和今后一个时期的首要政治任务，在全面从严治党上作出表率、走在前列，在坚持中深化、在深化中发展。必须牢牢抓住十九届中央纪委二次全会工作报告提出的“四个深刻理解和正确把握”，学深悟透习近平新时代中国特色社会主义思想，提高政治站位，强化理论武装，增强大局观念，自觉把纪检监察工作置于党的绝对领导之下，放在决胜全面建成小康的大局中谋划、部署、推进，确保正确政治方向。必须以坚持和加强党的全面领导为根本目标，带头维护习近平总书记的核心地位，带头维护政治纪律和政治规矩，始终在思想和行动上向核心看齐，同党中央保持一致，坚决贯彻落实中央和区市党委、纪委以及县委的决策部署。必须以党章为根本遵循，把纪委监督、执纪、问责与监察委监督、调查、处置职责相融合，有机统一于全面从严治党的生动实践，更加自觉地持续深化“三转”，严于监督、严格执纪、严肃问责，把新时代纪检监察工作做得更加精准、务实。必须以全心全意为人民服务为宗旨，以“越是艰险越向前”的英雄气概和“狭路相逢勇者胜”的斗争精神，不断深化作风建设，重整行装再出发，把“严”字长期坚持下去，持续改进党风政风，扭转民风社风，让广大群众真正感受到我们正风反腐永远在路上的坚韧和执着。

同时，我们也清醒看到，我县党风廉政建设和反腐败斗争形势依然严峻复杂，党的领导弱化、党的建设缺失、全面从严治党不力的问题还没有彻底解决，政治纪律和政治规矩意识不强的问题还一定程度存在;"四风"问题病根还没有清除、反弹回潮的隐患较大;有的领导干部管党治党责任意识不强,缺乏担当精神,压力传导不到位;少数党员领导干部不作为慢作为问题没有得到彻底根治;群众身边的不正之风和腐败问题依然存在,扶贫领域优亲厚友、虚报冒领、截留私分等问题仍有发生;纪检监察机关自身建设还存在薄弱环节,纪检监察干部思想政治素质、业务水平还需进一步提高。对此,我们必须高度重视,采取有效措施,认真加以解决。

二、2018年重点工作

今年工作的总体要求是:以习近平新时代中国特色社会主义思想为指导,全面贯彻党的十九大和十九届二中、三中全会精神,贯彻落实习近平总书记关于"做神圣国土守护者,美好家园建设者"的指示精神,贯彻落实十九届中央纪委二次全会精神,区市县党委九届三次全会和区、市纪委九届三次全会精神,增强"四个意识",坚定"四个自信",按照中央和区市纪委的统一部署,聚焦坚持和加强党的全面领导,聚焦维护习近平总书记在党中央和全党的核心地位,聚焦维护党中央权威和集中统一领导,坚持党要管党、全面从严治党,坚持稳中求进工作总基调,忠诚履行党章和宪法赋予的职责,以党的政治建设为统领,认真落实新时代党的建设总要求,全面推进党的各项建设,坚持不敢腐、不能腐、不想腐一体推进,监督检查党章执行和党的十九大精神贯彻落实情况,深化国家监察体制改革,持之以恒正风肃纪,深入推进反腐败斗争,积极营造风清气正的良好政治生态,深入开展"不忘初心、牢记使命"主题教育,建设忠诚干净担当的纪检监察干部队伍,为决胜全面建成小康社会提供坚强保证。

(一)旗帜鲜明讲政治,加强党的政治建设

坚决维护以习近平同志为核心的党中央的绝对权威和集中统一领导。要不断增强"四个意识",坚定"四个自信",坚决拥戴、信赖、忠诚、捍卫习近平总书记这个核心,以党的旗帜为旗帜、以党的方向为方向,以党的意志为意志,始终在政治立场、政治方向、政治原则、政治道路上同党中央保持高度一致,确保党的路线方针政策和党中央决策部署不折不扣贯彻落实。要把对党的忠诚转化为听党指挥、为党尽责的实际行动,落实到纪律建设、监督执纪、责任追究和巡察各个环节,以实际行动诠释对习近平总书记和党中央的绝对忠诚。

把严明政治纪律和政治规矩放在首位,要以党的政治建设为统领,把讲政治的要求贯穿于全面从严治党全过程,加强对党章执行和党的十九大精神特别是习近平总书记治边稳藏重要战略思想贯彻落实情况的监督检查,严肃查处自行其是、各自为政,有令不行、有禁不止行为,严肃查处上有政策、下有对策,虚伪应付、实不作为的问题。要严格执行党员不得信仰宗教的规定,紧盯宗教节日和重大佛事活动,强化明察暗访,对党员信仰宗教存在模糊认识的要做好教育转化工作,对教育后仍不悔改的,必须严肃处理,纯洁党员干部队伍。要把对党是否忠诚作为衡量党员干部的首要政治标准,把党员干部在反分裂斗争中的立场表现作为巡察和执纪监督的重点,聚焦"七个有之"问题,旗帜鲜明同违规逾矩、搞团团伙伙的行为作斗争,把政治上蜕变、违反反分裂斗争纪律、追随十四世达赖的"两面人"从党内及时辨别出来、清除出去。

加强党内政治生活监督检查。要严格执行新形势下党内政治生活若干准则及县委2017年1号文件要求,用好批评与自我批评这个武器,增强党内政治生活的政治性、时代性、原则性、战斗性。除了受到"双开"处分的,前三种形态处置的党员都要在民主生活会、组织生活会上作出说明并深刻检查,加强对领导班子及其成员特别是一把手贯彻执行民主集中制情况的督促检查,坚决纠正和查处违规、错误言行。要严格执行乡镇纪委向县纪委、同级党委双报告制度,重要工作、重大事项既要报结果、也要报过程。

加强党内政治生态建设。要协助党委处理好"树木和森林"关系,定期进行分析研判,把握全县政治生态整体状况,做到情况明、底数准。督促领导干部自觉加强党性锻炼,抓好日常"保健"工作,常打预防"疫苗",提高免疫力。要注重"疏浚源头",当好党内政治生态的"护林员",强化对选人用人情

况的监督，动态更新干部廉政档案资料库，做深做细党风廉政意见回复工作；落实“纪检监察机关意见必听、线索具体的信访举报必查”的要求，对政治上有问题的一票否决，对廉洁上有硬伤的坚决不用。

（二）深化纪检监察体制改革，将制度优势转化为治理效能

完善巡察机制。要围绕坚持和加强党的全面领导这个根本，突出政治巡察，紧盯被巡察党组织政治立场和政治生态，重点检查党章执行和党的十九大精神贯彻落实情况，检查加强党的领导、推进党的建设、落实全面从严治党情况，认真查找“四风”表现，推动巡察工作向纵深发展。要强化巡察成果运用，做好各级党组织巡视巡察反馈意见整改工作，健全整改督办和问责机制，督促巡察整改，对整改不到位、问题不解决的，抓住典型严肃追责，让利剑高悬、震慑常在。要认真总结首轮巡察工作经验，不断完善制度建设，深入推进县委巡察工作，与区市党委巡视巡察同频共振，争取2018年巡察对象覆盖25%–30%。

稳步推进深化国家监察体制改革试点工作。要加强纪委监察委办公场所改造工作，强化保障作用。继续在深化细化纪委监察委工作方式方法上下功夫，握指成拳、聚拢力量，最大限度发挥整合效应，做到合编、合心、合力，实现“1+1 ＞ 2”的改革效应。认真履行监督、调查、处置职责，全要素试用12项调查措施，依纪依法开展审查调查，把制度优势转化为治理效能，使全面从严治党、监察监督覆盖到“最后一公里”。要坚持在融合中探索，在探索中实践，在实践中提升，重点加强监督、调查、处置与监督、执纪、问责工作流程的磨合，加强监察机关与审判机关、检察机关、执法部门的工作衔接，形成既相互配合又相互制约的体制机制。要加强全员学习培训，把思想政治工作贯穿改革始终，大力开展政治和业务培训，推动纪检监察干部学好党章党规党纪、宪法法律法规，增强监督执纪问责、监督调查处置本领。

（三）坚持正风肃纪不松劲，以顽强的韧劲打好作风建设攻坚战持久战

严肃纠正整治“四风”顽疾。要坚决整治享乐主义和奢靡之风，抓住“四风”隐形变异、改头换面等新问题，不断拧紧纠正“四风”螺丝，以永远在路上的恒心和韧劲，坚决打赢作风建设的攻坚战、持久战。要继续开展党员干部参与赌博或带有赌博性质娱乐活动专项整治，严格落实县委关于工作日严禁饮酒的规定，坚决查处公车私用、公款吃喝、公款旅游和公款送礼等问题，严防“四风”反弹回潮。要聚焦习近平总书记指出十个方面形式主义、官僚主义问题，督促各级党组织对照检查、逐条查摆，拿出过硬举措，扎实有效整改，突出整治打官腔、摆官威、耍威风等特权思想和现象，深入整治党员干部不作为、慢作为、乱作为、冷硬横推等问题，着力解决“门好进、脸好看、事难办”现象。

持续深化作风建设成果。要严格执行密切联系群众相关制度规定，坚持走群众路线，督促各单位和党员干部落实县委出台的深入基层调查研究制度、结对认亲走访联系制度，经常深入基层、深入群众，倾听群众呼声，解决群众诉求，密切党同人民群众的血肉联系。要不断推进家风建设，发挥“贤内助”作用，引导党员领导干部坚持廉洁修身、廉洁齐家，发挥党员领导干部示范引领作用，以良好家风推动社会风气持续向好。要严格执行自治区《关于贯彻落实中央八项规定实施细则精神办法》，督促各级各部门对照修订与上级精神不一致的制度措施，向社会公开，接受群众监督。要严格执行精文减会、下基层食宿自理等规定，从一件件具体的小事做起，把作风改深改实，努力以“关键少数”的自我革命带动“大多数”党员干部的作风转变。

（四）全面加强纪律建设，用严明的纪律管党治党

做深做实纪律教育。要始终把党章党规党纪作为党员干部学习教育必修课，通过经常性的纪律教育，不断增强党员干部的纪律意识和规矩意识，使铁的纪律真正转化为日常习惯和自觉遵循。要提高警示教育的针对性，用好身边人、身边事和典型案例，使党员干部知敬畏、存戒惧、守底线，真正从中汲取教训，防范于未然。

深化运用监督执纪“四种形态”。要坚持严管厚爱，在运用第一种形态上下更大功夫，对反映的一般性问题及时谈话提醒、约谈函询，让本人作出

说明，所在党组织书记或部门主要领导签字；对如实说明予以采信了结的，向本人反馈澄清。要坚持宽严相济，对存在违纪问题的，综合考虑违纪性质情节和认错悔错态度，把握政策界限，给予批评教育、组织处理或纪律处分，对于极少数严重违纪甚至涉嫌违法的，必须坚决依纪依法严肃处理，以儆效尤。要提高谈话函询质量，充分发挥谈话函询采信告知的教育激励作用和抽查核实的监督作用，要按照不低于15%的比例对函询结果进行抽查核实，对隐瞒事实、欺骗组织，边谈边犯、边询边犯的从严从重处理。

(五)深化标本兼治，巩固发展反腐败斗争压倒性态势

保持惩治腐败高压态势不动摇。要紧盯"三类重点人"，对有政治、组织、廉洁问题反映的必核必查，严肃查处政治问题和经济问题相互交织形成利益集团的腐败案件；紧盯重点领域和关键环节，严肃查处选人用人、审批监管、大宗采购、工程招投标以及公共财政支出等方面的腐败问题。要依纪依法安全文明办案，落实办案安全责任制，牢牢守住不发生安全事故的底线。要加强问题线索集中管理，健全完善问题线索排查机制，确保问题线索台账情况明、数字准、责任清，处置及时规范。

深化构建不敢腐、不能腐、不想腐的体制机制。要坚持思想建党、纪律强党、制度治党同向发力，既夯实治本基础，又有效运用治标利器。要及时总结分析审查调查、巡视反馈、巡察监督、日常监督中发现的共性问题，向同级党委报告，推动解决体制机制问题和制度漏洞，建立健全监督管理机制，对权力运行全程留痕、实时监控，扎紧不能腐的笼子。要把党性教育作为共产党人的"心学"，结合推进"两学一做"学习教育常态化制度化和即将开展的"不忘初心、牢记使命"主题教育，引导广大党员、干部持续解决好世界观、人生观、价值观这个"总开关"问题，从思想源头上消除贪腐之念，增强不想腐的自觉。

(六)坚决整治群众身边的作风和腐败问题，让人民群众在全面从严治党中有更多的获得感

认真开展扶贫领域专项治理。要坚持问题导向，明确整治重点，着力整治乡镇党委政府、纪检监察机关及行业主管部门履职尽责不力的问题，着力整治弄虚作假、数字脱贫，扶持对象、措施到户、脱贫成效不精准，贫困乡镇、贫困村、贫困户虚假"摘帽"等问题。要实施精准监督，从严审查调查，认真开展扶贫领域腐败和作风问题专项治理，着力拓宽问题线索来源，及时高效处置问题线索，严肃查处贪污挪用、虚报冒领、截留私分、优亲厚友等突出问题，对胆敢向扶贫资金、项目"动奶酪"的严惩不贷。

严厉惩治基层"微腐败"。要坚持原则、敢抓敢管，把全面从严治党延伸到末梢，坚决查处发生在民生资金、"三资"管理、征地拆迁、教育医疗、生态环保等领域的违纪违法行为。要把惩治"蝇贪"同扫黑除恶结合起来，坚决查处涉黑腐败，严厉惩治放纵、包庇黑恶势力、宗族势力、非法组织甚至充当"保护伞"的党员干部，积极回应人民群众关切。要对扶贫民生领域的突出问题，定期梳理、滚动督办，对民愤集中、性质恶劣、重大复杂的问题限时办结，对典型案例一律点名道姓通报曝光，对工作推动不力、问题长期得不到解决的要坚决问责。

(七)抓住管党治党"两个责任"，推动全面从严治党责任落到实处

传导责任压力，激发担当精神。要牵住主体责任"牛鼻子"，督促各级党组织切实担负起全面从严治党主体责任，定期向上级党委和纪委书面报告落实主体责任情况，持续深化"双述"工作；督促各级党组织主要负责人抓好班子、带好队伍，采取督导检查、约谈提醒、责任追究等方式，把管党治党责任层层往下传导，着力解决一些党组织管党治党宽松软的问题。要履行好纪委监督责任，协助党委推进全面从严治党、加强党风廉政建设和组织协调反腐败工作，开展经常性监督检查，加大正风肃纪和腐败问题查处力度，切实担负起协助党委推进全面从严治党政治责任，当好党章党规"守护者"，政治生态"护林员"。

坚持失责必问、问责必严。严格执行问责条例及自治区实施办法，对执行党的路线方针政策不力，管党治党责任缺失、监督责任缺位、给党的事业

造成严重损害，腐败和作风问题多发频发，巡视巡察整改不落实，党纪政务处分执行不到位等违纪违规行为的，对履行“两个责任”不到位导致严重“四风”和腐败问题的，既追究主体责任、也追究监督责任；对不担当、不作为，消极应付、被动等待的失职失责行为，进行严肃问责。

三、忠诚干净担当，锻造让党放心、人民信赖的纪检监察铁军

纪检监察机关是政治机关，纪委是党内的“纪律部队”，干的就是监督的活、得罪人的活。打铁必须自身硬，要以更高的标准、更严的纪律打造讲政治、懂规矩、守纪律、拒腐蚀的工作机关，确保党和人民赋予的权力不被滥用、惩恶扬善的利剑永不蒙尘。

新时代必须有新气象新作为。要以“不忘初心，牢记使命”主题教育活动为契机，从学习党的十九大精神切入，着力加强理想信念和宗旨教育，深刻领会党的十九大精神的政治意义、历史意义、理论意义、实践意义，补足纪检监察干部的精神之钙，挺起精神脊梁，培育新素质、塑造新形象。要学习掌握科学思想方法和工作方法，自觉运用辩证唯物主义和历史唯物主义基本原理，自觉运用习近平新时代中国特色社会主义思想所蕴含的立场观点方法，想问题、作决策、干工作、抓落实。要有昂扬向上的精神状态，切实增强居安思危的忧患意识、许党许国的担当精神，保持做好新时代纪检监察工作的定力、耐力、活力，保持工作、政策、措施的连续性稳定性前瞻性，认真履行好党和人民赋予的职责使命。

既要政治过硬，也要本领高强。要主动作为，对党中央作出的重大决策部署，对上级党委、纪委部署的工作任务，要雷厉风行抓好落实。认真落实区市党委关于加强基层纪检机关建设的意见，加强工作推动，着力提升基层纪检监察机关的政治功能和履职能力。要加强教育培训，积极同苏州市纪委搞好工作对接，争取更多的培训资源，加强对乡镇纪委的短期培训和定期轮训，切实增强培训的针对性和实效性。将村级纪检监督员纳入全县纪检监察干部培训计划，统筹安排，推动基层一线纪检干部整体业务能力提升。要主动适应执纪执法贯通的新要求，坚持纪在法前、纪法衔接，坚持以法治思维和法治方式惩治腐败，把党的政策和策略体现到监督执纪问责、监督调查处置工作中，做到既精通党章党规党纪又熟悉宪法法律法规，不断提高思想政治工作水平。

领好班子、带好队伍，形成好作风。要加强县纪委常委会班子建设，发挥领航作用，探索兼职纪委委员履行职能发挥作用的有效途径。坚持党管干部原则和好干部标准，加大纪检干部轮岗、交流和培训力度，把政治强、作风硬、敢担当、善作为的干部选出来、用起来。突出政治功能，以党的建设带动各项工作，班子成员带头参加组织生活会，带头讲党课，着力解决党内政治生活不正常、不认真、不严肃的问题，真正把党建责任扛在肩上。要加强自我监督，班子成员要以身作则，带头遵守党章党规党纪，制定县纪委常委会议事规则，坚持在行使权力上慎之又慎，在自我约束上严之又严。要坚持严管就是厚爱，强化对纪检监察干部的教育和监督，着力解决少数纪检监察干部履职不力、不作为、慢作为等问题。认真执行监督执纪工作规则和相关法律法规，严格保密纪律要求，健全内控机制，自觉接受党内监督和社会监督，把权力关进制度笼子。要以刀刃向内的勇气净化自身队伍，对反映纪检监察干部的问题线索认真核查、决不护短遮丑，严肃查处私存线索、跑风漏气、说情干预、以案谋私等违纪违法行为，坚决防止“灯下黑”，用铁的纪律锻造铁一般队伍。

同志们，全面从严治党任重道远、永远在路上。让我们更加紧密地团结在以习近平同志为核心的党中央周围，以习近平新时代中国特色社会主义思想为引领，在县委和市纪委的坚强领导下，不忘初心、牢记使命，无私无畏、奋发有为，以担当的行动推动全面从严治党向纵深发展，为决胜全面建成小康社会、加快建设社会主义美丽新林周作出更大贡献。

林周县人民法院工作报告

——在林周县第十二届人民代表大会第三次会议上

林周县人民法院院长 赵红玉

（2018年1月9日）

2017年工作回顾

2017年是人民法院深化司法体制改革的决战之年。我院在县委坚强领导下，在县人大及其常委会有力监督下，在县政府、政协、社会各界大力支持下和在上级法院悉心指导下，深入学习贯彻落实党的十八大、十八届三中、四中、五中、六中、七中全会、党的十九大和中央第六次西藏工作座谈会精神，深入贯彻落实习近平总书记系列重要讲话精神和治国理政新理念新思路新战略，忠实履行宪法、法律赋予的职责，全面加强审判执行工作，扎实推进司法体制改革，狠抓班子队伍建设，各项工作都取得了新发展、新成效，为维护全县社会稳定、促进经济发展提供了应有的司法保障。全年共受理各类案件387件，审执结率98%，同比上升120%，息诉服判率高达99%。

一、全力倾注综治维稳，维护林周一方平安

（一）依法惩处刑事犯罪，维护社会和谐稳定。充分发挥刑事审判在平安建设方面的主力军作用，坚持打击与保护并举、实体公正和程序公正并重。全年共受理刑事案件6件7人，审结率100%。我院始终坚持“宽严相济”刑事政策，判处3年以下刑罚的3件3人。此外，已全部按照上级法院量刑规范化文件要求及电脑操作软件规范量刑，确保量刑适当、均衡。同时，为了有效缓解案多人少的矛盾，提高司法效率，今年年底我院特请县委政法委牵头组织开展林周县政法各部门建立刑事速裁联动机制工作，目前速裁程序的高效、便捷作用初步显现，取得了良好的法律效果和社会效果。

（二）化解涉诉信访，构建和谐林周。近年来，涉法涉诉信访案件呈上升趋势，我院从内强素质出发，配齐配强立案庭信访干警，不断提升干警化解矛盾纠纷能力，为息诉罢访工作奠定基础。并与县信访局、司法局等综合部门形成联动，构建信访案件化解联动机制。同时，依托县委、县政法委、县政府全力化解积案，在涉法涉诉信访案件的化解上，三部门给予了法院全力的支持，县委、县府主要领导亲自参与信访联席协调会，县政府投入资金化解信访矛盾纠纷。今年我院涉法涉诉信访案件有2件，即林卡丹系列案及措龙采石厂系列案，均已全部化解，为构建我县政治经济和谐稳定做出了应有的贡献。

（三）丰富形式，加大普法宣传力度。从人民群众关心、关注的热点、难点着手，开展普法宣传教育17场次，发放藏汉双语宣传资料2100余份，受教育群众近1300人次，引导各族群众以法治思维、法治方式解决纠纷。组织群众及干部职工400余人次旁听庭审，起到了“审理一案、教育一片”的良好效果。同时，发挥司法建议的补漏作用，向党政机关单位企业提出司法建议10条。

二、发挥党建工作引领作用，提升审判执行工作质效

（一）有效化解纠纷，促进社会和谐有序。我

院坚持依法平等保护市场主体合法权益的原则，全年受理民商事案件300件，审结300件，综合结案率为100%，收案率同比上升122%，结案标的额为661.18万元，对追索劳动报酬、婚姻家庭等各类民生案件开辟“绿色通道”快审快结，全年审结民生案件85件。加大对合同纠纷、借贷纠纷等案件的审理力度，打造良好有序的市场经济发展环境。针对我县辖区矿山企业较多的现状，加大对涉企合同纠纷处理力度，全年审、调结涉企合同纠纷10件，构建了良好的企业发展环境。本着做好庭前调解、做细庭上调解、做实庭后调解的原则，不断增强调解力度，加强与各乡镇、县司法局、信访局、人社局等部门的联动，构建起了大调解的社会格局，定纷止争取得了积极效果，全年调撤案件290件，调撤率高达96.67%，同比上升11.48%。其中，我院领导办理的13起案件以调撤方式结案。

（二）深化执行力度，推进诚信建设。今年我院以高法“二至三年内基本解决执行难”的方针为导向，依托拉萨中院“雪域飓风”专项执行行动，不断加大工作力度，提升执法办案水平，共受理执行案件81件，执结74件，执结标的额为1034万元，执结率为91.4%。严格规范执行行为，建立执行人员责任清单，完善执行案件管理系统，办案环节网上运行，实现全程留痕。不断健全执行措施，充分利用执行查控系统，对查询到的财产线索立即进行控制，组织财产处理，保证不让查询到的财产流失或转移。强化执行威慑作用，积极推进社会信用惩戒体系建设，依法公布失信被执行人4名，同时针对不同的被执行人制定针对性地执行对策，依法用足用活法律赋予的查封、扣押、冻结、拍卖、拘留、罚款等强制措施。下一步，我院将严格规范管理，全力推进主动执行机制，强化立案、审判、执行各部门相互间的协作配合，构建全县的执行联动机制，争取从根本上解决“执行难”问题，目前正在探索“老赖”彩铃等内地先进经验。

三、深化司法体制改革，着力提升司法能力

我院按照中央、区党委、西藏高院、拉萨中院部署，坚决落实以司法责任制为核心的各项改革措施，经过一年的努力，各项改革措施基本到位，改革成效初步显现。

（一）大力提升案件繁简分流。为进一步优化司法资源配置，通过内部挖潜提高司法效率，在严格执行法律规定，充分保障当事人的诉讼权利的前提下，强力推进民商事繁简分流工作进入实施轨道，今年，我院适用简易程序审理案件264件，比改革前上升149%。

（二）推进人民陪审员制度改革。人民陪审员来自人民群众，他们参与审判，对于提高审判活动透明度，促进司法公开，约束法官严肃执法，秉公办案具有重要作用。全年共邀请人民陪审员参加27起案件的审理，同时，还邀请国家法官学院西藏分院老师莅临我院对全体人民陪审员就人民陪审员概念、民法、人民陪审员职责及权利义务等内容进行为期两天的专题培训，加强人民陪审员的法律业务素养。

（三）推进执行体制改革。按照西藏高院、拉萨中院制度的执行联动机制方案，我院根据实际研究制定《健全和完善执行联动机制的实施细则》，通过提高被执行人规避执行成本，增强威慑力。

（四）深化司法公开。依托司法公开四大平台，进一步加大公开力度，今年成功实现新收案件依法能够公开的审判流程、庭审现场、裁判文书、执行信息100%上网公开。同时，今年我院成功打破了全区法院系统与内地法院通过远程开庭方式公开审理案件的“零记录”，且顺利完成了首例庭审直播上网公开工作，推动全区数字化、信息化法院建设工作迈上了新台阶。

四、践行司法为民宗旨，满足群众多元司法需求

（一）规范司法行为。认真落实县人大常委会关于规范司法行为工作的审议意见，从健全司法行为规范、改进司法管理、推进司法公开、加强司法队伍建设等方面入手，从全面完善院内规章制度，并整理上墙；全面实现办公电子化，即电子呈阅、电子签章、电子卷宗、电子卷宗归档、微信公众平台；规范着装管理，要求全院干警着制服规范化上岗等方面着手，深入持续开展规范司法行为年活动，切实推动了我院审判执行工作质量与效率的稳步

提升。

（二）增强立案工作。严格落实立案登记制，对依法应该受理的案件，做到有案必立、有诉必理。今年当场登记立案率达100%；一次性告知当事人补正材料289次；开通了12368诉讼服务热线，全年为32人次提供法律咨询查询服务。加大司法救助力度，共减免缓诉讼费1.48万元，让人民群众切实感受到司法温暖。

（三）充分发挥人民法庭功效。唐古乡人民派出法庭、车载流动法庭依托就近、便利等特点，通过上门立案、口头立案、就地立案、就地开庭或就地调解、预约办事及协助指导基层调解组织等形式，有效调处农村矛盾纠纷，最大化地将不和谐因素在基层化解，充分发挥了人民法庭在多元化纠纷解决机制中的纽带作用。在全县九乡一镇设立了45个巡回审判点和10个流动收案点，构建起“多层次”的诉讼服务网络，深入田间地头、农家小院、牧民帐篷开展“一站式”巡回审判诉讼服务，积极探索“诉调对接”“小额诉讼速裁”“人民调解司法确认”等多元化纠纷解决机制，全年接受当事人146次预约，审结143起民商事案件，均以速结形式当场办结，充分发挥了人民法庭在便民利民诉讼服务中的高效作用。

五、坚持从严管理，切实提高队伍素质

（一）加强思想政治建设。深入开展各项主题教育活动，以党组学习带动、部门学习深化、个人自学提高等方式灵活安排学习形式，以讲廉政党课、观看警示教育片、开展专题研讨会等方式丰富学习载体，深入学习贯彻党章党规和习近平总书记系列重要讲话精神，切实提高了党员干部党性修养。全年共组织集体学习48次，开展专题研讨会4次，观看教育题材影片2部，抄写学习笔记600余篇，撰写心得体会140余篇。

（二）加强司法能力建设。不断加大教育培训力度，克服案多人少的困难，选派干警参加上级法院组织的各类业务学习教育、跟案锻炼、庭审现场观摩，鼓励支持干警参加学历教育、司法考试，干警为民司法能力得到了有效提升。今年我院共选派16名干警参加市中院、区高院、援助法院组织的学习培训。

（三）加强廉政教育建设。牢固树立“不抓党风廉政建设就是严重失职”的意识，严格落实党风廉政建设责任制，层层签署党风廉政建设责任书，深入推进惩防体系建设，形成一级抓一级、层层抓落实的反腐倡廉工作格局。坚持廉政教育常态化，引导干警严格执行廉洁自律各项规定，切实筑牢拒腐防变思想防线。通过发放“廉政监督反馈卡”、聘请机关干部担任特邀廉政监督员，强化外部监督，杜绝“六难三案”等问题滋生。

（四）深入开展精准扶贫工作。先后组织92人次前往松盘乡、江热夏乡开展“千名干部帮千户”扶贫工作，深入调查摸底，详细了解帮扶对象家庭人口、收入借贷、致贫原因等情况，建档立卡，针对性地制定脱贫计划，投入资金近2.6万元进行走访慰问，加深了干警与人民群众之间的血肉联系。

（五）持续稳步推进驻村工作。为庆祝“3·28”翻身农奴解放纪念日，利用12000元活动资金在全村范围组织开展文艺活动，活动当天县法院为全村村民进行法治宣传；派驻单位院长赵红玉联系中国人民大学法学院青协志愿者团队，为全村老百姓发放冬暖大衣152件、棉衣97件，受惠群众98户249人；年前积极开展慰问工作，慰问70户建档立卡贫困户及边缘户，慰问资金达22000元；为切实提高群众致富积极性，加快推进农业机械化水平，提高农业作业效率，购买了价值238500元的262台人工自动割草机发放至村民；为方便农牧民报牲畜死亡保险等诸多事务，特购买4台照相机发放至各小组；利用自身业务优势，主动参与矛盾纠纷调解工作，联系院流动法庭，有效化解一起民事纠纷，真情实意为群众办实事解难事。

六、加大力度完善基础设施建设，营造良好工作环境。

（一）加强基础设施建设。今年我院对院食堂进行了简装，改善了干警生活质量；建成了新的档案馆；强嘎法庭完成了主体及围墙建设；因工作需要将唐古科技法庭设备搬至院内安装使用；立案大厅进行了调整维修；审判综合楼大厅安装了灯饰，

为全院干警营造了良好的办公办案环境。下一步将建设诉讼服务中心及院内绿化硬化。

（二）加强信息技术应用。一是在区高院、市中院的统筹安排及帮助下完成了院内第二间科技法庭并可庭审直播，现已在正常使用；二是全面落实电子签章、网上办公办案工作，所有卷宗均在加盖实体章前盖电子章，所有办公文件均实现网上审批分发传阅，与上级法院实现了在网络信息上的互联互通。目前，所有案件均在法院内网信息系统上实时办理。与此同时，裁判文书也已实现100%上网公开，以更加开放、共享的形式促使干警自觉地提升素质能力。

各位代表，回顾一年来的工作，我们深深体会到所取得的每一个成绩都离不开县委坚强领导，人大有力监督，政府及上级法院的大力支持以及政协和社会各界的有力监督，在此，我代表林周县人民法院向各位领导、人大代表、政协委员以及社会各界表示衷心感谢！

同时，我们也清醒地认识到院还存在许多不足和问题．一是案多人少矛盾仍较为突出，受理案件数量增长快，新类型案件层出不穷，办案压力和难度越来越大，一些法官长期超负荷工作，有的法官审判能力不能完全适应形势需要。二是人才流失问题严重，队伍管理面临新情况。三是“执行难”顽疾还未根治，等等。对这些问题，我们将坚持不回避、不遮掩，紧紧依靠党的领导，紧紧依靠人民群众，积极采取有效措施，切实加以解决。

2018年工作安排

2018年，是十九大后的开局之年，是“十三五”规划的第三年，是决胜全面建成小康社会的关键之年，是推进供给侧结构性改革的深化之年，县法院要在抓好依法办案的同时，积极发挥审判职能，更加主动、理性地融入县发展大局，运用法律手段服务打造“平安林周”“法治林周”，为林周县经济社会发展提供更加优质的司法服务。

一是坚持服务发展大局。依法打击各类刑事犯罪，维护社会安全稳定，保障平安林周建设。充分发挥民商事审判的调节作用，加强经济发展新常态下的司法应对，运用司法手段稳增长、促发展，维护市场经济正常秩序。妥善审理涉民生案件，着力化解矛盾纠纷，落实司法为民要求。

二是坚持严格公正司法。完善公正司法的内部监督制约机制，严把案件事实、证据、法律关，着力提高办案质量效率。深化规范司法行为建设，有效运用信息技术手段不断提升审判管理、司法公开、诉讼服务的水平。自觉接受人大、政协和社会各界的监督，促进阳光司法，促进公正司法。

三是坚持深化司法改革。进一步统一思想、提高认识，紧紧围绕上级法院的安排部署，扎实开展好司法体制改革相关工作，建立健全法官、合议庭办案机制，真正实现“让审判者裁判、让裁判者负责”。深入推进审判流程公开、裁判文书公开、执行信息公开、庭审公开四大平台建设，增强司法透明度，提升司法公信力。

四是坚持从严管理队伍。严格执行《党章》《准则》《条例》等党纪党规，深入开展各项主题教育活动，严守政治纪律、政治规矩，落实主体责任，坚持从严要求、从严教育、从严管理、从严查处，狠抓纪律作风、廉洁司法不放松，狠抓领导班子、队伍建设不放松，努力打造一支让党放心、让人民满意的法院队伍。

各位代表，新的一年，县法院将忠实履行宪法和法律赋予的职责，不忘初心，继续前行，求真务实，开拓创新，为我县经济和社会发展营造良好的法制环境。

名词解释

1. 刑事案件速裁程序：是指对事实清楚，证据充分，犯罪嫌疑人、被告人如实供述自己的罪行，对指控的犯罪事实没有异议，同意量刑建议，并签署具结书，可能判处一年以下有期徒刑的轻微刑事案件，在保证办案质量和保障诉讼权利的前提下，简化办案流程，压缩办案期限，提高办案效率的工作机制。

2. 危险驾驶罪：是指在道路上驾驶机动车，

追逐竞驶，情节恶劣；醉酒驾驶机动车的；从事校车业务或者旅客运输，严重超过定额乘员载客，或者严重超过规定时速行使的；违反危险化学品安全管理规定运输危险化学品，危害公共安全的行为。

3. 司法建议：是指人民法院在司法活动中发现违法犯罪行为或者有关单位在工作方法、管理体制、规章制度等方面存在问题，而又无权处理或不宜处理时，向有关单位提出的供其参考采纳的建议。

4. 用两到三年时间基本解决执行难：一段时期以来，执行难问题凸显，导致当事人的胜诉权益无法及时实现，社会各界高度关注，人民群众反映强烈，执行难成为影响人民群众司法获得感的最大障碍。党中央高度重视解决执行难问题，党的十八届四中全会提出，切实解决执行难，加快建立失信被执行人信用监督、威慑和惩戒法律制度，依法保障胜诉当事人及时实现权益；中央全面深化改革领导小组第25次会议审议通过了《关于加快推进失信被执行人信用监督、警示和惩戒机制建设的意见》。最高人民法院院长周强在2016年全国"两会"上提出，"坚持以人民呼声为第一信号，向执行难全面宣战，用两到三年时间，基本解决执行难问题，破除实现公平正义的最后一道藩篱"，最高人民法院下发《关于落实"用两到三年时间基本解决执行难问题"的工作纲要》，并先后两次召开会议，对用两到三年时间基本解决执行难做出系统部署。人民法院所要解决的执行难主要是指有财产可供执行而不能得到及时全部执行的情况，对于被执行人丧失履行能力、无财产可供执行的案件，是双方当事人商业风险、交易风险的一种延续，无论采取什么执行措施都不可能执行到位，这在任何国家、任何时期都是一样的，需要依靠全社会力量从源头上进行综合治理。

5. 立案登记制：指案件受理制度。根据《最高人民法院关于全面深化人民法院改革的意见》提出的要求，改革案件受理制度，变立案审查制为立案登记制，对人民法院依法应该受理的案件，做到有案必立、有诉必理，保障当事人诉权。

6. 诉调对接：指矛盾纠纷调处中的诉讼方式与非诉讼方式相衔接。主要目的是充分发挥人民法院、行政机关、社会组织、企事业单位以及其他各方面的力量，促进各种纠纷解决方式相互配合、相互协调和全面发展，为人民群众提供更多可供选择的纠纷解决方式，维护社会和谐稳定，促进经济社会更好更快地发展。

7. 繁简分流：是指在立案以后，通过定性分析，将复杂案件与简单案件区别开来，通过建立简案快审的工作机制，实现审判资源的优化配置，最大限度地提升案件审判效率。

8. 人民调解司法确认：指对于涉及的民事权利义务的纠纷，经行政机关、人民调解组织、商事调解组织、行业调解组织或者其他具有调解职能的组织调解达成的具有民事合同性质的协议，经调解组织和调解员签字盖章后，或双方当事人签署协议之后，如果双方认为有必要，共同到人民法院申请确认其法律效力。

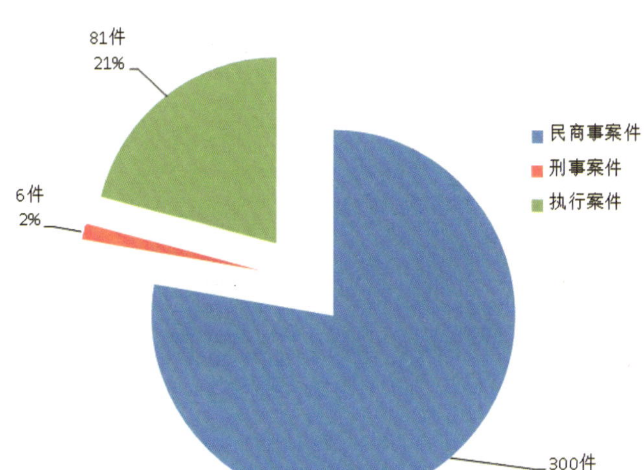

2017 年受理各类案件构成图

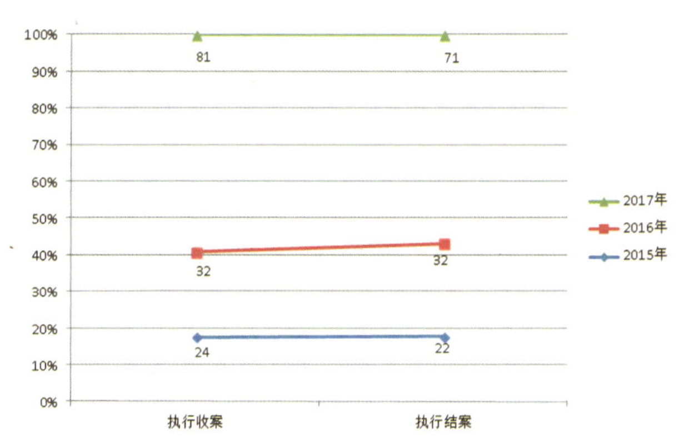

2015 年、2016 年、2017 年执行案件收结案变化情况图

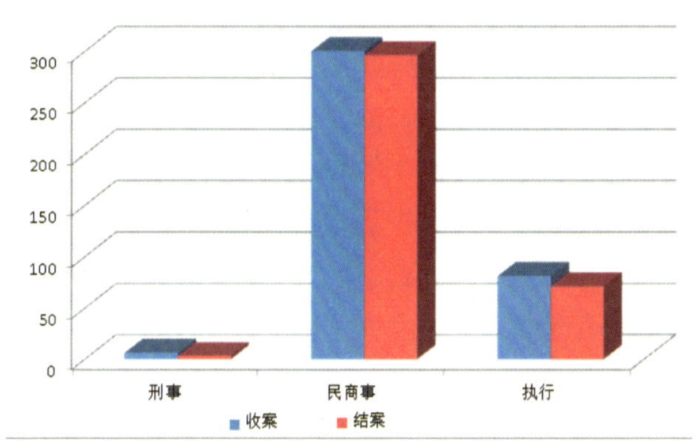

2017 年受理、审结各类案件情况图

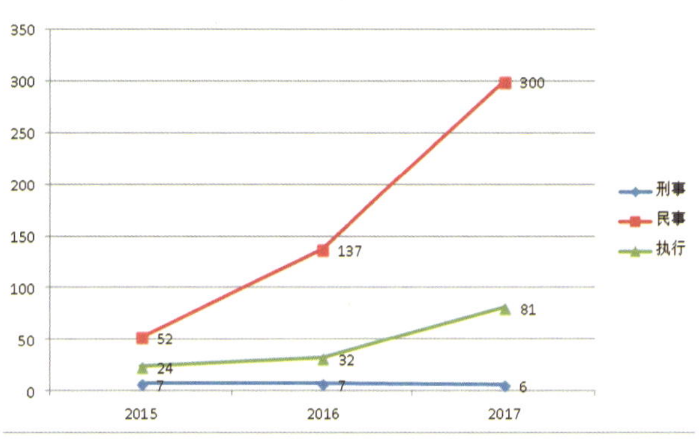

2015 年、2016 年、2017 年受理各类案件对比情况图

林周县人民检察院工作报告

——在林周县第十二届人民代表大会第三次会议上

林周县人民检察院检察长 刘玉梅

（2018年1月9日）

2017年检察工作回顾

2017年，林周县人民检察院在县委和上级检察机关的坚强领导下，在县人大及其常委会的有力监督下，在县政府的大力支持、县政协的民主监督和社会各界的关心支持下，以习近平新时代中国特色社会主义思想为引领，深入贯彻党的十八届历次全会和党的十九大精神，以开展“两学一做”学习教育和“四讲四爱”主题教育实践活动为主线，以推进司法体制改革为抓手，紧扣“治国必治边，治边先稳藏”的战略思想，依法履行检察职能，扎实推进司法改革，加强队伍建设，检察工作取得了新成效。

一、履行法定职能，维护社会公平正义

牢牢把握检察机关的宪法定位，紧紧围绕林周改革发展稳定大局，依法履行打击、惩治、监督、保护等检察职能，努力让人民群众在每一个司法案件中都感受到公平正义。

（一）严厉打击刑事犯罪。始终把维护国家安全和西藏社会长治久安作为第一要务，依法打击一切分裂祖国、破坏稳定的活动，严厉打击各类严重危害社会治安犯罪，依法履行批捕、起诉职能。全年共受理公安机关移送审查逮捕案件5件6人。其中，做出批捕决定4件5人，做出不批捕决定1件1人。共受理移送审查起诉案件7件8人，提起公诉6件7人，1件1人作不起诉决定。受理未成年人盗窃案2件3人，其中1件1人做出了批捕决定，案件审结率均达到100%。

（二）严肃查办职务犯罪。牢牢把握改善民生、凝聚人心这个出发点和落脚点，坚持司法为民，及时跟进重大项目实施、重大工程建设、生态保护、社会事业等重点热点领域，围绕中央对西藏财政、税收、投资、金融、扶贫等政策的落实，综合运用打击、预防、监督、教育、保护等多种法律监督手段，更好地服务林周经济社会发展。一是开展重点项目预防职务犯罪活动。组织专门人员，成立领导小组对扶贫领域项目的招标、施工、资金拨付等关键岗位开展职务犯罪预防，并对重点项目建设单位和相关财务人员进行职务犯罪预防法治宣传，切实加强了经济领域犯罪的预防工作。二是开通行贿犯罪档案查询服务。针对有行贿犯罪记录的单位和个人，由行业主管或监管部门限制或禁止市场准入，有效遏制贿赂犯罪，促进诚信建设，服务经济社会科学发展，构建了针对商业贿赂的“防火墙”。三是加大对渎职侵权犯罪的打击力度。坚决贯彻党中央关于反腐败斗争的决策部署，充分发挥检察机关在反腐倡廉建设中的职能作用，紧盯渎职侵权犯罪多发的重点领域，受理渎职侵权线索1件1人，已转交县监察委。

（三）严格法律监督。加强监督主业，推进诉讼监督制度化、规范化、程序化建设。一是开展“立案监督”专项检查。前往县公安局及九乡一镇派出所，对案件登记不规范、证据意识差、主动办案意识不强进行指导。积极征求侦查机关对检察院立案监督工作的意见建议，确保侦查行为实体和程序合法。二是加强审判活动监督。充分利用对各类刑事案件依法出庭支持公诉之机，除对法庭的审判活动进行严格监督外，还加强了对判决生效后执行情况的监督，确保审判活动公正、合法。三是强化民行活动监督。加大对我县食品、药品的监管力度，对县辖区的3所学校食堂、周边商铺进行行政执法监督并下达《检察建议》2份，切实保障了学生们舌尖上的安全。四是加大环境保护检查力度。积极配合中央环保督查，协助县相关环保部门对周边矿山、沙场进行多次检查，对发现的问题及时整顿。根据《关于对唐古乡人民政府监管责任落实不到位、履职尽责不自觉的通报》的文件线索，主动出击，深入北部唐古乡沙矿了解情况，责令其停止开采、恢复原貌，并下发检察建议1份，有效维护了社会公共利益。

二、围绕中心工作，服务林周稳定大局

围绕县委中心工作，主动融入党委领导、政府负责、社会协同、公众参与的社会管理格局中，积极参与平安创建活动，促进完善治安防控体系和公共安全体系。

（一）参与社会治理创新。一是积极配合县委工作。选派5名干警分别参与到边林乡产业园区整治工作组和甘曲镇低保整治工作组、北部草场纠纷工作组中，积极宣传相关法律知识，及时化解矛盾纠纷，提供法律咨询服务，并充分发挥检察工作特点，对产业园区管理和低保整治工作中是否存在行贿受贿、职务犯罪等行为进行初查，切实将检察工作触角延伸到群众中、延伸到工作的各个环节，确保了在全县范围内营造良好的法治氛围。二是将化解矛盾贯穿执法办案始终。注重释法说理，在办案中耐心做到对当事人的法律解释和思想疏导，加强对当事人认罪服法教育，积极引导和教育当事人化解积怨，使执法办案过程变为化解矛盾、促进社会和谐的过程。三是建立社会矛盾调处机制。开通检察监督举报电话（6125380）专线，加强与县纪委、县政法委、县司法局等相关单位的工作联系，形成相互联动、主动介入、积极调节的工作主动权，完善社会矛盾调处联动机制。

（二）加大法治宣传实效。积极开展“一院一品”即“进机关、进乡村、进企业、进学校、进寺庙”法律五进品牌创建活动。在县城、乡镇、村组和寺庙，通过悬挂法治教育图片、设立法律咨询台、发放法律常识小手册及法律宣传单等形式，深入全县3所学校、2座寺庙、2乡1镇进行了宣传教育，共开展普法宣传活动25次，有效提高了社会公众的守法维权意识。一是通过县电视台、林周之窗和检察院“两微一端”等宣传媒介，利用警示教育片、宣传展板、法律咨询台等载体打造法治宣传平台。二是充分发挥法制宣讲团作用，成立骨干检察官宣讲组，以解决群众最关心、最直接、最现实利益问题有关的法律法规和政策为切入点，推动法治教育宣讲新高潮。三是以发放各类宣传材料，设法律大讲堂为载体，大力推行“法律五进”活动。针对不同普法对象的特点和需求，在全县领导干部和国家公职人员中发放《国家机关工作人员廉政风险领域》《行贿犯罪档案查询》200余册；在乡镇群众中发放《惩防涉农惠民领域职务犯罪》《婚姻法》300余份；组织企业代表开展法律大讲堂，并发放《公司法》《劳动合同法》100余份；向在校中小学生发放《未成年人保护法》《未成年人预防犯罪法》300余份；在寺庙僧尼中发放《宪法》《宗教事务管理条例》《爱国主义宣传册》100余份，使得广大群众、干部更加了解检察机关职能作用，充实了相关法律法规知识，在讲文明、促和谐、维护林周社会稳定上取得了实效。

三、深化司法体制改革，促进检察权公正权威高效运行

（一）检察人员分类改革初显成效。对现有检察人员按照检察官、检察辅助人员和司法行政人员三类岗位进行分类管理。一是科学合理配备检察官员额。我院现有政法专项编制数20个，按照上级院关于基层院员额检察官占政法专项编制39%要求，核定检察官员额8名。二是根据《西藏检察机关检察官助理和书记员职务序列改革实施办法（试行）》，核定检察官助理8名、书记员4名，并完成对检察官助理和书记员的职务套改工作，有效促进了司法辅助人员队伍的专业化、职业化建设。

（二）大部制改革全力推进。按照有利于服务

改革发展稳定大局，有利于实现检察工作一体化的思路，我院从实际出发，优化机构设置，完善职能配置，整合检力资源，建立机构设置合理、职责划分明晰、编制配备精干、运转有序高效的检察工作机制。将原有的办公室、公诉侦查监督科、职务犯罪检察科、控告申诉检察科、刑事执行检察科、案件管理办公室6个科室优化整合为综合保障部。增设部长1名，由院党组领导兼任，设副部长1人，协助部长开展工作，为检察机关依法履行职责提供坚强的组织保障。截至年底，大部制改革还在审批中。

（三）检察官办案组分类组建。根据履行职能需要、案件类型及复杂难易程度，结合审查逮捕起诉、职务犯罪侦查和诉讼监督等三大类办案业务的特点，以检察官办案组为办案组织形式，将入额检察官全部安排到办案一线，检察官办案组在主任检察官的领导下开展司法办案工作。按照“1名主任检察官+1名检察官+2名检察辅助人员+1名书记员”的模式组建办案组，不仅优化资源配置，而且充分发挥检察官业务骨干作用，形成整体合力，提高了案件质效。

四、加强检察队伍建设，努力提升检察公信力

按照“五个过硬”的要求，全面加强检察队伍建设，自觉接受外部监督，不断提高依法履职能力。

（一）坚持政治建检，不断强化党对检察工作的领导。以“两学一做”学习教育为契机，引导检察人员紧密团结在以习近平同志为核心的党中央周围，牢固树立“四个意识”。认真学习贯彻党的十八届六中全会精神，严格落实“两个责任”，全面推进从严治检，严格贯彻中央“八项规定”、区党委“约法十章”“九项要求”和市委“八项要求”精神，不断巩固“四风”整治成果，杜绝“四风”问题反弹。坚持以“主题党日+”活动为切入点，通过开展党章党规知识竞赛、召开专题组织生活会和民主评议党员、重温入党誓词、整治环境卫生等活动，着力加强党员队伍思想建设、组织建设和作风建设，进一步提升党组织凝聚力。

（二）认真接受区检院党组巡视，积极开展整改落实。2017年8月，林周县人民检察院接受区检院巡视组的巡视。突出“政治巡视”定位，从坚持党的领导、服务林周大局、落实“两个责任”、推进检察改革等方面向巡视组进行了汇报，深刻剖析工作中存在的问题及原因，并提出了改进思路和措施。针对巡视组反馈的突出问题，我们照单全收、坚决整改、抓好落实，制定整改方案，切实提出解决问题的思路、方法和具体措施，并明确责任人、责任部门和整改期限，定点定时督查，确保件件有着落、事事有回音。

（三）着力提高检察队伍整体素质。发挥司法改革的正向激励效应，推进合理分流、各归其类、各展所长，让每个干警都有人生出彩的机会。坚持优中选优，首批入额检察官比例为28.6%，预留10%左右的员额数，打开上升通道，激励检察人员练就能力、做好准备。除积极参加上级检察机关各项业务培训外，还选派干警到区外进行交流学习、岗位锻炼，前往国家检察官学院培训2人、西藏检察官分院培训7人、国家检察官学院河北分院和贵阳分院培训学习3人、苏州市昆山区检察院交流学习2人、苏州市相城区检察院交流学习2人，有效提升了干警的业务素养。

（四）自觉接受监督，提升工作职能。自觉接受人大、政协、人民监督员及社会各界的监督。一是高度重视与人大代表、政协委员的沟通和联络，积极主动接受人大的法律监督和政协的民主监督，坚持向人大、政协定期报告各项检察工作开展情况。二是把全面推行人民监督员制度作为推进检察工作的重要举措，摆在党组重要议事日程，常研究、常部署、常督促，促进了人民监督员工作的深入开展。三是牢固树立“监督者更要接受监督”的理念，主动邀请人大代表、政协委员、人民监督员视察工作、参与执法检查、召开座谈会，听取社会各界对检察工作的意见建议，自觉接受社会监督，有效促进了检察工作的科学健康发展。

在总结成绩的同时，我们也清楚地认识到当前检察工作存在的不足和困难：一是检察队伍专业化水平有待提升，人才培养、使用等机制有待进一步完善；二是案件集中管理信息化装备、侦查技术装备还比较落后。对此，我们将努力加以解决。

2018年主要任务

2018年我院将紧紧围绕县委中心工作和上级检察机关工作新要求，坚持以维护社会公平正义为主题，以提高法律监督能力为核心，以深化司法体制改革为方向，大力加强和推进检察工作新格局，为我县经济社会全面发展提供更加强有力的司法保障。

一是坚持全面从严治党。认真贯彻落实党的十九大精神，坚决维护习近平总书记的核心地位，坚决维护中央权威，勇于自我革命，从严管党治党。严肃党内政治生活，严明党的纪律，强化党内监督，发展积极健康的党内政治文化，全面净化党内政治生态。深入推进思想政治、纪律作风、业务能力建设，努力建设信念坚定、执法为民、敢于担当、清正廉洁的高素质检察队伍，进一步营造风清气正、干事创业的良好政治生态。坚持以检察专业化为方向，优化设置各类检察业务机构，促进检察机关结构均衡、配置科学、公正高效。

二是深化体制机制改革，推动检察工作转型发展。深入推进司法体制改革，进一步提高检察工作质量、效率和公信力。紧紧围绕落实党的十九大关于“健全党和国家监督体系”的要求，回归宪法定位，依法履行好监督、审查、追诉职能，进一步完善检察监督体系，强化对诉讼活动的监督，对行政机关违法行使职权或不行使职权的监督，对涉及公民人身、财产权益的行政强制措施的监督。以配合国家监察体制改革试点为契机，推动检察体制机制改革调整，实现检察机关转变观念、转换模式、转型发展。适应监察体制改革逐步推进的特点，加强办案对接，密切程序协作，保持惩腐肃贪高压态势。

三是加强领导班子和队伍建设。始终坚持“抓班子、带队伍、促工作、上台阶”的工作思路，全面加强领导班子思想、组织和作风建设，团结带领全院干警开拓进取，不断提升班子综合能力，努力把检察队伍建设成为政治坚定、业务精通、作风优良、执法公正的政法队伍。加强理论学习及业务培训，注重成果转换，提高素能。坚持民主集中制，加强沟通协作，主动交心谈心，团结协作，增强合力。抓好党员思想教育，创新党建活动载体，继续开展结对帮扶活动，带强队伍。严格落实“两个责任”“一岗双责”，强化检务监督，严格落实各项纪律要求，改进作风，廉洁自律。

四是牢固树立“检察工作服从服务于中心工作”的理念。准确把握检察机关的法律监督工作必须服从服务于构建和谐社会的大局方向，把“强化法律监督，维护公平正义”作为服务林周大局的首要任务来抓，积极探求具有我院自己特色的服务思路、服务措施、服务方式和服务效果的新路子，认真落实中央、区、市、县党委和上级院关于维护稳定的各项工作部署和要求，坚持把“严打”作为维护社会稳定的长期方针，毫不动摇地贯彻到批捕、起诉工作的各个环节，从重从快打击刑事犯罪活动，确保政治安定、社会稳定，为纵深推进林周经济社会健康发展和人民安居乐业保驾护航。

各位代表：面对新形势、新任务，林周县人民检察院将在县委和上级检察院的领导下，更加自觉地接受人大的法律监督、政协的民主监督及社会各界的监督，认真贯彻执行本次会议决议，牢记使命，忠诚履职，为建设平安林周、美丽林周、和谐林周做出新的贡献。

林周县2017年国民经济和社会发展计划执行情况与2018年国民经济和社会发展计划的报告

——在林周县第十二届人民代表大会第三次会议上

林周县发展和改革委员会
（2018年1月9日）

一、2017年国民经济和社会发展计划执行情况

2017年，在县委、县政府的正确领导下，在苏州市倾情无私援助下，全县上下深入学习贯彻党的十八大、十八届历次全会精神和十九大精神，全面贯彻落实习近平总书记系列重要讲话精神特别是治边稳藏的战略思想，认真贯彻落实党中央、国务院和区、市党委、政府关于改革、发展、稳定的一系列会议精神和决策部署，牢牢把握稳中求进的总基调，推动各项工作"上档进位"，一年来，我县经济运行总体平稳，社会民生持续改善，较好地完成了年度各项目标任务。

2017年，紧紧围绕各项目标任务，坚持以提高经济发展质量和效益为中心，统筹推进稳增长、促改革、调结构、惠民生等各项重点工作，全县经济社会发展各项主要指标总体保持在合理区间，经济社会保持稳定发展态势。

2017年全县完成地区生产总值18.01亿元，同比增长10.0%；一般公共预算收入1.04亿元，同比下降19.53%；全社会固定资产投资20.20亿元，同比增长126.8%；社会消费品零售总额1.91亿元，同比增长12.4%；农牧民人均可支配收入达到11455元，同比增长12.4%；规上工业增加值8594.9万元，同比增长10.3%。

2017年，我县推进发展实体经济、加快城市建设、优化发展环境及社会管理创新，全力做好稳增长、调结构、惠民生、蓄后劲等重点工作，经济结构得到进一步优化，经济发展综合水平、经济增长质量和效益稳步提升。城乡居民生活水平进一步提高，基础设施日益完善，社会事业全面发展，生态环境持续好转，节能减排实现预期目标，发展保障和可持续发展能力明显增强。主要体现在以下几个方面：

（一）项目建设扎实推进，发展后劲持续增强。大力践行"抓项目就是抓发展"理念，全面推进重点、重大项目建设。2017年我县实施项目224项，完成全社会固定资产投资20.20亿元。其中续建项目24项（农牧林水类4项、社会事业2项、城镇基础设施建设1项、政法及政权类12项、受援4项、社会投资类1项），完成投资3.23亿元。新建项目200项（农牧林水类36项，交通能源项目6项、社会事业37项、城镇基础设施建设2项、政法及政权类7项、生态环境保护类2项、受援11项、社会投资项目8个、住房性保障2个、其他89项），完成投资16.83亿元。

援藏项目方面。2017年我县在建援藏项目12项，惠及旅游，市政道路、医疗卫生、民族交流交融、村容村貌整治、文物修复等各项民生工程，其中续

建5项,新建7项,总投资1.81亿元,全年共完成投资8175.7万元。2017年我县第八批援藏工作组以转变经济发展方式为主线,以民族团结为保障,以改善民生为出发点,围绕项目促发展,依托资源求转型,创新援藏理念、扩大援藏效应,为林周的发展和稳定做出突出贡献和成绩。

交通能源方面。交通运输工作;总投资4483万元林周县热振保通恢复公路工程等4个项目的实施,惠及沿线农牧民约5550人。2017年交通局牵头成立林周县公交运营公司,先后投入近1200万元,购买16辆公交车,开通7条农村公交客运班线,完成客运班线改革工作。惠及我县10个乡镇,约5万余人。能源工作;总投资1.26亿元的3个输电工程项目的竣工实现了乡村两级电力全覆盖。交通能源项目建设步伐的加快,为我县进一步破除了发展瓶颈,补齐了短板。

农牧林水方面。水利设施;总投资9041万元(2017年续建项目)的林周县澎波灌区工程已进入收尾阶段,总投资2.9亿元(2017年新建项目)的澎波灌区子灌区工程完成总工程量的74%,解决了我县南部7个乡镇,近20万亩田的灌溉问题。林业绿化工作;总投资1371万元的周边防护林及重点生态公益林等5个林业绿化项目的竣工实现了全县新增绿化面积300亩。农牧业工作;总投资3790万元林周县人工种草与天然草场改良项目等5个项目的投入使用完成了我县2017年人工种草2.1万亩,建设天然草场网围栏5万亩,2017年农牧林水领域重点项目的建成投用为我县现代农业发展奠定了坚实基础。

企业投资方面。总投资2.6亿元的林周二期20兆瓦并网光伏发电项目已完工并成功并网发电,投资320万元藏香加工厂、投资300万元林周县生态旅游休闲观光农业、投资600万元林周县饲草料种植等企业投资项目的顺利推进,不仅在我县产生了良好的社会效益,实现农牧民群众增收致富。2017年企业投资项目即实现了企业发展和我县经济发展的互利双赢,又为我县全社会固定资产投资增长提供了重要保障。

精准扶贫产业方面。2017年我县计划实施产业类项目27个,总投资3.7亿元。截至目前已开工项目10个(两个已完工),带动1622名建档立卡贫困群众增收,已完成招投标工作项目14个,正在评审项目2个,采购项目1个。产业项目的陆续开工建设改变了农牧民增收难的现状,更是被农牧民群众称为幸福路上的“得力助手”,为我县“以业脱贫”提供有力保障。

(二)全面优化产业结构,效益质量持续向好。以林周县城投公司、林周县净土公司为平台,调整优化产业结构。大力发展现代农业,着力提高农产品质量。充分利用我县特有的生态环境和自然条件优势,积极引导推动林周县城投优化调整产能结构,加快企业转型升级,重点培育净土健康产业与农牧业、文化旅游业等一体化发展,加快品牌化、规模化、产业化的发展步伐。2017年城投公司实现下设林周鹏博物业管理有限公司、林周客运集团有限公司、鹏博建材股份有限公司3家子公司,2018年预备筹建鹏博建筑工程股份有限公司、鹏博汽车检测股份有限公司、鹏博驾校3家子公司。2017年林周县净土公司注重加大特色产业发展,着力推进高原特色养殖、特色种植、农副产品加工等行业,培育一批符合林周实际、有生命力和发展潜力且具备一定规模的产业。加强与自治区农科院、中科院西藏草业中心的合作,成立了以净土健康产业科技创新和服务为宗旨的西藏高原草业工程技术研究中心林周县草牧业试验站、拉萨净土健康草牧业专家工作站林周分站,通过组建专家团队,建立咨询智库,进行技术研发,为今年全县饲草田间监督、管理及收割工作提供科学的技术指导,提高饲草产量,促进农牧民增收提供科技支撑。

(三)城乡共建统筹推进,城市功能不断完善。注重规划、协调,城乡统筹取得更实成效。2017年我县严格按照《林周县县城控制性详细规划》《林周县热振热振旅游度假区规划》《林周县风貌布点规划》等规划纲要,积极开展关于“十三五”期间经济社会发展、产业布局和土地利用工作,有序推进土地承包经营权确权登记颁证、宅基地登记发证等工作。以基础设施建设为重点推进城乡建设,加快推进城乡一体化。随着苏州中路、澎波路、苏州北路、甘曲路、苏州北路东延线、北环路、西环路、干渠路工程建成通车,县城城市功能品质得到有序提升,棚户区改造、精准扶贫易地搬迁安置房建设、村级组织活动场所等项目稳步进行。45个行政村村级组织活动场所目前均已竣工验收并投入使用,行政村人居环境和农村环境面貌显著改善,村容村貌焕然一新。

(四)加强保障改善民生,社会事业全面发展。我县始终坚持以人为本,民生优先,着力保障和改善民生。全面推进各项社会事业发展,社会保障体系进一步完善,健全公共服务体系,创新社会管理模式,促进社会公平正义,努力构建社会主义和谐社会。进一步加大县级财政对民生、"三农"、教育等方面的投入,努力使发展成果惠及全县人民。

推进教育事业发展。教育资源优化配置、教育均衡化建设。随着投资4320万元的林周县24个幼儿园建设项目、总投资1000万元的林周县旁多乡中心小学风雨操场项目和林周县强嘎乡中心小学风雨操场项目等建成投入使用,2017年苏州市10所镇(街道)小学同林周县10所乡小学分别结对帮扶,两地教育部门签署了《2017—2020苏州—林周两地教育对口帮扶合作备忘录》,建立两地教师定期培训、学校对口帮扶、人员互访交流的长效机制,共商教育交流合作、共谋教育发展大计。

完善社会保障体系。进一步健全覆盖城乡的社会保障体系,继续扩大社会保险覆盖面,不断覆盖应保对象。认真实施各项医保制度,不断完善城镇职工医疗保险、城镇居民医疗保险、新型农村合作医疗为主体的基本医疗保险制度体系,2017年全县职工基本医疗保险参保人2528人,参保率达99%,城镇居民基本医疗保险参保人2269人,参保率达99%,城乡居民养老保险参保率达100%。完善公共就业服务体系,创新就业服务方式,全年全县约实现农牧民劳动力转移就业2.6万人次,实现收入0.68亿元。

健全住房保障体系。2017年我县严格执行保障性住房准入标准,加大公租房、廉租房、棚户区改造项目建设力度,实施总投资2800万元的林周县小康安居试点工程、投资140万元的周转房维修项目等项目,不仅加快干部职工周转房住房建设工作,而且逐步形成分层次、多渠道,成系统的住房保障体系。

提高医疗卫生水平。医疗卫生工作取得实效,进一步深化医药卫生体制和公立医院改革,优化提升医疗卫生资源配置,扎实推进医药卫生体制改革,县、乡、村三级卫生基础设施持续改善。投资150万元的苏拉远程会诊、总投资700万的强嘎乡卫生院迁建工程等项目的实施,极大地提高了县医疗卫生服务水平。

加快文化事业发展。大力实施文化惠民工程,加快公共文化体育设施建设,完善各级文化体育设施布局,构建"文化共享、均等便利、覆盖城乡"的现代公共文化服务体系作为改善人民生活、丰富发展内涵、全面建成小康社会的重要抓手,着力增投入、强设施、优机制,推动文化事业快速健康发展。2017我县文化领域建设的林周县广电中心建设项目、电视台演播室装修项目、寺庙维修及文物保护等项目的实施,极大地保护了县的文物,丰富了我县群众的精神文化生活。

(五)认真全面深化改革,推进部门职能转变。围绕"简政、放权,提速、增效"的目标,进一步深化投资体制改革和行政审批制度改革。2017年我县出台了《林周县200万元以下基建项目招标投标暂行管理办法》《林周县项目建设设计工作管理办法》《林周县项目管理工作手册》《林周县乡镇财务管理办法》《林周县村级财务管理办法》《林周县驻村工作队财务管理办法》,切实转变政府投资管理职能,县级投资主管部门重新梳理项目审批流程,吃透权限下放有关文件精神,逐项研究权限下放的实施细则,确保做好审批权限下放承接工作,项目审批流程进一步简化。深化医疗卫生体制改革,县级公立医院全面实施国家基本药物制度。落实生态环境保护责任,不断完善生态环境保护各项制度。

各位代表,2017年是全面实施"十三五"规划的重要之年,是我县加快发展、转型升级的关键一年,是攻坚脱贫的决胜之年。在县委、县政府的正确领导下,在县人大、政协的支持和监督下,全县各族人民统一思想认识,明确目标要求,凝聚工作合力，在宏观经济降速转型的新常态下，奋力开创了经济社会发展的新局面。为“十三五”规划的发展奠定了坚实基础。

在总结肯定成绩的同时，我们也应清醒地认识到存在的困难和问题：一是全县经济总量不大，财政增长乏力，民生投入有待进一步加大。二是农牧业基础设施比较薄弱，农牧产品综合市场竞争力较弱，特色产业尚未形成规模，农牧民增收途径单一、增幅缓慢，贫困面广，集体经济弱小，持续发展能力弱，精准扶贫任务重。三是土地、资金、环境等刚性制约因素愈加突出，固定资产投资持续增长难度大，后劲不足。四是产业结构不够合理，招商引资难度大，缺乏大企业、大项目支撑。五是相当一部分企业生产经营困难，工业经济增速面临一定困难；六是第三产业受政策影响较大，旅游的基础设施和配套设施需进一步完善。对于这些存在的困难和问题，我们要高度重视，在今后的工作中将认真研究，采取有效有力措施，努力加以解决。

二、经济社会发展的总体要求和发展目标

（一）2018 年经济社会发展的总体要求

高举中国特色社会主义伟大旗帜，以马克思列宁主义、毛泽东思想、邓小平理论、“三个代表”重要思想、科学发展观和习近平新时代中国特色社会主义思想为指导，全面贯彻党的十九大和中央第六次西藏工作座谈会精神，扎实落实习近平总书记治边稳藏重要战略思想，按照中央，区市经济工作会议的决策部署，主动适应经济新常态，以化解经济下行压力、保持经济稳中有进为主要任务，突出提质转型，注重改善民生，瞄准长足发展和长治久安总目标，坚定信心、开拓进取、攻坚克难、真抓实干、为坚决打赢脱贫攻坚战，夺取全面建成小康社会新胜利而努力奋斗。

（二）2018 年经济社会发展主要预期目标

地区生产总值增长 11.5%；全社会固定资产投资增长 15% 以上，社会消费品零售总额增长 12%；公共财政预算收入增长 2.5%；农村居民人均可支配收入增长 16%；工业增加值增长 9%。

三、2018 年经济社会发展主要任务和措施

2018 年为实现年度经济社会发展目标，全县上下将继续按照县委、县政府的工作部署，重点抓好以下几个方面的工作：

（一）紧抓项目谋划实施，不断扩大有效投资。2018 年，抓好“十三五”期间的总体目标任务，继续贯彻新发展理念，不断优化我县经济发展质量，依托优势产业肉牛、草业项目，以创新带动我县产业发展，使绿色特色产业成为林周实体经济发展的主力军。做好《林周县山水林田湖草规划》《林周县 2017—2025 能源发展规划》和《林周县 2017-2025 循环经济发展规划》编制工作，积极争取计划外援藏资金，着力谋划一批、开工一批、完成一批重点项目，保持投资第一拉动力的作用。加强立项争资，做好争政策，争投资两篇文章，瞄准和掌握国、区、市投资取向，加大项目包装和做实前期工作，确保立项争资的成功率。坚持不懈密切跟踪拉萨至林周公路新改建工程、G561 松盘乡至宁中乡路段改造、热振旅游环线、林周县格桑塘现代农牧产业示范园等重大项目前期工作，争取年内有重大进展。要充分做好受援工作，抓住援藏机遇，充分利用各种资源，主动出击，勤跑，紧盯，发扬不达目的誓不罢休的精神劲。加快项目建设，切实加强计划投资项目的组织实施力度，全面消除存量项目和存量资金，确保当年计划当年开工，力争年内完成绝大部分计划项目投资。优化项目建设施工、政务服务、社会环境，强化重点项目调度，形成矛盾化解、问题整改跟踪督查模式。加强项目建设的监管，多进行实地督查，确保大项目不能出问题，小项目也绝不能乱套。坚持进度、质量和效益的统一，既要确保完成投资计划，也要确保项目建设的质量；要加强项目工作的组织领导力量，特别是重大项目，一把手要亲自抓、亲自跑，做好汇报衔接，亲自参与洽谈引进与跟踪落实，亲自协调解决项目实施遇到的困难和问题；继续强化各项目主管部门的综合协调职能，确保层层有人抓、有人管、有人负责。

（二）加快产业转型升级，培育壮大主导产业。进一步优化产业结构，增加二、三产业比重，增强产业质效，提升产业核心竞争力。

培育壮大园区经济。以林周县净土产业投资开发有限公司、林周城镇化建设投资发展有限公司为发展平台，2018 年我县计划开展投资 1.5 亿元的林周县格桑塘现代农牧产业示范园建设项目，重点治理现代农业示范园，不断完善基础设施，切实提升园区承载能力，进而带动招商引资工作，分阶段打造产业龙头企业，初步显现园区经济贡献能力，逐步建成高原特色产业集聚区。

大力发展现代农业。进一步巩固粮油蔬菜生产，确保粮食安全，推进农业基础设施和高标准农田建设。不断发展现代畜牧养殖业，逐步发展生态旅游、休闲观光农业，不断提高农牧业综合生产效率，大幅提升净土农牧业综合生产能力和农畜产品市场竞争力，以特色奶牛、牦牛短期育肥、牦牛繁育基地项目为重点，逐步建成高效农牧业示范区。

大力发展旅游产业。依托林周县独有的自然风光、民族文化资源、高原特色民俗文化和区位优势，全力打造热振环线、党员党性教育基地、近郊旅游黑颈鹤观赏等综合一体的精品线路。重点加强旅游基础设施建设力度，逐步完善交通、住宿、娱乐、购物等旅游设施建设，提升景区开发水平，以建设高原风光旅游目的地目标，打造“古刹灵山秀水、美丽生态林周”的主题精品旅游形象。树立“大旅游”的观念，推进文化、净土健康产业、现代农(牧)业、现代商贸、科技体育、精准扶贫、小城镇建设与旅游产业的深度结合。打造经济支柱产业，促进生态文化旅游发展区的形成。

（三）推进精准扶贫工作，着力保障改善民生。“精准脱贫”是我县“十三五”时期的重要任务，扎实落实精准扶贫各项政策措施，切实做到“六个精准”，做好“五个一批”，瞄准“三年脱贫、两年巩固”的奋斗目标。确保 2018 年全县精准扶贫工作各项工作全面完成。积极推进“双创”工作，加强就业创业培训，多渠道统筹做好农村转移劳动力、就业困难人员、失业人员、退役军人就业。加强保险制度“扩面”工作，覆盖更多困难群众，发挥社会保障“安全网”的作用。五保、城乡低保应保尽保，提高供养水平，扩大城乡医疗救助覆盖面。

（四）着力发展循环经济，强化生态文明建设。2018 年，以林周县生活垃圾处理转运站建设项目及林周县县城污水处理与收集系统建设项目将发展循环经济作为我县经济发展转方式的重要切入点，结合《林周县山水林田湖草规划》，推进农牧业、矿产业、加工业等产业的循环化改造。以湿地、黑颈鹤保护政策及措施，划定生态红线，制定严格的管控和保护措施。加强节能减排，建设两型社会，完成市定节能减排任务。稳步开展农村环境综合整治，重点实施饮用水水源地保护、生活垃圾和污水处理等工程。

（五）强化统筹城乡发展，着力改善人居环境。强化规划引领，加快乡镇总规和控规以及村镇布局规划编制，构建县域城镇规划体系。完善城镇功能，加快城镇基础设施建设，全面布局和启动县城市政道路建设，加快县城污水管网配套及保障性小区外配套基础设施，统筹城乡垃圾处理，建成县城污水处理厂、旁多乡生活垃圾无害化处理场建设项目，推进乡镇垃圾压缩中转站建设项目。推进村容村貌整治工程，完善村级服务平台，建设社会主义新农村。

（六）继续深化改革开放，全面激发发展活力。深入推进各领域改革。全面实施政府机构改革，理顺职责关系，确定“三定”方案。积极承接下放权限。扩大开放，促进合作，进一步加大招商引资力度，以园区为平台，着力引进投资者开发农业、净土健康产业、能源、旅游、新兴材料等产业，激发县域经济社会发展新活力。

各位代表，让我们在县委、县政府的正确领导下，开拓创新，锐意进取，坚持稳中求进，主动适应新常态，积极挖掘新潜力，努力创造新亮点。为促进我县经济社会平稳健康发展，全面完成会议确定的目标任务、加快推进美丽幸福新林周建设而努力奋斗。

关于林周县 2017 年财政预算执行和 2018 年财政收支预算的报告

——在林周县第十二届人民代表大会第三次会议上

林周县财政局

（2018 年 1 月 8 日）

一、2017 年财政预算执行情况及财政主要工作

2017 年，全县财政工作在县委、县政府的坚强领导下，在县人大、县政协的依法监督指导下，在对口援助单位的鼎力支持下，在各级各部门的共同努力下，认真贯彻落实党的十八届历次全会精神和十九大精神、习近平总书记系列重要讲话精神，牢牢把握稳中求进的工作总基调，深入研判经济运行态势，扎实推进财税改革任务，持续以“抓收入、优支出、惠民生、促改革、保稳定、防风险”统领财政各项工作，有力支持和促进了全县经济社会持续健康发展。

（一）一般公共预算执行情况

1. 一般公共预算收入完成情况

县人大十二届二次会议上审议通过的全县一般公共预算总财力为 75153.38 万元，其中：转移性收入 60050.38 万元，一般公共预算收入为 14500 万元，预算稳定调节基金调入 603 万元。

在年度预算执行过程中，经林周县第十二届人大常务委员会批准，全县一般公共预算本级收入调整为 10000 万元。调整后全县财政总财力为 101633.6 万元，增加 26480.22 万元，较上年增加 1107.5 万元，增长 1.1%。其中：转移性收入较年初预算增加 30575.22 万元，达到 90625.6 万元，较上年增加 4216.6 万元，增长 4.88%；一般公共预算收入完成 10405 万元，较上年减少 2526 万元，下降 19.53%；预算稳定调节基金 603 万元，全部调入年度预算。

2. 一般公共预算支出情况

经县人大十二届二次会议审议通过的全县一般公共预算总支出为 75153.38 万元，根据初步决算，2017 年度公共财政预算支出为 101228.6 万元，同比增长 1.13%。

2017 年，收支相抵后，滚存结余 405 万元，全部补充预算稳定调节基金。全县一般公共预算基本实现收支平衡，略有结余。

（二）政府性基金收支预算执行情况

经县人大十二届二次会议审议通过全县政府性基金收入为 200 万元，经初步决算，政府性基金收入完成 254.7 万元，基金支出完成 254.7 万元。收支相抵后，实现了收支平衡。

以上全县财政收支决算执行数与全县财政收支最终决算数将会有一定出入，待全县财政收支决算经拉萨市财政局审核批复后，将专题向县人大常委会报告。

（三）2017 年财政主要工作

1. 大力支持产业发展，进一步提升经济发展水平。以农牧业、特色产业、园区发展为抓手，全力支持各领域产业发展。全年用于支持农牧业发展的专项资金达到 4889.36 万元，其中，落实草原生态

补助奖励资金3843.87万元；落实农作物病虫害防治项目资金127.8万元；落实农机具购置补贴资金214万元；落实农牧业政策保险补贴601.89万元，落实农牧业防灾抗灾及新品种试验资金101.8万元。为松盘乡牦牛育肥基地、格桑塘现代畜牧业示范园区建设和优质肉牛规模化养殖项目等特色产业项目建设，提供资金保障。多方筹措资金2398万元，用于园区配套基础设施建设，持续开展“双创”工作，确保园区承载经济发展能力不断增强。持续争取援藏资金5326.8万元，用于热振片区规划、林周农场旧址维护保护，推进旅游业全面发展。

2. 大力支持项目建设，进一步扩大经济发展容量。以项目建设为着力点，加快项目建设的实施。落实2000万元项目前期经费，确保全县项目库储备建设；落实9424万元资金，确保村级组织活动场所建设项目顺利建设；落实2017年精准扶贫异地搬迁项目资金2230万元；落实林周县高效节水灌溉工程项目资金2300万元，落实林周县彭波河边交林乡防洪堤工程项目资金2671万元，落实林周县甘曲镇帕亚沟水土保持综合治理工程项目资金600万元，落实人工种草和天然草场改良工程资金1760万元。加快财政投资评审工作，确保财政资金安全。全年项目送审资金2881.05万元，审减资金99.26万元，审减率3.44%。

3. 全力支持民生改善，进一步提升县域幸福指数。打造优质教育。落实学前双语教育普及工程项目资金4320万元；落实阿朗乡、旁多乡和强嘎乡小学扩建工程项目资金1335万元；落实教育三包经费和营养改善资金3296.73万元。完善社会保障体系。按照人均120元标准，落实全民体检经费737.76万元；落实农牧区医疗制度改革资金2733.58万元；落实基本公共卫生服务资金351万元；拨付公务员医疗补助资金434.4万元；落实城乡最低生活保障金和农村低保对象生活补助资金1772.59万元；落实冬春受灾群众自然灾害补助资金34.7万元；落实五保户供养和机构运行资金218.8万元；落实三老人员补助资金200.3万元，加快公立医院改革，落实公立医院改革资金300万元，落实药品零差率补贴资金26.93万元；落实自主就业退役士兵家庭优待金及一次性生活补助资金178.2万元；落实城乡医疗救助资金240万元。完善就业政策。落实130万元就业补助专项资金；落实公益性岗位政府补助资金615万元。保障村级组织工作。落实村级组织工作经费450万元，每个行政村达到10万元的标准；落实村干部绩效考核和误工补贴资金1261万元，达到人均4万元的标准。同步调整机关事业单位工作人员高海拔工龄补贴、住房补贴以及离退休人员离休费。

4. 全力支持脱贫攻坚，进一步促进整体协调发展。积极构建“多个渠道引水、一个龙头放水”的资金管理新格局，集中财力推进贫困村、贫困人口精准扶贫、精准脱贫。调拨资金2230万元，用于2017年易地扶贫搬迁工程。落实生态岗位转移就业补助资金1835.7万元，落实扶贫定向政策性补助资金335.25万元。根据《林周县在校大学生资助办法》，落实1200万元资助林周籍在校大学生。健全完善基本医疗保险、大病保险、医疗救助和重特大疾病救助等多重医疗保障体系，落实农牧民超大额医疗保险资金63.8万元，核销住院、门诊21.22万元。落实城乡最低生活保障金和农村低保对生活补助资金925.98万元，实现农村低保和扶贫线“两线合一”，落实临时救助及医疗救助资金33.75万元。

5. 大力支持优化发展环境，进一步均衡全县发展态势。优化生态环境。落实环卫设施购建经费800余万元，建立全县垃圾收集处理长效机制。落实拉萨河源头治理专项经费200万元，落实“河长制”专项经费200万元，确保拉萨河源头及“河长制”工作的顺利开展。落实生态村、生态乡镇创建资金100万元。落实重点区域生态公益林建设资金691.49万元，落实森林生态效益补偿资金891.87万元。强化城乡配套。调拨农房确权测绘资金788.48万元，落实农村土地（耕地）经营权确权登记资金720.14万元。小康安居工程项目全面启动，农村公路养护常态化机制建立，继续落实农村公路养护资金76.67万元。优化投资环境。加大招商引资力度，开通“绿色通道”，同时加强市场监管，坚持管理服务并重，落实招商引资专项经费100万元。

6. 大力支持领域治理，进一步稳固社会良好局面。全力保障维护稳定、创新社会治理和寺庙管理等资金,进一步提升政法机关装备配备水平和办案、处突能力。及时落实爱国守法先进僧尼表彰奖励、"先进双联户"创建表彰、驻寺干部特殊岗位补贴等资金。

7. 大力推进改革创新,进一步提升财政管理水平。加强政府全口径预算管理,将政府收支活动全部纳入了预算管理。继续推行"乡财县管乡用"和"村账乡代理"制度,进一步加强了上级财政对下级财政的监督指导作用。进一步深化国库集中支付制度改革,推进财政票据电子化改革和公务卡改革等工作。加大预决算公开范围,2017 年预决算公开单位范围,做到了全覆盖,预决算内容更加深入全面。加快开展财政预算项目绩效评价机制,全面提升财政资金使用效益。健全固定资产管理机制,进一步规范固定资产管理。稳步推进"营改增"税务改革。

8. 不断加强财政监督,进一步规范执行财经纪律。全面开展了财政资金安全检查,确保财政资金安全使用。聘请第三方中介对县教育局、县民政局财务支出状况,进行核查。完善采购管理制度。全年共完成政府采购 143 批(次),节约财政资金 527.01 万元,节约率达 5.45%。全年三公经费支出为 618.5 万元,同比下降 0.82%。通过上述举措,进一步严肃财政纪律,规范财经秩序,全面提高了财政资金使用效益。

2017 年,全县财政改革发展迈上新台阶,财政支持经济社会发展的基础和重要支柱作用得到了有效发挥。预算管理制度改革不断深化,营业税改征增值税全面推开,现代财政制度建设取得阶段性进展。民生保障持续增强,在增加投入的同时,着力完善相关领域支出政策与经济社会发展实际、财力现状相衔接的机制,财政可持续性得以增强。全县财政运行基本平稳,预算执行情况总体良好,各项财政工作取得了新的进展。但我们也清醒地认识到,财政工作与全县人民的期待还有不少差距,财政预算管理还面临一些突出的问题和挑战:财政收入增长乏力,营改增减收情况明显;存量资金僵化固化,支出结构调整的任务繁重;预算单位法制意识淡薄,预算执行效率意识仍有待加强。财政资金统筹使用力度需进一步加大,资金使用有效性,安全性仍需提高。我们要进一步改进方式方法,强化责任意识和担当意识,采取有力措施,切实加以解决。

二、2018 年财政收支预算(草案)

根据《预算法》的规定和要求,结合我县实际,认真编制完成了 2018 年财政预算(草案)。

(一)预算编制指导思想

高举中国特色社会主义伟大旗帜,以马克思列宁列主义、毛泽东思想、邓小平理论、"三个代表"重要思想、科学发展观、习近平总书记新时代中国特色社会主义思想为指导,全面贯彻落实党的十九大、中央经济工作会议和中央第六次西藏工作座谈会精神,深入贯彻落实习近平总书记系列重要讲话精神,坚持稳中求进的工作总基调,按照县委、县政府的决策部署,树牢新理念、适应新常态、引领新发展,坚持以人民为中心的发展思想,着力解决美好生活需要同不平衡不充分发展之间的矛盾。深入推进财税体制改革,加大财政资金优化整合力度,保障重点领域支出,提高资金使用效益,从严控制一般性支出,健全预算绩效管理机制,积极构建全面规范、公开透明的现代财政制度,为全面建成社会主义现代化新林周提供坚强保障。

(二)预算编制基本原则

1. 预算安排总体坚持量入为出,收支平衡。预算支出安排充分考虑财力可能,按照轻重缓急的顺序,优先考虑刚性及重点支出要求,确保年初预算编制收支平衡,不编赤字预算。

2. 收入预算安排坚持实事求是,积极稳妥。收入预算安排充分考虑政策调整因素,结合预算执行情况,既保证一定增幅,又确保与全县经济社会实际相适应。

3. 支出预算安排坚持勤俭节约、统筹兼顾。支出预算安排坚持有保有压、重点突出。一方面牢固树立过紧日子的思想,严格控制各部门、各单位的机关运行经费和楼堂馆所等基本建设支出,继续压缩“三公”经费支出。另一方面。将财力更多地向精准扶贫、教育、社会保障和就业、医疗卫生、文化、科技、节能环保、公共安全等重点领域倾斜，全力做好强基惠民、维护稳定、促进就业、精准扶贫等重点工作的资金保障。

（三）2018年收支预算安排总体情况

1. 一般公共预算收支安排情况

2018年，全县一般公共预算总财力为73105.4万元，按可比口径（下同），比上年减少2047.98万元，降低2.73%。其中：转移支付62305.4万元；一般公共预算本级收入10500万元；预算稳定调节基金调入300万元。

拟安排2018年一般公共预算支出73105.4万元，比上年预算数减少2047.98万元，降低2.73%。

2. 政府性基金预算收支安排情况

2018年，全县政府性基金预算财力为200万元，为地方政府性基金预算收入。政府性基金预算支出安排200万元。

（四）2018年预算安排重点及重点工作

在拟预算安排的73105.4万元支出中，除优先保工资、保运转外，重点支持全县各项中心工作的开展，按照“稳增长、促改革、调结构、惠民生、防风险”的原则，推动全县经济社会协调可持续发展。

1. 整合财政涉农资金，助力精准脱贫工作。财政部门将继续按照区、市两级财政工作安排，整合财政涉农资金；加大结余结转资金清理力度，经县委、县政府同意后，统筹用于我县各项精准扶贫工作；配合六个脱贫专项小组工作，确保完成2018年各项扶贫工作任务目标；借助上级部门财力，配合县精准扶贫专项小组，大力推动各项精准扶贫项目顺利实施；定期组织人员对精准扶贫项目进行财务检查，提高财政绩效。

2. 加大社会保障投入，共享改革发展成果。调整优化支出结构，财力分配继续向民生领域倾斜，切实保障民生和持续改善民生。2018年拟安排社会保障和就业支出7200万元。支持做好就业和社会保障工作；做好城乡医疗救助财力投入工作，逐步改善低收入群体就医条件；按时足额兑现居民最低生活补助。

3. 加大公共事业投入，推动社会事业发展。一是大力支持教育优先发展。2018年县本级财政拟配套全县教育事业支出3312万元。进一步提高“三包”经费保障标准，实施义务教育农牧民子女营养改善计划全覆盖。着力加强学前教育学校基础设施建设；投入1200万元，专项用于林周籍在校学生学费及生活费；二是大力支持公共卫生事业发展。2018年拟安排全县医疗卫生与计划生育支出8942万元。继续执行城乡居民和寺庙僧尼免费体检政策，加大基本公共卫生支持力度。强化包虫病筛查治疗、疾病预防控制、妇幼卫生保健、食品安全监管、基本公共卫生服务等工作。三是强化基层文化建设。2018年拟安排全县公共文化支出718.95万元。支持民族手工业创新研发产品，鼓励文化创作。加大对非物质文化遗产传承开发和重点文物、寺庙的保护投入。加大对群众文化活动中心投入力度，增强基本公共文化服务保障水平。

4. 加大维稳投入，推进依法治县工作。按照“治国必治边、治边先稳藏”，“依法治藏、长期建藏”精神指示，积极筹措资金，全力维护稳定。2018年拟安排公共安全支出5822.44万元（包含国防支出）。专项用于社会治安综合治理、维护稳定、平安建设、群防群治、突发应急处置、消防安全、矛盾纠纷化解等经费。进一步加强和创新寺庙管理和社会治理工作，坚决维护社会正常秩序和社会局势的长期稳定。

5. 完善预算管理制度，提高预算编制水平。继续完善预算编制与预算执行、结转和结余资金管理、资产管理及政府采购管理办法。建立涵盖预算单位基础信息及财政管理业务基本信息的动态数据库，全面推进综合预算编制，提高预算编制的完整性。同时，认真履行财政财务监管职能，通过按季度提醒项目资金拨付情况及各预算单位经费使用情况等方式，狠抓预算编制、预算执行、资金拨付和决算审查等关键环节，逐步构建与公共财政相匹配的财政监管机制。

6. 支持县域经济转型，培育壮大税源税种。发挥财政资金的杠杆作用和乘数效应，加大对新兴农业经济、特色本土产业和具有发展潜力村级集体经济的支持力度，增强经济增长内生动力，力促经济快速转型升级，提高财政对转变经济发展方式的贡献份额。依托鹏博健康产业园区，加大招商引资力度，增加入驻企业数，积极培植含税财源；借助净土产业平台，大力发展具有林周特色的绿色农牧业产品，走农业绿色强县道路，确保做到“服务林周、合作林周、诚信林周”。

7. 加强资金监管力度，确保资金运行高效。按照公共财政的理念，建立新增财力重点投向民生的管理及监管制度，定期委托会计事务所对全县账务进行审查，确保财政对民生的投入落到实处。2018年计划对全县财政资金进行内部审查1次(包含二级财务)。同时，配合县相关部门逐步加大社会保障机制覆盖面。

8. 推行国库集中支付改革，提高资金使用效益。有效推进财政管理工作，增加资金利用率，减少沉淀资金量。继续按照上级财政部门的工作要求，在全县范围内推行国库集中支付制度。加强财政在资金支出方面的监督作用，提升会计信息质量，强化治理和预防腐败，最大限度的集中财务核算职能和会计责任。

9. 全面推行惠民“一卡通”，确保惠民资金公开透明。2018年，在全县十个乡(镇)，全面推开惠民“一卡通”政策，实现惠民补贴资金“一个漏斗”向下、一卡发放的模式，确保财政补贴资金安全及时足额通过“一卡通”存折发放到每一个农牧民手中，提高财政资金使用效益，让信息化惠及全民，为有效的科学决策提供依据。

各位代表，新的一年，站在新的起点，我们将在县委、县政府的坚强领导下，深入贯彻党的十九大精神，自觉接受人大监督，虚心听取政协建议和意见，奋发进取，开拓创新，扎实工作，努力完成2018年财政预算任务，为全面建成小康社会做出新的更大贡献。

综　述

【基本情况】 林周，藏语含义为天然形成的沃土，位于拉萨市东北，距离市区65公里。全县辖9个乡1个镇，45个行政村，15552户64453人；国土面积4464.4平方公里，耕地23万亩，天然草场505万亩，人工草场8万亩，水域5.4万亩，是拉萨市6个县2个区中的第一产粮大县、第二牧业大县。全县南北狭长，跨度达180公里。念青唐古拉山支脉—恰拉山横贯全境，将林周县分割为南北两大部分。北部属拉萨河上游及其源流区域，素有“三河一流”的美称（即热振河、达龙河、乌鲁龙河、拉萨河流域），平均海拔4200米，气候干燥，年平均气温2.9℃，以牧业生产为主。南部地区属拉萨河支流澎波河流域，平均海拔3860米，谷地开阔，气候温和，雨水充沛，年平均气温5.8℃，主产小麦、青稞、油菜、土豆等，是拉萨市的主要粮食生产基地。

林周县风光秀美、山川壮丽、人杰地灵，人文历史底蕴深厚，是拉萨城市后花园。全县分布有一个国家级自然保护区（雅江中游黑颈鹤国家保护区），一个国家森林公园（热振国家森林公园），两个自治区级自然保护区以及白唇鹿保护区。全县有寺庙38座，著名的藏传佛教寺庙热振寺，距今已有千年历史，周围有风景秀丽的热振国家级森林公园。

【经济和社会发展】 2017年，完成地区生产总值18.01亿元，同比增长10.0%；完成社会固定资产投资20.20亿元，同比增长126.8%；完成一般公共预算收入1.04亿元，同比下降19.53%；农牧民人均可支配收入达到11455元，同比增长12.4%；社会消费品零售总额完成1.91亿元，同比增长12.4%；规模以上工业增加值完成8594.9万元，同比增长10.3%。

【农牧业】 2017年，农作物播种面积18万亩，青稞种植12.46万亩；落实青稞、冬小麦和油菜高产创建11.5万亩，测土配方施肥示范9.5万亩，新品种推广12.55万亩。粮食产量总体保持稳定，2017年粮食总产达到0.68亿公斤。牲畜存栏22.8万头（只、匹），其中牦牛9.2万只、半细毛羊5.04万只，占存栏牲畜总数的62.5%；牲畜良种率达到42.8%，同比增长0.7%。投用农业机械2.44万台（套），同比增长9%，农业机械化率达94%。启动实施了松盘乡牦牛育肥基地、格桑塘现代农牧产业示范园建设，逐步形成“集群”“块状”发展格局。采取家庭、集体、企业共同经营模式发展人工饲草种植，2017年种植饲草9.01万亩，同比增长46%，带动群众增收170余万元。牦牛短期育肥和奶牛养殖扎实推进。与市净土健康产业公司合作，引进500头安格斯肉牛进行试验性和适应性养殖，优质肉牛规模化养殖初具雏形。成功注册“澎波牦牛”“澎波半细毛羊”地理商标。

【工业经济】 2017年，投资2398万元完善园区配套基础设施建设，充分发挥中小企业孵化基地作用，开展“双创”工作，引进8家实体企业进驻园区，园区承载经济发展能力不断增强。

【旅游业】 2017年,紧紧抓住全域旅游发展机遇,加快推进热振旅游文化片区规划、林周农场旧址维修保护,成功举办林周县首届油菜花徒步观光旅游节。2017年,接待游客达15.79万人次,实现旅游收入1989.7万元,分别同比增长17.1%和19%。

【改革开放】 2017年,成立国有控股的林周县客运公司,顺利完成拉萨市至林周县客运班线改制工作,投资390余万元将现有的班线客车全部收归国有。落实"公交优先"发展战略,投资360余万元购置营运客车16辆,12月18日正式启动农村公交客运,开通县乡客运线路7条,覆盖10个乡镇,成为全市首家开通农村公交客运班线的建制县。建立健全土地流转机制,流转土地2.5万余亩,5个主导品种大田统供率88.5%,"万户百场十中心"工作有效落实。乡镇农牧综合服务站实现全覆盖,农牧业科技支撑力度不断加强。与南京农业大学、自治区农科院畜科所达成合作协议,共同推进格桑塘现代农牧产业示范园。引进西藏天域农业科技有限公司,达成投资2亿元的青稞产业园协议。不动产登记及集体土地所有权确权颁证工作有序推进。继续深化商事制度改革,落实小微企业优惠政策,辖区内小微企业受惠面100%,减免税费249.5万元。新增市场主体415户,新增注册资金12.84亿元,"12315"基层消费维权联络站实现全覆盖。

【受援工作】 2017年,全面深化援藏工作对口帮扶机制,依托援藏平台,发挥援藏优势,深度融合推进干部、资金、项目、产业、智力、人才、公益援藏,实施受援项目12个,投资1.81亿元,受益群众达6万余名;争取江苏省计划外援助资金1.5亿元,签订4项法律教育医疗援助协议。援藏工作呈现全方位、多层次、宽领域的交流交往格局。

【招商引资】 2017年,按照"三个一批"招商思路,依托自主招商及"西洽会""商洽会"等平台,完成招商引资7亿元,完成目标任务的100.1%。

【城乡建设】 2017年,着眼发展需要,坚持规划先行,先后编制完成《拉萨林周县县城控制性详细规划》《热振旅游度假区规划》《林周县风貌布点规划》,稳步推进《"四乡一村"总体规划》编制。配合开展雅江中游黑颈鹤保护区规划调整工作。深化环境整治。全面推进大气、水、土壤污染防治工作,先后投入800余万元购建环卫设施,建立全县垃圾收集处理长效机制。深入开展环境专项行动,大力开展河道采砂、矿山巡查整治,拉萨河源头、水源地保护工作;严厉打击环境违法行为,"禁白"成果进一步巩固。接受中央环保督察,及时办结公示转办案件12件。有效实施黑颈鹤保护区管理,建立定点投食机制,配合开展"绿盾2017"国家级自然保护区监督检查专项行动。推进国土绿化,完成造林面积达1100余亩,累计实施退耕还林9318.76亩,投资230万元进行县城绿化改造提升。对全县境内23条重要河流全面实行"河长制",总长达到423.53公里,河长制管理体系初步形成。建强市政基础。投资505.89万元实施城区街道路灯改造工程。积极推进"厕所革命",完成农村改厕20座。棚户区改造、小康安居试点工程扎实推进。质量强县工作积极推进,被评为C级。

【教育事业】 2017年,严格落实"五个100%"发展目标,落实"三包"和"营养改善"资金3296.73万元。投资7187.3万元实施31个教育基建项目,教育基础设施不断完善,教育教学质量不断提升,全县中小考成绩连续两年位列全市六县第一。

【卫生事业】 2017年,食药监管不断加强,严格按照"四个最严"要求,认真履行"四品一械"监管职能,高密度严监管食品药品市场,全年食品药品安全零事故。农牧区医疗保障覆盖面达到100%,报销医疗费用2504.5万元,4.5万余名农牧民群众受益。组团式医疗援藏工作进展有序,利用援藏投资700万元修建强嘎乡标准化乡镇卫生院,县医院成功创建为"二级乙等医院"。包虫病综合防治工作扎实有效,完成筛查59685人,筛查率100.7%、救治率84%;流浪犬只防治管理同步加强。

【社会保障】 2017年,大力开展全民参保登记工作,五项保险参保人数4.68万人,开展职业技能培训16期,劳动力转移就业1.3万人,实现收入0.9亿元,开发就业再就业岗位4500余个,城镇登记失业率继续控制在2.2%以内。

【脱贫攻坚】 2017年,深化以业脱贫。大力发展种草养畜类产业,投资3.7亿元实施产业项目27个,带动1622名建档立卡贫困群众增收。深化以迁脱贫。积极推进县域5个集中搬迁安置点建设,甘曲、边林、松盘3个安置点已完成主体建设,卡孜、强嘎2个安置点完成一层主体建设,预计2018年5月完工搬迁入住。搬迁至城关区的370户1582名贫困群众预计2018年2月实现入住。深化以补脱贫。落实生态补偿岗位6119个,发放生态补偿岗位资金1835.7万元,兑现定向补助资金335.25万元,惠及4249人。深化以教脱贫。研究出台《林周县在校大学生资助办法》,发放资助金999.71万元,惠及1831人;建立健全"两后生"职业教育体系。深化以助脱贫。健全完善基本医疗保险、大病保险、医疗救助和重特大疾病医疗救助等多重医疗保障体系,做好建档立卡贫困户住院补偿、门诊核销工作,核销住院、门诊补偿21.22万元。深化以保脱贫。实现农村低保和扶贫线"两线合一",兑现农村低保资金及"两线合一"补助资金925.98万元,为136名困难群众发放临时救助及医疗救助资金33.75万元。结对帮扶工作继续深化。全县1360名干部职工结对帮扶1882户贫困户,常态化开展慰问帮扶工作。于12月接受了自治区脱贫攻坚第三方评估,自治区第三方评估组反馈的评估结果为全县脱贫人口错退率0.64%、贫困人口漏评率1.26%、综合贫困发生率1.43%、群众满意度98.42%。

【和谐构建】 2017年,稳定局势不断巩固,综合治理不断加深。认真落实县级领导包乡、乡级领导包村维稳工作机制,坚持县级领导带班、干部值班等维稳制度,圆满完成了各个节点,特别是党的十九大期间的维稳安保任务。创新了重点人员管控新思路,加快公安机关"四项建设",全县立体化防控建设水平不断提高,人民群众安全感不断提升。狠抓社会面防控。始终保持对各类违法犯罪活动的高压威慑态势,充分发挥网格化、双联户社会服务管理体系作用,加大矛盾纠纷排查化解力度,排查矛盾纠纷40件,调处化解率90%。成立工作专班。

强化宗教事务服务管理。全面落实利寺惠僧政策,"六个一""一覆盖""一创建"活动深入开展,投入资金347万元实施寺庙维修和线路改造,表彰和谐模范寺庙,爱国守法先进僧尼。全力推进民族团结进步事业发展,铸牢中华民族共同体意识,依法从严管理僧尼,寺庙僧尼、干部群众"三个离不开""五个认同"意识明显增强,爱国统一战线持续巩固。狠抓安全生产。深入开展安全生产执法检查,全年安全生产事故、死亡人数实现双下降,安全形势进一步巩固。微型消防站实现全覆盖。普法工作扎实有效。完成"六五"普法验收表彰,高标准启动"七五"普法规划,荣获2011—2015年全市法治宣传教育先进县区荣誉称号。

【作风建设】 2017年,常态化制度化开展"两学一做"学习教育。扎实开展"四讲四爱"主题教育实践宣讲、演出、爱国电影巡演等活动。政府自身建设不断加强。建立健全《政府工作规则》,研究出台乡(镇)、村、驻村工作队三级财务管理办法和《林周县项目管理工作手册》等系列规章制度,持续落实党风廉政建设责任制,持续推动"三转"有效落实,推行权责清单,廉政风险防范机制不断健全,廉政风险不断降低。

(王翠英)

大事记

1月

4日　林周县检察院在全体干警中开展了问卷形式的党章党规知识竞赛活动。全院党员干警参加知识竞赛共15人，发放试卷15份，收回答卷15份，答卷正确率达98%。

5日　由自治区民政厅副厅长饶边疆带队，区财政、住建、统计、物价部门相关人员组成的专题调研工作组在林周县，对林周县城镇居民生活困难情况开展专题调研。

6日　林周县已完成132处不可移动文物点立碑工作。

同日　曲水县妇联、当雄县妇联带领本县致富女能手、致富带头人一行20余人在林周县参观交流学习。主要参观了林周县朱加村半细羊毛加工合作社、朗当村嘉热仓妇女民族手工艺品编织合作社、白朗村残疾人民族手工艺品编织合作社。

10日　林周县公安局在辖区太湖路联合各部门开展"110宣传日"活动，宣传过程中，宣传民警以悬挂横幅，张贴宣传画报、设立展板、咨询台和散发宣传品、宣传资料等形式，积极向辖区过往群众宣传了"110"接处警范围，"110"便民利民作用。此次宣传，共出动警力60人次，发放宣传资料2500余份，悬挂宣传横幅25条，现场咨询98人次，受教育群众达350余人次。

12日　林周县五保集中供养服务中心负责人，邀请县消防大队次仁等6名消防负责人在该院开展消防演练及消防检查宣讲。

13—19日　林周县开展寒假期间学校安全工作检查，县教育局、消防大队等单位组成的检查组对林周县9所学校进行了校园安全工作大检查。

17—19日　林周县教育局组织"乡村学生进城市、圆梦蒲公英、走进科学世界"假期活动。

19日　林周县委、人大、政府、政协主要领导率领县委办、政府办、人大办、组织部、民政局、总工会等单位在全县9个乡1个镇开展2016年"三大节日"节前"送温暖、献爱心"慰问活动。慰问活动中，共计发放慰问金及物资24.07万元。

同日　林周县在县文化活动中心举行2016年"金秋助学"资金发放仪式。针对考入区外大学的37户困难职工家庭的学生，按照每名学生资助4000元标准，共计发放148000元；对考入区内大学的10户困难职工家庭的学生，按照每名学生资助2000元的标准，共计发放2万元，让47名困难职工家庭子女圆了大学梦。

同日　林周县总工会开展困难职工全覆盖慰问实名制资金发放活动。按照每人1000元的标准，全覆盖慰问林周县9名困难职工，共计发放资金9000元。

20日　拉萨市政协副主席、民宗局党组书记拉巴顿珠一行在林周县检查指导寺庙工作。

22日　林周县甘旦曲果镇组织召开"甘曲镇2017年新年离退休老干部座谈会"，并对离休老干部进行了慰问。

同日 林周县食安办组织食药监局、工信局、农牧局、卫生局、城管大队等相关职能部门，对县域餐饮业、超市、小卖部、农贸市场等开展了“春节”期间食品安全联合监督检查。

26日 林周县深入基层，访民情、问民苦、排民忧、解民难，向18名孤残儿童、24名贫困妇女、11名“两癌”患者、1名退休老干部送去了5000元的慰问金和新春的祝福。

同月 国家统计局拉萨市调查队次仁旺拉一行4人在林周县开展第三次全国农业普查工作检查和指导。

同月 拉萨市扶贫办党组书记、市脱贫攻坚指挥部办公室副主任普布顿珠带领第一采集组在林周县走访采集精准扶贫精准脱贫典型。

同月 林周县在全县范围开展了城乡低保核查工作。

同月 林周县组织9个职能部门组成专项整治领导小组，在九乡一镇，对97家采石场、采砂场及预制砖厂开展了为期9天的现场检查执法工作。此次行动，共依法取缔关闭了94家未办理环评手续的采石场、采砂场及预制砖厂。

同月 林周县研究制定《关于开展小学教师南北部交流的实施方案（试行）》，并选派24名教师参加南北部交流，促使林周县南北部各乡（镇）小学教师队伍均衡、协调发展。

同月 在县特警大队及甘曲镇派出所的协助下，林周县甘旦曲果镇分别在甘曲组、麦那组、久荣组发放征地补偿款和产量补贴款，此次共计发放征地补偿款及产量补贴款13940249.76元。

同月 林周工商联和苏州市工商联成功签约《友好合作交流协议》。通过签约协议，双方将在招商引资、企业帮扶、人才培训、资金援助、精准扶贫等8个领域加强合作。并积极引导适合林周产业发展的苏州企业到林周投资兴业，最大限度利用苏州的先进理念和林周土地资源的比较优势，取长补短，推动两地产业融合发展，努力帮助林周创建全国东西合作扶贫攻坚同步小康示范区，促进两地经济社会共同发展。

同月 林周县复核完善澎波河边交林乡防洪堤工程设计工作，总投资为2613万元，新建河堤长10.25公里，其中单边治理长度约5公里，防洪堤结构为铅丝石笼护堤及钢筋石笼骨架结构，防洪标准为10年1遇。该项目的实施将有效缓解汛期洪水对该区域的冲击，避免河道沿线农田受到侵蚀或淹没。

同月 林周县完成2017年农牧民碘盐配送工作，配送计划人数60421人，总量为332.3155吨，配送覆盖率达100%，相比2016年，人数和配送总量分别同比增长1.74%。

同月 经区妇联审核、中国妇女发展基金会项目办审批，日布村被纳入2015年度“大地之爱·母亲水窖”工程计划。项目总投资48万余元，拟新建13口大井，3口压水井，设计井深12米。项目建成后，将解决日布村1039人和11485头牲畜的饮水困难问题。

同月 林周县大力开展环境宣讲活动，林周县以创建自治区级生态村、环境综合整治及“美丽乡村”“禁白”等各项活动为契机，通过图片展、设立宣传咨询点、散发宣传资料等方式，在各乡镇、村委会、商铺开展了20余次环境宣传教育活动，发放4000个环保袋，悬挂7条横幅，编印并发放新《中华人民共和国环境保护法》5000册，“禁白”知识读本2000册以及《环境影响评价法》4000册。

2月

2日 林周县全力推进行政审批事项“接、放、管”工作，对全县22家政府工作部门、2家政府直属事业单位现有行政审批事项进行了一次大起底，共梳理出行政权力1340项。

5日 林周县团委组织16名西部计划志愿者在春堆乡各村组，开展爱心物资发放活动，共发放衣物、儿童读物等爱心物资40余件，惠及10余户贫困群众家庭。

6日 自治区党委常委、拉萨市委书记白玛旺堆在林周县实地调研农牧业总体发展、生态环境建设、旁多水利枢纽工程建设、产业发展基地规划建设以及精准脱贫工作开展情况。

同日 林周县以环保局、国土局、发改委等部门组成联合工作组对县域内 94 家非法采石采砂和预制场依法进行了取缔，并对矿企遗留危险化学品进行了妥善处置。

同日 林周县团县委组织 17 名志愿者在卡孜乡白朗村易地搬迁安置点，开展以“携手环保，关爱搬迁户”为主题的志愿服务活动。

同日 林周县召开全县农村住户基本情况调查统计培训会。培训内容包括住户成员、可支配收入、工资性收入、工资、实物福利、经营净收入等 30 余项专业统计指标。

7 日 自治区党委书记吴英杰在林周县就农牧业发展进行实地调研。

9 日 林周县司法局、团委、政法委、公安局、法院、检察院等多单位在边林乡小学开展以“珍爱生命，远离毒品”为主题的 2017 年寒假青春自护活动。

同日 林周县卡孜乡遭大风侵袭，历时 2 小时左右，共有 7 户居民住宅遭受不同程度的损坏，直接经济损失达 65000 元。

10 日 拉萨市委常委、政法委书记、市公安局党委书记马军一行在林周县唐古乡开展扶贫调研和走访慰问活动，调研过程中，马军仔细了解唐古乡的经济社会发展情况，询问了 2016 年强农惠民政策的实施情况和教育、医疗、社保、民政等基础工作的开展情况，对维稳、党建的落实情况进行了指导。

同日 林周县安监局、公安消防大队、住建局在林周县液化气站、中石油林周县加油站、中石化林周县加油站进行安全生产大检查。

15 日 自治区环保厅副厅长张天华带领环保工作督导组在林周县检查督办夕瑞德矿业尾矿库整改落实情况。

17 日 拉萨市广电局在林周县举办“文艺、法规、服务”三下乡活动。活动共计发放《拉萨市 2013—2016 电视综艺晚会集锦》光盘 100 余份，宣传手册 1200 余份。

同日 林周县召开全县经济工作会议。会议总结 2016 年全县经济工作，分析当前经济形势，研究部署 2017 年全县经济工作、农村工作及精准扶贫精准脱贫工作，努力推动林周经济持续健康快速发展。

18 日 北京鼎春德集团和拉萨楚布文化传播有限公司一行 10 人在林周县鹏博健康产业园开展商务考察活动。

20 日 林周县第三次全国农业普查全面进入 PDA 录入阶段，全县 PDA 录入完成 2865 户，占总户数的 28%。

同日 林周团县委组织 12 名新老西部计划志愿者走进县中队，开展素质拓展训练活动。

20—21 日 林周县利用两天时间对全县发生住院费用的人员进行报销。

21 日 拉萨市人大常委会党组副书记、市总工会主席平措朗杰一行在林周县松盘乡开展慰问活动。向松盘乡 20 名工会困难会员送上了节日慰问金和慰问品，总计价值 2 万元。

23 日 中国共产党林周县第九届纪律检查委员会第二次全体会议胜利召开。

24 日 由县委政法委、公安局、检察院、司法局、县消防大队组成的林周县政法系统文艺演出队，以“喜迎藏历新年・心系基层关爱干部”为主题，在县文化活动中心院内隆重举行藏历新年文艺慰问演出。

25 日 县委书记次仁顿珠以身作则率先垂范，对朱加村的 2 户结对帮扶对象进行了走访慰问，为他们送去砖茶、大米、面粉、食用油等生活用品和慰问金 6000 余元。

同月 县委书记次仁顿珠亲自约谈各乡镇及重要部门主要负责人 11 人，县委主要班子成员切实履行“一岗双责”职责，对分管领域部门单独约谈 19 人、集体约谈 31 家单位，县纪委主要领导单独约谈 8 人，约谈覆盖率 100%，单独约谈率 75% 以上。

同月 林周县驻卡孜乡托门村工作队联合村“两委”班子，开展了为期 2 天的风湿病患者摸底工作，对全村风湿病患者的基本信息进行了详细登记。

同月 林周县江热夏乡及时兑现发放了县民政局调拨的冬春救济粮，此次共计发放大米 34600

公斤，面粉17300公斤，食用油698桶，折合人民币294380元。

同月 林周县边交林乡向129户农牧民发放了2016年度现代农业示范园区土地流转金。

同月 春节前夕，林周县委、县政府深入基层，访民情、问民苦、排民忧、解民难，向18名孤残儿童、24名贫困妇女、11名“两癌”患者、1名退休老干部送去了5000元的慰问金和新春的祝福。

同月 林周县疾控中心对县域内的自来水厂、宾馆旅店、网吧、淋浴店、理发店和医疗诊所开展了节前公共卫生安全专项检查活动。

3月

5日 林周县教育局分两批到全县11所中小学，就学校的常规管理、师生到位情况、安全维稳工作和教材、“三包”物资等情况进行了检查。

同日 县委常务副书记潘志嘉在松盘村走访慰问3户结对帮扶对象，为他们送去米、面、油、酥油等生活用品和1000元慰问金。

同日 林周县在江热夏乡加荣村举办“迎藏历新年赛马”活动，来自各乡镇的骑手带着自己心爱的马匹参加了比赛，比赛中骑手们奋勇争先，你追我赶，场面异常火爆，本次活动共吸引参赛人员和观众600余人、车辆（汽车）150余辆、摩托车200余辆。

同日 林周县召集相关部门及部分乡（镇）主持召开第三次全国农业普查工作推进会。

6日 由拉萨市教育局局长中楚成率队，市教研所、市局安卫办等科室负责人组成的综合检查组在林周县强嘎乡中心小学、卡孜乡中心小学、县中学等3所学校检查指导春季开学准备工作。

7日 在第107个“三八”国际妇女节来临之际，林周县妇联组织召开党课庆“三八”妇女争先锋授课活动。

8日 林周县召开纪念“三八”国际劳动妇女节107周年暨表彰大会。共计表彰巾帼文明岗1个、“三八”红旗集体1个、“三八”红旗手5人、巾帼建功标兵5人、“双学双比”女能手2人、最美格桑花5人、五好文明家庭5户、最美家庭7户。

同日 林周县在卡孜乡托门村委会开展“健康知识讲座及卫生惠民政策”宣传讲座活动，活动悬挂宣传横幅1条，发放各种宣传资料354份，宣传海报56份，传授健康素养66条，受惠群众达200余人。

9日 林周县开展“主题党日”活动，活动重温了入党誓词，学习了《中国共产党章程》总纲第一至第四章内容和《关于四起党风廉政建设责任追究典型案例的通报》等文件，并号召大家真正要在强化“四个意识”和遵守纪律、爱岗敬业等方面树榜样、立标杆、切实以党员的先锋模范作用影响和带动广大干部群众顾大局、识大体，讲纪律、守规矩

同日 林周县环保局、发改委、工商局、城管大队组成联合执法组，在县城内所有商铺开展巩固“禁白”成果工作。

同日 林周县组织召开全县2017年建设项目环评任务分解会议。

同日 林周县净土产业投资开发有限公司组织召开斯曲亚玛高标准奶牛养殖基地项目推进会。

10日 拉萨市交通局局长扎西平措一行在林周县唐古乡调研。

同日 林周团县委组织开展“青少年维权岗”授牌活动。

上旬 林周县各乡镇相继召开维稳防控部署会，及时向各行政村及辖属单位传达林周县“全国两会”期间维稳防控安排部署会精神，并对维稳值班等工作进行了安排部署。

11日 林周县在拉萨市千里马职业技术培训学院开展农牧民妇女家政培训，培训内容包括厨师、理发、保洁等课程，26名农牧民妇女参加此次培训。

12日 林周县组织召开2017年全县安全生产工作部署会，通报了2016年全县的安全生产工作开展情况，安排部署了2017年安全生产工作。

13日 林周县热振寺“恰达曲巴”佛事活动朝佛人数累计达到5500余人，车辆652辆，活动现场井然有序。

同日　林周县斯林寺立经幡佛事活动现场朝佛人数达2300余人，摸顶活动现场5200余人，车辆630余辆，摩托车430余辆，全天佛事活动进展顺利，活动现场井然有序。

14日　自治区教育厅副厅长朱赟率计财处、基教处、教科所及阿里地区交叉检查人员，在林周县苏州小学、县中学、江热夏乡中心小学、边交林乡中心小学等学校的学生课堂、功能教室，详细查看教师授课及实验课开课情况，并与基层教师、学校领导交流教育教学意见。

10—15日　林周县邀请县消防大队专家在南部学校就如何消除各类火灾隐患以及消防安全事故的紧急处理、逃生等问题举办消防安全知识培训及演练活动，2000余名师生参加培训。

15日　林周县出动“危化”处理工作人员20余人次，车辆5台次，对已依法关闭的“西藏天冠三秦有色林周矿业有限公司”遗留危险废物进行处理。

17日　林周县对春堆乡卡东村新申请低保对象家庭进行了入户调查。工作人员采取“一看”“二问”“三访”“四查”“五登”的调查方式对新申请低保对象的家庭进行了翔实调查，切实做到了有章可循、有据可查，为最终审批提供依据。

17—21日　林周县唐古乡政府组织工作人员与卫生院医护人员在藏雄村、恰扎村、唐古村、江多村、热振寺、桑旦林寺以及唐古乡中心小学开展包虫病防治专题宣传活动，惠及农牧民2100余人。

20日　林周县2017年藏电2期项目开复工仪式在江热夏乡卡日村隆重举行，拉萨市委副书记、常务副市长胡洪，市人大党组副书记、副主任达瓦及林周县在岗县级领导、县直相关项目单位负责人、各乡镇和基层干部代表、藏电2期施工单位代表、农牧民群众代表等110余人参加开复工仪式。

21日　林周县林业局组织县直机关干部、武警官兵、消防战士、学校师生积极开展义务植树活动。

22日　西藏自治区副主席、自治区脱贫攻坚指挥部副总指挥长其美仁增，自治区人民政府办公厅副巡视员张桦，自治区扶贫办党组书记江白一行在林周县卡孜乡、春堆乡、强嘎乡，实地调研生态搬迁安置点选址工作。

同日　林周县召开2017年宣传思想工作会议。

23日　林周县综治办联合县委宣传部、法院、公安局、司法局、信访局、水利局、国土局、卫生局、工商、农行等32家县(中)直综治成员单位在县太湖路集中开展“3月综治宣传月”宣传活动。

同日　林周县2017年“两会”筹备工作会议召开。

24日　林周县开展了“世界防治结核病日”为主题的宣传活动。

25日　林周县举行2017年度全社会固定资产投资目标责任书签订仪式。

27日　林周县召开第十二届人大常委会第五次会议，共计出席委员19名。

28日　林周县召开重大动物疫病防疫动员大会。

同日　林周县举行纪念西藏百万农奴解放58周年“升国旗，唱国歌”仪式，参与人员共计400余人。

同日　林周县组织人员在拉萨清政府驻藏大臣衙门、根敦群培纪念馆进行参观学习。

29日　为提高林周县广大农牧民妇女的植树造林和保护生态环境的意识，林周县组织开展“绿色林周 巾帼在行动”的活动，共植树1000余棵。

同日　县委副书记、县长高军在强嘎乡切玛村调研牦牛短期育肥产业项目。

30日　林周县邀请县卫生局防疫部门专家开展了包虫病防治宣传知识讲座，此次讲座涉及包虫病传播途径、如何预防等知识，共计参与人员587人。

同日　林周县第十二届人民代表大会第二次会议在林周县文化活动中心礼堂隆重召开。县长高军代表林周县人民政府向大会作了《政府工作报告》。会议还审议并通过了《林周县2016年国民经济和社会发展计划执行情况与2017年国民经济和社会发展计划草案的报告(草案)》《林周县2016年财政预算执行情况和2017年财政收支预算(草案)的报告》和《林周县人民政府关于第十一届林周县人大第五次会议及第十二届人大第一次会议代表议案和建议办理情况的报告》。

同日　中国人民政治协商会议第二届林周县

委员会第二次会议在县人大一楼会议室隆重召开。会上，县政协党组书记、主席格桑次仁代表中国人民政治协商会议第二届林周县委员会常务委员会向大会报告工作。

31日 林周县干部在5个行政村进行了农牧工作的督导检查，重点对各村春季动物防疫工作和乡集中种子包衣点的工作开展情况进行了跟踪问效。

同日 为进一步畅通食品药品投诉举报渠道，林周县开展了“12331·守护食品药品安全”宣传活动。此次宣传重点明确了食品药品投诉举报方式，公布了全国统一投诉举报电话“12331”及网站，明确了食品药品投诉举报范围。宣传方式多样共制作悬挂横幅3条，发放海报500余张，书籍150本、挂历20本，发送手机短信6000条，活动参与人员共计6700余人。

同月 林周县委书记次仁顿珠，县委副书记、县长高军协同江苏省城市规划设计院2名设计人员在旁多乡、唐古乡实地勘察指导热振片区旅游开发建设规划。

同月 为切实保障2017年藏历新年期间广大群众的饮食安全，林周县多家执法单位联合开展食品安全监督检查。

同月 林周县共投入劳力200余人，机械操作68小时，清淤水渠7730余米，另修建0.8公里长的防洪工程、1公里的险工险段防洪堤工程和1.5公里长的水毁堤防修复工程。

同月 林周县工商联荣获“全国‘五好’县级工商联”称号。

同月 林周县强嘎村驻村工作队得知辖属建档立卡贫困户达瓦卓嘎身患胃溃疡、穿孔性胃癌、肺水肿疾病在西藏军总医院医救治后，积极动员村“两委”班子、工作队员、下沉干部、联系亲朋好友等方式，发扬“一方有难，八方支援”互助精神，募集善款9550元，赶往西藏军区总医院送达患者手中，并鼓励她能在各界爱心人士帮助下早日康复。

同月 林周县多措并举，扎实部署维稳纪律遵守执行情况的明察暗访工作。

同月 林周县完成2017年的新农合筹资工作的缴费、登记造册、电脑录入工作。

同月 林周县良种推广工作拉开序幕，共计推广良种“藏青2000”10万亩，“喜拉22”2万亩，“藏青13号”1000亩，“山油4号”1500亩，“藜麦”500亩。

同月 县委副书记、县长高军在强嘎乡切玛村调研牦牛短期育肥产业项目。

4月

1日 林周县第六批驻村工作队协助村“两委”举行升国旗仪式、新旧西藏对比图片展、开展群众文艺活动、组织宣传教育、邀请老人讲述亲身经历忆苦思甜等各项活动40余场次，组织惠民政策和法律常识宣讲60余次，发放宣传资料2100余份，参与群众2300余人次。

5日 林周县农牧局对边交林乡藏嘎养鸭基地及卡孜乡养鸭基地开展了全面消毒工作。

同日 林周县教育局组织召开全县教学质量监测分析会。全县10所小学的校长、教务主任、各科目组组长，参加统考年级教师代表等70余人参加会议。会议肯定了林周县中小学在2016年取得的成绩，并对上年度成绩突出的学校、班级、个人颁发了总计26万元的教学质量提升奖。

同日 为深入贯彻落实中央“八项规定”精神，纠正“四风”问题，林周县纪委成立暗访组对全县范围进行暗访，出动人员9人，车辆3辆，共计暗访检查3次，涉及单位19家，公务用车45辆。林周县乡镇纪委出动人员32人，车辆14辆，共开展监督检查14次，涉及单位74家，公务用车85辆。未发现违规使用公车和违规使用公款等违反“四风”问题。

7日 林周县环保专项整改工作领导小组对林周县北环线、西环线环城公路项目实施、绿林农产品综合开发有限责任公司、西藏夕瑞德矿业有限公司环境影响工作情况进行督查。检查发现，施工队焚烧水泥袋造成扬尘污染严重，建筑垃圾堆放不合理，工地弃土处理不当等问题。

同日 拉萨市副市长林生带领市交通局、市旅游局、市环保局、当雄县政府、昆明林勘院西藏分院等单位领导一行在林周县就全域旅游当雄至林周交通路网建设及生态环境恢复工作进行调研。

9日 林周县召开“四讲四爱”主题教育实践活动动员部署大会。

同日 林周县召开包虫病防治工作会议，安排部署林周县包虫病综合防治工作，重点抓好犬只管理、宣传教育、人群筛选、患者救治、环境卫生整治等工作，力争2018年底实现基本控制包虫病的工作目标。

10日 林周县组织15名环卫工人对澎波河县城段河流进行大规模的清理整治行动，主要对河流周边的垃圾、水面漂浮物进行全面清理，切实改善河道环境卫生。

同日 国家农业部规划设计研究院工作组一行在林周县调研澎波灌区土地利用综合规划编制工作，县委副书记、县长高军、副县长李辉等陪同调研。

11日 林周县委办公室举办了党政机关行政公文培训会，该培训主要讲解了党政机关行政公文规范化和林周县党政公文交换站使用流程，通过此次培训，有效规范各乡镇、县直单位相关人员的行文格式，便于各单位文件的收取，提高了办文办会的效率。

同日 林周县环保、水利、国土、安监、林业等8家单位组织联合监督执法检查组对林周县南部乡镇采砂点进行监督检查，共涉及8家采沙场。

12日 拉萨市“四讲四爱”喜迎十九大主题教育实践活动启动仪式在林周县卡孜乡卡孜村召开，仪式上，县委副书记、县长高军，乡镇领导代表扎西普拉和卡孜乡卡孜村党支部书记赤列旺堆分别作了表态发言，市委常委、宣传部部长、市“四讲四爱”主题教育实践活动领导小组副组长吴亚松作重要讲话并宣布活动启动，随后，拉萨市歌舞团开始文艺会演。

同日 林周县召开2017年度教育工作会。会议从党组织建设、义务教育均衡发展、教育教学、师资队伍建设、安全卫生等8个方面对2016年度教育工作进行了总结，并对2017年的教育工作进行了安排部署。

14日 林周县人大召开2017年乡镇人大工作业务培训会。

16日 拉萨市副市长扎西白珍一行在林周县就饲草种植及半细毛羊养殖工作进行调研。

17日 由县政法委牵头，联合县委宣传部、民宗局、法院、公安局、司法局等16家县（中）直综治成员单位，在县太湖路集中开展“4·15”全民国家安全教育日宣传活动，同时各乡镇、驻村工作队、寺庙管委会在辖区开展宣传活动。

同日 自治区党委组织部副部长吕叶辉一行在林周县调研指导村“两委”换届工作进展情况。

18日 全县新闻出版广播影视宣传工作会议召开。

20日 林周县第二届中小学生教职工田径运动会隆重举行，活动进行了升国旗仪式，运动员代表和裁判员代表先后宣誓，担任裁判的裁判员30余人，参赛师生600余人，充分展现了林周县教育系统朝气蓬勃、奋发向上的精神面貌。

20—21日 县委常委、县委办主任，县“四讲四爱”领导小组副组长、宣讲团副团长、办公室常务副主任侯飞率队在南部6乡1镇，对“四讲四爱”喜迎党十九大主题教育实践活动进行督查。

24日 林周县庆祝县政协成立5周年座谈会召开。

26日 林周县委常委、副县长卢智杰在西藏藏电20兆瓦光伏发电项目施工现场，调研项目的进展情况。

27日 林周县松盘乡隆重举行2016年“昆花奖学金”发放仪式，共计考上本科、专科和重点高中的学生64名，发放奖金50000元，其中考上本科学生32名，每人发放奖金900元，共计发放28800元；专科28名，每人发放奖金700元，共计发放19600元；重点高中4名，每人发放奖金400元，共计发放1600元。

28日 林周县召开2017年统计调查工作会议。

同月 西藏自治区林业厅厅长云丹在林周县调研卡孜高海拔生态易地搬迁安置点选址工作。市委常委、常务副市长王念东，县委副书记、县长高军，副县长米玛及市县有关单位负责人陪同调研。

同月 林周县疾控中心妇幼保健科工作人员

在9个乡1个镇各村组兑现2016年林周县农牧民孕产妇住院分娩奖励、孕产妇护送与提前待产补助。此次活动，共为1142名住院产妇兑现补助金1167955.00元，发放宣传册2000余册，悬挂横幅1条，受益人群达2000余人。

同月 为缓解农忙季节群众就医不便的问题，林周县阿朗乡联系西藏神猴藏医院2名藏医专家和3名内科医生开展免费义诊活动，进行诊断检查的农牧民群众共计413人次，发放各类药物价值约2.8万元。

同月 林周县委托2家测量单位对2012年以后建设的3200户农村宅基地正在进行实地测量，已测量1809户，面积约91.24万平方米。农房测量工作已基本完成，初步统计测量户数8435户，面积341.7平方米。

同月 林周县对2016年城关区搬迁点214户采取逐户走访、上门登记就业的形式，详细了解贫困人员的家庭劳力状况、就业现状等相关情况，认真听取群众的困难。通过调查，其中126人达成就业意向，未就业113人，有就业意愿的92人，林周县人社局及时与洁达环卫、洁达园林、城福保安、城祥物业等企业对接已预留岗位。

同月 为增强干部廉洁意识，林周县纪委组织科级以上干部填写个人廉政情况年度考核表和干部廉政档案，完善领导干部廉政档案体系建设。此次工作共计发放科级干部个人廉政情况考核表311份、干部廉政档案188份，发放县(处)级干部个人廉政情况考核表46份、干部廉政档案26份。

同月 为提高村民生产积极性，县乡联合派驻切玛村工作队向县农牧局积极争取，获得12辆农机购置名额。每台农机22700元，其中，国家补贴8300元，自筹14400元，共计国家补贴99600元，自筹172800元。通过此次农机购置活动，体现了林周县驻村工作队对群众生活的关心，让农牧民深感党的关切关怀。

同月 为提高林周县医务人员对包虫病的重视及包虫病防治技术水平，林周县组织开展了医务人员包虫病防治培训活动，并对学生和村民进行问卷调查。培训内容包括包虫病流行情况及调查、包虫病防控措施、包虫病诊疗方案等。此次活动参训人员共计20余人，针对林周县11所学校的学生发放问卷1650余份，45个行政村村民发放问卷900余份。

同月 为推动林周县“四讲四爱”喜迎党的十九大主题教育实践活动深入开展、取得实效。林周县领导对“四讲四爱”喜迎党的十九大主题教育实践活动进行了督查。此次督查采取听、问、查、记的方式进行，听取了活动的情况汇报；问询了工作人员掌握主题教育实践活动应知应会情况；查阅了相关台账；指出了主题教育活动氛围不浓厚、方案不科学、台账不完善等问题，并提出整改意见。

5月

2日 自治区党委常委、宣传部部长边巴扎西在林周县纳连扎寺分别对林周县纳连扎寺寺庙基础设施及僧人生活状况进行了解，并用通俗易通的语言讲解僧众生活中发生的变化。

3日 林周县在节日期间采取不定单位、直奔现场，不打招呼、明察暗访等方式，深入实地开展监督检查5次，检查相关单位和村委会50余户，车辆110余台次，检查林卡、餐饮娱乐场所2家，未发现违反中央“八项规定”精神问题的情况。

同日 拉萨市委副书记、市长果果在林周县分别对边交林乡的规模养牛场、强嘎乡的种草养畜工作实地调研。

同日 林周县召开2017年全县卫生计生工作会议。

同日 县委常务副书记潘志嘉一行在林周县鹏博健康产业园内道路施工现场进行实地调研。

4日 林周县召开2017年政府廉政工作会议。

5日 为全力做好林周县农作物生产工作，不断转变农作物“黄裙子白帽子”现状，林周县组织发放植保机械—喷雾机共计140台，杀灭菊酯、蚜虫灵药物40箱，价值约72000元，大力保障了农作物正常生长和粮食稳定生产。

同日 为推动先进“双联户”工作顺利开展，林周县向获得县、乡、村三级 2016 年“先进双联户”兑现奖励资金 925100 元。

同日　林周县各驻村工作队通过设立宣传点、咨询点、悬挂横幅、制作展板、播放动漫宣传片、手机微信、集中宣讲等形式开展活动。共计发放普法手册 1500 余份，参与群众 11000 余人次。

8 日　为进一步加强学生法制安全教育，提高学生知法守法意识，预防青少年违法犯罪，林周县举行各乡镇警务人员兼任中小学法制副校长聘任仪式，共计聘请法制副校长 12 名，参与仪式活动群众 100 余人。

10 日　林周县在北部乡镇进行“四讲四爱”暨“遵法、学法、守法、用法”法治宣传教育巡讲，该活动围绕“讲党恩爱核心”这一重点，采取设立宣传点、发放宣传材料、悬挂横幅和解答法律知识等方式，通过中国特色社会主义和中国梦主题教育，新旧西藏对比、爱国主义、民族团结、反分裂斗争等教育引导广大农牧民群众要饮水思源、勿忘党恩。此次宣讲共计发放宣传资料 500 余份，接受咨询 30 多人次，惠及群众 600 余人。

11 日　由西藏自治区财政厅钟萍处长带队，自治区人民银行、自治区农行和拉萨市财政局相关领导在林周县指导财政国库集中支付改革工作。

15 日　林周县委副书记、县长高军率领林周县党政代表团对苏州市进行回访和考察学习。江苏省委常委、苏州市委书记周乃翔和苏州市委副书记、市长李亚平分别会见了林周县党政代表团一行。

16 日　为全面推进环境问题清理整治工作，增强群众环保意识，营造干净舒适的生活环境，林周县开展了环境卫生整治活动。此次活动主要清理道路两侧的白色垃圾、废弃塑料瓶等生活垃圾，共计清理道路 6 公里，运送填埋垃圾 1000 余千克。

19 日　林周县召开 2017 年食品药品安全监督管理工作会议。

22 日　在拉萨市公安局副局长李斌带领下，拉萨市安全生产巡查组一行在林周县开展安全生产巡查工作。

23 日　林周县与江苏钟山明镜律师事务所签署远程法律援助战略合作协议，此次战略合作协议的签署，标志着林周县与江苏钟山明镜律师事务所签署远程法律援助全面启动，既是推进林周“依法治县”的重要举措，也对推进林周法治政府建设具有里程碑意义。

24 日　为发展县域经济，提高农牧业产业结构升级，打造特色旅游文化品牌，林周县转变观念、创新思路，充分结合优势资源，重点推进强嘎乡切玛村农业旅游观光项目，经济发展与扶贫攻坚齐头并进。

同日　林周县开展为 2016—2017 年冬春受灾群众发放自然灾害口粮活动，共计受灾群众 623 户 2518 人，发放大米 1246 袋，面粉 1246 袋，油 623 桶，总价值为 341404 元，使受灾群众深深感受到党和政府的关心和温暖。

25—26 日　拉萨市委组织部副部长、老干局局长央金带队在林周县调研督导村级组织活动场所标准化建设工作。

26 日　林周县防汛抗旱指挥部组织召开 2017 年全县防汛抗旱工作会议。

27 日　林周县克服当地土源紧缺、劳务匮乏、机械有限等客观因素，指派专人现场蹲点指挥，投入大量机械设备和人员，以白 + 黑的工作模式，紧张有序地开展日布村至唐古乡公路路容路貌整治和生态恢复试点工作。

同日　林周县召开 2017 年度民政工作会议。

29 日　林周县对基层公共就业服务平台建设进行检查验收，分别对九乡一镇实地查看基层公共就业服务平台办公场所和办公设施设备建设情况和业务工作开展、档案管理情况、电脑专网管理平台、城乡居民养老保险信息系统使用情况。

31 日　林周县向僧人发放“四讲四爱”知识问答音频，便于广大僧众在法会、学经之余收听，在佛殿、僧舍各处收听，在寺内寺外收听，极大地促进了僧众对“四讲四爱”知识的了解和掌握。

同月　林周县在全县范围内进行维护妇女儿童合法权益法律宣传活动，该活动结合生动案例逐条逐项分析讲解婚姻法，特别是夫妻财产、子女教育抚养、反家庭暴力等方面，引导妇女群众学会运用法律武器，保护自己的合法权益。此次宣讲共计参与群众1000余人，发放宣传资料5000余份，惠及群众5000余人。

同月 林周县在卡孜乡托门村建设投资50000元的10个垃圾中转池已全部完工并投入使用。垃圾中转池的建成使用，为林周县卡孜乡托门村建设成乡风文明，村容整洁的社会主义新农村奠定了坚实的基础。

同月 林周县举行了土豆种植启动仪式，项目投资36万元，共计种植土豆271.4亩，项目完成后，建档立卡贫困户可分红增收3000元到4000元。

同月 林周县已完成2017年1—4月医疗保险报销资金兑现工作，共计报销生育保险人数73人，金额63.9574万元，其中报销城镇职工45人，金额38.3456万元；共计报销城镇居民医疗保险41人，金额26.1026万元，进一步保障了林周县群众的自身利益，深化了群众对医疗报销相关工作的认识。

同月 林周县发放2017年度机关伤残人员生活补贴以及提标补差资金，共计伤残人员7名，发放资金114266元。

同月 林周县完成1—4月的门诊核销工作，共计核销人数17260人，核销金额89万元。

6月

1日 水利部安监司副司长赵东晓一行在林周县强嘎乡高效节水灌溉工程实地调研。

同日 林周县委书记次仁顿珠一行在江热夏乡卡日村实地考察林周县藏电二期项目建设情况。

5日 为确保生态环境持续向好发展，林周县响应“6·5”世界环境日号召，组织开展了环境卫生清理大扫除活动，活动中充分发挥了干部群众不怕脏、不怕累精神，奋斗争先，认真清理垃圾，清扫街道。此次活动共计参与人员200余人，清扫街道8公里，不仅改善了环境卫生状况，同时增强干部群众环保意识。

同日 林周县委副书记、县长高军在春堆乡、卡孜乡调研指导牦牛短期育肥扶贫产业项目。

6日 林周县召开《林周县风貌布点规划》汇报会。

同日 国家林业局成都专员办一行在林周县检查指导林业工作。

7日 西藏自治区总工会党组成员、副主席边巴在林周县强嘎乡、松盘乡调研工会基层组织建设工作。

8日 林周县召开2017年基层党建工作会议。

14日 中国林周县委党校2017年“发展党员”专题培训正式开班。

同日 林周县与苏州市牧马人越野俱乐部联合主办的大型爱心公益圆梦活动“姑苏马帮停留处，一路花开高原行”在林周县苏州小学隆重举行。此次活动江苏牧马人俱乐部共捐助校服5000余套，通过此次活动，增进了苏州和林周双方的合作交流，见证了苏州和林周两地心相连、情相通的深厚情谊，巩固了藏汉民族团结一家亲的良好局面。

16日 为进一步帮扶残疾弱势群体，苏州市姑苏区考察团在林周县举行了百台爱心轮椅捐赠仪式，此次活动不仅为林周县带来了紧缺的100台轮椅，更是林周县实现经济发展的希望。捐赠仪式后，两地政协、工商进行了合作签约，考察团就林周县扶贫情况进行考察并表示，将全力推进与林周县在项目、文化、民生等方面的合作。此次活动为两地的交往交流和林周的经济发展奠定了坚实的基础。

19日 西藏自治区党委常委、拉萨市委书记白玛旺堆，拉萨市委副书记、市长果果一行在林周县就边交林乡卡优村肉牛养殖场、松盘乡格桑塘奶牛养殖基地进行调研。

同日 林周县与苏州大学附属理想眼科医院举行了《医疗对口支援协议书》签约仪式，标志着苏州市对林周县医疗卫生事业新一轮对口支援工作的全面展开。

同日 林周县以父亲节为契机，开展以“共创绿色明天·大手牵小手”为主题的废品利用手工创作竞赛活动，鼓励学生学习环保知识，培养环保意识，积极做环保的倡导者和践行者，为建设美丽林周贡献一分力量。此次活动共计参赛学生50余人，参加活动群众300余人。

同日 林周县为迎接以“绿水青山就是金山银

山，冰天雪地也是金山银山”为主题的“6·5”世界环境日，组织干部职工开展环保宣传活动。此次活动共计悬挂横幅一条，发放宣传手册200余份，惠及群众200余人。

20日　林周县举办2017年残疾人数据动态更新暨残疾人“两项补贴”申报工作培训。

21日　林周县为确保血清/血浆标本的采集得到有效管理，就包虫病人群筛查感染性血清/血浆标本的采集、分离及保存操作情况进行现场培训。此次培训共计参加医务人员48人，历时2天，为进一步提高包虫病人群筛查能力奠定坚实基础。

23日　林周县考察组一行在曲水县察看了三种不同类型的土豆储藏室，仔细询问关于土豆储藏室建筑结构、采光、通风、容量及土豆储藏注意事项等情况，为做好林周县217.4亩优质土豆的储藏工作奠定良好基础。

26日　林周县在县中学开展以“共创明天绿色·我为环保”为主题的知识问答活动，活动共计参赛学生30个班1400余名，历时1.5个小时，选拔出了知识问答竞赛的前三名，并颁发了荣誉证书。此次活动加深了学生对环保的认识和了解，增强了学生的环保意识，提高了学生环保的主动性和积极性。

28日　为庆祝中国共产党建党96周年，扎实推进“两学一做”学习教育常态化制度化，创新广大党员干部学习党章党规和习近平总书记系列重要讲话精神等相关知识的方式方法，丰富党员干部的组织生活，林周县组织开展了“学党章党规庆七一向十九大献礼”知识竞赛初赛。采取笔试方式进行，共有各乡镇、县直属机关委员会等41家单位39支代表117人参加了初赛。此次竞赛的开展，进一步唤醒了党员意识，创新了学习方式，坚定了党员理想信念。

同日　林周县对全县上半年深耕0.8万亩、深松3.3万亩试验田项目进行验收。经测量，此次深耕试验田深度均在25.3—30厘米之间，深松试验田深度均在27.3—39.85厘米之间，符合深松深耕标准。

同日　林周县组织小学三、四、五年级和初中七、八年级的全体学生参加作文竞赛活动，本次活动共设赛点11个，参加学生3580余名，极大提高了学生的参与热情和积极性，为学生写作能力的提高奠定了基础。

同日　林周县组团式援藏医生在边远地区唐古乡、旁多乡、阿朗乡开展僧尼包虫病筛查暨义诊活动，切实把优质援藏医疗资源深入牧区。此次活动历时3天，包含测血压、B超、采血、尿检等近10个环节，共体检僧尼200余人。

29日　林周县举办的2017年装挖机技能培训圆满结业。此次培训采取理论授课与实际操作相结合的教学方式，针对挖掘机驾驶的基本知识和实际操作开设了挖掘机的安全操作规程、安全操作须知及故障诊断与排除等培训内容，历时45天，培训建档立卡贫困户70余名，培训合格率达100%。

同月　林周县2016—2017年草原生态保护补助奖励机制工作顺利通过了区市两级验收。此次涉及草原生态保护补助奖励机制10380户，兑现2016年草畜平衡资金1641.02万元，需兑现2017年草畜平衡资金1694.12万元。

同月　苏州大学附属理想眼科医院的专家在林周县开展免费白内障、角膜病筛查活动，此次活动历时2日，共筛查426人次，其中翼状胬肉50人，白内障106人，角膜白斑2人。

同月　为进一步引导广大农牧民群众、僧尼、青少年学生积极学习“四讲四爱”知识，林周县精心制作了“四讲四爱”主题知识测试题目，开展了“四讲四爱”主题测试活动，题型包括单项选择题、多项选择题、判断题、主观题四大部分。通过此次测试活动，营造了浓厚的“四讲四爱”主题教育活动氛围，为下阶段的活动开展打下坚实基础。

同月　林周县深入藏电林周二期20兆瓦并网发电项目进行启动验收。通过查验，藏电林周二期20兆瓦并网发电项目发电部分已按照设计要求全部完成，工程形象面貌及工程质量满足设计及规范要求，生产准备就绪，质保资料齐全，具备验收条件，验收组一致同意藏电林周二期20兆瓦并网发电项目通过验收。

同月　林周县采取悬挂藏汉双语横幅，发放安全教育宣传资料等方式，让群众深入了解安全生产等教育知识。活动共计悬挂横幅1条，发放宣传资料200余份，惠及群众200余人。

7月

1日　林周县开展“一院一品”宣传活动，此次活动共计设立法律宣传咨询点1个，宣传展板16块，接受咨询20余人次，发放宣传手册1000余份。

同日　林周县通过开展“七个一”活动，庆祝中国共产党成立96周年，开展一次“升国旗 唱国歌”活动，加强党员干部的思想道德建设，使各族党员干部进一步树立“讲党恩爱核心”的意识；开展一次讲党课活动，邀请区党委政研室驻拉木村工作队队员围绕“中国共产党的历史和党在西藏的执政实践”上了一堂生动的党课；开展一次“四讲四爱”宣讲培训活动，针对“讲贡献爱家园”作宣讲培训，扩大了“四讲四爱”的宣讲范围和受众范围；开展一次入党誓词和重温入党誓词活动，组织新党员开展一次入党宣誓和老党员重温入党誓词活动，让老党员重温申请入党时的思想激情和奋斗追求，回顾入党宣誓时的庄严承诺和坚定决心，以更加饱满的热情发挥共产党员的先锋模范作用，永葆共产党员的政治本色；开展一次党建经验交流活动，各党支部就上半年党建工作作经验交流发言，总结上半年来党建工作的特色做法和典型经验；开展一次总结表彰活动，对领导班子好、党员队伍好、工作机制好等先进基层党组织和带头学习提高素质、带头维护团结稳定、带头服务基层群众的优秀共产党员进行表彰；开展一次“手拉手 富帮穷”结对帮扶活动，组织党员干部对贫困户进行谈心交心，宣传党和国家的扶贫方针政策，教育引导贫困户摒弃“等靠要”思想，增强自身发展能力，顺利实现脱贫。

1—4日　林周县连续遭受大到暴雨袭击，曾热曲、热振藏布等河流及其支流河流水位暴涨，林周县内10千伏143旁唐线部门线路电杆被河水冲倒，导致旁多乡部分区域被迫停电。具体情况：7月4日，林周县发现431旁唐线在桑坦林寺附近的河谷中的被河水冲倒10千伏电杆3基，低压杆5基。林周县立即采取措施拉开分支线搭头，143旁唐线从桑坦林寺之后的线路已经停电，此次电力停电范围涉及16个村445户。

3日　西藏自治区人大常委会副主任巨建华率领区人大调研组一行9人在林周县就开展公安机关执法规范化建设情况进行专题调研。

4日　自治区民政厅厅长嘎玛泽登一行在林周县开展督导调研工作。

6日　林周县召开庆祝中国共产党建党96周年暨表彰大会，大会回顾总结了党的十八大以来党的建设的若干经验，展望了林周发展的美好前景。共计宣誓预备党员15名，表彰先进基层党组织5个，优秀共产党员8名，优秀党务工作者8名。其中，先进基层党组织奖励资金2000元，共计10000元；优秀共产党员奖励资金1000元，共计8000元；优秀党务工作者1000元，共计8000元。

11日　林周县委书记次仁顿珠主持召开全县精准扶贫精准脱贫工作推进会。

同日　由苏州市总工会党组成员、副主席高慧芹带领苏州市工会系统领导干部一行4人在林周县考察交流工会工作，并召开苏州市总工会与林周县总工会交流合作座谈会暨援藏资金交接仪式。在援藏资金捐赠仪式上，苏州市总工会向林周县总工会捐赠援藏资金二十五万元。

14日　西藏自治区全面推行河长制，督导检查组组长苏云带领督查组在林周县督导检查全面推行河长制各项工作落实情况。

19日　林周县组织召开内地西藏班新生入学前培训活动。

28日　林周县组织召开全县安全生产工作部署会议。

同月　林周县教育教学质量稳步提升，2017年小升初内西藏班招生考试再创佳绩，260名考生中41名达到录取分数线。全县考生成绩在350分以上的5名，300—350分的41名，250—299分的71名，250分以下的65人。

同月　“同心·共铸中国心”医疗公益活动组委会在林周县开展医疗公益活动，此次活动共有医疗专家15名，志愿者10名，免费义诊1000余人，赠送药物34类价值10余万元，巡诊慰问因病致贫贫困户3户。

同月 林周县着手开展那兰扎寺文物保护修缮工程，该项目总投资约1500万元，总修缮建筑面积4860.79平方米，主要建设内容是对纳连扎寺主殿、强康、曲孜康、嘉绒康赞等四处建筑本体进行修缮、电器线路改造、消防安全设施等。

同月 林周县组织召开离退休干部座谈会，向离退休干部对教育工作的关心和支持表示感谢；向离退休干部送上活动经费；将林周县教育系统2017年小考取得的成绩、项目建设、"以教脱贫"工作、素质教育推进情况等重点工作进行了汇报。此次座谈会共计参与离退休干部38名，向离退休干部投入活动经费15200元。

同月 林周县组团到内地参加"中国东西部合作与投资贸易洽谈会""南亚东南亚国家商品展暨投资贸易洽谈会"开展招商引资活动，分别与14家企业深入洽谈对接，实地参观考察7家企业，签订6项意向合作协议。

同月 林周县与邮政储蓄银行西藏自治区分行举行产业扶贫合作签约仪式。

同月 国务院扶贫开发领导小组副组长范小建一行在林周县强嘎乡调研指导"精准扶贫、精准脱贫"产业发展工作。

同月 林周县组织召开"林周县在校大学生资助政策宣讲大会"，对大学生资助政策的背景、区市县三级政府资金投入情况、精准扶贫政策等方面进行了详细的讲解，使学生及家长深层面地了解了大学生资助体系的现行政策。

8月

1日 林周县在文化活动中心举办以"军爱民 民拥军 警民团结一家亲"为主题的大型联欢活动。此次活动涵盖歌唱、舞蹈、诗朗诵、乐器独奏等节目，历时120余分钟，参与人员400余人，为基层一线军警发放衣物200余件。

3日 拉萨市包虫病综合防治督查工作领导小组在林周县松盘乡松盘村及唐古乡藏雄村进行入户督查。

8日 林周县教育局与苏州市教育局开展了对口帮扶合作备忘录签订仪式座谈会。此次会议共计参与人员40余人，苏州教育局向林周县教育局捐赠教育经费10万元。

同日 苏州市姑苏区党政代表团在林周县考察交流并举行座谈会。会上，姑苏区委副书记、区长徐刚代表姑苏区委、区政府向林周县捐赠援助资金100万元。

9日 林周县首届油菜花观赏节暨林周净土绿色徒步大会在卡孜乡举行。

11日 拉萨市教育局一行在林周县检查指导秋季开学工作。

15日 林周县组织实施"拉萨市林周县村(居)干部文化素质提升工程考试"工作。全县共设3个考点，22个考场，66名监考老师，确保考试顺利完成。

17日 自治区纪委常委、拉萨市委常委、市纪委书记彭祎涛在林周县旁多乡检查指导党风廉政主体责任制建设、精准扶贫、财务管理等相关工作。

同日 拉萨市安监局检查组一行在林周县中石化、中石油加油站检查指导工作。

同日 苏州市统计局调查局局长葛惠龙一行6人在林周县统计局考察交流统计工作，县委副书记、县长高军，县委副书记、常务副县长田嘉勇及相关单位负责人陪同考察。

同日 林周县组织召开中央第六环境保护督察组督察西藏自治区工作动员会上的讲话精神学习会议。

18日 林周县教育系统开展"安全生产"检查排查整治工作动员部署。

同日 林周县开展2017年第二期建档立卡贫困户装挖机技能培训工作。

同日 拉萨市全面推行河长制，督查组在林周县督查全面推行河长制工作整改落实情况。

26日 苏州工业园区娄葑街道人大工委主任许林楠一行6人在林周县阿朗乡进行考察交流，整个考察交流活动从召开座谈会和开展资金捐助仪式两个方面进行。

28日 中央环境保护督察组成员沃原、聂晖在林周县调研矿企环保工作。

同日 “力士绿哈达行动——青藏高原万亩植绿计划”大型公益环保项目在林周县卡孜乡白朗村举行草场见证仪式。

30日 拉萨市委副书记、常务副市长胡洪一行在林周县调研脱贫攻坚工作推进情况。

同日 林周县人民医院迎来“二乙”医院创建评审。

31日 农业部人事劳动司巡视员胡永万,农业部发展计划司副司长赵哲一行在林周县调研“农业人才组团式援藏工作”。

同月 林周县举行一年一度的盛大节日“望果节”。此次节日,观众及参与人员共计32000余人,车辆4000余辆,非机动车1500余辆。节日以满满的热情、丰富多彩的表演祈祷风调雨顺、五谷丰登。

同月 在苏州市人民政府和苏州市教育局的大力支持下,以深化五个100%教育目标为主题,苏州市第一批名师送教讲学团在林周县开展为期3天的送教讲学活动,送教讲学教师共计10名,参与教师300余名。

同月 常熟市海虞镇常务副镇长陈义一行在林周县开展工作交流会议,此次会议主要介绍了林周县卡孜乡在海虞镇14年对口支援下,基础设施建设、文化教育方面发生的巨大变化以及援藏资金使用情况。最后举行海虞镇与向卡孜乡的捐赠仪式,向林周县卡孜乡捐赠资金60万元。

同月 苏州市食药监局考察团一行7人在林周县考察交流。对林周县中学进行走访调研,并就本地区好的经验进行沟通交流,同时指出指导性意见,最后签订了“对口支援合作协议”,举行了捐赠仪式。此次交流共计参与人员20余人,接受苏州食药监局捐赠资金10万元。

同月 林周县县乡联合派驻切玛村的驻村工作队会同村“两委”,着力抓好切玛村牦牛短期育肥工作,成立林周兴牧卓牲畜养殖农民专业合作社,成员出资30万元,主要从事畜牧养殖、销售和畜产品加工、销售业务,为切玛村村民增收致富奠定坚实的基础。

同月 武警西藏总队医院在林周县开展义诊活动。

同月 在区党委政研室驻林周县拉木村工作队的积极协调下,兰州爱心人士达敏女士携家人专程在林周县松盘乡拉木村为暑期辅导班贫困学生献爱心,共计赠送了50套价值7000元的生活学习用品。

同月 林周县夏寺顺利开展一年一度的竣工纪念日佛事活动。

同月 林周县积极开展征兵工作宣传活动。

9月

1日 林周县城投公司召开林周县村级组织活动场所标准化建设项目推进会。

同日 林周县委党校举行2017年“入党积极分子”专题培训班结业典礼。

4日 拉萨市委组织部副部长、市换届办副主任、全市村(居)组织换届选举工作第六指导检查组组长杨栋章一行3人在林周县检查指导换届选举工作。

6日 苏州市姑苏区阊门历史文化门片区管理办公室(金阊街道)代表团一行7人在林周县开展考察交流并与阿朗乡正式签订对口援助意向书。

7日 林周县召开村级组织换届选举工作指导检查组第一次专题会议。

8日 《林周县志(2001—2010)》初审会在县政府二楼会议室召开,并顺利通过初审。

10日 林周县召开以“迎接党的十九大、做好学生引路人”为主题的庆祝第33个教师节表彰大会。

11日 由自治区人大财经委员会副主任多吉才旺带队的区市人大检查组一行24人在林周县唐古乡、热振寺检查邮政服务工作开展情况。

同日 苏州常熟市委常委、常务副市长沈晓东率常熟市党政代表团一行在林周县考察交流并召开座谈会。会后,沈晓东代表苏州常熟市人民政府向林周县捐赠了300万元的援助资金。

13 日　自治区党委常委、拉萨市委书记白玛旺堆在林周县卡孜乡白朗村考察精准扶贫工作。

14 日　为继承和发扬传统藏医学文化，林周县医院院长巴桑旺堆及主管藏医学副院长次仁达瓦带领县医院藏医科医师、藏药房药师、实习生一行 13 人在春堆乡洛巴堆村进行采藏药活动。

同日　林周县召开 2017 年度强基础惠民生干部驻村工作经验交流会。

19 日　拉萨市统计局党组书记仓琼一行到林周县，对林周县前三季度经济运行情况及主要经济指标完成情况进行调研。

21 日　北京海淀区检察院一行 4 人到松盘乡中心小学举行捐赠仪式。在“爱心捐赠”仪式上，北京海淀区检察院四名干警代表单位向在场的 210 名学生捐赠了价值共计 4 万余元的学生用品。

27 日　林周县 2017 年“精准扶贫”就业专场招聘会在文化活动中心成功举办。

同日　林周县在县活动中心组织开展林周县教育系统喜迎党的十九大青少年学生“四讲四爱”主题知识竞赛。

同月　国家疾控中心免疫规划中心负责人带领自治区、拉萨市两级免疫规划工作人员一行 10 人在林周县对各医疗机构开展“预防艾滋病、梅毒、乙肝母婴阻断工作”督导检查。

同月　林周县委党校紧密结合培训工作实际，开展“全县各行政村优秀农牧民党员及党员致富能手”专题培训，全县 45 个行政村的优秀农牧民党员和党员致富能手共计 90 余人参与培训。

同月　林周县加大路面巡逻力度和卡点检查力度，以客车、校车、货车、危险品运输车、农村面包车等“五类车”为重点，全面排查车辆安全性能、车辆非法改装、不符合安全标准等安全隐患情况。

10 月

9 日　林周县组织召开村级组织活动场所标准化建设项目推进会并签订进度保期承诺书。

10 日　林周县开展法治宣传教育工作。

11 日　西藏自治区人大教科文卫委员会副主任扎西次仁一行在林周县开展“一法一办法”执法检查工作，教育厅副厅长吴爱珍及财政厅、人社厅领导协同参加，市县两级人大、政府、教育、财政、人社部门相关领导陪同。

17 日　林周县开展反恐处突演练，为十九大保驾护航。

同日　拉萨市委常委、宣传部部长吴亚松一行在林周县春堆乡 3 个行政村督导检查各项工作。

18 日　林周县组织全体党员干部集体观看党的十九大开幕式，热烈庆祝中国共产党第十九次代表大会胜利召开。

同日　拉萨市人民检察院驻白定村工作队协助白定村开展了白定村妇女之家“传家训、立家规、扬家风”首次活动。

20 日　自治区教育工委副书记、教育厅党组书记普布次仁，教育厅办公室主任卞利强，教育厅稳安处调研员拉巴，市教育局副调研员刘咸春一行在林周县督导检查学校工作。

24 日　拉萨市委常委、统战部部长阿努次仁，市委统战部常务副部长拉巴穷达一行在林周县寺庙检查指导工作，并向寺管会和寺庙送去慰问金。

25 日　林周县 2017 年农牧民厨师培训班开班典礼在边交林乡当杰村委会举行，报名参加此次培训的农牧民共 45 人，培训主要以理论和实际操作相结合的方式进行。

27 日　林周县在县五保集中供养服务中心举办了“关爱老年人幸福全家人”九九重阳敬老节慰问演出活动。

同日　林周县卡孜乡、唐古乡等中低压配电工程项目进展顺利，完成总工程量的 92%，产生固定资产投资 6684.4256 万元。

30 日　西藏自治区民政厅厅长嘎玛泽登一行赴林周县旁多乡达龙村看望慰问了驻村工作队、村“两委”班子和贫困户。

同日　林周县召开村级组织换届选举工作动员部署会议。会议传达了吴英杰书记重要指示批示精神和区、市村（居）组织换届选举工作动员部署会精神，签订《林周县村级组织换届选举工作目标责任书》，对全县的换届选举工作进行了安排部署。

同月 林周县坚持持续发力加压，切实把纪律规矩落实在实际行动上。“双节”期间，联合督查组共出动人员54人次，车辆14车次，对县直单位开展监督检查153余次，公车停放点6处，餐饮娱乐场所10余家。

同月 林周县开展党的十九大前的农产品质量安全大检查。

同月 为更好地使群众的合法土地利益得到维护，林周县为942户农牧民颁发了土地承包经营权证，其中涉及耕地面积16545.86亩，此次的发证真真正正可以让群众的权益有法可依，有理可据。

同月 林周县开展“青春建功助力扶贫”行动。

同月 林周县加快推进格桑塘现代畜牧产业园区建设，进入南京农业大学组织编制项目工艺设计和规划设计方案阶段。

11月

2日 林周县委书记、县村级组织换届选举工作领导小组组长次仁顿珠主持召开全县村级组织换届选举工作领导小组专题会。

7日 林周县举办首届“民用商品交易会”。

9日 拉萨市政府副秘书长、市“两创示范”办常务副主任韩勇带队，市督导组一行7人在林周县督导“两创示范”工作。

同日 江苏省水利厅及江苏省秦淮河水利工程管理处领导一行在林周县卡孜村开展助学慰问活动。

同日 林周法院实现与内地法院远程开庭，创全区首例。

13日 九届林周县委召开第一轮巡察工作动员部署会，启动县委第一轮巡察工作，林周县委书记次仁顿珠出席并作动员讲话。

14日 西藏自治区民政厅党组书记李震一行在林周县旁多乡达龙村宣讲党的十九大精神。

15日 西藏自治区宣讲团拉萨分团赴林周县文化活动中心宣讲党的十九大精神，标志着党的十九大精神宣讲在林周正式拉开帷幕。市委宣传部副部长许佃兵出席宣讲报告会，自治区党委党校综合教研部主任、教授赵萍作十九大报告宣讲，林周县委常委、县委办主任侯飞主持宣讲报告会并作讲话。

17日 林周县委书记次仁顿珠一行在春堆乡调研。

20日 西藏自治区宣讲团拉萨分团在林周县春堆乡卡东村宣讲党的十九大精神，自治区党委宣传部副部长嘎玛旦巴作讲话，拉萨市委宣传部副部长许佃兵，林周县委常委、县委办主任侯飞等陪同。乡干部、各村第一书记、村“两委”成员、寺管会主任、派出所代表、群众代表共计156人参加宣讲会。

22日 林周县召开2017年下半年和谐模范寺庙暨爱国守法先进僧尼表彰大会。

22—23日 拉萨市委副书记、市长果果一行在林周县宣讲党的十九大精神并检查脱贫攻坚工作。林周县委书记次仁顿珠，县委副书记、县长高军陪同。

23日 林周县召开第七次法治宣传教育工作会议。

24日 林周县委召开第九届委员会第三次全体会议。林周县委书记次仁顿珠受林周县委常委会委托向大会作报告并讲话。

27日 “TCL电视携手美的冰洗 善行林周 爱心助困惠万家活动”在林周县民政局举行启动仪式，活动方为各乡（镇）困难群众捐赠物品价值500余万元。

28日 林周县气象局举行揭牌成立仪式，自治区气象局副局长赵一平，自治区气象局计财处处长扎西，拉萨市副市长扎西白珍，拉萨市气象局局长陈友珍，林周县委副书记、县长高军出席揭牌仪式。

同日 林周县公安局举行“自治区级青年文明号”揭牌仪式。林周县委常委、政法委书记、公安局党委书记、局长塔清和团县委副书记刘倩共同为荣获全区“青年文明号”的林周县公安局揭牌。

同日 林周县召开创先争优强基础惠民生活动第六批驻村工作总结表彰暨第七批驻村工作动

员大会。

29 日　林周县举行“四讲四爱”主题教育实践活动总结暨表彰大会。

30 日　林周县委副书记、县长高军，县委常委、副县长方文伟，副县长郭果，县扶贫办工作人员一行在阿朗乡指导扶贫整改工作。

同月　自治区卫计委副巡视员李建东一行 7 人包虫病综合防治工作督导组在林周县进行 2017 年包虫病综合防治工作考核。

同月　在苏州市第八批援藏干部的沟通协调下，苏州阔地教育科技有限公司、苏州市民办教育协会、苏州市光彩事业促进会向林周县捐赠了三间网络教室，价值约 33.6 万元。

12 月

1 日　林周县开展 2017 年“世界艾滋病日”宣传活动。

同日　人保财险林周县支公司在唐古乡中心小学开展“国学希望教室”助学公益活动。此次爱心捐助，人保财险林周县支公司共向唐古乡中心小学捐赠了 300 本国学书籍、40 本《著名主持人带你读诗词》、15 盒光盘等。

5 日　江苏省工程咨询中心受林周县发展和改革委员会委托，在江苏省南京市南京饭店精心组织召开了拉萨市林周县格桑塘奶牛养殖基地建设项目可行性研究报告评审会，项目可研单位就项目编制报告相关内容向专家评审团做了详细汇报，专家团通过认真讨论和评议，一致认为该项目具有里程碑式的意义，完全同意实施该项目。

同日　拉萨市委副书记、常务副市长胡洪在林周县春堆乡卡东村督查村民饮水情况，林周县委副书记、县长高军，县委常委、副县长方文伟陪同。

7 日　由林周县委宣传部、县司法局、普法办牵头，联合公安局、检察院、法院、政法委、甘曲镇等部门，在甘旦曲果镇朱家村开展“学习贯彻党的十九大精神，弘扬宪法精神，建设法治林周”为主题，开展了“晨读宪法”活动。

13 日　林周县 45 个村选举产生了新一届村党组织、村民委员会、村务监督委员会班子，实现了党组织意图与群众意愿的统一。

14 日　林周县召开《江苏省援藏援疆建设志・西藏篇》资料征集动员会。

15 日　“苏拉远程会诊系统”对接仪式在林周县举行。

18 日　自治区党委常委、拉萨市委书记白玛旺堆一行在林周县对精准扶贫工作进行调研指导。

同日　林周县举行了公交营运有限公司揭牌仪式和农村公交客运启动仪式。

19 日　林周县召开村（居）团组织换届选举动员会，林周县团县委书记顿珠卓嘎，县委组织部老干局局长扎西卓玛，各乡镇相关负责人等参会。

20 日　以自治区党委组织部巡视员李小宁为组长的巡察组在林周县委党校调研党校建设发展历程并指导相关工作。拉萨市委组织部常务副部长达瓦，林周县委副书记、组织部长何震陪同。

同日　林周县召开 2017 年固定资产投资总结暨 2018 年固定投资安排部署会。

21 日　林周县副县长陈实在强嘎乡调研旅游项目，强嘎乡党委书记赵光超、县工信局局长洛桑罗布陪同调研。

同日　林周县人社局现场监督用人单位发放 15 名农民工工资 34.18 万元，切实维护了农民工的合法权益。

同日　林周县举办“青春促和谐 真爱暖寒冬”爱心捐赠活动，此次活动共计参与人员 120 余人，发放暖冬衣物 1000 余件，价值 20 余万元。

25 日　林周县召开 2018 年“两会”筹备小组会议，会议由县委副书记、人大常委会主任格旦次仁主持。县委办、人大办、政府办、政协办、纪委、宣传部、组织部、财政局、发改委、检察院、法院等 18 家单位主要负责人参会。

27 日　林周县 2017 年干部职工农牧民群众足球篮球联赛胜利闭幕。

28 日　林周县委党校举行揭牌仪式。拉萨市委组织部常务副部长达瓦，市委党校副校长顾国爱，县委副书记、人大主任格旦次仁，县委副书记、县长高军等县级领导出席揭牌仪式。全县各乡镇党委主要负责人,县直机关党组织书记等共计80余人参加。活动由县委副书记、组织部部长何震主持。

同月 县教育局抽选工作人员组成林周县“以教脱贫”优惠政策宣讲组,并就以教脱贫相关优惠政策对宣讲组成员进行了特训,宣讲组成员分成三组深入林周县45个行政村和拉萨市移民搬迁点进行为期一周的“以教脱贫”政策宣讲活动,9000余农牧民群众到场聆听宣讲。

同月 林周县班线客运改革工作有序推进,21辆县际班线客运车辆已全部与林周县公交运营有限公司签订了转让协议,签约率达100%。同时西藏顺达客运有限公司与林周县公交公司已完成车辆档案与驾驶员交接工作。

政 治

中共林周县委员会

【概况】 年内，在以习近平同志为核心的党中央的关心关怀下，在区市党委的坚强领导下，在苏州市的大力支持和无私援助下，坚持以马列主义、毛泽东思想、邓小平理论、“三个代表”重要思想、科学发展观、习近平新时代中国特色社会主义思想为指导，深入贯彻落实习近平总书记治边稳藏重要战略思想，坚持“五位一体”总体布局和“四个全面”战略布局，深入贯彻落实区市县第九次党代会精神，加强党的全面领导，紧紧围绕发展、稳定、生态三件大事，正确处理“十三对关系”，深入实施“六大工程”，团结带领各族干部群众埋头苦干、奋发进取，全县改革发展稳定各项工作取得显著成效。

【经济指标完成情况】 2017年，林周县实现地区生产总值完成18.01亿元、同比增长10.0%，社会固定资产投资完成20.20亿元、同比增长126.8%，完成一般公共预算收入1.04亿元、同比下降19.53%，社会消费品零售总额完成1.91亿元、同比增长12.4%，规模以上工业增加值完成8594.9万元、同比增长10.3%，农牧民人均可支配收入达到11455元、同比增长12.4%。

【农业生产】 年内，林周县粮食播种面积159659.23亩，单产427.17公斤，总产6820.09万公斤，比市下达指标增产0.09万公斤。其中，青稞播种面积124570.24亩，单产400.9公斤，总产4994.02万公斤；春小麦播种面积30052.2亩，单产516.16公斤，总产1549.67万公斤；冬小麦播种面积5036.79亩，单产548.75公斤，总产276.4万公斤；油菜播种面积9978.5亩，单产182.65公斤，总产182.26万公斤，蔬菜10388.24亩，超额完成上级业务部门下达的粮油生产指标。畜牧业的发展稳步。林周县牲畜存栏达22.8万头（只、匹），

2017年3月15日，县委书记次仁顿珠，县委副书记、县长高军，县委常务副书记潘志嘉考察热振旅游景区建设规划

2017年2月22日，县委书记次仁顿珠在五保集中供养中心慰问五保人员

比2016年减少0.81万头(只、匹),出栏率为35.6%,比2016年增加0.4%,仔畜成活率为97.4%,比2016年增加0.6%,成畜率为0.9%,较2016年降低0.5%。全县肉产量为0.85万吨,较2016年增加0.07万吨,奶产量为1.85万吨,较2016年增加1.12万吨。禽蛋产量145吨,减产90吨,山羊绒产量3.26吨,增加0.01吨,牲畜良种覆盖率达到42.8%,增长0.7%。均完成市局下达的经济指标。

【项目建设】 年内,林周县在建项目共224个,完成投资20.20亿元,同比增长126.8%,项目开工率达全年储备项目的140.8%。其中,24个续建项目,共完成投资约3.23亿元;新建项目200个,总投资约21.7亿元,已完成投资约16.83亿元。总投资2.6亿元的林周县藏电开发公司林周县二期二十兆瓦并网光伏电开发项目已成功并网发电;完成总投资0.7亿元的卡孜乡、唐古乡等中低压配电工程;总投资2.97亿元的澎波灌区等子灌区工程可完成总工程量的50%;总投资1.35亿元的45个行政村村级组织活动场所标准化建设项目已全部完工。

【民生事业】 年内,牢牢把握改善民生、凝聚人心这个出发点和落脚点,大力实施民生改善工程,谋民生之利、解民生之忧,不断提高各族群众的参与度、获得感和幸福指数。教育事业深入推进。加快教育领域基础设施建设,总投资7187.3万元,实施31个教育领域基建项目,城乡办学条件不断改善。完善大学生资助体系,研究制定《林周县在校大学生资助办法》,年内,共发放资金999.71万元,惠及学生1831人。大力实施"拉萨市振兴教育教学质量三年行动计划",加快发展学前教育,均衡发展义务教育,学前三年入园率、小学和初中入学率稳步提高。加强中小学信息化建设。深入推进校园网络工程,实现校园网络全覆盖,提高教师的现代信息技术应用水平和改革创新能力,助推教育教学质量提升。2017年全县小考、中考再创佳绩,连续两年位列六县第一。医疗卫生加快发展。制定下发县、乡、村三级的分级诊疗疾病谱,实行"双向转诊"制度,逐步提升各级医疗机构的业务能力。充分发挥"组团式"援藏医疗队伍优势,手把手传帮带医疗技术,顺利通过创建二级乙等医院初审。年内,在援藏专家指导下完成各种手术100余例。积极开展包虫病综合防治工作,完成包虫病筛查任务5.96万余人、筛查率100%。加大农牧区合作医疗统筹和其他卫生事业发展投入力度,完成城乡居民、寺庙僧尼免费健康体检,医疗保障能力和服务水平进一步提高。就业路径不断拓宽。开展就业援助月及"春风行动""返乡农民工就业创业宣传专项活动""招聘会"等公共就业活动,搭建供需平台,促进高校毕业生、建档立卡贫困户等重点人群就业。年内,开发就业岗位889个,开展转移就业培训18期927人,劳动力转移就业10131人,城镇登记失业人员控制在2.2%以内。社保体系逐步完善。大力开展全民参保登记工作,完成信息采集录入57603人,五项保险参保人数总计3.54万人、征缴基金424.8万元,覆盖率达100%,"五保"老人和孤残弃儿意愿集中供养率均达100%。加强城乡低保动态管理，清退低保户74户198人，发放农村低保314.98万元、城镇低保374.89万元，落实2017年农村低保“两线合一”脱贫补助资金372.21万元，惠及低保对象589户、2169人；发放医疗救助资金422.76万元、惠及859人次，临时救助105人。加强劳动维权工作，追发农民工工资423.55万元，收缴63家企业农民工工资保障金2926.35万元，同比增长20%。

【基层党组织建设】 年内，从落实责任、健全组织、配强班子、带好队伍、加大投入、完善机制等方面入手，切实加强基层党组织建设。调整优化党组织设置，将16个村党支部调整设置为村党委，将28个村党支部调整设置为村党总支，成立181个村小组党支部，选举产生546名支部委员，进一步优化全县村党组织设置，健全完善村党组织体系。全力以赴抓好换届选举工作，成立县、乡两级村级组织换届选举工作领导小组，完成4个软弱涣散村党组织整顿工作。大力实施村干部文化素质提升工程。从严把关村级组织换届人选提名关、政审关，先后对村“两委”初步候选人355人，村务监督委员会初步候选人135人进行审查审核。强化基层党组织建设经费保障。投入500万元村集体专项扶持资金，有效衔接全县扶贫产业项目，村级集体经济实现全覆盖。实施45个村级组织活动场所的标准化建设和提档升级工作，为每个村党支部每年落实7万元的专项工作经费，整合投入159.75万元经费用于各贫困村党组织办公场所改善、办公设备提升。加强干部队伍建设。配强配优100名干部进入乡镇党政领导班子，50名干部进入村“两委”班子。深化“强党固基扶村”工作。选派225名干部下沉到村，每年派出182名干部组成45支工作队驻村帮扶，从县直机关、乡镇精准选派45名第一书记、64名大学生“村官”到村任职，进一步充实基层工作力量。大力实施“千名干部帮千户”活动。1360名党员干部与建档立卡贫困户结成对子、成为“亲戚”，实现贫困人口结对帮扶全覆盖、常态化。

2017年7月28日，县委常务副书记潘志嘉在文广局展馆、电视台调研

【党风廉政建设】 年内，坚决贯彻落实中央“八项规定”精神和自治区“约法十章”“九项要求”及市委“八项要求”，及时研究出台《中共林周县委员会关于贯彻落实〈中共拉萨市委员会关于认真贯彻落实党的十八届六中全会精神的决定〉的意见》。制定下发《林周县委2017年落实党风廉政建设主体责任工作要点》《林周县各级党委（党组）落实党风廉洁建设主体责任和纪委监督责任清单（试行）》，进一步明确党风廉政建设和反腐败工作重点、具体措施。严格执行厉行节约反对铺张浪费的有关规定，从严规范公务用车、公务接待等，“三公经费”同比下降7.71%。建立巡察工作制度，成立县委巡察工作“五人小组”和县委巡察工作领导小组，制定《中共林周县委巡察工作实施办法（试行）》《中共林周县委巡察工作五年（全覆盖）规划》，建立县委巡察机构，设立林周县委巡察工作办公室、林周县委巡察一、二组，启动4家县直单位的巡察工作。坚决零容忍惩治腐败，年内，共收到问题线索17件，现已办结9件，给予党纪政纪处分3人。

【宣传思想文化】 年内，坚持把习

近平总书记治国理政新理念新思想新战略特别是治藏方略作为坚定理念、武装头脑、推动工作的强大武器，制定下发《林周县委理论学习中心组2017年度理论学习安排意见》，突出学习党的十八届五中和六中全会精神、习近平总书记系列重要讲话精神、中央经济工作会议精神、全国“两会”精神、全国宗教工作会议精神、党风廉政建设及党的十九大精神，积极开展“两学一做”学习教育，实现常态化、制度化。教育广大群众坚定“四个自信”增强“五个认同”，自觉感党恩、听党话、跟党走。深入开展“四讲四爱”主题教育实践活动，及时制定下发《林周县关于开展“讲党恩爱核心、讲团结爱祖国、讲贡献爱家园、讲文明爱生活”喜迎党的十九大主题教育实践活动总体方案》，采取集中宣讲与个别宣讲、理论宣传与互动交流相结合的方式，确保“四讲四爱”主题教育实践活动深入开展。年内，共开展宣讲1200余场次、受教育群众达10万余人次，开展主题教育实践活动35项400余场次，发放宣讲提纲1200余份、“四讲四爱”宣传画报、西藏和平解放60周年歌曲专辑等资料8000余份。

【社会治理】 年内，紧紧围绕“旗帜鲜明、针锋相对、掌握主动、争取人心、强基固本”的基本方针，严厉打击各类分裂破坏活动，深入持久开展反自焚、反暴恐、反极端行为斗争，坚决维护社会安宁，保障群众生命财产安全。全面落实社会治理工作属地管理责任，细化流动人员服务管理措施，扎实开展社会治安综合整治暨严打行动，确保社会面绝对安全。周密制定《林周县维护稳定工作总体方案》及子方案，构筑全天候、无缝隙、无盲点的维稳机制，坚决打赢“萨嘎达瓦”、党的十九大召开期间维稳安保工作，确保全县社会局势持续和谐稳定。健全“党政同责、一岗双责、失职追责”的安全生产责任体系，加强大检查、大排查、大整治专项工作，全年未发生重特大安全生产事故。

（李　浩）

【领导名录】

书　记

次仁顿珠（藏族）

副书记、人大常委会主任

格旦次仁（藏族）

副书记、县长

高　　军

常务副书记

潘志嘉（江苏援藏）

副书记、常务副县长

田嘉勇（江苏援藏）

副书记、组织部部长

何　　震

中共林周县委办公室

【概况】 2000年，根据相关精神，县委办公室下设机要室、档案馆（股级事业建制）、政研室（农工办），县委办公室编制6名，科级领导职数3名。2017年，县委办紧紧围绕全县发展稳定中心任务，深入贯彻落实中央和区市党委、政府各项重大方针政策，严格执行县委决策部署，牢固树立争先进位意识，转变工作作风、提高工作效能，有力协调推动全县各项工作开展，为林周跨越式发展和长治久安做出积极贡献。

【自身建设】 年内，单位负责人切实履行管理职责，高度重视干部队伍建设，在办公室全体干部职工中深入开展理想信念教育、宗

2017年4月12日，拉萨市在林周县卡孜乡卡孜村开展“四讲四爱”主题教育实践活动启动仪式

旨意识教育、党纪法规教育等，单位内部始终保持浓厚的团结协作氛围，全体成员立足岗位发挥职能，灵活机动、紧密协作地高效开展工作。充分利用党支部民主生活会、工作例会等形式，组织干部职工分享成绩和经验、交流心得体会，并本着对同志负责的态度，面对面提建议，共同提高工作能力和效率。大力开展档案法律法规、保密知识等宣传活动，积极参加全县各类会议，不无故缺席、不迟到不早退，保持办公室整洁环境，并认真组织干部职工进行卫生片区的定期清扫工作。不断完善办公室制度建设并严格落实，杜绝“有令不行、有禁不止”的情况，严格落实中央“八项规定”、区党委“约法十章”“九项要求”、市委“八项要求”等各项规定，办公室全体成员工作作风进一步转变、工作效率进一步提高。严格执行干部请销假制度、考勤制度，以良好的工作作风为全县干部职工做出表率。

2017年2月20日，县委常委、县委办主任侯飞在春堆乡卡东村慰问驻村工作队

【执行各项工作部署】 年内，及时传达落实区市和县委、县政府关于维护社会稳定工作的各项安排部署，积极抽调人员配合相关部门开展维稳督查工作，督导各乡镇、各部门把维稳工作措施落到实处。认真落实节假日期间值班制度，坚持24小时值班带班，工作人员保持24小时通信畅通，未发生值班期间脱岗、漏岗等任何维稳失职情况。严格要求并敦促干部职工自觉约束言行，不信谣、不传谣，坚决反对一切形式的分裂意识和行为。在全体干部中广泛深入地开展反分裂斗争教育、民族团结教育等，不断增强干部职工维护祖国统一和民族团结的思想和行动自觉。严格单位内部管理，加强公务用车运行管理，实行外出办事人员持有加油卡定量加油，限制公务车活动范围，有效杜绝公车私用行为；加强对干部职工的安全教育，增强安全意识；定期开展安全设施检查排查，及时更换老化的线路和电器设备，干部职工下班自觉关闭办公设备，严防安全事故。

【办公室党组织建设】 年内，加强对单位党建工作的领导，认真贯彻落实组织部门部署的各项任务。大力建设学习型党组织，严格落实学习制度，安排专人负责组织集体学习，固定时间、固定地点、提前准备，学习理论和业务知识，在学习中交流思想感悟，促进党员干部共同提高政策水平和理论素质。年内，在繁忙的业务工作中挤出时间集中学习党的十九大精神以及区市党委、政府重要决策、重大部署，并在干部职工中进行广泛深入的交流，提升干部理论水平。重大节日期间，深入结对寺庙、村组、农牧民群众家中以及办公室退休干部职工家中走访慰问。规范党支部基础工作，加强支部建设，基层党组织力量进一步发展壮大。

【党风廉政建设】 年内，严格落实党风廉政建设责任制，深入持久开展反腐倡廉教育，推进惩防体系建设。认真组织开展廉政党课学习，不断提高党员干部廉洁自律意识和能力，筑牢拒腐防变的思想防线。严格落实民主集中制，认真执行“三重一大”制度规定，遇重大事项召开会议广泛征求党员干部意见，共同协商确定，年内，县委办没有发生违反党纪的行为。

【做好秘书工作】 年内，坚持高标准、严要求做好文件印制、收发，从细印制文件，仔细校对公文每一处格式、每一个细节，确保文件中不出现格式错误、标点误用、错别字；从严收发文件，严格执行文件收发规定，收发过程中签字确认，对下发的秘密、机密类文件打码标明文件序号，认真登记文件序号和收件人，及时整理、归档各类文件，严防泄密事件发生。熟练掌握行文规则，确保对上、对下行文规范，保证行文的严肃性。年内，编印文件130件，其中以林委名义行文72件，以林党办名义行文1件，以林委办名义行文57件，所有文件均做到格式规范、内容准确无误。加强沟通协调。充分发挥办公室沟通协调职能作用，依托公文交换站和微信群上传各乡镇、县直各单位工作开展情况、对县委工作的意见建议等，下达县委决策部署、主要领导指示精神，促进全县各项工作协调有序开展。积极与上级业务部门加强沟通，争取对林周工作的更大支持与指导。加强与各乡镇、县直各部门沟通交流，协调各方推进县委重大决策和重要工作部署落实，并为其他单位工作提供力所能及的帮助和意见建议，促进共同提高。做好会务工作。接到各类会议通知后，第一时间按照会议要求确定参会人员，迅速通知参会人员会议时间、地点、提前准备会议材料以及通知注意事项等。会前，精心布置会场，严密确定参会人员座次排列正确与否、会场条幅悬挂妥当与否、会场整洁与否等。会中，全力做好服务工作。会后，及时整理归档会议资料，并查找会务工作中存在的问题，及时形成会议简报、会议纪要。

【信息工作】 年内，进一步规范信息工作，对各单位信息报送的内容、时限、措辞等方面提出明确要求，全县信息的时效性和质量进一步提高。坚持做好信息编写上报工作，在各单位上报的动态性信息、综合性信息中，筛选有价值、有特色、能准确反映林周各方面工作开展情况的信息，及时上报市委办公厅综合信息科，为林周县各项工作开展争取更多关注、理解和支持。截至年底，已上报《林周信息》1100余期。

【突发事件应对处置】 年内，在突发事件处理中，县委办迅速行动、快速出击，全面细致地做好事件发生原因、过程、应对情况的收集整理、核实上报工作，确保各级领导在第一时间掌握最翔实、准确的资料，从而科学应对、妥善处置。

【政研工作】 年内，在各类重大会议事项确定后，立即组织政研人员召开专题会议，按照领导对讲话稿等会议材料内容做出的指示，进行充分讨论酝酿，及时确定提纲，指定专人或分工协作起草稿件。初稿完成后认真进行修改，稿件相对成熟后执行领导讲话稿会商制，报领导审阅，最终综合领导审阅意见修改完善形成定稿，确保领导讲话稿等材料符合政策、务实管用。年内，县委办共起草各类领导讲话稿、会议材料、总结报告等300余份。紧紧围绕全县发展稳定中心任务扎实开展调查研究，总结成绩、查找问题、提出对策，形成调研报告，为市县领导决策提供参考。年内，围绕经济社会发展、基层党建、党风廉政建设等方面的重大部署和工作开展深入的思考调研，形成有内容、

2017年3月14日，林周县委办党组织开展生活会

有观点、有深度的调研报告5篇。

【督查工作】 年内，紧紧围绕区市县党委、政府中心工作，认真履行督查督办工作职责，带头遵守各项规章制度，发挥“勤奋、扎实、团结、高效”的工作作风，积极主动地把上级党委、政府的决策部署作为督查工作的重中之重，有效地推进工作落实。年内，共下发《督查通知》24期；《领导批示》17期；《督查专报》36期，其中市委20件、市政府14件，市纪委0件，网民留言0件；《督查通报》4期；跟踪督办区市党委、政府交办事项4项，其中自治区重点工作2项，全市重点工作11项，下发《督查通知》13期，办理领导交批办件13件，其中，贯彻落实市级领导批示1件、县级领导批示件16个，办结率达到100%。

【机要密码工作】 年内，县委、县政府主要领导高度重视和关心支持密码工作，严格保障密码工作经费，为开展密码工作提供有力保障。全体机要员扎实开展日常工作，细致办文，严格落实机要24小时值班制度和保密制度。定期检查机要密码设备，保证通信畅通，充分发挥机要密码通信主渠道作用。继续抓好机要工作人员队伍建设，积极参加培训、岗位练兵等活动，注重加强日常业务知识学习，增强业务能力。

【保密工作】 年内，严格涉密载体管理，做好涉密文件资料保密工作，坚决杜绝文件泄密现象。涉密文件资料发放履行登记、签收、定期检查手续，整理完毕的涉密文件资料及时归档、入柜，加强对移动存储介质管理。认真开展保密工作督查，进行保密法律法规宣传教育，切实提高各单位干部职工保密意识。按照区市上级要求，积极配合开展全县涉密计算机多功能设备配置工作，加强涉密计算机管理。

2017年3月6日，县委办公室工作人员认真撰文

【建立健全党政信息网】 年内，积极推进县乡党政信息网建设使用，切实推进政务电子化，提高工作效率。加强网络传送信息的管理，严禁在县乡党政信息网上传输涉密内容，切实做好保密工作。截至年底，全县党政信息网正常使用的单位达到90%以上，利用率持续在全市八县区中排名第一，为提高工作效率发挥明显作用，大大降低全县行政成本。

【档案收集整理归档】 年内，抓好档案收集整理归档工作，编写卷内目录检索工具，做好档案利用服务。严格按照程序做好文件材料的鉴定、销毁、归档，加强硬件、消防设施配备，确保档案安全。年内，归档2016年县“四大班子”档案文件资料共计466卷，其中县委永久件241卷、长期件40卷、短期件185卷。

（李 浩）

【领导名录】

县委常委、县委办主任

侯 飞

副主任

杨海龙

林周县人民代表大会常务委员会

【概况】 2017年，共召开人民代表大会1次、县人大常委会会议8次、主任会议14次，听取审议“一府两院”专项工作报告9项，开展专题调研2次、考察调研6次，执法检查2次，配合区市人大开展专题调研和执法检查4次，依法任免国家机关工作人员63人（次），其中任命51名，免职12名，代表培训2次，为推进林周长足发展和长治久安做出应有贡献。

【维护党的权威】 年内，人大常委会牢牢把握正确政治方向，始终严守政治纪律和政治规矩，在维护祖国统一、加强民族团结、开展反分裂斗争这个重大原则问题上，始终做到旗帜鲜明、立场坚定、态度坚决、步调一致。始终把坚持党的领导作为做好人大工作的根本保证。在县委的坚强领导下，坚持常委会党组发挥领导核心作用与依法履行职责相统一，始终把习近平总书记关于人大制度、人大工作和法律建设方面的系列讲话精神作为新形势下人大工作的基本遵循和科学指南，与贯彻落实区市县党委关于人大工作部署要求有机结合，扎实推进人大工作与时俱进、完善发展。及时主动向县委请示汇报重大事项，切实把人大各项工作自觉置于党的领导之下，确保人大各项工作都有利于加强党的领导。有利于巩固党的执政地位，有利于保证党领导人民建设社会主义新林周。

【决定重大事项】 2017年，林周县十二届人大第二次会议上依法对政府工作报告、计划报告、预算报告、人大工作报告、法院工作报告和检察院工作报告等重大事项

2017年1月24日，县委副书记、人大常委会主任格旦次仁在春堆乡慰问老党员

作出决议6项。年底，根据全县工作安排在县十二届人大常委会第九次常委会议上做出关于开展“七五”普法宣传工作的决议。

【人事任免】 年内，依法行使人大任免权，全面贯彻宪法宣誓制度，依法组织3次宪法宣誓仪式，依法任免国家工作人员63名，其中任命51名，免职12名，并在就职时公开进行宪法宣誓，彰显宪法尊严和权威。

【服务全局】 年内，人大常委会紧紧围绕县委关于社会长足发展和社会长治久安工作的重大决策部署。切实做好全县维护稳定工作，人大常委会积极落实维稳制度，在节庆日、党的十九大期间按照县一线指挥部要求全面贯彻落实县级领导一线指挥部值班制度和县级领导到包乡、联系点寺庙的维稳督导工作；加强人大常委会对全县经济工作的协助力度。人大常委会班子成员同时兼顾全县重点经济工作，一方面以全县精准扶贫工作为主，人大常委会副主任多次被抽调到其他县区开展精准扶贫交叉督导、脱贫摘帽验收工作。另一方面人大常委会副主任兼林周县鹏博健康产业园管理委员会主任，上任以来一直以林周县经济发展为主导，为林周县鹏博健康产业寻求更多商机；对事关全县的重点工作也积极参与，特别是围绕村“两委”换届工作，人大常委班子成员也多次深入各乡镇、精心指导村两委换届选举工作，为保证村两委换届选举依法顺利开展进行指导。

【执法监督】 年内，人大常委会把保证法律严格实施作为全面推进依法治县的重要抓手，持续加强和改进执法检查工作，对《中华人民共和国食品安全法》《中华人民共和国环境保护法》的实施情况开展执法检查。同时配合区市人

大开展《中华人民共和国教师法》《西藏自治区实施〈中华人民共和国教师法〉办法》以及《中华人民共和国邮政法》《西藏自治区邮政条例》的执法检查。

【司法工作监督】 年内，人大常委会高度重视促进司法公正。听取审议林周县人民法院和林周县人民检察院关于深化司法公开公正情况的报告，积极推动深化司法体制改革，强化司法公开，规范司法行为，完善监督机制，提高司法公信力。

【经济运行监督】 年内，加强经济工作监督和预算决算审查监督，听取林周县人民政府关于计划执行情况报告以及精准扶贫、精准脱贫工作情况、新农合资金运行情况等报告，督促有关方面主动适应经济发展新常态，着力提升经济发展质量、效益和内生动力。

【民生领域监督】 年内，人大常委会坚持把改善民生、凝聚人心作为一切工作的出发点和落脚点，进行重点监督，有力推进民生工作的落实。听取审议、专题调研新农合资金管理使用情况，积极评价林周县执行新农合制度工作成效，提出加大政策宣传力度、提升基层医疗机构服务能力、优化住院报销和医疗救助程序、提高县外就医住院报销比例、加大新农合经办机构建设力度的建议。开展教育“三包”政策落实情况专题调研，对采购“三包”物资、确保食品安全等方面形成的长效机制给予高度评价，提出加强学校后勤管理队伍建设、提升学校财务人员专业能力、尽快编制“三包”政策宣传册的建议。2017年，县人大、县政协联合，继续选好选准实施项目，明确责任单位，时时跟踪督促，就落实情况开展专题调研，提出统筹协调形成合力、强化责任有诺必践、提前谋划精心安排的建议。

【着力提高监督实效】 年内，综合运用听取审议专项报告、执法检查、专题调研等法定监督形式，在监督村级卫生医疗队伍建设情况、新农合资金运行情况过程中，开展专题询问，丰富人大监督方法，推动政府及其有关部门改进工作，体现人大与“一府两院”之间既监督又支持、寓支持于监督中的关系。加强跟踪督办。对监督工作中发现的问题，常委会形成审议意见9份、调研报告8份、执法检查报告2份，及时提交县委、送达“一府两院”及相关单位。

【密切与人大代表联系】 年内，完善代表联系群众制度，拓宽和丰富代表联系群众的渠道和内容，广泛听取人民群众的意见建议。为不断扩大人大代表对常委会工作的参与，全年邀请200余人次人大代表列席常委会议和参加执法检查、视察调研等活动，积极组织林周县20名人大代表参加市人大常委会组织的视察调研活动2次。

【提高建议办理质量】 年内，把认真办理代表议案建议作为支持代表依法履职、充分发挥代表作用的关键环节，及时组织22家承办单位召开交办会、督办会，实行三见面机制，要求承办单位制定办理方案，加强与代表的联系和沟通。通过召开座谈会、实地查看、重点督办等方式，督促承办单位提高办理质量，认真答复代表。

2017年2月22日，人大常委会副主任边巴次仁主持召开林周县人大代表建议督办会

探索代表建议办理工作的激励约束机制，研究制定《林周县人大常委会关于人大代表建议办理工作考核暂行办法》，以代表满不满意作为办理效果的衡量标准。林周县十二届人大一次会议和县十二届人大二次会议期间，代表提出的109件建议，均按时限已全部办理完毕。

【开展“两学一做”专题教育】 年内，人大党组积极参加县委理论中心组暨“两学一做”集中学习专题教育活动19次，党组成员按照拉萨市干部网络培训教学计划要求，积极参与在线学习。并结合当前社会经济政治热点进行每个季度读书学习，并形成心得体会12篇。采取集中观看党的十九大开幕式、集中学习、个人学习、专题研讨、撰写学习十九大报告精神心得体会4篇。丰富活动载体，积极组织党员干部职工开展“结对认亲交朋友”、在职党员进村服务等活动，走村入户，看望慰问结对户、联系村、寺管会，送去慰问物品和慰问金，进一步密切同基层、同人民群众的血肉联系。

【党风廉政建设】 年内，严格执行中央“八项规定”、区党委“约法十章”“九项要求”及市委“八项要求”，严守公务用车、公务接待、公务经费管理等规定。多次组织学习《中国共产党廉洁自律准则》《中国共产党纪律处分条例》，教育引导常委会组成人员和人大机关恪守道德高线、严守纪律底线，时刻拧紧思想“总开关”，用思想自觉引领行动自觉。认真填写《领导干部个人有关事项报告表》《廉政档案》，做到对党、对组织、对人民忠诚老实，自觉接受组织监督和群众监督。切实落实党风廉政建设主体责任，加强对分管领域干部职工的监督管理，营造浓厚廉政文化，筑牢拒腐防变的思想防线。

2017年8月10日，拉萨市城关区夺底乡人大代表一行在林周县卡孜乡参观学习

【建强干部队伍】 年内，人大常委会制定《林周县人大常委会2017年工作要点》和《林周县人大常委会2017年工作安排》，并以时不我待、只争朝夕的紧迫感、责任感，严格按照计划推动工作，确保各项工作圆满完成。

（黄星星）

【领导名录】

县委副书记、人大常委会主任

格旦次仁（藏族）

副主任

边巴次仁（藏族）

洛桑元旦（藏族）

普布旺堆（藏族）

林周县人民代表大会常务委员会办公室

【概况】 2017年，林周县人大常委会在县委的正确领导及市人大常委会的精心指导下，紧紧围绕县委的工作重点，认真履行职责，为推动全县经济和社会各项事业的发展发挥应有的作用。

【做好县十二届人大二次会议服务保障】 年内，为确保林周县十二届人大二次会议开好开出成效，县人大办提前谋划、明确分工、统筹协调、严密组织，抓早抓细抓实材料起草、人员落实、后勤保障、会场布置等会前筹备、会中服务和会后总结各项工作；严格遵循中央“八项规定”精神，节俭高效办会。坚决贯彻县委决策，认真履行人大法定职权，依法作出决议7项，收集整理代表建议109件。组织精干力量，做实做细市十一届人大二次会议林周代表团的服务工作，保障本代表团依法履职，圆满完成各项任务，做好市人代会期间林周代表团和县人民代表大会的服务保障工作。

【做好常委会会议服务保障】 年内，严格执行组织法、监督法和县人大常委会议事规则，积极向区市人大学习，不断规范会议程序，细化会议方案，努力提高会议实效。2017年召开常委会会议8次，听取和审议“一府两院”专项工作报告8项，依法任免国家机关工作人员63人(次)。

【做好主任会议服务保障】 年内，根据常委会安排，做好会议材料收集、人员落实、会议记录等具体工作。2017年，召开主任会议14次，研究部署县十二届人大二次会议会前筹备、执法检查及视察调研等事宜，确保以统一思想、有力举措推动常委会各项工作有序开展。

【监督“一府两院”】 年内，在深入分析研究基础上，提出《林周县人大常委会2017年工作要点》和《林周县人大常委会2017年工作安排》。同时，积极配合县人大常委会扎实开展监督工作，做好行程安排、协调相关部门等具体事宜。2017年，就新农合资金管理及使用情况、教育“三包”政策落实情况等开展专题调研5次，就《中华人民共和国食品安全法》《中华人民共和国环境保护法》开展执法检查。对监督活动中发现的问题提出意见建议，以书面形式向县委呈报、向县政府及有关部门反馈，监督和支持“一府两院”依法行政、公正司法，切实增强监督针对性、实效性。

2017年1月17日，县委副书记、人大常委会主任格旦次仁主持召开人大党组暨主任会议

【“人大代表之家”】 5月，拉萨市人大组织开展六县二区“人大代表之家”交叉验收工作，林周县最终获得拉萨市第三的名次。8月，与拉萨市城关区夺底乡交流学习1次。通过对其他县区“人大代表之家”工作开展情况的交流学习，对进一步促进林周县“人大代表之家”工作起到很大的作用。

【建强队伍，做到拿实招】 年内，为强化乡镇人大工作业务水平，县人大办协助常委会多次组织乡镇人大工作人员开展业务培训。同时协助人大常委会年初将深入各乡镇实地检查乡镇人大业务工作纳入工作计划中，并按照时间段开展检查工作。此外还配合拉萨市组织乡镇主席参与“人大代表之家”验收工作，并与拉萨市城关区夺底乡人大开展交流学习。在交流学习中林周县基层人大工作获得很多好的经验，对提高林周县基层人大业务水平有很大帮助。

【凝聚实效，做到务实效】 年内，贯彻落实常委会委员联系代表工作，加强常委会同代表的联系。实现代表列席常委会会议、参加执法检查、参与代表活动常态化。年内，共邀请代表50多人次列席常委会会议，200多人次参加执法检查和专题调研等活动。严格落实《林周县人民代表大会常务委员会代表联络办法》，建立人大常委会委员联系人民群众的关系网，采用一对多的方式，21名常委会委员都有自己的联系代表。每个乡镇都充分利用“人大代表之家”这个平台，拉近代表和群众的关系。为更好地接受人民的建议和意见，县乡镇“人大代表之家”

安排有接待选民活动，每个选区的选民都可以到“人大代表之家”寻求帮助或是提出宝贵建议意见。抓好代表培训工作。精心制定代表学习培训计划并认真组织实施，把贯彻党的十九大精神、代表履职、加强代表思想作风建设纳入培训内容。举办人大代表专题学习2次，200余名市县两级代表参加学习，拉萨市县区交流学习2次。组织代表专题调研和集中视察，取得一批重要调研成果，推动相关工作的开展。同时，安排督促乡镇人大开展人大代表培训工作，截至年底，各乡镇累计开展人大代表培训30次，培训人大代表400余人次。增强代表议案审议和建议办理实效。县十二届人民代表大会第二次会议主席团交付审议的109件代表建议、批评和意见，已全部办理完毕，建议所提问题得到解决或者计划逐步解决的占85.32%。林周县人民政府和有关方面高度重视代表建议办理工作，人大常委会认真协调督办。年内，组织相关单位召开交办会1次，督办会1次。2017年为更好落实代表建议、批评和意见办理奖励机制，再次通过人大常委会推荐，对表现突出的3家单位进行表彰。

2017年8月10日，拉萨市城关区夺底乡人大代表团一行在林周县强嘎乡参观学习

【配合区市，做到出实力】 年内，组织人员参加区市人大常委会各类会议。全面协助区市人大对林周县的监督工作，其中，自治区开展专题调研1项、执法检查1项，市人大开展专题调研1项、执法检查1项。认真组织林周县人大代表参加市人大常委会开展的培训及视察调研活动。在全力配合区市两级人大工作过程中，县人大办学习先进经验、增强工作本领。

【党建工作】 年内，人大办党支部认真落实“三会一课”制度，进一步健全党内生活，把“两学一做”学习教育纳入“三会一课”制度中。年初，人大办党支部专门组织会议研究部署一年的工作安排和学习计划，要求充分发挥党支部支委会的作用，落实好党支部的各项工作。人大办党支部是2016年年底成立，自成立以来，严格按照重大事项由党员大会决定。年内，召开党支部支委会4次、党员大会2次，书记讲党课2次，主要围绕党支部改选和发展本支部党员召开会议。积极开展“党的主题日+活动”。党支部严格按照要求以每月2日围绕收缴党费、学习习近平系列讲话、区市县重要指导思想为主线组织各项活动。

【开展专题教育】 年内，严格落实开展“两学一做”学习教育常态化制度化要求，把党的思想建设放在首位，以尊崇党章、遵守党规为根本要求，以用习近平总书记系列重要讲话精神武装全党为根本任务，教育引导党员自觉按照党员标准规范言行。学习方式主要采取召开专题教育动员大会，积极参加县委理论中心组、人大常委会、党支部的学习活动。年内，围绕党章党规、系列讲话、党的治藏方略、做合格党员4个主题，开展集中学习讨论28次，党支部学习10余次，观看《永远在路上》《榜样》等警示教育片2部，撰写学习心得24余篇，从而使全体党员干部职工，进一步增强政治意识、大局意识、核心意识、看齐意识，树立清风正气，严守政治纪律、政治规矩，加强党性修养和道德修养。

【党风廉政建设】 年内，林周县

2017年8月2日，林周县人大办党支部开展重温入党誓词活动

人大办高度重视党风廉政建设工作，始终将党风廉政建设纳入重要议事议程，与人大办业务工作同要求、同部署，同落实。年初制定全年工作计划，并在人大党组会议上党组书记做部署和具体安排，并明确10项责任，具体落实到人。强化思想教育。制定廉政学习计划，扎实开展党性党风党纪教育，第一责任人负责讲党课，切实筑牢党员干部职工拒腐防变思想防线。严肃党的规矩。坚持民主集中制原则，但凡“三重一大”事项召开班子会议，由领导班子集体研究决定，并严格执行议事决策程序，坚决反对“家长制”和“一言堂”，坚决防止个人凌驾于组织之上，办公室随时做好原始记录。主动适应从严治党新常态，认真学习执行《林周县财务报销制度》，严格按照财经规章制度办事；严格执行《拉萨市行政事业单位公务车辆配备使用管理办法》，进一步规范公务车辆使用管理。

【联系群众】 年内，在县人大常委会的率领下，结合精准扶贫精准脱贫工作，认真开展结对帮扶，先后多次看望慰问结对户、联系村、退休老干部、驻村工作队，送去慰问物品；特别是在精准扶贫结对帮扶工作中，深入了解结对帮扶户生产生活情况、致贫原因，探讨脱贫措施，宣传党的惠民政策，帮助贫困户树立脱贫信心，并办一些力所能及的事，帮助其尽快脱贫致富。环评工作一直是林周县的重点工作，2017年全县上下都是紧紧围绕环评工作开展，协助林周县环评工作圆满成功。同时，协助县人大常委会，组织人大退休干部在林周参观考察，使老干部们切实感受近年来林周经济社会发展新成果。日常工作中，以每一名党员干部都是一面旗帜的自觉，热情接待群众来访，认真解决群众诉求。

【组织纪律】 年内，人大办进一步完善《林周县人大办目标管理绩效考核实施细则》，严格执行上下班考勤，请销假制度。针对公益性工作人员严格按照公益性管理办法落实各项制度，特别是公益性司机人员在车辆上的管理是严格按照县政府要求落实。同时，对县委、县政府重要决策部署，自觉做到令行禁止、坚决执行。

【文秘工作】 年内，通过学习宪法、组织法、监督法等法律法规，订阅学习《中国人大》《拉萨人大》等人大刊物，深入研究中央和区市县重要会议和文件精神，了解熟知党史国史，全力增强干部职工业务知识、理论素养，提高“以文辅政”能力，切实发挥人大常委会参谋助手作用。规范档案。将常委会和办公室各项工作的文字、图片资料整理成册，确保档案资料归档及时完整、保管规范有序、调阅快捷方便。加大宣传。借助区市人大报刊、县电视台、林周之窗等媒介，全方位宣传人大工作，县人大工作信息多次被市人大半月刊《拉萨人大》采用。

（黄星星）

【领导名录】

主 任

群培达瓦（藏族）

副主任

次仁曲珍（女，藏族）

林周县人民政府

【概况】 2017年，完成地区生产总值18.01亿元，同比增长10.0%；

完成社会固定资产投资20.20亿元，同比增长126.8%；完成一般公共预算收入1.04亿元，同比下降19.53%；农牧民人均可支配收入达到11455元，同比增长12.4%；社会消费品零售总额完成1.91亿元，同比增长12.4%；规模以上工业增加值完成8594.9万元，同比增长10.3%。

2017年2月23日，县委副书记、县长高军在北部乡镇慰问贫困户

【农牧业建设】 2017年，农作物播种面积18万亩，青稞种植12.46万亩；落实青稞、冬小麦和油菜高产创建11.5万亩，测土配方施肥示范9.5万亩，新品种推广12.55万亩。粮食产量总体保持稳定，2017年粮食总产达到0.68亿公斤。牲畜存栏22.8万头（只、匹），其中牦牛9.2万只、半细毛羊5.04万只，占存栏牲畜总数的62.5%；牲畜良种率达到42.8%，同比增长0.7%。投用农业机械2.44万台（套），同比增长9%，农业机械化率达94%。启动实施松盘乡牦牛育肥基地、格桑塘现代农牧产业示范园建设，逐步形成“集群”“块状”发展格局。采取家庭、集体、企业共同经营模式发展人工饲草种植，2017年种植饲草9.01万亩，同比增长46%，带动群众增收170余万元。牦牛短期育肥和奶牛养殖扎实推进。与市净土健康产业公司合作，引进500头安格斯肉牛进行试验性和适应性养殖，优质肉牛规模化养殖初具雏形，成功注册“澎波牦牛”“澎波半细毛羊”地理商标。

【城乡建设】 2017年，先后编制完成《拉萨林周县县城控制性详细规划》《热振旅游度假区规划》《林周县风貌布点规划》，稳步推进《“四乡一村”总体规划》编制。配合开展雅江中游黑颈鹤保护区规划调整工作。深化环境整治。全面推进大气、水、土壤污染防治工作，先后投入800余万元购建环卫设施，建立全县垃圾收集处理长效机制。深入开展环境专项行动，大力开展河道采砂、矿山巡查整治，拉萨河源头、水源地保护工作；严厉打击环境违法行为，禁白成果进一步巩固。接受中央环保督察，及时办结公示转办案件12件。有效实施黑颈鹤保护区管理，建立定点投食机制，配合开展“绿盾2017”国家级自然保护区监督检查专项行动。完成义务植树造林155亩，累计实施退耕还林9318.76亩，投资230万元进行县城绿化改造提升。对全县境内23条重要河流全面实行“河长制”，总长达到423.53公里，河长制管理体系初步形成。建强市政基础。投资505.89万元实施城区街道路灯改造工程。积极推进“厕所革命”，完成农村改厕19座。棚户区改造、小康安居试点工程扎实推进。质量强县工作积极推进，被评为C级。全县村级组织活动场所实现标准化建设。

【项目建设】 2017年，在建项目224个，完成投资20.06亿元，同比增长125.3%。其中，续建项目24个，完成投资3.23亿元；新建项目200个，完成投资16.83亿元。项目开工率达全年储备项目的140.8%。主动做好项目保障。整合市县两级项目前期工作经费2000万元，大力支持项目前期工作开展。加强项目申报，积极与区市项目主管部门对接，争取到中央预算内投资项目3个、江苏援藏项目4个，总投资约2亿元。

【社会保障】 2017年，教育事业全面深入，严格落实“五个100%”

发展目标，落实“三包”和“营养改善”资金3296.73万元。投资7187.3万元实施31个教育基建项目，教育基础设施不断完善，教育教学质量不断提升，全县中小考成绩连续两年位列全市六县第一。食药监管不断加强，严格按照“四个最严”要求，认真履行“四品一械”监管职能，高密度严监管食品药品市场，全年食品药品安全零事故。农牧区医疗保障覆盖面达到100%，报销医疗费用2504.5万元，4.5万余名农牧民群众受益。组团式医疗援藏工作进展有序，利用援藏投资700万元修建强嘎乡标准化乡镇卫生院，县医院成功创建为“二级乙等医院”。包虫病综合防治工作扎实有效，完成筛查59685人，筛查率100.7%、救治率84%；流浪犬只防治管理同步加强。实现城乡低保动态管理，发放城乡低保资金1288.32万元，新增4家城乡医疗救助“一站式”即时结算服务机构。

健全完善防灾减灾工作体系，完成三个乡镇冰雹灾害救助工作。五保集中供养中心管理进一步规范，意愿集中供养率达到100%。提高社会保障。大力开展全民参保登记工作，五项保险参保人数4.68万人，开展职业技能培训16期，劳动力转移就业1.3万人，实现收入0.9亿元，开发就业再就业岗位4500余个，城镇登记失业率继续控制在2.2%以内。繁荣文化事业。常态化制度化开展“两学一做”学习教育。扎实开展“四讲四爱”主题教育实践宣讲、演出、爱国电影巡演等活动，完成县级数字影院改造升级，实现县级有线数字电视500户光缆铺设、调试安装工作。文物和非物质文化遗产得到有效保护，热振曲卓文化艺术传播有限公司等三家单位被命名为县级文化产业示范基地。

【脱贫攻坚】 2017年，深化以业脱贫。大力发展种草养畜类产业，投资3.7亿元实施产业项目27个，其中已开工项目10个（含完工项目2个）、完成招投标项目14个、评审项目2个、采购项目1个。带动1622名建档立卡贫困群众增收。深化以迁脱贫。积极推进县域5个集中搬迁安置点建设，甘曲、边林、松盘3个安置点已完成主体建设，卡孜、强嘎2个安置点完成一层主体建设，预计2018年5月完工搬迁入住。搬迁至城关区的370户1582名贫困群众预计2018年2月实现入住。深化以补脱贫。落实生态补偿岗位6119个，发放生态补偿岗位资金1835.7万元，兑现定向补助资金335.25万元，惠及4249人。深化以教脱贫。研究出台《林周县在校大学生资助办法》，发放资助金999.71万元，惠及1831人；建立健全“两后生”职业教育体系。深化以助脱贫。健全完善基本医疗保险、大病保险、医疗救助和重特大疾病医疗救助等多重医疗保障体系，做好建档立卡贫困户住院补偿、门诊核销工作，核销住院、门诊补偿21.22万元。深化以保脱贫。实现农村低保和扶贫线“两线合一”，兑现农村低保资金及“两线合一”补助资金925.98万元，为136名困难群众发放临时救助及医疗救助资金33.75万元。结对帮扶工作继续深化。全县1360名干部职工结对帮扶1882户贫困户，常态化开展慰问帮扶工作。于12月接受自治区脱贫攻坚第三方评估，自治区第三方评估组反馈的评估结果为全县脱贫人口错退率0.64%、贫困人口漏评率1.26%、综合贫困发生率

2017年6月20日，县委常委、副县长方文伟在春堆乡调研精准扶贫工作

2017年5月13日，副县长李辉主持召开环保督察动员会

1.43%、群众满意度98.42%。

【社会局势持续稳定】2017年，认真落实县级领导包乡、乡级领导包村维稳工作机制，坚持县级领导带班、干部值班等维稳制度，圆满完成各个节点，特别是党的十九大期间的维稳安保任务。加快公安机关“四项建设”，全县立体化防控建设水平不断提高，人民群众安全感不断提升。狠抓社会面防控。始终保持对各类违法犯罪活动的高压威慑态势，充分发挥网格化、“双联户”社会服务管理体系作用，加大矛盾纠纷排查化解力度，排查矛盾纠纷40件，调处化解率90%。强化宗教事务服务管理。全面落实利寺惠僧政策，“六个一”“一覆盖”“一创建”活动深入开展，投入资金347万元实施寺庙维修和线路改造，表彰和谐模范寺庙，爱国守法先进僧尼。全力推进民族团结进步事业发展，铸牢中华民族共同体意识，依法从严管理僧尼，寺庙僧尼、干部群众“三个离不开”“五个认同”意识明显增强，爱国统一战线持续巩固。狠抓安全生产。深入开展安全生产执法检查，全年安全生产事故、死亡人数实现双下降，安全形势进一步巩固。微型消防站实现全覆盖。普法工作扎实有效。完成“六五”普法验收表彰，高标准启动“七五”普法规划，荣获2011—2015年全市法治宣传教育先进县区荣誉称号。

2017年，林周县人民政府在经济下行压力增大、县域经济增长放缓、维稳形势任务严峻的多重考验下，顺利完成中央环保督察、国务院安全生产考核、区市脱贫摘帽验收等重大工作，顺利完成年初确定的各项目标任务。政府自身建设不断加强。建立健全《政府工作规则》，研究出台乡（镇）、村、驻村工作队三级财务管理办法和《林周县项目管理工作手册》等系列规章制度，持续落实党风廉政建设责任制，持续推动“三转”有效落实，推行权责清单，廉政风险防范机制不断健全，廉政风险不断降低。政府机构改革稳妥有效，完成31个部门“三定”方案修订工作。全县“三公”经费618.5万元，同比下降0.82%。认真办理市县两级人大代表建议和政协委员提案187件，代表委员满意率均达到99%以上。县级政务服务中心办理审批和服务事项21726件（次），荣获全市政务服务工人先锋号荣誉称号，县乡两级政务服务体系实现全覆盖；办理“12345”政府服务热线工单77件，满意率99%；政府施政能力和服务水平不断提高。

（王翠英）

【领导名录】

县委副书记、县长

高　军

县委副书记、常务副县长

田嘉勇（江苏援藏）

县委常委、副县长

方文伟

卢智杰

副县长

陈　实（江苏援藏）

米　玛（藏族）

李　辉

郭　果（藏族）

边　巴（女，藏族）

洛桑德吉（女，藏族）

张　凯（挂职，10月免）

林周县人民政府办公室

【概况】2017年，政府办公室紧紧围绕中心工作，充分发挥参谋助手、组织协调、政务服务、督促检查和后勤保障等职能，突出协调服务，创新方式方法，积极履行职责，提高服务水平，扎实做好“三服务”工作，荣获“全市政务服务中心工人先锋号”荣誉称号，“民族团结示范单位”。

【提高办文办会水平】 年内，政府办公室共制发政府文件239份、政府办文件111份，协调组织召开政府专题会议57次、政府党组会议9次、县长办公会议10次、政府常务会议5次；累计撰写政务信息490余期，位列全市A类信息报送单位第二名；办理中央、区市各类文件共计1100余份，办理县（中）直单位、乡镇各类文件940余份，编译室翻译各类文件共计90余份，无偿为百姓翻译270余条。编撰《林周年鉴2017年》，符合县情实际，体现领导意图，满足实际工作需要。地方志编撰工作扎实推进，已通过初审。

2017年，政府办公室多次完成各类大型会议的筹备组织任务，承办的县政府全体会议、电视电话会议、县政府常务会等大型会议取得圆满成功，受到县主要领导的肯定。截至年底，政府办公室组织或协助召开现场会议共计70余场、保障视频会议90余场。同时，完善《林周县人民政府工作规则》、制定《林周县人民政府办公室发文流程》《林周县人民政府办公室公章使用管理制度》等规定，牵头起草《关于进一步整治会风会纪的实施办法》，提高政府议事效率，改进政府工作作风，政府行政权威性不断得到提高。

【制度建设】 年内，认真贯彻落实中央“八项规定”、区党委“约法十章”“九项要求”和市委“八项要求”，加强党风廉政建设，严格执行财务收支两条线，坚决杜绝“一支笔”审批，涉及重大资金使用和政府采购均严格按照有关规定执行，财务管理使用不断规范。充分发扬民主。坚持组织生活制度，年初组织召开办公室组织生活会，深入开展批评与自我批评，达到团结—批评—团结的目的。认真落实“三会一课”制度，全年组织召开支部委员会和支部党员大会30余次，支部书记带头讲党课2次。坚持重大问题和工作安排实行民主协商，既促使办公室成员相互理解，又发挥工作人员的积极性和主动性，进一步提高班子的凝聚力和向心力。

【督办检查】 年内，政府办公室共接到市、县两级人大代表建议28件，政协委员提案6件。办公室认真承办人大代表建议和政协委员提案，认真落实“三见面”要求，对每一个承办件都认真办理，及时答复。截至年底，所承办建议提案已全部办结并答复完毕，代表委员满意率均达99%。认真受理群众来信来访，指派专人负责、跟踪、督办。2017年，共处理“12345”政府服务热线工单70件，群众满意率达99%，关乎群众切身利益的各类问题得到及时妥善解决。努力提高政府服务，县级政务服务中心共受理行政审批和便民项目21319件，办结率100%、群众满意率99%以上，县乡两级政务服务体系实现全覆盖，极大地便利办事群众，得到群众的一致好评。积极下乡调研，陪同县级领导下乡调研80余次，撰写调研报告10余篇，成为政府决策施政的有力依据。

2017年7月1日，县委副书记、县长高军以普通党员身份参加政府办公室党支部“主题党日+”活动

2017年3月8日，政府办公室党支部召开全体党员干部“两学一做”学习教育组织生活会议

【理论学习】 年内，结合“两学一做”学习教育，政府办公室大兴学习之风，坚持每周三学习制度，以集体学和个人自学相结合，重点学习党的历届全会、党的十九大、习近平总书记系列重要讲话和区市县重要会议精神，全年组织支部学习40余次。同时，注重收听收看重要会议、重要新闻，组织观看《榜样》《永远在路上》等教育纪录片，提高党员干部的思想认识，全办党员干部的政治意识、大局意识、核心意识、看齐意识得到进一步增强。

【转变作风】 年内，加强监督管理，在做好纪律教育的同时，注重做好监督管理，严明政治纪律和政治规矩，严格落实八小时以内管理制度，实行考勤量化，政府办公室人员遵守纪律意识得到不断增强。针对办公室加班、值班缺少有效监管手段的现象，经办公室支委会研究同意，决定实施办公室分级监督负责制，逐级对办公室干部职工加班、值班、下乡、出差等情况进行核实确认，防止出现套取补助的行为。截至年底，政府办公室已全面铺开实施，加班、值班等报销流程进一步规范。严格落实维稳值班和周末值班制度，恪守维稳职责和应急要求。不断强化服务意识，密切注重自身形象，从一点一滴着手，从一言一行做起，树形象、做表率，以实际优异的工作成绩和务实的工作作风在领导和群众中树立政府办公室的良好形象。

【车辆管理】 年内，对全县所有公务用车全部建立一车一档，车辆管理档案逐步规范。强化驾驶员教育管理，召开安全驾驶员专题会议2次，与县直机关公车驾驶员签订《林周县人民政府办公室后勤服务中心机动车驾驶员安全行车责任书》，不断强化驾驶员的安全意识、责任意识和节约意识，确保行车安全。认真执行制度规定，严格执行公车定点加油、定点维修和节假日、重要时段公务用车相关规定，并在实际工作过程中不断完善《林周县后勤服务中心驾驶员管理制度》《林周县公务用车管理使用规定》，全县公车使用管理更加正规。

【接待服务】 年内，严格执行《林周县公务接待管理办法》和相关制度规定，本着严格标准、务实节俭的原则，认真做好后勤接待服务保障工作。圆满完成林周县第十二届人民代表大会第二次会议和政协二届二次会议等重要会议活动期间的后勤接待工作，精准扶贫第三方评估验收和各级调研活动接待。2017年累计接待400余次5000余人次。改善干部职工伙食，在原有基础上，丰富晚餐种类、增加时令水果，发放征求意见表300余份，征求就餐意见建议20余条，多渠道调剂好干部职工伙食。累计约9万余人次在食堂就餐，比2016年同期增加1.1万余人次。

【其他各项工作】 年内，深化政务公开，依托市政府网站后台公开《2017年部门财政预算》《2016年部门财政决算》120余条。完善法律顾问制度，在苏州第8批援藏干部的积极协调下，政府办公室与江苏钟山明镜(苏州)律师事务所签订常年法律顾问合同，为林周县提供3年免费的法律顾问服务。加强保密工作，重新调整办公室保密工作领导小组，配合县保密办积极做好办公室保密工作，自查2次，未发现重大问题，严格涉密载体管控，严格遵守保密守则。做好精准扶贫工作，办公室所有党员干部分批次与各自结对帮扶户开展结对帮扶，人均结对帮扶达3次以上，帮助解决实际困难，共谋发展大计。规范机关管理，出资近10万元委托第三方对政府机关安装新式门牌、导向标志、划定停定标线，政府机关管理规范化水平进一步提高。

（索朗措姆）

【领导名录】

主　任

刘 智 仁（1月任）

副主任

拉巴次仁（藏族）

梅 青 松（1月任）

中国人民政治协商会议林周县委员会

【概况】 政协林周县委员会成立于2012年4月24日，是中国人民政治协商会议的地方组织，在中共林周县委员会领导下开展工作。政协林周县委员会自成立以来，在林周县委员会的领导下，一贯坚持围绕党和政府各个时期的中心工作，以高度的责任感和主人翁精神，充分发挥政协委员作用。通过召开政协全体委员会议和常务委员会议，以总结、研究、部署政协工作和到农牧区、城镇、企事业、寺庙视察调研等，对全县经济、政治、文化、科技、城镇建设、局势稳定进行调查研究，了解人民群众普遍关心的难点、热点问题，掌握第一手资料，为党委、政府决策提供依据。

2017年，政协林周县委员会委员名额114名（实有委员109名、机动名额5名），共设6个界别：中共界、群团界、教体文卫界、工商界、农牧科技界、民族宗教界。其中主席1名、副主席3名，常务委员12名，办公室主任1名、副主任1名。

【第二届林周县委员会第二次会议】 3月30日至3月31日，中国人民政治协商会议第二届林周县委员会第二次会议在林周召开。会议应到委员109人，实到97人，符合政协章程。会议听取审议《政协第二届林周县委员会常务委员会工作报告》《政协第二届林周县委员会常务委员会关于一次会议以来提案工作情况的报告》；列席县十二届人大二次会议、听取并讨论政府工作报告、“两院”工作报告及其他报告；审议通过《政协第二届林周县委员会提案委员会关于二届二次会议提案审查情况的报告》；审议通过《政治决议》《常委会工作报告决议》和《提案工作情况报告决议》。

【常务委员会】 第2次会议　1月9日，政协第二届林周县委员会常务委员会第2次会议在林周政协常委会议室召开，主席格桑次仁主持会议。会议对政协2017年度工作安排及界别委员开展活动计划进行讨论研究，并传达学习《中国共产党党内监督条例》和《关于新形势下党内政治生活的若干准则》，传达学习自治区第九次党代会精神、县委印发的《关于学习贯彻党的十八届六中全会精神的实施方案的通知》。

第3次会议　3月22日，政协第二届林周县委员会常务委员会第3次会议在林周政协常委会议室召开，主席格桑次仁主持会

2017年3月29日，政协党组书记、主席格桑次仁，副主席张林保看望出席二届二次会议委员

议。会议听取政协第二届林周县委员会第二次会议筹备情况，审议通过政协第二届林周县委员会第二次会议议程、日程、分组名单；政协第二届林周县委员会常务委员会工作报告（草案）及报告人；关于二届一次会议以来提案工作情况的报告（草案）及报告人；政协第二届林周县委员会第二次会议大会秘书长、副秘书长名单等事项。

第 4 次会议　3 月 30 日，政协第二届林周县委员会常务委员会第 4 次会议在林周政协常委会议室召开，主席格桑次仁主持会议。会议听取政协二届二次会议各组讨论情况汇报，审议通过三大决议（草案），并讨论县委、县政府协商、调研议题。

第 5 次会议　12 月 28 日，政协第二届林周县委员会常务委员会第 5 次会议在林周政协常委会会议室召开，主席格桑次仁主持会议，会议听取林周县政协二届三次会议筹备情况，研究《政协常委会工作报告（草案）》《政协提案工作报告（草案）》；审议通过大会议程、日程（草案）；研究政协委员赴内地学习考察事宜；研究《县纪委建议撤销伊斯玛委员资格的意见》，通过撤销伊斯玛县政协委员资格的决定。

【提案委员会】 林周县政协二届二次会议期间共提交提案 52 件，其中，大会提案 49 件，口头意见建议 2 件，平时提案 1 件。经审查，立案 52 件。这些提案分别移交县直有关党政部门共 19 个单位进行办理。提案承办单位切实把提高提案办理质量放在突出位置，深入开展提案办理协商，取得积极成效，截至年底，已全部办复。其中，所提问题已经解决或建议得到采纳的 A 类提案 20 件，占提案总数的 38%；正在解决或拟计划实施的 B 类提案 30 件，占提案总数的 58%；因条件限制暂时不能解决或采纳的 C 类提案 2 件，占提案总数的 4%；提案数和委员满意率均有提升。

2017年10月15日，政协党组书记、主席格桑次仁带领结对帮扶贫困户在县医院就医

【2016 年度班子民主生活会】 1 月 17 日，林周县政协党组召开 2016 年度班子民主生活会，县政协党组成员、副主席张林保同志主持会议。会上通报县政协党组班子 2016 年度民主生活会征求意见情况及政协党组班子 2015 年度民主生活会整改落实情况，宣读班子对照检查材料，随后开展政协党组班子成员批评与相互批评。县纪委、县委组织部同志就此次政协党组民主生活会开展情况作点评。县人大党组成员、副主任边巴次仁，县检察院党组书记、检察长刘玉梅，县委办、县政府、人大办、县法院、县团委、县妇联、县工会的相关同志，以及市、县部分政协委员共计 20 余人列席会议。

【政协二届二次会议委员培训会】 3 月 29 日，林周县政协举办政协二届二次会议委员培训会，期间邀请市政协综合办公室主任刘军峰，围绕“新形势下如何做一名合格的政协委员”，给广大政协委员进行授课。县政协主席格桑次仁出席并讲话。此次培训班的主要目的是为抓好林周县政协二届政协委员队伍建设，全面提升委员整体素质，帮助委员深入理解和把握人民政协的地位、性质和作用，切实增强当好一名合格政协委员的责任感和使命感，充分发挥好委员主体作用。

【县政协成立5周年座谈会】 4月24日，林周县庆祝县政协成立5周年座谈会在林周召开，市政协党组成员、副主席孙宝祥，县委书记次仁顿珠，县政协党组书记、主席格桑次仁出席会议并讲话，县政协党组成员、副主席张林保主持会议。市政协领导肖强伟，县领导格旦次仁、高军、潘志嘉、米玛、曲仲·阿旺强久旦增加措、刘玉梅出席会议，县人民法院、县委办、县人大办、县政府办、县纪委、县委组织部、县委宣传部、县委统战部、县财政局、县工商联、县政协联系乡(镇)主要负责同志及新老委员代表等共计50余人参加座谈。座谈会上，县政协副主席曲仲·阿旺强久旦增加措，各界别委员代表分别发言，畅谈县政协走过5年不凡历程的体会，结合工作实际回顾各自履行职能、发挥作用的生动经历，对进一步做好人民政协工作提出意见建议。

【创建乡镇政协委员联络室】 5月12日，林周县政协组织召开创建乡镇政协委员联络室暨委员反映社情民意信息工作动员部署会。县政协党组书记、政协主席格桑次仁出席会议并讲话。县政协常委、政协参加单位负责人、乡镇党建副书记、特聘信息员等共计40余人参会。

【苏州市姑苏区爱心轮椅捐赠仪式】 6月16日，苏州市姑苏区考察团在林周县举行“100台爱心轮椅”捐赠仪式，并现场对残疾人士代表、县医院代表、农牧民群众代表发放轮椅。本次捐赠活动由县政协、县工商联联合承办。捐赠仪式结束以后，考察团就林周县扶贫情况进行考察，两地政协、工商联进行合作签约。

【考察调研工作】 6月27—28日，林周县政协主席格桑次仁带队深入旁多乡、唐古乡、阿朗乡，对政协委员联络室运行情况、委员提案办复情况、精准扶贫精准脱贫、村“两委”换届等情况进行实地视察调研，并走访看望部分政协委员、村组干部和驻村工作队。

【举办政协委员培训班】 7月12日，林周县政协组织本届政协委员进行为期一天的集中培训。培训班上传达学习《县委书记次仁顿珠同志在庆祝林周政协成立5周年座谈会上的讲话》。市政协委员、县人民医院副院长董启宏，县政协委员周益，县委党校讲师旦增罗布分别作辅导讲课。县政协副主席张林保主持培训并作动员讲话，县政协主席格桑次仁出席培训班并作总结讲话。

【讲党课活动】 7月12日，受县教育局邀请，县政协党组书记、主席格桑次仁以“学习践行党章党规 推动教育党建新发展”为题，给县中小学党组织书记、校长和党务工作者上一堂生动、难忘的党课。全县中小学党组织书记、校长和党务工作者，共计40余人参加会议。

8月9日，林周县政协党组成员、副主席张林保在江热夏乡政府机关，严格按照“主题不能变、要求不能降”的要求，结合自身的工作经历、体会和感悟，讲解自己对党的认识、对党改革攻坚的认识、对党刀刃向内的认识、对党团结带领全国人民为实现“两个一百年”奋斗目标不懈奋斗的认识等，并同与会人员分享观看《将

2017年12月13日，政协党组书记、主席格桑次仁参加江热夏乡脱贫验收情况通报暨问题整改部署会

改革进行到底》纪录片的体会。江热夏乡在家干部、各村第一书记、书记、村委会主任、驻村工作队及辖区派出所、卫生院、寺管会等单位的30余名党员干部参会。

【解决民生问题】 10月4日，林周县政协主席格桑次仁在江热夏乡拉定村古吉组帮助群众解决“出行难”问题。县水利局将针对江热夏乡拉定村古吉组出行难的实际困难，争取早日拿出解决方案，彻底缓解拉定村古吉组10户、120余人的“出行难”的实际困难。随后，格桑次仁主席一行，还深入康龙寺督导查看寺庙管理的相关情况，深入江热夏乡人民党委、政府开展实地督导。

【“河长制”工作】 10月9日，为进一步了解全县“河长制”工作的实际情况，县政协主席格桑次仁在县澎波河及支流实地查看部分河段河长制工作的实际情况和效果。通过此次实地查看，为县政协进一步掌握澎波河及支流河长制工作情况提供第一手素材，更为下一步县政协组织委员开展实地视察河长制工作，奠定坚实基础。

【党的十九大精神专题学习会】 11月9日，林周县政协召开专题会议学习贯彻党的十九大精神，县政协党组书记、主席格桑次仁主持会议并讲话。会议传达学习习近平总书记代表第十八届中央委员会向中国共产党第十九次全国代表大会作的报告、中国共产党第十九次全国代表大会关于十八届中央委员会报告的决议、中国共产党第十九次全国代表大会关于《中国共产党章程（修正案）》的决议、十八届中央纪律检查委员会向中国共产党第十九次全国代表大会的工作报告和中国共产党第十九次全国代表大会关于十八届中央纪律检查委员会工作报告的决议。县政协党组成员、副主席张林保，县政协常委，县政协机关党员干部职工参加会议。

【为县巡察干部授课】 11月20日，为切实发挥县级巡察“利剑”作用，着力提高巡察工作人员的理论水平和业务能力，林周县举办巡察工作培训会。县政协党组书记、主席格桑次仁以“落实全面从严治党责任，不断提升党的建设科学化水平”为题进行专题授课。全县巡察干部、各乡（镇）纪委书记参加培训。

【看望结对帮扶户】 12月14日，林周县政协党组书记、主席格桑次仁在江热夏乡拉定村古吉组、卡日村永唐组到自己的3户亲戚——旦增扎巴、益西达娃和普布家中，串门、走访、话家常；12月14日，县政协党组成员、副主席张林保在江热夏乡拉定村和拉萨城关区恩惠苑，看望自己3户亲戚——尼玛仓决、次旺多吉、普多；12月15日，县政协办公室干部央宗、周益、杨绍祥、格桑拉姆（在休产假，其结对户由央宗代为走访），在江热夏乡拉定村、江夏新村分别走访看望结对户。

【二届二次会议提案工作情况报告摘要】 林周县政协二届一次会议以来，在新一届班子的团结带领下，广大政协委员、政协各参加单位和政协各专门委员会，认真贯彻落实党的十八大和十八届历次全会精神，贯彻落实区市县

2017年12月23日，政协党组书记、主席格桑次仁督导阿朗乡嘎列村村级组织换届选举

2017年11月9日，林周县政协党组学习贯彻党的十九大精神专题会

党委决策部署，紧扣县委、县政府中心工作和人民群众关心的热点难点问题，积极运用提案履行职能、建言献策。县政协二届一次会议共提出书面提案40件，口头提案1件，意见建议1条。经审查立案40件。其中，委员个人提案39件，联名提案1件。经主席会议研究决定，《加强政协委员的日常履职能力》《抓好学校食品安全》2件提案为重点督办提案。

二届一次会议闭幕后，县政协提案委员会及时开展提案交办各项准备工作，在2016年10月9日召开的人大、政协议案提案交办会上，将40件提案分别移交县有关部门共19个单位进行办理，截至2017年2月底已全部办复。其中，所提问题已经解决或建议得到采纳的A类提案2件，占提案总数的5%；列入计划拟解决或拟采纳的B类提案38件，占提案总数的95%；提案办结率和委员满意率均有提升。

提案工作主要做法。二届一次会议以来，县政协常委会在提案工作中认真学习贯彻《关于加强人民政协协商民主建设的实施意见》，深入推进提案办理协商，取得明显成效；高度重视提案工作办理，强化“领导核心”作用；有力夯实提案工作基础，搭建“多方联合”平台；不断创新提案工作机制，构建“服务保障”体系；深入提升提案撰写质量，促进“办理成果”落地。

2017年提案工作思路。新形势和新任务对提案工作提供更为广阔的空间和舞台，也提出更高的要求。广大政协委员和政协提案委员会要在常委会的坚强领导下，认真贯彻党的十八大和十八届历次全会精神和习近平总书记系列重要讲话精神，认真贯彻区市县第九次党代会精神，为经济发展献良策，为民生改善出实招，为加强和创新社会管理建净言，充分体现政协特色和时代特点。服务大局，把握提案工作方向；务求质量，努力打造精品提案；加强协商，切实增强办理实效；凝聚智慧，形成提案工作合力。

【政协5周年座谈会讲话摘要】

2012年4月24日，自治区原党委常委、区政协党组书记、区政协副主席、区党委统战部部长公保扎西出席林周政协一届一次会议，并为政协林周县委员会成立揭牌，开启全区73个县(市、区)中43个尚未组建县级政协机构全覆盖工作的第一站，掀开人民政协事业在林周发展的历史篇章。

时至今日，林周政协已满怀豪情地走过5年的光辉历程。历经5年的发展，政协6个界别的委员逐步趋于年轻化、专业化，文化程度和整体素质有较大提高，委员人数也由一届的57名增加至现在的109名。5年来，县政协在县委的正确领导下，在市政协的精心指导下，认真履行政治协商、民主监督、参政议政职能，切实发挥协调关系、汇聚力量、建言献策、服务大局的作用，团结带领政协委员主动融入基层组织建设年、强基础惠民生活动、唐古帕帮唐廓宗教活动、现代农业示范园区建设、全市旅游客车整治、乡(镇)领导班子换届、精准扶贫精准脱贫等工作，为促进全县经济、政治、文化、社会、生态文明和党的建设，做出不可替代的贡献，谱写辉煌篇章。

始终坚持围绕中心、服务大局。先后举行主席会议协商50次、常委会协商12次、专题协商10次，就全县国民经济和社会发展规划纲要、政府工作报告、精准扶贫精准脱贫、民生实事等事关全县经济社会发展的重大问题以及人民群众普遍关心的热点难点问题，提出协商意见和建议；并围绕高标准农田建设、矿产资源开发、鹏博健康产业园区建设、旅游文化资源开发、加快推进帮中矿区建设、净土健康产业发展、三园一区建设等开展专题调研，形成多篇报告，为县委、县政府民主决策、科学决策，提供有力参考。

始终坚持增进团结、汇聚力量。精心组织庆祝新中国成立65周年，人民政协成立65周年，西藏自治区成立50周年，西藏和平解放65周年等系列庆祝活动，夯实社会各界人士团结奋斗的共同思想政治基础，努力营造民主和谐、和衷共事的氛围。深刻揭批十四世达赖分裂集团的罪恶行径，积极引导宗教与社会主义社会相适应。举办提案交办会7次、累计交办提案205件，在县委、县政府与各方面、各社会阶层和政协委员之间积极构建声气畅通的宽广通道。

始终坚持与时俱进、创新履职。组织委员在江苏考察学习，表彰优秀提案个人、提案办理先进集体，开创“四联系工作法”和“135工作法”，参与编撰《魅力林周》《林周寺庙人文志》《林周年鉴》《西藏政协年鉴》《天堂的高度》等史料，打造政协林周县委员会微信公众号平台，组建林周县政协委员工作交流微信群，将乡（镇）党建副书记全部纳入政协委员队伍，实行界别召集人常任制，每个界别确定2名委员牵头召集本组活动，实施提案办理“面对面”工程，邀请政府主要领导出席交办会，切实提升“办”字的含金量，等等。

始终坚持加强自身建设、提高履职能力。先后制定完善林周县《政协委员管理考核办法》《政协提案工作条例》《重视和发挥政协委员界别作用的意见》《政协常委会工作规则》《政协班子成员与政府工作部门对口联系制度》等30余项规章制度，进一步强化组织管理、明确工作任务、健全工作制度。

回顾县政协5年来的工作实践，有这样四条基本经验：必须坚持党的领导，始终在县委领导和各方支持下积极主动地开展工作；必须坚持工作定位，始终以正确的工作理念引领实践推动工作；必须坚持服务大局，始终把推动科学发展作为政协工作第一要务；必须坚持发挥优势，始终把团结和民主两大主题贯穿政协工作全过程。

当前，林周县正处于改革攻坚的深水区、风险矛盾的叠加期、快速发展的黄金期，县政协要紧紧围绕县第九次党代会和县委九届二次会议提出的目标要求，全面落实县委关于进一步加强人民政协工作的意见精神，切实把县委对政协工作的新要求、新任务，把时代赋予林周政协的新使命、新责任落到实处。要不断加强学习、凝聚共识，提高政治把握能力；要坚持围绕中心、献计出力，提高服务大局能力；要坚持创新载体、搭建平台，提高协商民主能力；要切实加强自身建设，提高履职成果落实能力。

（杨绍祥）

【领导名录】

党组书记、主　席

格桑次仁（藏族）

党组成员、副主席

张 林 保

副主席

曲仲·阿旺强久旦增加措（藏族）

热振·洛追嘉措赤列伦珠白桑布（藏族）

常务委员

央　　宗（女，藏族）

张 秀 英（女，藏族）

雷 伟 国

顿珠卓嘎（女，藏族）

拉巴次仁（藏族）

伦　　珠（藏族）

边　　巴（藏族）

格桑达瓦（藏族）

杨　　文（彝族）

其美夺吉（藏族）

白玛央金（女，藏族）

吕 坤 秋

中国人民政治协商会议林周县委员会办公室

【概况】 2017年，林周县政协办公室在县政协党组的领导下，主动履行职责，努力提高服务水平，以“两学一做”学习教育常态化制度化为抓手，围绕中心、服务大局，开拓创新、干在实处，不忘初心、牢记使命，圆满完成全年各项工作任务。2017 年，完成政协二届二次全委会、4 次常委会、11 次党组会、4 次主席会、20 余次办公室例会以及委员培训、学习、视察调研等活动的组织筹备和服务工作。

【自身建设】 在 2016 年修订各项规章制度的基础上。林周县政协办公室进一步完善党费收缴制度、内保制度、"三重一大"等制度，形成以制度管事，以制度规范行为的机制，办公室"制度化、规范化、程序化"建设取得新进展。面对新形势、新任务，办公室主动适应全面从严治党的新常态和作风建设的新要求，以党建工作促进和带动政协各项工作扎实开展，有力确保政协工作取得的新成效。内外兼修强队伍，用心实干有亮点。开创政协工作在林周的"4 个首创"。首创建立县政协委员之家和 10 个乡（镇）政协委员联络室，进一步拓展政协工作平台；首创政协界别协商会，商讨各界别工作计划要点，选聘 39 名社情民意信息员；首创邀请县委组织部、纪委主要负责同志到会指导监督政协重要会议工作机制，不断深化政协党建工作实效；首创邀请县政府主要领导出席政协提案交办会工作机制。

【学习教育】 年内，林周县政协严格按照市、县委的要求，结合自身实际，围绕"主题党日 +"活动，扎实开展"两学一做"学习教育、"四讲四爱"主题教育 20 余次。先后组织政协党员干部认真学习党章、条例、准则等规定；学习十九大精神和区市县九届二次、三次会议等精神，观看十九大开幕式和闭幕式、镜鉴、将改革进行到底、榜样 2 等直播和影片；开展专题培训 7 次（委员培训会 1 次、主席讲党课 3 次、副主席讲党课 2 次、支部书记讲党课 1 次）；撰写涉及"经济、政治、文化、社会、生态"等方面的心得体会 10 余篇。

【党风廉政建设】 年内，多次召开党风廉政建设工作部署会和推进会，专题研究党风廉政建设等工作。同时，以制作党风廉政建设专栏、借助政协微信公众号发布廉政信息等方式，大力营造风清气正的从政环境。机关党员干部积极参加"主题党日 +"活动，主动缴纳党费，认真落实廉政准则相关规定。严格执行财务管理、公务接待、干部考勤等制度，加强对机关党员干部日常的监督、管理，做到按制度办事，按程序履职。

【职能发挥】 年内，先后筹备"精准扶贫精准脱贫""庆祝县政协成立 5 周年""政协各界别活动计划""拓展政协基层工作"等协商座谈会。大力支持政协委员立足自身优势，选择重大课题，多出"精品"提案。组织 20 余名政协委员在堆龙德庆区政协和城关区政协考察交流学习，进一步密切同邻县（区）政协的交流与合作。与苏州市相城区政协、常熟市政协签订友好合作备忘录，构建起林周政协与内地兄弟政协交流合作的"首座桥梁"。

【扶贫开发工作】 坚持惠民生办实事，关注群众期待，努力推进民生改善持续发展。年内，政协党员干部自觉主动开展结对帮扶对象慰问活动 15 次、累计走访群众

2017年12月15日，林周县政协办党员干部在江热夏乡拉定村慰问结对帮扶贫困户

200余人次，并力所能及地为结对帮扶户送去慰问金及衣物、油米等生活用品。

（杨绍祥）

【领导名录】

主　任

央　宗（女，藏族）

副主任

周　益

中共林周县纪律检查委员会（监察局）

2017年2月23日，召开中共林周县第九届纪律检查委员会二次全体会议

【概况】 中共林周县纪委与监察局合署办公，实行一套工作机构，两个机关名称的体制，在县委、县政府和拉萨市纪委、监察局双重领导下工作。中共林周县纪律检查委员会（监察局）机关核定编制10人，其中行政编制7名，机关事业编制3名。现在编人员10名，均为行政编制，其中县委常委、纪委书记1名，纪委副书记、监察局局长1名，纪委副书记1名，监察局副局长2名。

【工作范围】 年内，贯彻落实党中央、区党委、市委和县委关于党内监督和纪律检查工作的决定，维护党的章程和党内法规，检查路线、方针、政策和决议的执行情况；主管行政监察工作。贯彻落实国务院、自治区人民政府、拉萨市人民政府和县政府关于行政监察工作的决定，监督检查政府各部门及其他国家公务员执行国家政策和国家法规、国民经济和社会发展计划及县政府颁发的决议和命令等情况；负责调查全县各级党组织及党员干部违反党的章程及其他党内法规的行为，决定对这些党组织和党员的组织处理和党纪处分；受理党组织和党员不服组织处理和党纪处分的申诉；受理个人和单位对党组织和党员违反党纪行为的检举、控告；负责调查人民政府各部门及其他国家公务员和县人民政府及其领导人员违反行政纪律行为，决定对上述监察对象的组织处理和行政处分（对涉及依法选举产生的领导干部按法定程序处理）；受理监察对象不服组织处理和行政处分的申诉；受理个人或单位对监察对象行政违纪行为的检举、控告；负责解除受到开除公职之外行政处分的已改正错误的国家公务员的行政处分；负责做出关于维护党纪政纪的决定，制定全县党风、政风政纪教育规划、开展有关宣传教育工作；协助县委抓好党风廉政建设、组织、协调反腐败工作，监督检查各乡镇、县直各单位贯彻落实党风廉政建设责任制的情况；组织协调纠正行业不正之风工作并监督检查；对纪检监察工作理论和有关问题进行调查研究，拟定或参与制定相关法规和规章；调查研究县各部门各乡镇制定有关政策、法规的情况、提出修改、补充建议；会同县直各部门做好干部管理工作，考察干部人选，提出任职人选和免职意见。承办县委、县政府和市纪委、监察局交办的其他事项。

【党风廉政建设】 年内，林周县纪委（监察局）组织召开县纪委九届二次全会，回顾2016年工作、部署2017年全县党风廉政建设和反腐败工作。年内，林周县纪委紧密团结在以习近平为核心的党中央周围，牢固树立“四个意识”，坚定“四个自信”，认真履行监督执纪问责职责，着力在推进全面从严治党上下功夫、出实招，积极推动“两个责任”落实，强化党内专门监督机关责任，加强对同级党委的监督。持之以恒深化作风建设，驰而不息纠正“四风”，重点加强扶贫领域的监督，为全县脱贫攻坚工作稳步推进提供严明的纪律保障。准确把握监督执纪“四种形态”，严肃查处群众身边的不正之风和腐败问题，形成反腐败压倒性态势。

【宣传教育】 年内，注重教育引导，筑牢干部思想道德防线，增强“四个意识”，坚持把“两学一做”学习教育作为落实主体责任的重要抓手，以尊崇党章、遵守党规为基本要求，督促各级党组织利用集中学习、领导干部讲廉政党课、各类专题培训等方式，把学习领会习近平总书记系列重要讲话精神，特别是十八大以来党的治国理政新理念新思想新战略，同深入学习贯彻十八届六中全会、十九大精神结合起来，深入开展党章党规党纪教育，学思践悟、融会贯通，不断增强“四个意识”特别是核心意识和看齐意识，深化和改进全面从严治党思想认识、理念思路、方法举措，切实在从严治党中找准职责定位，持续推进全面从严治党各项工作。深化廉政警示教育，利用“林周纪检监察”微信公众号为平台，及时推送廉政警示动态信息。年内，累计推送200余条信息。宣传廉洁从政新理念，弘扬优秀传统文化。转发中央和区市下发各类违纪违规问题的通报和文件，编发林周县自行查处的违反中央“八项规定”精神、侵害群众利益不正之风和腐败问题等典型案例4起，用身边事警示身边人，形成强大震慑，营造全面从严治党浓厚氛围。采取“以赛促学”的方式，组织全县41家单位开展“学党章党规庆七一 向党的十九大献礼”知识竞赛，切实增强广大党员干部纪律和规矩意识。在党政楼前张贴廉政警示教育宣传海报，定期更新廉政警示内容，进一步强化全县广大党员干部的纪律意识和规矩意识。制定并要求全县广大党员干部签订《林周县党员干部遵规守纪承诺书》331份，提前打好“预防针”，筑牢党员干部思想道德防线。

【反腐倡廉建设】 年内，始终保持惩治腐败高压态势，坚持无禁区、全覆盖、零容忍，坚持重遏制、强高压、长震慑，坚决查处十八大以后不收敛不收手、群众反映强烈、顶风违纪的党员领导干部，紧盯重点领域，深挖细掘问题线索，重点查处侵吞挪用专项资金、截留套取涉农资金、村组干部侵害群众利益、基层干部以权谋私等群众身边的不正之风和腐败问题。进一步强化责任追究，以强力问责倒逼责任落实。对工作抓得不紧不实、对突出问题监管不力致使问题发生，或对突出问题整治不力、走过场致使问题长期得不到有效解决的，严格实行责任追究，既追究直接责任人责任，又追究主要领导责任。2017年，对2起公务用车监管不到位的直接领导予以通报批评，责令做出检讨；对2家县直单位存在的不作为、慢作为问题进行约谈。坚决打赢扶贫攻坚战，认真贯彻落实中央、区纪委关于扶贫领域监督执纪问责工作电视电话会议精神，主动扛起监督责任，及时召开座谈会，对全县扶贫领域监督执纪问责工作进行安排部署，切实做好监督的再监督。制定“严肃查处侵害

2017年4月26日，林周县纪委召开2016年度乡（镇）纪委书记述责述廉质询评议会

群众利益的不正之风和腐败问题”专项工作方案，整合县乡两级纪检监察机关力量，要求乡镇、县直相关部门从严从细开展扶贫领域工作自查自纠，并报送问题线索情况和整改落实情况。在此基础上，县纪委制定扶贫领域工作专项监督检查方案，对全县扶贫政策、项目、资金落实情况进行大起底，严肃查办扶贫领域的问题线索，着力发现搞“假脱贫”“被脱贫”“数字脱贫”以及不担当、不作为导致项目进展迟缓、资金长期沉淀、工作进度缓慢等问题，严肃查处扶贫领域贪污挪用、截留私分、优亲厚友、虚报冒领、吃拿卡要等问题。

【自身建设】 年内，加强干部队伍建设，与苏州市纪检系统建立对口帮扶交流机制，先后派出2批4人在常熟市、姑苏区进行跟岗培训，姑苏区纪委一行4人在林周考察交流，同时选派40余人次参加中央、区、市纪委组织的各类培训，不断提高纪检干部的素质能力。尊崇党章，做合格党员，积极开展纪检系统“两学一做”教育，平均每月集中学习不少于3次，在业务能力提升的同时不忘强化政治理论水平。举办林周县纪检监察干部业务培训班，通过细化讲解工作职责，召开研讨会等方式，有效提升乡镇、村级纪检干部业务水平。强化内部监督管理，严肃党内政治生活，召开组织生活会，党员干部逐个发言，对照检查，开展批评和自我批评，做到“动真碰硬、红脸出汗”。坚持周纪实工作，每周召开工作纪实会，跟进工作进度，提升工作效率。坚持严管就是厚爱，在纪检监察系统内部开展党员干部和国家工作人员参赌涉赌专项整治工作，召开专题讨论会11场次，签订承诺书72份；制定出台《林周县纪检监察干部管理办法实施细则》《关于对全县纪检监察干部“八小时外”社会交往活动监督的暂行规定》等制度，规范纪检监察干部行为举止，强化监督管理。对纪检干部出现的问题不回避不遮掩，共对1名纪检干部进行谈话提醒。

（次仁拉姆）

2017年1月13日，县委常委、纪委书记、监委主任宋平发主持召开林周县纪检监察系统《打铁还需自身硬》观看心得交流座谈会

【领导名录】

书　记
　　宋平发

副书记、监察局局长
　　仓　拉（女，藏族）

副书记
　　王正楼

监察局副局长
　　拉　珍（女，藏族）
　　王春燕（女）

中共林周县委组织部（编办）

【概况】 根据《中共拉萨市委员会办公厅关于对林周县党委系统机构调整的批复》精神，中共林周县委组织部与林周县机构编制委员会办公室合署办公，设立中共林周县委老干部局（副科级），由中共林周县委组织部（编办）管理。根据拉萨市机构编制委员会《关于县（区）党校机构编制事宜的通知》精神，于2015年5月，设立中共林周县委员会党校。

中共林周县委组织部是县委主管全县组织工作和干部工作的职能部门；林周县机构编制委员会办公室是林周县机构编制委员会常设办事机构，既是县委部门，也是县人民政府工作部门，列县委工作部门序列，负责全县行政管理体制改革、机构改革和机构编制管理工作；老干部局负责管理老干部相关工作。中共林周县委组织部(林周县机构编制委员会办公室)、中共林周县委老干部局，核定行政编制7名，事业编制9名，其中，科级领导职数5名。中共林周县委员会党校，为林周县委直属事业单位，由县委组织部代管，正科级建制，核定事业编制10名，其中，科级领导职数2名。截至年底，林周县共有党组织366个，其中党委33个，党总支37个，党支部296个。全县共有党员5686人，其中农牧民党员4028人，占全县农牧民总数的6.7%。

2017年10月，西藏自治区党委组织部副部长张咏合(右二)在夏寺指导工作

【主责主业意识】 年内，县委书记牢固树立“一心一意谋发展、聚精会神抓党建”的执政理念，坚持把主体责任记在心上、抓在手上、扛在肩上，研究部署基层党建工作、重大活动，协调解决党建工作重难点问题。成立以县委书记为组长，常务副书记，副书记、组织部部长及部分常委为副组长，各乡(镇)党委书记和县直单位负责人为成员的党建工作领导小组。

【“三个全覆盖”】 年内，县委书记先后主持召开9次常委会从加强“基层组织建设、党员教育管理、三个全覆盖、村组织换届选举、党建促脱贫攻坚”等方面对党建的工作重点进行研究部署，示范带动各级党组织书记认真履行抓党建第一责任人职责。

【落实党建工作联系点制度】 年内，推行县级干部每人联系一个村级党组织及3户建档立卡贫困户，科级干部每人联系2户建档立卡贫困户、普通干部每人联系1户建档立卡贫困户的“321”干部帮扶机制。大力实施“千名干部帮千户”工程，全县1360名领导干部职工结对帮扶建档立卡贫困户1882户8325人。深入贯彻落实全区组织工作会议、全市组织部长会议精神，细化重点工作，制定印发《林周县2017年基层党建工作要点》，进一步明确基层党建各项工作任务。坚持年初有部署安排、年中有指导检查、年终有目标考核，加强对基层党建工作任务落实情况的考核，努力通过平时督导检查实现动态考评。同时，结合社会维稳、精准扶贫等工作，把基层党建工作作为考核评价前置指标，实现基层党建工作和经济社会发展“互推互动、双向共赢”。

【基层组织建设】 年内，按照《关于开展村党组织调整设置工作的通知》要求，在认真开展党员信息采集工作，精准掌握每个村党组织党员情况的基础上，将阿朗乡嘎列村等16个村党支部调整设置为村党委，将江热夏乡江夏村等28个村党支部调整设置为村党总支，进一步优化村党组织设置，健全完善村党组织体系。

【理顺基层党组织体系】 年内，认真贯彻落实《关于加强中小学校党的建设工作的意见》，把教育局党总支调整设置为党委，理顺中小学党建工作管理体制，不断完善党委领导下的校长负责制，推行中小学校党组织书记、校长“一肩挑”，实现乡镇中心小学党支部由县教育局党委统一管理工作格局；把公安局党组织调整设置为党委，将乡镇派出所党支部纳入公安局党委，实现由所在乡镇党委和公安局党委“双重管理”。

【基层党组织整顿】 年内，结合2016年年底考核排名情况，按照末尾倒排10%的要求，县委组织部组成3个摸底调研组，于3月深入各基层党组织开展摸底排查，2017年全县共161个基层党组织（调整优化设置前），最终评定16个软弱涣散基层党组织，其中村级软弱涣散党组织4个。采取"三包三帮一带动"措施，对软弱涣散村级组织实行包帮式整顿，即县级干部分片包乡（镇）、帮助规范村级事务管理、优化发展环境；乡（镇）领导班子成员包村，帮助建强班子、发展产业；乡（镇）驻村干部包整改任务落实，帮助理清思路、制定发展规划；县直部门和"后进"村结对，帮助整改，实现整体提升。同时，把整顿软弱涣散党组织工作作为县、乡两级党委履行基层党建工作责任考核的重要内容，结合基层党建述职评议活动进行考核，确保整顿工作取得实实在在的成效。

2017年12月28日，林周县委党校揭牌仪式

【各领域基层党建均有新突破】 年内，农牧区基层党建工作有新加强。进一步强化农村党组织的政治功能和服务功能，教育引导群众坚定不移感党恩、听党话、跟党走，最大限度凝聚人心、汇聚正能量。创新服务载体，扎实开展党组织综合服务平台创建工作，整合资金，在10个乡镇设立便民服务中心大厅，配备服务中心办公器材等硬件设备，不断提升硬件水平。通过服务中心办结民政、计生、社保、党务等相关业务，推动机关党员深入基层、转变作风、模范引领，在党建疑难问答、服务改善民生等方面。扎实推进基层服务型党组织建设，不断增强农村党组织的凝聚力和战斗力，党组织的战斗堡垒作用进一步彰显。

【国有企业党建工作】 年内，县委组织部会同县工信局（国资委）、工商联、非公党工委，对依法登记管理的国有企业和非公经济组织进行逐户排查摸底，摸清经营运行、职工队伍、党员队伍、出资人、党组织设置及班子配备等情况，使国有企业党员人数达到3名以上，及时建立党组织。截至年底，已在国有企业中建立党支部2个。

【"两新"组织党建工作】 年内，组织工作力量深入"两新"组织中开展摸底工作，摸清"两新"组织的基本情况、建立党组织情况、发展党员情况、党组织开展活动情况、党组织办公和活动场所情况、出资人思想状况。在完善"两类"组织党建工作档案和数据库的同时，重点做好应建尽建工作，对所有具备条件的"两新"组织均建立党组织。截至年底，已有7家"两新"组织建立党支部。

【坚持"三个先行"】 年内，逐级开展调研摸底，全面掌握换届准备情况、班子成员的思想动态和影响换届选举的不稳定因素。组织领导先行，强化部署安排。县乡分别成立以县委书记和乡（镇）党委书记为组长的换届选举工作领导小组及办公室，负责全县换届工作。宣传引导先行，营造良好氛围。采用多种形式，大力宣传换届选举工作的法律法规、政策要求，引导党员群众积极参与换届工作。

【落实"三个到位"】 年内，严格按照政策、程序要求，逐级制定换届实施方案，责任到人，时间安排到天，形成县委牵头总抓，组织部门深入抓，各部门配合抓，各乡镇具体抓，一级抓一级、层层抓落实的工作格局。整顿整治到位，建强基层组织。开展软弱涣散党组织整顿工作，突出整治“村霸”“蝇贪”等问题，找准问题和根源，制定整改方案，整顿完成后全部晋位升级。离任审查到位，完善财务制度。聘请西藏卓然天成会计师事务所，联合开展村级财务清理和村干部离任审查工作。

【抓住“三个重点”】 年内，加强业务培训，提升能力素质。全县累计组织召开培训会50余次，受培训干部达650余人次，学习换届法律法规和中央、区市文件精神，切实提高各换届工作人员能力素质。加强指导检查，解决突出问题。逐级成立由县乡主要领导参与的换届选举指导检查组，分赴全县45个村指导检查300余次，解决换届实际问题。加强隐患排查，预防矛盾纠纷。各乡（镇）和相关业务部门坚持预防为主的原则，制定应急工作预案，组织精干力量积极排查，建立选情台账，做到底子清、情况明。

【严把“三个关口”】 年内，严把纪律要求关，确保风清气正。将“九个严禁”“十条禁令”等纪律要求印制成册，发放给党员群众，营造风清气正的换届环境。严把资格条件关，防止“带病入选”。明确候选人负面清单，引导党员群众选什么样的人、不选什么样的人，广泛听取党员群众意见，开展民主测评和民主推荐，充分酝酿制定换届选举人事安排初步方案，并经县委组织部、县换届领导小组、县委常委会、市委组织部审核，最终确定候选人名单。严把程序操作关，确保高票当选。结合“工作进展、村情民意、人选情况、难易程度”，统筹安排全县45个村的换届选举时间，按照“先村党组织后村民委员会、村务监督委员会选举”的原则，对个别村情复杂的，提前介入、号脉寻症、因村制宜、一村一策，从11月24日开始，历时20天圆满完成全县村级组织换届选举工作，选举产生新一届村党组织班子成员235名，其中党组织书记45名，党组织副书记83名，党组织委员107名；选举产生新一届村民委员会班子成员240名，其中主任45名，副主任45名，村民委员会委员150名，选举产生新一届村务监督委员会班子成员135名，其中主任45名，委员90名；构建抓党建促脱贫攻坚大格局。

【健全书记抓、抓书记责任体系】 年内，坚持以落实党建责任为重要抓手，建立健全层层传导压力责任机制，确保扶贫脱贫任务落地见效。建立以县委书记任组长的扶贫开发领导小组和以县委副书记、县长为总指挥长的脱贫攻坚指挥部，县乡党委书记抓基层党建工作述职评议聚焦抓党建促脱贫，强化基层党建工作第一责任人责任。层层压实各级党组织责任。落实脱贫攻坚责任制，建立精准脱贫“月点评、季通报”工作调度机制，对任务有欠账、成效不显的，责令整改和做出书面检查、通报批评；对按期完不成任务、措施不得力的，严肃问责追责。把脱贫实绩纳入党建考核。

落实“三会一课”“四议两公开”、民主评议党员等制度，定期组织开展民主评议党员工作，把致富脱贫和引领帮扶作为民主评议的重要内容，加大驻村工作队、第一书记扶贫开发工作考核力

2017年2月26日，林周县2017年度乡（镇）党委书记、有关行业系统党工委书记抓基层党建工作述职评议会

度，并将考核结果作为年度考核、提拔任用的重要依据，落实工作待遇和激励保障，激发党员干部脱贫攻坚积极性。选优配强乡村领导班子。围绕脱贫攻坚目标和任务排兵布阵，使干部资源最大限度地向脱贫攻坚一线倾斜。乡镇班子配备突出“优”，大大提升班子抓党建促脱贫攻坚的能力；村党支部书记选配突出“精”，切实发挥“领头雁”作用；班子成员素质上突出“高”，提高村干部综合素质和业务能力。

【市委巡察反馈问题整改落实】 年内，林周县委、县政府注重激发干部干事创业激情，最大限度调动干部积极性，把经济发展、民生改善、社会和谐等指标作为干部考察考核的重要内容，教育引导干部把全部心思放在干事创业上，把全部智慧用在寻求突破上，切实营造以实绩论英雄、凭实绩用干部的浓厚氛围，让想干事、肯干事的干部有机会、有舞台。加强干部激励关爱。健全完善谈心谈话制度，县委、县政府主要领导同志定期或不定期与乡镇党政正职、部门负责人开展谈心，特别是对一些在推进改革方面出现失误或错误的领导干部，及时与之交流思想，了解他们的所思、所想、所盼，帮助他们化解心结、打消顾虑。同时，对一心为改革发展的领导干部，多给予工作思路和方法的指导，切实帮助他们解决工作中的实际困难。

【正面典型宣传】 年内，县委注重发挥先进典型的示范带动作用，教育引导广大党员干部以先进典型为榜样、向先进看齐，推进改革、共谋发展。结合“两学一做”学习教育，通过宣传栏、简报信息、林周之窗、林周政务网等平台，广泛宣传优秀干事创业者的先进事迹，着力营造人人想干事、人人谋干事、人人善干事的良好氛围，为广大干部大胆改革创新、担当有为服下一颗“定心丸”；林周县村级组织活动场所标准化建设项目涉及全县45个行政村，其中36个新建，8个改扩建，1个维修改造，建筑面积共计27006.07平方米，总投资13597.7万元。南部7个乡（镇）下辖各村于2016年11月10日开工建设，2016年11月15日停工，2017年3月10日开始复工建设，北部3个乡下辖各村均在2017年4月5日开工建设。项目开工建设以来，县委副书记、组织部部长何震先后召集各乡（镇）主要负责人、县城投公司、发改委、住建局、财政局等相关县直单位负责人、各项目施工队负责人、各监理单位负责人召开6次项目建设推进会，同时依次深入各建设点督查项目建设情况，及时了解掌握项目建设情况，对项目建设工作进行安排部署。并对建设进度相对缓慢的项目建设单位负责人进行约谈，责令限期整改，在确保建设质量的基础上，加快建设进度，按期完成项目建设工作。

截至年底，全县村级组织活动场所标准化建设项目已全部完工，正在紧张有序进行设备采购工作，拟于1月初全部正式投入使用。

【“强党、固基、扶村”工作】 年内，下沉干部认真落实全面从严治党要求，协助村党支部抓好党员组织关系集中排查、党费收缴、学习教育等基础工作。协助村党支部落实“三会一课”制度，为村“两委”班子成员上文化课354学时，上党课220学时，上政策理论课160学时，培训基层党员干部4102人次，帮助村党组织培养入党积极分子317名，把23名党员培养成致富能手，把15名党员致富能手培养成村组干部，帮助基层落实好党内激励关怀帮扶资金137700元，基层党员素质能力明显提升。

同时，下沉干部坚持把维护社会稳定作为主责任，全面落实中央精神和区市党委维稳措施，召开维稳宣讲大会175场次，参会群众20158人次，受教育面达62%。深入开展矛盾纠纷排查，召开村情民意群众会议125场次，积极化解和妥善处理各类社会矛盾65件，排查调处与邻乡、近村之间草场、水源、矿产等矛盾纠纷28件；持续深化创先争优强基础惠民生活动。区、市、县、乡派出182名工作队员，进驻10个乡（镇）的45个村，派驻单位与驻地结成帮扶对子、驻村工作队员与贫困户结成帮扶对子，真正做到知党情、听民声、谋发展、促和谐。严格落实资金、项目、责任“三个捆绑”，帮助发展村集体经济，做好产业帮扶引导。2017年，45个驻村工作队从为民办事经费中落实并完成项目143个，涉及资金76.95万元，派驻单位落实项目11个，涉及资金275万元。

【党员队伍建设】 年内，制定下发《关于做好2017年发展党员工作的通知》，在严格标准、保证质量的前提下，继续做好农牧区、企业生产一线、反分裂斗争和维稳一线等方面的党员发展工作。2017年全县共发展党员236名，其中妇女45名，农牧民157名，在岗职工79名；确定入党积极分子共170名，其中农牧民144名，机关干部职工26名。

党员队伍结构不断优化、整体素质明显提升。加大培训提能力度。持续开展大规模培训，农牧区抓党员、乡镇抓村干、县里抓主干的培训格局基本形成。2017年，依托民族交流交往交融项目，先后实施基层党务工作能力提升培训班、青年干部集中培训、骨干教师挂职锻炼、县级党代表集中培训、老干部疗养、卫生专技人员挂职培训等赴苏集中培训项目10批136人；依托区、市培训资源，参加上级各类培训387人次；依托县委党校开展入党积极分子、党务工作者等专题培训班及送教下乡10批次，培训900余人次。

【党员日常监督管理】 年内，严把发展党员“入口”关，把优秀同志吸引到党内来，从源头上保证党员队伍的先进性和纯洁性。畅通“出口关”，加强不合格党员处置力度，对党性不强、宗旨淡化的党员，进行谈话提醒、跟踪帮教。健全完善建立普通群众评议党员机制，加强对党员学习、工作、廉洁等情况的动态监管，促使党员积极发挥表率作用。

【党员激励关怀】 2017年，“七一”县委表彰5个先进基层党组织、8名优秀共产党员和8名优秀党务工作者，发放奖金2.6万元，树立关心重视党员的良好导向。

【开展“三大节日”慰问】 2017年，“三大节日”（元旦、春节、藏历新年）期间共慰问离退休老干部328人，退休工人399人，发放慰问金72.7万元，并分别在驻拉萨退休党支部、林周退休党支部召开座谈会，充分体现党和政府对离退休干部职工的关心关爱。

【开展清理收缴党费】 11月，县委组织部整合清理收缴党费和区市党内激励帮扶资金5.12万元，由县委、县政府主要领导通知牵头，成立3个慰问组，深入10乡镇对60名帮扶对象进行慰问，向10个基层党组织送去活动经费5万元。

【“两学一做”学习教育常态化制度化】 年内，开展讲一堂党课、举办一批文体活动、召开一次组织生活会、开展一次民主评议“四个一”活动。及时召开林周县推进“两学一做”学习教育常态化制度化座谈会，组织全县各级各单位、广大共产党员开展“两学一做”学习教育知识竞赛。

2017年，县委理论中心组认真学习贯彻习近平总书记系列重要讲话和党的十九大精神，先后召开专题学习会15次，参学1200余人次，加深对抓好党建是最大政绩的理解，带动全县366个党组织5683名党员开展学习研讨1000多场次，交流发言200余人次；各级党组织书记讲党课200

2017年10月30日，林周县召开村级组织换届选举工作动员部署会

2017年5月23日，县委书记次仁顿珠主持召开推进"两学一做"学习教育工作座谈会

余场次，参与人数达2000余人次，开展学习教育督导20余次，理论武装不断强化。

【基层干部队伍建设】 年内，林周县委组织部着眼于林周未来发展和乡（镇）领导班子结构性配备，树立"关爱基层，倾向一线"和"以绩取人，群众公认"用人导向，优先考虑长期在乡（镇）工作、德才素质好、工作经验丰富、业绩突出、群众公认的干部，选配班子注重知识技能互补，使乡（镇）领导班子年龄、学历、性别结构搭配得当。2016年乡（镇）领导班子换届中，从"三类人员"（事业编制人员、优秀村干部、大学生"村官"）中选拔乡（镇）领导班子成员18名；领导班子中具有2年以上乡（镇）工作经历的99名，占99%；45岁以下干部96人，占96%；大专以上学历89人，占89%；妇女干部36名，占36%，初步形成一支以35岁左右为主体，结构合理、素质优良的乡镇领导干部队伍。

【坚持提升素质】 年内，研究制定《林周县鼓励干部职工参加继续教育暂行办法》，支持和鼓励乡（镇）干部积极参加自考、函授、电大的学习，提高学历层次和文化水平。同时，充分发挥县委党校主阵地作用，在县内举办乡（镇）干部培训班、依托远程教育网络培训各类乡镇干部65名，选送党群、信访、民政等关键岗位36名干部到对口部门跟班学习，提高业务水平和工作能力。

实施"幼苗选育"工程，注重把优秀年轻干部放到工作一线、艰苦岗位上接受磨炼，使年轻干部在急难险重任务中勇挑重担，增强应对复杂局面的能力。

【坚持从严考核监督】 年内，研究制定《林周县机关事业单位工作人员管理规定》《林周县机关事业单位干部职工请销假管理规定》《林周县干部职工目标管理绩效考核办法》等各项规章制度，促进干部管理工作制度化；严格干部调动、借调程序，严格执行干部考勤、值班、请销假等制度，做到调有所凭、假有所依。认真贯彻落实从严治党要求，坚持从严管理干部，严格执行请销假、督查落实、跟踪问效、责任追究等规范干部日常管理方面的制度；成立由县纪委、县委组织部、县督查办等相关单位组成的联合督导组，加大平时考核督查、明察暗访力度。

不断完善考核评价机制，制定采取平时与年终相结合的方式，对乡镇干部进行多角度、多层次考核，全面客观地掌握干部的工作实绩和群众满意度，把考核结果作为干部提拔交流和评优选先的重要参考；连续三年开展科级干部填报领导干部个人有关事项表，全面掌握全县科级干部家庭、婚姻、家属经商等基本情况，对全县300余名科级干部实行立体式、动态化管理。强化基础保障，着力保持干部队伍稳定。

【不断健全基层干部关爱机制】 年内，逐步改善乡镇机关基本生活设施，整合资金5800万元，建设384套乡镇干部周转房，加强乡（镇）机关食堂、澡堂建设，改善乡（镇）就餐和洗澡环境；严格落实乡镇工作岗位补贴，加大财政保障力度，按照二类区、三类区乡镇在岗干部每人每月250元、500元的标准，按月审核足额发放。

2017年"三大节日"期间，对分配到乡镇的19名大学生，按照每人500元的标准进行慰问。同时，研究制定《林周县关于加强高低海拔间干部交流的意见》，大力实施县域高低海拔间干部交流，共有14名干部实现高低海拔南北交流任职；深入落实职务与职级并行制度，3名长期在基层工作的同志被提拔为副县级干部；在乡（镇）设立主任科员和副主任科员，27名扎根乡（镇）的干部享受到这一待遇，让乡（镇）干部工作有干头、政治有盼头、生活有奔头。

【学习党的十九大精神】 党的十九大胜利召开以来，林周县委组织部迅速行动，提前谋划，精心组织，扎实安排部署，采取多项举措，认真学习贯彻落实十九大精神。制定下发《关于全县组织系统深入学习贯彻》把学习贯彻党的十九大精神作为当前和今后一个时期的首要政治任务。纳入"两学一做" "三会一课" "主题党日+"学习教育重要内容，要求全县组工干部切实提高政治地位，精研细读，深学深悟报告内容充分发挥示范表率作用，先学一步、学深一层，着力在武装头脑、指导实践、推动工作上求实效。

要求把十九大报告做出的新部署、新要求和学习贯彻习近平总书记系列重要讲话精神相结合，与习近平总书记为核心的党中央治国理政新理念新思想新战略相结合，与组织工作实际相结合，不断提高政治地位，把准前进方向，真正做到真学、真懂、真信、真用。"两项措施"抓推进。结合工作实际，按月制订学习计划，明确学习时间，方式和要求，有重点，分步骤，多层次开展学习活动，通过各种渠道，各种形式，迅速把十九大精神传达到基层；对全体组干干部的学习情况进行跟踪督查，并及时调阅学习笔记，对学习不扎实的干部提出通报批评，在部机关形成比学赶超的良好氛围。

【"四项活动"促深入】 10月18日，中国共产党第十九次全国代表大会在人民大会堂大礼堂开幕，县委组织部全体干部通过电视直播全程观看开幕会实况，并认真聆听习近平总书记代表十八届中央委员会向大会作的报告。撰写一篇心得感悟。在集中收看和集中学习的基础上，结合实际，每名组工干部进行深入思考，将所思所悟所得形成心得体会，通过讲认识、谈体会，摆问题、查不足，明方向、定措施，为思想、作风、党性全面"补钙" "加油"。

对会议精神进行全面解读，按照十九大会议精神的新要求，深入开展"不忘初心、牢记使命"专题党课，激励广大组工干部以更加饱满的热情和更加坚定的信心，积极投身全面建成小康社会的伟大实践，开展一次调研走访。以抓党建促脱贫为重点，联系贫困户开展走访调研，了解掌握贫困户生产生活中遇到的困难和问题，并帮助村"两委"班子完善发展计划，帮助贫困户制定脱贫计划，进一步密切党群干群联系。

【基层基础保障】 年内，先后组织县、乡两级机关和党员干部联村包户，全县38个机关事业单位、20多名县处级干部与农村、寺庙、农牧民建立结对关系；从乡（镇）机关选派45名热爱基层工作、综合素质好的干部担任村"第一书记"。

【严格落实村级组织运行经费】 年内，制定《中共林周县委组织部关于落实村党支部活动经费的意见》，为每个村党支部每年落实5000元党支部活动经费，县财政和乡（镇）各承担所需经费的50%；研究制定2万元的村级组织文化活动专项经费和每名村党支部第一书记1万元的活动经费，并通过规范经费用途及使用要求、严格经费落实及管理等举措，切实使活动经费有保障。同时，追加125万元用于调整村级组织工作经费，全县45个行政村村级组织运行经费平均达到每村每年10万元。

【开展党员群众共建活动】 年内，围绕全区第27个"民族团结月"和拉萨市第6个"民族团结进步节"，进一步扩大民族团结先锋活动的影响力和号召力。通过开展"在职党员进村报到服务群众" "共产党员民族团结先锋"活动，引领党员立足岗位做贡献，履职尽责创佳绩，县直机关单位有650名党员进驻到村开展服务，并与720名农牧民党员、群众结成民族团结对子，加强与农牧民群众的联系，提高服务群众的能力。

【"四讲四爱"主题教育实践活动】 年内，在10个乡（镇）、45个行政村、60036名农牧民群众和10所小学4196名小学生、1所中学2169名中学生以及4个县属国有企业、24名职工当中，深入扎实开展“四讲四爱”主题教育实践活动。先后制定印发林周县关于深入开展“四讲四爱”主题教育实践活动总体实施方案、宣讲员培训方案、宣讲工作方案等33项主题实践活动子方案。截至年底，全县共制作展板暨宣传栏200余个、横幅1000余条、宣传贴画（标语、宣传单）25000余张（条）；启用LED电子显示屏37面；撰写简报1200余份，刊发新闻稿件和播放新闻视频18篇（段）；接受中央、自治区、拉萨市媒体记者采访6次；开展宣讲教育活动2000余场次、受益28.3万余人次；组织干部群众关注自治区“幸福西藏”官方微信公众号达1.3万余人。

【党建工作】 年内，在督促基层党组织开展“三会一课”、民主评议党员等规定动作的同时，在全县基层党组织中创新开展“主题党日+”活动，规定每月2号为全县基层党组织主题党日，教育引导党员重温入党誓词、主动交纳党费。同时，结合县域实际，县委组织部依托县委党校资源，在10个乡（镇）成立微型党校，充分发挥好微型党校的灵活性，采取以乡镇党委书记、党建专职副书记、第一书记为讲课主体，县委党校定期授课的形势加强农牧区党员的教育管理。

【创建村级荣誉室】 年内，由县委组织部牵头负责，宣传部、财政局、民政局、文广局等相关部门配合，以开展“两学一做”学习教育和“四讲四爱”主题教育实践活动为契机，选择在边交林乡当杰村、卡孜乡卡孜村、强嘎乡强嘎村3个村试点，设立村荣誉室（展览室）。推行“2332”模式，实现基层党建与脱贫攻坚同频共振。

2017年11月28日，林周县创先争优强基础惠民生活动第六批驻村工作总结表彰暨第七批驻村工作动员大会

配强乡镇领导班子和村“两委”班子，10个乡（镇）共选配党政班子成员100名，35岁以下的有64人，本科以上学历的有66人，具有2年以上乡（镇）工作经历的占99%；从致富带头人、复员退伍军人、退休干部、返乡大中专毕业生中选拔50人进入村“两委”班子。

【打造“三支队伍”】 年内，狠抓村级带头人队伍、脱贫攻坚一线队伍和党员队伍建设。通过“两推一选”、机关下派等方式，让45名扶贫有思想、致富有办法的优秀人才走上村书记岗位；每年派出183名干部组成45支工作队驻村帮扶，从县直机关、乡镇精准选派45名第一书记、64名大学生村官到村任职，选派225名干部下沉基层；全县所有党支部每月第二个工作日同步开展“主题党日+”活动，创新推动“主题党日+脱贫攻坚”，每名党员均学习党的扶贫政策，为本村发展积极建言献策，激发党员的身份感和责任感。

【实施“三大工程”】 年内，大力实施村级活动场所标准化建设工程、村级活动经费保障工程和村干部待遇提升工程。采取“新建一批、改（扩）建一批、修缮一批”的方式，整合各类资金1.35亿元，启动45个村级组织活动场所的标准化建设和提档升级工作；整合投入159.75万元经费用于各贫困村党组织办公场所改善、办公设备提升；持续加大村“两委”班子成员误工补贴投入力度，每年从优秀村党支部书记中公开招录乡(镇)公务员。

【狠抓“两个覆盖”】 年内,通过结对帮扶和集体经济全覆盖,既促进贫困群众自身发展,又为村级组织发展集体经济。建立县级干部联系一个村及3户贫困户、科级干部联系2户贫困户、普通干部联系1户贫困户的“321”干部帮扶机制,1360名党员干部与1882户8325贫困人口结成对子、成为“亲戚”;紧扣净土健康产业、文化旅游产业发展和精准扶贫工作,制定村集体经济发展壮大方案,探索兴办产业、异地搬迁、合作社、就业培训、以教扶贫、医疗救助等路径,有效衔接全县扶贫产业项目,项目实施覆盖建档立卡贫困户80%以上。

(拉茸玉点)

【领导名录】

县委副书记、组织部部长
何 震
副部长、编办主任、主任科员
乔彤杰
老干部局局长
扎西卓玛(女,藏族)

中共林周县委宣传部

【概况】 根据《中共拉萨市委员会办公厅关于对林周县党委系统机构调整的批复》,中共林周县委宣传部与林周县精神文明建设办公室合署办公,行政编制5名,其中科级领导职数2名。根据拉萨市机构编制委员会《关于县(区)委宣传部加挂县(区)互联网信息办公室牌子的通知》,于2012年12月加挂林周县互联网信息办公室牌子。根据拉萨市机构编制委员会《关于设立县(区)互联网评论中心的通知》,于2014年12月设立林周县互联网评论中心,为县委宣传部所属事业单位,副科级建制,核定事业编制3名,其中科级领导职数1名,中共林周县委宣传部是县委主管意识形态方面工作的综合职能部门。

2017年2月22日,县委常委、宣传部部长朱宝忠在强嘎乡慰问结对帮扶户

【组织理论学习和理论宣讲】 年内,县委宣传部高度重视理论学习,根据市委理论学习中心组2017年度理论学习安排意见和县委要求,制定下发《林周县委理论学习中心组2017年度理论学习安排意见》,突出学习党的十八届五中和六中全会精神、党的十九大精神、习近平总书记系列重要讲话精神、中央经济工作会议精神、全国“两会”精神、全国宗教工作会议精神和党风廉政建设,积极开展“两学一做”学习教育。年内,共开展县委中心组学习19次,参会人数达1200余人次,领导干部带头开展交流发言达30余人次,切实提高全县领导干部的政策理论水平,党性修养得到进一步的锤炼,充分发挥县委中心组的示范带头作用。县委、县政府整合优势资源,着重培养宣讲员队伍,坚持通过用通俗的语言和表达方式来传递政策理论、民族文化、农牧业技术、惠民政策等各方面知识,让群众乐意听、听得懂。2017年,先后开展的党的十八届六中全会精神、党的十九大精神和自治区第九次党代会精神宣讲活动200余场次。

【主流宣传】 年内,紧紧围绕县委、县政府中心工作,充分利用西藏日报、拉萨晚报、拉萨市电视台、拉萨发布、林周县电视台等多家媒体和平台,报道林周县在贯彻落实党的十八届五中和六中全会精神、中央第六次西藏工作座谈会精神、区市第九次党代会精神和实施精准扶贫、精准脱贫的具体做法和取得的重大成效，积极配合做好媒体采访报道工作，确保主要媒体宣传报道林周的稿件数量有所突破，积极配合做好《拉萨晚报》驻林周记者站的进驻工作，确保报道林周县的稿件质量大幅提升。年内，《拉萨晚报》刊登报道林周300余篇，《西藏日报》刊登报道林周70余篇；通过“林周之窗”微信平台发布信息1200余条；林周政务网发布信息2000余条。同时，积极做好外宣品《林周之窗》季刊的制作和发行工作，努力扩大林周的知名度。

【党的十九大胜利召开】 年内，县委宣传部根据市委宣传部的统一安排，结合林周县实际，详细制定《林周县关于全力做好迎接党的十九大胜利召开社会氛围营造工作方案》，明确指导思想和宣传重点，做到有目的、有重点、有措施，为全县有效开展党的十九大胜利召开社会氛围营造工作奠定坚实的基础。全县各级机关、企事业单位、学校，在单位大门、LED显示屏、宣传栏等显著位置，悬挂宣传标语、张贴宣传画，农牧民家庭和个体商户家家悬挂国旗，县委宣传部通过林周县政务网站、“林周之窗”和“网信林周”公众微信平台等媒体加大宣传，在全县上下营造喜迎党的十九大胜利召开的浓厚社会氛围。

【学习党的十九大精神】 年内，及时制定下发《林周县关于学习宣传党的十九大精神工作方案》，县委理论学习中心组率先垂范带头开展学习，充分利用各类媒体及时宣传报道党的十九大的重大意义和科学内涵，积极组织专家学者和农牧民宣讲员深入基层开展宣讲活动，确保党的十九大精神家喻户晓、人人皆知。截至年底，县委理论学习中心组开展党的十九大精神学习2场次，撰写高质量的理论文章5篇，制作横幅14条、张贴党的十九大宣传标语贴画3600余张，制作广告牌、宣传橱窗共计5个（块），发放提纲2000余份，开展宣讲党的十九大精神60余场次（其中邀请区、市党委宣讲团宣讲11场次），共惠及干部群众1.4万余人次。

【“四讲四爱”主题教育实践活动】 年内，及时制定下发《林周县关于开展“讲党恩爱核心、讲团结爱祖国、讲贡献爱家园、讲文明爱生活”喜迎党的十九大主题教育实践活动总体方案》，采取集中宣讲与个别宣讲、理论宣传与互动交流的方式，确保“四讲四爱”主题教育实践活动深入开展。组织宣讲员深入家庭院落、田间地头开展宣讲，教育引导各族群众充分认识开展“四讲四爱”主题教育活动的重大意义，使全县各族群众在思想上拥戴核心、在政治上信赖核心、在组织上忠诚核心、在行动上捍卫核心。截至年底，共开展宣讲1200余场次、受教育群众达10万余人次，共开展主题实践活动35项、400余场次；发放宣讲提纲1200余份；发放“四讲四爱”宣传画报、西藏和平解放60周年歌曲专辑等资料8000余份。

【精神文明创建】 年内，深入开展文明城市创建工作，对现有林周县各级文明村镇、文明单位进行

2017年5月4日，宣传部副部长刘进在边交林乡督查“四讲四爱”教育实践活动开展情况

复查，保持动态管理，择优推荐评选第五届全国文明城市、文明村镇、文明单位；继续发挥好道德讲堂传播道德正能量主阵地作用，推进各级文明村镇、文明单位道德讲堂活动；积极配合做好第一届拉萨市文明家庭和优秀共产党员家庭、第一届自治区文明家庭和自治区优秀共产党员家庭、第二届全国文明家庭评选推荐，促进文明家庭创建活动深入开展，引导全社会共同参与、推动家庭文明建设。

2017年5月24日，县委书记次仁顿珠主持召开第十一次县委理论中心组学习会

【核心价值体系建设】 年内，坚持把培育和践行社会主义核心价值观作为精神文明建设的灵魂工程和根本任务，通过各种形式，在全县干部群众中积极开展培育和践行社会主义核心价值观教育活动，不断推动社会主义核心价值观进机关、进校园、进军营、进企业、进农牧区、进寺庙。年内，在全县范围内扎实开展新旧西藏对比教育、形势政策教育、"志愿服务·共筑中国梦"主题征文活动、"3·28"西藏百万农奴解放纪念日升国旗仪式以及"我们的节日""爱国影片进基层""党的恩情怎么报"演讲比赛、"新闻联播僧舍看""爱国歌曲大家唱"等实践活动；积极开展关心关爱道德模范及身边好人，持续学习宣传道德模范及身边好人先进事迹，积极推荐道德模范、时代楷模参加上级评选活动，大力营造好人光荣、好人受尊敬的社会氛围；深入开展"美丽乡村文明养成"实践活动，组织引导大家共同建设干净卫生、环境优美、人人精神的美丽家乡；深入开展文明交通、文明餐桌、文明旅游、网络文明传播"四大文明"行动；深入开展"向国旗敬礼""网上祭英烈""做一个有道德的人""学习雷锋、做美德少年""童心向党"等实践活动，大力传播社会正能量，使社会主义核心价值观和中华优秀传统文化得到广泛弘扬。

【文化执法检查】 年内，开展文化市场综合执法检查活动，将日常巡查与联合检查、专项检查相结合。截至年底，对林周县文化市场开展日常巡查36次，专项检查4次，共检查经营单位200余家次，出动检查人员400余人次，有力地整顿林周县文化市场经营秩序，为推动文化市场的健康发展起到积极作用。

【跟踪研判舆情动态】 年内，充分利用互联网这一平台，加快政务信息的传递和民情民意的收集、分析、研判和处置，积极运用微博等网络平台主动回应社会关切热点、难点等问题。加大舆情信息报送力度，把握舆情信息需求重点，努力拓宽和畅通舆情信息采集渠道，舆情监测阅读量达2万余次，通过新浪微博、林周之窗微信公众平台等发帖评论各类信息500余条，转载300余条。截至年底，共跟帖、评论市县相关新闻80条，全国"两会"60条，春节、藏历新年69条，"3·28"纪念活动40余条，党的十九大200余条。利用"林周政务网""林周之窗""网信林周"等平台及时转载十九大相关报道等，为网络舆情的引导发挥积极的作用。

【红色教育基地资料收集完善】 年内，林周知青农场红色爱国主义教育基地建设工作全面展开后，宣传部及时通过报刊、林周之窗等平台发布资料征集公告，积极联系老知青和当事人收集相关照片、文字资料，走访老知青、当事人20余人，共收集、修复图片资料600余张，文字资料80余篇。

【人才队伍建设】 年内，宣传部高度重视干部培养，先后选派1名干部在广州交流学习，1名干部赴江苏交流学习，1名干部参加全区第五期宣传干部业务骨干培训，1名干部参加文化市场综合执法培训，通过学习培训，宣传干部的理论素养和业务水平得到大幅提高。同时，不断加强干部队伍思想作风建设，深入推进“两学一做”学习教育和党风廉政建设，干部职工的组织纪律观念进一步增强，思想作风得到进一步改进。年内，共召开支部理论学习19次，党员干部撰写心得体会50余篇。

（郭朋磊 刘 兵）

【领导名录】

部 长

朱宝忠

副部长、网信办主任

刘 进

中共林周县委统战部（民族宗教事务局）

【概况】 林周县委统战部、县民宗局、县宗教办合署办公。统战部主要职责：贯彻执行中央、区、市统一战线的方针、政策，开展调查研究，向县委反映情况，提出开展统战工作的意见、建议；研究贯彻党领导的多党合作和政治协商制度以及民主党派的方针、政策；负责党外人士的政治安排，联系县内外的工商界社团和代表人士；贯彻执行党的民族宗教政策，依法管理宗教事业，加强民族团结、维护社会稳定，引导宗教与社会主义社会相适应。民宗局主要职责为：贯彻执行党中央、国务院关于民族、宗教工作方针、政策和法律、法规，有关民族、宗教工作的部署，依法管理民族、宗教事务；指导和开展民族、宗教政策和有关法律、法规的宣传和教育工作；指导、监督民族区域自治制度建设和民族区域自治法的贯彻实施，依法维护少数民族的合法权益；维护社会政治稳定；依法保护公民的宗教信仰自由，保护宗教团体和宗教活动场所的合法权益，保护宗教在职人员履行正常的教务活动和信教群众正常的宗教活动；依法处置宗教领域的违规违法行为，维护社会政治稳定，积极引导宗教与社会主义社会相适应；推动宗教界人士进行爱国主义、社会主义、拥护祖国统一的自我教育，巩固和发展同宗教界的爱国统一战线。团结和动员广大信教群众为经济建设和社会发展服务；协同有关部门处理宗教方面的突发性事件和影响社会稳定的问题。

2017年3月28日，县委常委、统战部部长次仁占堆在纳连扎寺开展“三大节日”慰问活动

2017年，统战部核定行政编制6人，民宗局核定编制10人，宗教办核定编制5人。截至年底，统战、民宗、宗教办共有19人，副县级1人、正科级2人、副科级3人，科员9人，公益性岗位4人（统战部部长编制不包含在统战、民宗、宗教办编制内）。

【贯彻落实党的宗教工作】 年内，县委统战部在广大涉宗干部中大力宣传党的宗教方针政策。召开座谈会4次，对全县宗教干部进行专题培训，大大提高宗教干部的理论政策和业务水平。按照区、市、县党委政府的决策部署，深入寺庙、走近僧尼，紧紧围绕如何深化寺庙管理创新、如何加强僧尼思想教育、如何落实党的利寺惠僧政策、如何依法管理宗教事务、如何引导宗教与社会主义社会相适应等进行广泛调研，共形成调研报告12份，为市、县党委政府做出决策提供第一手资料。引导宗教界人士在民主政治建设中发挥积极作用。推荐9名宗教界人士担任县政协委员，2名宗教界人士担任县人大代表，积极代表广大信教群众建言献策。

【寺庙管理】 年内，与各寺管会（特派员）签订加强和创新寺庙管理目标责任书，明确寺庙管理的职责和任务。全年共计组织全体寺管会（专职特派员）召开4次宗教工作会议，研究部署寺庙工作及维稳工作；同时指导并严格值班带班制度，在“三大节日”“萨嘎达瓦”等重要节点，严格落实领导带班、24小时值班制度。

【党外人士管理和服务工作】 年内，建立健全党外人士档案，指定专人具体负责党外知识分子工作，进一步完善党外干部、党外代表人士的信息；做好党外人士生活补助工作，全年共兑现党外人士生活补助27.3万元。

【落实利寺惠僧政策】 年内，结合各寺庙实际，采取驻寺干部一对一和一对多交朋友的方式，各驻寺干部根据僧尼本人和家庭的实际情况开展交朋友、谈心活动，互留联系方式，畅通僧尼、寺管会干部、家庭之间的渠道，帮助解决家庭实际困难。广大驻寺干部利用重大节假日，对僧尼开展家访送温暖活动，累计为僧尼办大中实事184件，涉及资金38.2万元；“一覆盖”政策全面落实：全县持证僧尼中全面落实养老保险、医疗保险、僧尼人身意外险，按“应保尽保”的原则，将符合条件的持证僧尼全部纳入最低生活保障对象，覆盖率达100%。同时结合包虫病综合防治工作，对全县在寺僧尼以及勤杂人员开展全面体检工作和血液抽样排查工作。联合民政局、卫生局协调“同心共筑中国心”组委会、拉萨恒大医院等单位开展免费义诊送药活动，折合资金12万元。“一创建”活动持续开展：认真贯彻落实区、市、县党委政府关于开展和谐模范寺庙暨爱国守法先进僧尼评选表彰工作。表彰内容有：和谐模范寺庙、爱国守法先进僧尼、先进寺管会和优秀驻寺干部，共计落实表彰资金183.2万元。

【宣传法律法规】 年内，县委统战部结合“四讲四爱”主题教育实践活动，深入开展寺庙法治宣传教育工作，从各寺管会（专职特派员）中精心挑选26名责任心强、文化素养高的干部，并从各寺庙中挑选出10名政治合格、宗教造诣高的僧尼担任宣讲员，在寺庙组织开展“中国梦”、新旧西藏两重天对比教育、民族团结宣讲教育、爱国爱教教育、“四讲四爱”主题教育等一系列宣讲教育活动，共计宣讲180余场次，对僧尼的教育覆盖率达100%，并组织僧尼撰写心得体会，保证学习时间和学习效果；各寺管会以座谈会、发放宣传册、组织观看爱国电影、实地参观、举行升国旗唱国歌仪式的形式等广泛开展主题教育实践活动，共计制作宣传标语200条，横幅27条、宣传栏29块，发放《习近平总书记重要论述摘编100句》（僧尼版）751份，发放“四讲四爱”日历200余份。

2017年3月27日，林周县统战民宗部门开展民族团结宣传教育活动

2017年2月13日，林周县统战民宗部门召开2017年统战民宗工作会议

【寺庙维修】 年内，县委统战部联合县消防大队对全县寺庙消防隐患排查6次，对排查出的问题及时整改，对12座寺庙线路老化严重的寺庙进行线路改造，投入资金80万元，同比增长60%。同时做好汛期寺庙安全生产工作，对汛期全县各寺庙通寺道路、大殿和僧舍受损情况全面排查，对受损房屋做详细的统计、登记、拍照，及时进行抢修，共投入资金46万元。争取县政府解决桑旦林寺挡墙维修资金480万元。顺利实施“十三五”期间寺庙大殿(桑旦林寺、毕龙寺、司木寺)维修项目建设，涉及资金267万元，毕龙寺大殿维修在11月完工，司木寺、桑旦林寺因路况较差，材料运送相对困难，预计2018年10月之前完工。15座寺庙特派员机构综合业务用房建设已完成前置手续办理，部分点已开工建设，涉及资金180万元。高海拔寺庙阳光房建设已完工，待验收通过后投入使用，涉及资金50万元。

【民族团结进步事业】 年内，在交通要道设置藏汉“双语”民族团结宣传展板3块，全县各级各部门深入村(居)、寺庙开展民族团结宣传教育活动。累计发放民族团结宣传资料1000余册，各族干部群众“三个离不开”“五个认同”意识明显增强。表彰2017年全县民族团结进步创建活动中涌现出来的民族团结进步模范集体10家、模范个人10人和模范家庭1个，表彰经费10.2万元。教育群众、激励群众，争当民族团结模范、为民族团结进步事业做贡献。

【驻寺干部队伍建设】 年内，县委统战部拓展渠道，加大驻寺干部培训力度，利用上级部门组织的各类培训，安排涉宗干部参加专题培训班，并向组织部门推荐优秀驻寺干部，解决驻寺干部待遇和帮助职级晋升；做好提前退休和离岗休养工作。根据县委组织部关于上报符合提前退休和离岗休养的统一部署，县委统战部高度重视，提前谋划，组织工作人员认真查阅档案信息，综合年龄、工龄、病情、任现职年限、工作表现等因素，最终推荐7名同志提前退休。

【党风廉政建设】 年内，坚持把贯彻落实党风廉政建设责任制列入重要议事日程，抓紧抓好，及时调整和充实党风廉政建设责任制领导小组成员。落实工作职责，做到上下联动、齐抓共管。组织党员干部深入学习中央、区、市、县纪委会议精神，重点学习《中国共产党党内监督条例》《中国共产党纪律处条例》《中国共产党廉洁自律准则》等，教育党员干部要牢记党的宗旨，树立勤政廉洁、克己奉公的信念，从我做起，自觉抵制腐败，争当反腐卫士。同时，利用典型事例，开展警示教育。组织党员干部观看学习自治区纪委的警示教育影片10次，召开座谈会剖析一些腐败典型案例，利用反面典型进行警示教育，进一步增强党员干部的廉洁自律意识和法制观念，筑牢拒腐防变的思想道德防线，并与各寺管会签订《党风廉政建设责任书》。2017年，通过各种形式的学习教育，使全体党员干部进一步理解和掌握新形势下党的各项纪律和规定，增强用党的纪律约束和规范自己行为的自觉性和坚定性。严格执行公务接待标准，不用公款大吃大喝，不用公款支付各种高消费娱乐活动。

严格执行出车登记、差旅核实制度，可搭车绝不再派车，杜绝公车私用行为，车辆实行定点维修，维修与结算分离，保证成本最低化。截至年底，财务均做到“收支两条线”，重大开支实行班子会集体研究决定，审签制度，没有乱设账户、私设“小金库”的现象。

（肖　芳）

【领导名录】

部　长

次仁占堆（藏族）

统战部副部长、民宗局局长

旦真次仁（藏族）

民宗局副局长、宗教工作领导小组办公室主任

拉巴次仁（藏族）

林周县总工会

【概况】 2017年，林周县总工会行政编制2人（1名主席，1名副主席）；现实有专职工作人员4名，其中主席1名、副主席1名、工作人员2名、下设女职工委员会、经审委员会。全县共有工会组织114个，其中县直部门有工会组织33个，乡镇工会组织10个，寺管会工会组织26个，国有企业工会组织1个，非公企业工会组织23个，村级工会组织21个，全县共有会员4576名。

【政治理论学习】 年内，林周县总工会把每周四下午定为本部门学习时间，通过集体学习和自学的学习方式，主要学习党的十九大精神、学习十八届六中全会精神、习近平总书记系列重要讲话精神以及自治区第九次党代会精神和党的群团工作会议上的讲话精神；同时深入贯彻中华全国总工会第十六届四次执委会主要精神；区市党的群团工作会议精神以及自治区总工会九届六次全会扩大会议精神等。县总工会深入开展“两学一做”学习教育常态化制度化，加强基层工会组织建设，切实加强作风效能建设，进一步制定和完善学习制度、工作制度、请销假制度和财务管理制度，促进部门作风的良好转变。

【党风廉政建设】 年内，林周县总工会结合本单位实际，以集中学习为主，自学为辅的学习方式，组织全体干部职工认真学习党的十九大精神，深入学习中央“八项规定”，区党委“约法十章”“九项要求”，市委“八项要求”等；习近平总书记关于“治国先治边、治边先稳藏”重要论述和习近平在中央第六次西藏工作座谈会上强调在依法治藏富民兴藏长期建藏加快西藏全面建成小康社会步伐等重要会议讲话精神和区、市维稳工作电视电话会议精神以及县委综治维稳工作会议精神。坚决执行民主集中制，凡是县总工会重大事项要经领导班子召开办公会议讨论决定，通过集体决策，正确行使手中的权力，带头遵纪守法，遵守各项规章制度和办事程序，决不越权，更不滥用职权、玩忽职守，进一步贯彻中央关于改进工作作风、密切联系群众的“八项规定”精神，廉洁奉公，遵守廉政准则等廉洁自律各项规定。

【开展“两学一做”专题学习活动】 年内，林周县总工会干部认真践行“两学一做”，积极为困难职工排忧解难，年内，三次到结对的6户困难农牧民工家进行走访慰问，拉近党群干群关系，共发放18000余元的慰问金及慰问品。

2017年1月21日，拉萨市人大常委会党组成员、拉萨市总工会主席平措朗杰（左二）在林周县松盘乡看望慰问困难农民工

2017年6月28日，林周县总工会主席阿旦在卡孜乡懂村开展送温暖慰问活动

使他们感受到党和政府的关怀，充分体现总工会在党群路线活动中的实际工作。

【宣传法律法规】 年内，林周县总工会继续抓好签订集体合同的各项工作，加大民主管理、民主参与、民主监督、民主决策力度；加强总工会干部和职工的教育培训工作，制定培训计划，完善各项措施。围绕县委的中心工作，积极参与维护稳定、促进发展和扶贫对口等各项工作。狠抓理论学习和业务知识学习，提高工作能力和水平。创新工作思路，改进工作方式，强化工作手段，明确工作职责，全面推进林周县总工会工作迈上新台阶。同时，利用“法制宣传日”“平安宣传月”和“五下乡”活动在县城街道、农牧区向广大干部职工、农牧民进行《中华人民共和国工会法》《西藏自治区实施〈中华人民共和国工会法〉办法》《中华人民共和国劳动法》《中华人民共和国劳动合同法》等法律法规的宣传。同时，不断加强宣传力度。发放法律法规宣传资料2000余册，为工会工作的深入开展提供法律保证。

【开展“送温暖”活动】 年内，林周县总工会举行“送温暖”集中慰问大会，为145户困难职工家庭发放慰问金共计101000元（其中市级困难职工30户，每户1000元；全覆盖困难职工9户，每户2000元；县级困难职工106户500元不等的慰问金）。按照市总工会的要求，慰问松盘乡困难农民工家庭20户，发放慰问金2万元，慰问7个边远艰苦的驻村工作队和5个寺管会，发放慰问金24000元。

年内，总工会慰问林周县劳模4人，发放慰问金8000元。逐步将劳模选树、管理和服务工作常态化、制度化，在全区不断营造学习劳模、争当劳模、关爱劳模的良好氛围。

【走访寻找藏地工匠】 年内，为进一步挖掘林周县各行各业更多的具有工匠精神、符合“藏地工匠”寻访标准的一线劳动者，大力营造劳动最光荣、劳动最崇高、劳动最伟大、劳动最美丽的浓厚社会氛围。6月，县工会组织人员在九乡一镇积极开展寻访“藏地工匠”工作。每到一处以座谈形式与企业负责同志讲解寻访“藏地工匠”的重要意义，寻访本辖区内在绘画、编织、石匠、木匠、铁匠、烹饪等不同领域里具有一定手工技艺的老同志以及传承者。通过寻访，进一步宣传劳动者精神，倡导年轻人继承和发扬民族传统手工文化，为把传统手工技艺发扬光大，为继续传承和保护做出贡献。

【开展系列服务职工活动】 6月28日，林周县总工会在卡孜乡懂村开展2017年第一期送温暖、送文化、送法律、送政策、送医药“五送”活动。活动现场，举行486名农民工集中入会仪式。为懂村20名困难职工敬献哈达并发放每人500元的困难职工慰问资金，县医院医生为职工群众进行免费诊疗体检，免费为职工群众发放价值15000余元的药品。活动共发放免费体检卡760个，邀请县法院、检察院的法律专业干警宣传法律知识，开设法律咨询点，发放法律法规宣传资料、健康宣传资料等800余份，切实把党和政府的关怀送到困难职工群众中。

【“五一劳动奖状”、奖章、工人先锋号评选】 年内，经林周县总工会选拔推荐，表彰一批在林周县经济建设、社会发展和各项事业中做出突出贡献的先进个人、先进集体(班组)，经过前期的票选、公示通过，最终确定名额。推选出工人先锋号为林周县政务服务中心、“五一劳动奖状”为林周县人民医院、“五一劳动奖章”为宋宜清、次旦杰布。表彰活动不断提高职业素养，充分发挥首创精神，敢于突破常规，善于开拓创新。积极传承文明，大力弘扬雷锋精神、劳模精神、工匠精神。大力宣传报道先进事迹，讲好劳模故事，切实以中华民族的传统美德、工人阶级的模范行动影响带动全社会。

【开展工会组建工作】 年内，按照工会“增强凝聚力、扩大覆盖面”的总体要求，及“先组建，后规范”的原则，以强基建制为抓手，采取建会、建家、建制并举，大力推进组建工会和发展会员工作，做到哪里有职工，哪里就要建立工会组织。林周县总工会对全县企业普遍进行排查摸底，重新登记，建立档案，对符合建会条件还没有建会的企业认真进行有关组建工会的法律法规宣传。督促指导他们建立工会组织。努力提高做好新形势下职工群众工作的能力。把“双走访、促三保”主题行动，作为总工会干部的常态性工作，进一步改进总工会的工作。构建社会和谐劳动关系，大力推进工会组织建设，不断扩大工会工作覆盖面，最大限度地把职工群众组织到工会中来。积极探索和把握新时期总工会工作的特点和规律，用发展的思路、创新的举措破解工作难点问题，把总工会建设成为学习型、服务型、创新型的群众组织。在建会的同时，总工会根据本县的实际，主要采取先组建后规范的工作措施，注重对已建立工会组织的非公企业进行查漏补缺、规范完善。总工会深入各非公企业进行排查摸底，并在新增的非公企业及新增的组织机构建立工会委员会(小组)。总工会按照市总下达的目标任务，并依据《中华人民共和国工会法》有关规定，大力推进基层工会组织建设。年内，林周县新组建基层工会组织25个，共发展农民工会员739名。其中村级工会组织21个，农牧民合作社4个(澎玉洛江合作社120人，松盘乡白定农民合作社67人，宗雪妇女纺织合作社36人，强嘎藏香合作社30人，共253人)，开展农民工集中入会486人。截至年底，有农牧民工会员3100余名。

2017年5月27日，林周县政务服务中心、县医院获得西藏自治区总工会颁发“五一”劳动奖状

【“金秋助学”活动】 年内，充分发挥党和政府联系群众的“桥梁纽带”作用，帮助职工排忧解难。林周县总工会对申请“金秋助学”的困难职工家庭进行严格把关、摸底、核实。2017年，为林周县的47户困难职工家庭争取“金秋助学”金168000元。

【精准扶贫】 年内，为响应拉萨市总工会的工作部署，充分发挥工会在精准扶贫工作中的正能量，全面彰显市县单位工会与基层工会社会责任，林周县总工会对45个村现有人口数、外出务工数、困难职工等情况进行详细摸底了解，并初步商定下一步的帮扶工作思路，指定专人作为村级工会联络人，按照与拉萨市总工会签订的《工会结对帮扶村居工会工作责任书》要求，负责日常协调工作，确保完成协助建立村级工会

2017年7月11日，苏州市总工会与林周县总工会援藏工作座谈会暨援藏资金交接仪式

及帮扶任务。遵照“尽力而为，量力而行”的工作要求，积极以精准扶贫标准为村级工会和困难会员办实事、解难事。林周县总工会在开展精准扶贫工作中迈出坚实步伐，唱好输血、活血“两部曲”，开展“金秋助学”、节日慰问、“五送”、发放免费体检卡等活动，切实地为困难职工家庭解了燃眉之急，在短时间内发挥“输血”的功能。授人以鱼，不如授人以渔，寻访藏地工匠、开展技能培训又是从就业层面帮助职工脱贫，发挥“活血”的功能，使更大一批困难职工和他们的子女掌握劳动技能，为在今后的就业工作中提供优先优选的条件。

【逐级上报对口援藏项目】 年内，林周县总工会为贯彻落实《苏州市总工会与林周县总工会交流合作协议》精神，进一步加强苏州市总工会与林周县工会间的友好往来，促进两地工会的健康和谐发展。特别是使用好苏州市总工会投入的技能培训项目资金，使其发挥最大最好的效益。林周县总工会认真调研，从调研中发现广大农民工及各建筑类经济组织职工对装载机、挖掘机及汽车驾驶技术的需求较大，很受欢迎。随着自治区改革开放的持续拓展和逐步深入，各地的工程建设日新月异，有力地拉动装载机、挖掘机等行业的迅速发展，这些机械的操作行业有着十分广阔的市场，有效地解决就业问题。为有效地执行此次援藏项目，依托苏州市总工会的援藏资金，积极落实上级部门技能培训的有关要求，切实把企业内部面向企业职工开展的技能培训，面向社会大众开展的“职业技能培训、再就业培训、创业培训和农村劳动力转移培训”等技能培训牢牢抓在手中。年初，县总工会围绕县委、县政府工作大局，结合深入基层调研了解到的情况，积极与拉萨新兴劳动技能培训有限公司合作，2017年举办“林周县总工会第二期驾驶技能培训班”。装载机培训11人，培训费每人3500元，汽车驾驶培训18人，培训费每人6300元，共计培训费151900元。

【工会财务管理】 年内，按照经费管理的规定，狠抓工会财务管理，达到“统筹兼顾、保证重点、量入为出、收支平衡、略有节余”的原则，使经费管理工作走上正规化，规范化轨道。截至年底，已超额完成上级下达的任务。

【“职工之家”建设】 年内，林周县总工会在抓好“职工之家”建设的基础上，新建“职工书屋”，为广大职工提供各种学习和专业知识读本，不断丰富职工精神文化生活。截至年底，总工会建立两个“职工书屋”，即林周县总工会“职工书屋”、林周县粮食公司“职工书屋”。

【总工会自身建设】 年内，林周县总工会要强化中国特色社会主义工会意识，这是工会文化的基础和发展方向；要强化服务意识，培育一支讲奉献、讲成就感、高素质、高技能、学习型、创新型工会干部队伍，使之能创造性地运用党政赋予的资源和手段，把党政所需、职工所需、工会所能的事办好办实，发挥工会文化作用的保障；要强化工会影响力，团结组织广大职工，充分发挥职工在文化建设中的主体作用，大力彰显工会文化在企业发展、在加强和创新社会管理中的助推作用，着力推进工会作为党委、政府的桥梁纽带作用，把工作重心放在职工，把领导精力放在职工，把经费物资投向职工，想职工所想、急职工所急、解职工所难，围绕“春送岗位、夏送清凉、秋送助学、冬送温暖”的要求，创新服务方式、拓宽服务领域、强化服务功能，诚心诚意为职工办实事、尽心竭力解难事、坚持不懈做好事。从以往经验模式的局限中解放出来，更新观念，转变思路，探索新方法、新途径、新载体、使工会工作充满活力，为推进林周经济跨越式发展和长治久安发挥应有的作用。

（何远琼）

【领导名录】

主　席

阿　旦（藏族）

副主席

多　次（藏族）

共青团林周县委员会

【概况】 2017年，共青团林周县委员会有核定行政编制人数2人（科级领导职数2人），实有专职人员3人。截至年底，全县各级共青团组织数58个，分别是团县委、县中学团委和10个乡镇团委，组建团支部46个，分别为45个村组团支部、公安团支部；全县共青团员人数2106人；共有专兼职团干部69人。全县少先队共4555人，其中中学722人，苏州小学971人，各中心小学2862人，少先队辅导员共41人。

【从严治团】 年内，县委、县政府不断完善党建带团建工作机制，把团的建设纳入党的建设总体规划，为共青团工作开展创造良好环境。同时，做好团员推优入党工作，2017年推荐2名优秀团员入党组织。4月10日，组织召开2017年度工作务虚会。结合县委、团市委2017年主要工作任务，紧紧围绕全团“凝聚青年、服务大局、当好桥梁、从严治团”四维工作格局，本着急需、实际、管用的原则，系统思考，深度谋划，群策群力，积极为共青团工作献计献策。

【党风廉政建设】 年内，按照县委、县纪委关于落实党风廉政建设“两个责任”的工作部署，深化正风肃纪，从严加强作风建设和干部队伍管理。履行“一把手”抓班子带队伍的岗位职责，强化担当，推动责任落实，坚持“一手抓业务，一手抓党风”，先后3次召开团县委全体干部职工会议，查找单位及个人在党风作风建设、业务活动开展中存在的问题；严格按照公车管理的相关规定和要求，将车辆停放指定地点，定点加油、定点维修；严格执行上下班考勤、值班带班、请销假制度。加大值班带班的力度，严防松懈麻痹思想，抓好各项工作的贯彻落实。按照县政法委关于值班、带班的要求，要求值班、带班人员要尽职职责，做好应急协调和值班保障工作；切实加强志愿者请销假管理，全面及时掌握志愿者动态信息。节日期间，西部计划志愿者要严格执行请销假审批程序，严格控制请假比例，严控无特殊情况请假。要立足抓早抓小抓快抓好，建立起与志愿者、用人单位三方联动的沟通机制，确保全面掌握林周县志愿者动态信息；严格执行“三重一大”制度，凡涉及重大事项决策、大额资金使用，坚持

2017年12月21—29日，团县委完成林周县全县各乡镇村级团支部换届选举工作

民主集中制原则，班子召开会议集体讨论做出决定。

2017年4月13日，团县委组织优秀创业青年召开赴苏州学习培训会

【专题学习教育活动】 年内，团县委积极参加县委、县政府、党支部开展的“两学一做”学习教育会议；在各基层团组织中开展“两学一做”学习教育宣讲活动3次，将基层团干部的思想统一到“两学一做”的具体行动中来，内化于心，外化于形。按照自治区、市、县委、县政府的统一安排部署，通过动员进一步统一思想、提高认识，组织本单位干部职工开展“四讲四爱”学习教育实践活动8次；在县中学开展“讲党恩爱核心”“讲团结爱祖国”等宣讲活动2次，教育全县广大团员青年进一步强化“四个意识”、向核心看齐，做自觉维护祖国统一、维护民族团结、维护社会稳定、坚决反对分裂的好青年。

【精准扶贫】 年内，动员和组织各级团组织、社会组织和各行业优秀青年人才、青年志愿者、社会爱心人士积极支持林周县的全面发展，通过结对帮扶、助学、志愿扶贫等方式，以微心愿认领活动、安全自护教育和公益捐赠为抓手，帮助留守儿童、困难青少年提高综合素质、养成健康习惯、塑造良好品行、改善生活环境。整合其他资源，立足实际，通过调查访问、政策宣传、项目扶持、服务民生等多种形式的帮扶方式，为脱贫致富提供智力、项目、信息、资金等帮扶。年内，组织开展大型公益爱心活动2次，爱心捐助活动3次，为全县中小学生、农牧民群众发放衣物、学习用品等200余箱。6月14日，与苏州牧马人俱乐部联合举办的“姑苏马帮停留处，一路花开高原行”大型爱心圆梦行动，双方签订《未来三年对口援藏协议书》。并为全县中小学生发放统一校服5100余套、各类童装1300余件，电脑、投影各类设备25件，各类文具、学习用品250余件，价值82.35万元。12月21日，团县委联合苏州梦想奇迹公司开展“青春促和谐，真爱暖寒冬”爱心捐赠暨基层文艺慰问活动，为林周县一线基层工作人员和孤寡老人送去衣物500余件，价值10万余元。认真开展“千名干部帮千户”结对帮扶活动，共开展结对帮扶活动19次，了解扶贫户家庭基本情况，找对策、送慰问、宣政策，为他们如期脱贫致富奠定基础。

【希望工程】 年内，借助“国酒茅台、国之栋梁—希望工程圆梦行动大型助学活动”“芙蓉学子”“苏州圆梦”以及开展林周县爱心中转站助学活动等渠道开展爱心帮困活动25余次，帮助70余名困难家庭学生圆梦。

【志愿者服务】 年内，团县委引导和激励全县西部计划志愿者继承和发扬“奉献、友爱、互助、进步”的志愿服务精神，大力弘扬青年志愿者精神，积极开展志愿服务活动，秉承青年志愿者的优秀品质，踊跃投入志愿服务的时代潮流之中，用当代青年的蓬勃激情、昂扬锐气和担当勇气，凝聚起强大的青春正能量，做宣传推介林周县靓丽名片的美丽使者。

【就业创业】 年内，以选树优秀创业青年为抓手，充分利用区内外资源，开展农牧民青年异地创业技能培训，切实提高林周县创业青年的创业就业技能，带动更多的人转变观念、增收致富；引导创业青年参加青年创业大赛，为创业青年提供展示平台，使优秀项目的创业青年获得更多的资金、技术、信息和智力支持。4月20日，由团县委书记带队，林周县创业青年一行6人在苏州进行为期一月的学习培训，学习内容主要包括电子商务、工业旅游、传统手工业、服务业等。7月20日，林周县第二届青年创新创业大赛总决赛在县文化活动中心拉开序幕。林周县第二届创新创业大赛历时两个月，历经紧张的初赛复赛，通过实地考察、对照项目企划书，层层筛选，最终从30个项目中选出14个参赛项目进入决赛。选出一等奖1名，二等奖1名，三等奖1名，优胜奖2名，鼓励奖2名，创业示范引领奖2名，兑现创业扶持奖励金23.6万元。

【“青年文明号”创建】 年内，团县委积极响应团中央的号召，以创建文明行业为总抓手，高度重视精神文明建设，以创建“青年文明号”等活动为载体，加快推进创建文明行业的进程，取得重大进展和明显成效，涌现出一大批先进群体。截至年底，林周县荣获国家级、自治区级各一家，市级两家，县级两家。3月28日，以“百万农奴解放58周年”为契机，组织县交警支队开展“青年文明号”授牌活动，授予林周县交警支队为县级“青年文明号”单位。11月28日，县公安局举行区级“青年文明号”挂牌仪式。

【民族团结教育】 年内，团县委以“反对分裂、维护稳定、促进和谐”为主题，以“3·28”百万农奴解放纪念日为契机，通过观看爱国影片、“四讲四爱”进校园、参加义务劳动等形式，在青少年中开展爱国主义教育、民族团结教育、反分裂斗争教育、“四讲四爱”宣讲活动5场次，参加“升国旗唱国歌”活动1次，覆盖农牧区、中小学生青少年群体400余人；以“综治宣传月”、民族团结月活动为契机，集中开展民族团结教育宣传活动4场，发放宣传资料500余份。

【学雷锋活动】 年内，把握“3·5”雷锋日、“3·12”植树节、中高考等重要节点，组织青年、志愿者到县敬老院、学校等组织开展“青春帮扶”弱势青少年、助残“阳光行动”“保护母亲河”生态文明实践、“青春绿色”植树等一系列品牌志愿服务活动4次，推动青年志愿服务品牌化运作、系列化发展、全方位普及，赢得社会广泛好评。

【预防青少年违法犯罪】 年内，组织召开预防青少年违法犯罪专项工作会议，成立以县委常委、政法委书记、公安局长为组长的林周县预防青少年违法犯罪专项组，明确职责分工、建立工作制度、安排工作任务，并将预青工作经费纳入县财政预算，落实专项经费5万元。

【宣传教育】 以“青春与法同行——青少年法律大课堂”活动为载体，依托综治宣传月、宣传周与禁毒日活动，充分发挥学校法制副校长作用，通过图片展览、主题班会、模拟法庭、发放宣传资料等形式，重点宣传未成年保护法、预防未成年人犯罪法、禁毒法等与他们的学习、生活密切相关的法律知识，教育他们自觉学法、知法、守法、用法。上半年集中开展各类活动3次，发放各类宣传资料300

2017年6月14日，团县委与苏州牧马人俱乐部联合举办“姑苏马帮停留处，一路花开高原行”大型爱心公益圆梦活动

余份,受教育青少年达400余人。

【维权机制不断完善】 年内,由团县委牵头,联合县综治办、县法院开展“青少年维权岗”创建活动,两家单位积极配合青少年维权工作,坚持教育、感化挽救相结合的原则,以案说法、模拟法庭等多种形式向青少年学生普及如何预防违法犯罪事件的发生。县法院、县综治办荣获2016年拉萨市级“青少年维权岗”荣誉称号。3月10日,组织县法院、县中学开展“青少年维权岗”授牌活动。此次以案说法活动为青少年学生寒假“开学第一课”奠定良好的普法基础。

【开展青少年自护教育】 年内,团县委联合相关单位走进乡村、学校,以现场讲解、法律咨询、案例分析、发放资料、图片展示等形式,开展“青春自护 珍爱生命”“青春自护·暑期安全”青少年自护教育活动,从交通、医疗、饮食、消防、安全防范等全方位、多角度地向青少年宣传普及安全防范知识,有效地提高广大青少年自我安全防护能力和意识,并向中小学生赠送价值1000余元的学习用品。2月9日,林周县团委联合边林乡及县预青各相关责任单位在边交林乡当杰村举办以“珍爱生命,远离毒品”为主题的林周县2017年青少年寒假自护教育活动启动仪式,发放涉及假期防火、防触电、溺水以及交通安全和食品安全等方面的宣传资料600余份。

【关注大龄青年婚恋问题】 年内,组织青少年参加拉萨团市委举办的“奋斗的青春最美丽”分享会;动员各级团组织开展观看习近平总书记寄语、“网上祭英烈”“迎五四”入团宣誓、“五四”表彰、“我是向上向善好队员”主题队日、“红领巾相约中国梦”等系列活动8场次,参与青少年达1500余人次。5月18日,组织开展“青春相约 缘起林周”青年干部联谊会,通过此次活动给基层干部群众搭建交流认识的平台,让更多的年轻干部扎根林周,为林周县经济发展、干部人才平衡创造条件。

2017年2月9日,团县委联合县预青成员各单位举办“珍爱生命,平安假期”防水、防电、防火自护教育活动

【“一学一做”教育实践活动】 年内,通过在全县共青团系统组织开展“一学一做”教育实践,推动各级团干部强化使命担当,用心用情用力,认真求真较真,精心精细精致,真抓实干,埋头苦干,力求在谋事、干事、成事上有新突破,在治懒、治庸、治散上有新改观,在提速、提质、提效上有新成效;教育各级团组织和广大团干部、团员要更加紧密地团结在以习近平同志为核心的党中央周围,牢固树立“四个意识”,全面推进改革攻坚、从严治团各项工作,撸起袖子加油干,以扎实业绩迎接党的十九大胜利召开。

【网上共青团建设】 建立的微信公众平台“青春林周”。共有关注人数100余人,每周不定期更新2—3期信息,发布青年创业就业讯息、日常工作简讯、青年关注热点等,进一步推进“掌上共青团”建设。依托“青年之声”互动社交平台。在微信公众平台开设更便捷化的“青年之声”版块,让更多青年了解国家大政方针、社会热点,真正体会网络带来的便利,“连接你我他,一指知天下”,力求以更多样化的途径联系青年、服务青年,更好地倾听青年呼声、关注青年诉求。

【学习党的十九大精神】 年内，参加县委、工青妇党支部组织开展的学习十九大系列活动10余次，真正学深悟透，认真研读党的十九大报告和党章，学习习近平在党的十九届一中全会上的重要讲话精神。坚持读原著、学原文、悟原理，做到学深悟透，准确领会十九大精神的思想精髓、核心要义，真正学懂、弄通、做实。特别要深刻领会习近平新时代中国特色社会主义思想的历史地位和丰富内涵，以及坚持和发展中国特色社会主义"14个坚持"的基本方略，自觉用党的最新理论武装头脑、铸心立魂，指导共青团各项工作。

（李惠惠）

【领导名录】

书 记

顿珠卓嘎（女，藏族）

副书记

刘 倩（女，1月任）

林周县妇女联合会

【概况】 林周县妇女联合会于1961年3月正式成立（简称林周县妇联），下设林周县妇联办公室、林周县人民政府妇女儿童工作委员会（简称林周县妇儿工委），核定编制2人（科级领导），行政编制2名，实有工作人员6人，其中科级领导2名，科员1名，编外人员1名，西部计划志愿者1名，司机1名。全县共设86个妇委会，其中，两新组织（新经济组织、新社会组织）妇委会11个，机关妇委会8个，尼姑寺妇委会12个，乡村妇委会55个；73个"妇女之家"，其中县级1个，两新组织（新经济组织、新社会组织）5个，尼姑寺12个，乡村55个；妇儿工委成员单位24个。截至年底，全县户籍人口64453人，其中妇女32477人，占全县总人口的50.4%。尼姑寺12座；妇女干部916人，其中党员613人，占妇女干部总人数的66.81%；残疾妇女501人，占妇女总人数的1.54%；流动人口中妇女347人，占全县妇女人数的1.06%；女联户长188人，空巢老人54人。全县妇女党员1611名，其中农牧民妇女党员998人，占全县妇女党员61.94%。全年新任选拔优秀妇女干部57名。全县共有儿童10012名，其中留守儿童233人，残疾儿童102名，孤儿76名；建档立卡贫困妇女（包括女童）4341人，占妇女总人数的13.7%，贫困儿童1875人，占儿童总人数的18.73%。

2017年7月3日，林周县副县长、妇儿工委主任边巴主持召开"两规"编制征求意见会

【实施经费保障工程】 2017年，投入各项经费共计46.4万元，其中妇女人均4元专项活动经费12.8万元，比2016年增长100%，新增儿童人均工作经费4万元，妇儿工委专项经费6万元，"两规"经费3万元，培训经费8.6万元，标准化"妇女之家"建设经费9万元。着力解决各级妇联"无钱办事、经费不足"的实际困难。

【创新宣传窗口】 年内，编撰季刊《林周妇工通讯》，内容包含会议专版、文件摘编、巾帼风采、巾帼行动、走进基层、妇运史话、动态信息等方面，并开通县妇联公众号《澎波普姆》，有效实现信息的畅通共享。

【"两规"工作】 4月，林周县妇儿工委谋划"新两规"（妇女发展规划、儿童发展规划）编制事宜，前后3次组织成员单位召开编制"新两规"（妇女发展规划、儿童发展规划）征求意见会，相关单位主要领导、分管领导两次签字核审。7月12日，《林周县2016—2020年妇女儿童发展规划》经过县政府常务会议研究，已顺利通过，现已印制成册。7月底，将其翻译成藏汉“双语”并刊印出版，在全区县级妇儿工委“十三五”期间妇女儿童发展规划第一家刊印出版。

2017年4月20日，林周县妇联主席米玛主持召开第二季度主席联席会议

【妇女技能培训】 1月6日，林周县阿朗乡阿布村举办为期30天25人参加的阿朗乡阿布村农牧民妇女卡垫、藏毛毯编织培训圆满结束；3月11日至4月11日，联合县人社局组织农牧民妇女28名举办家政培训活动；选派12名妇女参加厨师培训；选派女致富带头人5人在内地交流学习。

【“四讲四爱”主题教育实践活动】年内，准确认领“评选最美家庭”的具体任务，及时制定出台《林周县妇联关于“四讲四爱”主题教育实践活动实施方案》《林周县妇联2017年“最美家庭”创建活动实施方案》，组织开展“最美家庭”评选活动，用镜头留住最美瞬间的摄影大赛活动，以实际行动践行“四讲四爱”主题教育实践活动；5月10日，联合县司法局、县法院、县检察院在旁多乡和阿朗乡深入开展“‘四讲四爱’主题教育实践活动，维护妇女儿童合法权益”法律宣讲活动，为300余名参与群众发放宣传资料五百余份；举办“三八”表彰大会，对2016年涌现出的29个先进集体和个人进行表彰；组织各乡镇妇女党员、妇女主任开展“党课迎三八，妇女争先锋”活动，进一步提高妇女党员对党的认识，增强政治敏锐性和鉴别力，自觉做到感党恩，坚定不移听党话、跟党走；在“3·28”西藏百万农奴解放纪念日到来之际，开展各类内容丰富、精彩纷呈的文体会演，发放宣传资料500余册，惠及农牧民妇女群众1000余人；借“六一”儿童节之机，组织南部乡镇19名留守儿童、孤儿、残疾儿童，单亲儿童与13名家长到拉萨以高原之舟、圆梦德克士和书香阅读3个版块深入开展“欢乐和谐庆‘六一’‘四讲四爱’记心间”活动；在北部开展“童心闪耀，歌声嘹亮”活动，为唐古乡、旁多乡、阿朗乡215名留守儿童、残疾儿童、孤儿、单亲儿童送去书包、文具盒等学习用品；在苏州小学开展“爱心浇灌花朵、执着铸就精彩”“最美班主任”表彰等活动，对在教育事业中贡献突出的12名班主任进行表彰。

【开展“巾帼心向党喜迎十九大”活动】 10月27日，林周县妇联（妇儿工委）邀请退休老干部、寺庙僧尼、村组老党员、老干部中的年龄稍大、身体健康的妇女代表共计30人参加林周县庆祝党的十九大胜利召开暨孝满天下培育良好家风座谈会，畅谈十九大，共绘林周美好蓝图。

【学习型妇联建设】 年内，先后制定《林周县妇联深入开展“两学一做”学习教育常态化制度化实施方案》，并围绕习近平总书记系列重要讲话精神、法制建设及《中国共产党廉洁自律准则》《中国共产党纪律处分条例》等6个方面的内容扎实开展专题学习活动。年内，组织专题学习41次，撰写学习笔记45篇、心得体会16篇和调研报告4篇。

【服务型妇联建设】 年内，组织召开妇女儿童提案、议案征求意见座谈会；组织24个妇儿工委成员单位、各乡镇妇联主席召开专题会议，寻找妇联工作中的薄弱环节，进一步增强县妇联服务基层群众的工作能力。

【廉政型妇联建设】 年内，及时成立林周县妇联党风廉政建设领导小组，明确第一责任人责任，并结合实际先后制定《林周县妇联党风廉政建设工作制度》《林周县妇联党风廉政建设岗位责任制》《林周县妇联廉政风险防控制度》等规章制度。先后开展廉政风险隐患排查和自查自纠工作，采取“廉政文化进家庭、发放廉政倡议书”等形式，充分发挥妇女在单位、家庭中的特殊作用，进一步拓宽全县廉政文化的宣传范围，丰富廉政建设的载体。截至年底，县妇联共组织廉政专题学习活动7次，观看廉政警示片4部，撰写心得体会18篇，开展家庭助廉活动2次，发放廉政倡议书1000余份。

【创新型妇联建设】 年内，创新性开展环保知识进学校、跨区域解救受侵害妇女群众，争取援藏物资57万元，与江苏广吴建设园林有限公司党支部签订共建协议，打开工作新局面。

【效能型妇联建设】 年内，突出问题导向，积极开展正风肃纪专项整治活动，逐条逐项制定整改措施，明确整改期限，切实将“八项规定”精神落到实处，先后制定《林周县妇联公车使用管理制度》《林周县妇联办公室管理制度》等制度，强化执纪能力，增强干部职工的自律意识，提升工作效率，实现“无公车私用、无超规格接待、无公款吃喝、无迟到早退”等违规违纪现象的“零发生”。

【“巾帼关爱”行动】 年内，市妇联、县妇联共计投入资金3万元为18名孤残儿童、24名贫困妇女和单亲母亲、12名“两癌”患者、1个寺庙、1个驻村工作队、1个“妇字号”合作社送去节日的问候；将全县尼姑纳入全县“两癌”免费筛查范围，为全县年龄在18—65岁15294名妇女提供“两癌”免费筛查；为11名“两癌”贫困妇女每人送上1万元的救助金，把妇联组织的关心送到每位病人的身边；投入资金2.7万元临时救助农牧民患病妇女儿童18名；发放“恒爱行动”毛线150斤，编织爱心毛衣15件。在“三八”妇女节期间，投入资金7500元为12名贫困患病妇女、儿童送去县委、县政府的亲切的关怀。5月18日，联合团委、工会，组织全县42名单身男女青年开展“青春相约·缘启林周”干部联谊会，丰富干部职工业余生活，为大家创造一个相互认识、相互交流、发展友谊、收获情缘的平台。在“九九重阳节”之际，为30名退休老干部、寺庙僧尼、村组老党员、老干部发放慰问金1.5万元；11月30日，为强嘎乡中心小学55名留守儿童举办“爱心守护·希望同行”关爱留守儿童活动，同时，邀请15名返乡家长参加。为生日在农历10月份的留守儿童过集体生日，并为55名留守儿童送上帽子、围巾、手套等御寒物品以及65本课外书籍；12月12日，江热夏乡组织开展关爱儿童“拥抱温暖 情暖江夏”爱心物资发放活动，为拉定村幼儿园65名儿童发放爱心保温杯，并将社会爱心人士捐赠的20余件爱心玩偶送到孩子们的手中。前后4次到结对帮扶户家庭了解情况，帮助她

2017年9月4日，林周县妇联在强嘎乡中心小学开展“童花感雨恩·穿悦展靓丽”园服捐赠活动

们解决实际困难。截至年底,6户贫困户家庭人均收入均达到4000元以上,已达到脱贫标准。

【民族团结"巾帼添彩"行动】 6月25日,以"四讲四爱"第二阶段讲团结爱祖国为内容,专门制定藏式毛毯并打上"讲团结爱祖国"的宣传标语,深入森库寺宣讲爱国主义、妇女合法权益等;9月5日,在第35个民族团结月里,由县妇联(县妇儿工委)联合江苏广吴建设园林有限公司党支部主办的"童花感雨恩·穿悦展靓丽"之践行"四讲四爱"苏城爱心园服情暖林周幼儿园捐赠活动在强嘎乡中心小学隆重举行,为全县12所幼儿园,千名小朋友捐赠夏装469套、春秋装565套、冬装1861套,总价值约45万元,实现林周县园服的标准统一,促进儿童事业的健康发展。

【家长学校大讲堂活动】 年内,组织家长与孩子共50余人一起在西藏牦牛博物馆,参加"书香阅读"活动,开展一次别开生面、意义深刻的家长学校大讲堂活动。提高家长参与孩子教育过程的意识,构筑家长、学校、社会三位一体的教育体系,为儿童健康成长创造条件。

【"建设绿色林周·巾帼在行动"活动】 年内,共建"妇女林"40亩,累计种植各类树苗4000余株。6月5日,在第46个世界环境日,组织巾帼志愿者在太湖路开展主题为"提高环保意识 构建和谐社会"的宣传活动,发放各类宣传资料1000余册,惠及农牧民群众500余人。6月21日,联合县环保局在苏小、旁多小学开展"共创明天的绿色·大手牵小手"废品利用手工创作大赛,让青少年积极做好环保的倡导者和践行者。

【构建群防群治体系】 年内,建立由县妇联主席任组长、各乡镇妇联主席任副组长,各村妇代会主任为成员的维稳综治工作领导小组,不断强化对妇女系统维稳工作的组织领导,并制定《林周县妇联2017年社会治安综合治理工作计划》等涉及"群众来访、风险评估、矛盾纠纷排查调处、应急处突"的4项工作制度,积极配合综治、消防、公安工作,发挥妇女、妇女组织在维护稳定中的重要作用。

2017年5月10日,林周县妇联工作人员在旁多乡开展"四讲四爱"主题教育活动维权宣讲

【做好宣传引导教育】 年内,利用3月综治宣传月、"三八"妇女维权周、民族团结宣传月等节点,积极宣传《中华人民共和国反家庭暴力法》《中华人民共和国妇女权益保障法》《中华人民共和国婚姻法》《中华人民共和国未成年人保护法》等法律法规和妇女小额担保财政贴息贷款优惠政策等,切实消除宣传"死角"。年内,累计发放宣传资料3000余份。

【维护妇女合法权益】 年内,林周县妇联、妇儿工委共接访22起,其中县妇联接访7起,各乡镇接访12起,妇女儿童维权服务岗接访3起,其中家暴13起,均已化解在基层。

【村(居)妇代"会改建"工作】 年内,2次组织各乡镇妇联主席、专干召开专题学习会议,就改革系列文件进行专题学习,进一步明确改革目标,准确把握改革的基本要求和主要任务,深入乡村进行摸底调研,确定松盘乡白定村为林周县基层妇联"会改联"示范村。以村"两委"换届为契机,借势借力,选好村妇女主任(妇联主席)人选,确保"5个100%"目标实现,形成上下联动、统筹推进、齐抓共管的党建带妇建工作新格局。截至年底,全县"会改联"工作已圆满完成。

(李少文)

【领导名录】

工青妇党支部副书记、妇联主席

边巴仓决(女,藏族,1月免)

工青妇党支部书记、妇联主席

米 玛(女,藏族,1月任)

副主席

白玛拉珍(女,藏族)

2017年11月8日,西藏自治区政协副主席、工商联主席、总商会会长阿沛·晋源(右一)在林周县工商联检查指导工作

林周县工商业联合会

【概况】 林周县工商业联合会(简称林周县工商联),主要职责:参与县委、县政府大政方针及政治、经济、社会生活中重要问题的政治协商,发挥民主监督作用,积极参政议政;加强和改进非公有制经济人士思想政治工作,引导会员共建社会主义核心价值体系,积极承担社会责任,当好中国特色社会主义事业建设者;引导企业会员不断推进技术创新、管理创新、文化创新,提高核心竞争力和可持续发展能力走科学发展道路;密切与会员的联系,反映会员的意见、要求和建议,代表并维护会员的合法权益支持企业会员开展党建工作和工会建设,积极参与劳动关系协调工作,构建和谐劳动关系;为会员提供培训、融资、科技、法律、信息咨询等服务,帮助解决生产经营中遇到的实际问题;引导会员弘扬中华民族传统美德,先富帮后富,走共同富裕道路,热心社会公益事业;按照"统战性、经济性、民间性"相统一的原则,加强自身建设,体现特色,提高履行职责和发挥作用的能力;承办县委、县政府交办的有关工作。2017年,林周县共注册登记非公民营企业78家,从业人员3000余人,注册资金400363万元。从发展行业看,采矿业21家,占27%;农牧业11家,占14%;建筑业8家,占10%;运输业2家,占3%;饮用水行业3家(2家正在组建),占4%;服务业及其他企业33家,占42%。从发展地域来看,以乡镇为主,共计48家,占62%。

【非公党组织建设】 截至年底,林周县非公企业党组织共计12个,现有党员76人、入党积极分子3人、预备党员4人。党组织覆盖非公企业数为13%,党组织覆盖率为75%。基本实现3名党员以上的均建立非公党支部。

【会员发展】 年内,林周县工商联在会员发展中按照不求数量、注重质量、成熟一个发展一个的原则,重点发展一批经济实力较强、思想觉悟高、热爱工商联工作、热心社会公益事业的非公有制经济组织入会。从而提高会员整体素质,有力促进工商联乃至社会各项事业的发展。截至年底,已发展会员企业28家。

【企业生产经营情况】 年内,为进一步了解企业生产经营相关情况,林周县工商联抽样调研部分企业。从调研的数据来看,企业收入总体呈增加趋势,利润与2016年相比,呈增加趋势。

【非公企业对促进农村经济发展作用】 年内,较好地解决农村剩余劳动力的就业问题。从2017年全年的数据来看,78家非公企业解决就业建档立卡贫困群众314人,共计安置就业群众3000余人,年均收入1万余元，为农牧民家庭年共计增收约3000余万元；激发农牧民群众创业热情。园区建设，种养加销，市场繁荣，呈现出良好的发展态势，大大激发全民的创业热情；非公企业是乡镇区域经济的重要组成部分，对县财政税收有着重要的贡献，为培植更大规模型企业奠定重要基础。

【企业培训】 年内，依托区市培训与自主培训相结合的方式，将非公有制企业管理人员和专业技术人员培训纳入全县人才培训总体规划。年内，先后推荐、选拔30余人（次）参加各类业务培训，12名非公党支部书记、副书记参加全区非公党建培训班，4名综合素质较高的非公企业人员参加全区入党积极分子培训班，将22名政治素质较高、表现突出的非公企业人员纳入入党积极分子储备库，作为重点培养对象，县工商联自主培训3次200余人（次）。

【服务企业】 年内，为扩大会员企业的影响力，提高企业产品的知名度，帮助会员企业做好产品的推广，让会员企业的民生产品打开市场的销路。林周县工商联与苏州、北京、成都以及拉萨市相关单位进行沟通协商，将林周县的特色产品如：农产品深加工系列，手工制作系列，矿泉水系列等产品在苏州、北京、成都等城市各大型超市上展销，进一步提高企业产品的知名度，为打造林周县企业品牌提供坚实的基础；为进一步提高企业产品的知名度，林周县工商联创建林周县非公有制企业微信群、林周县工商联微信公众号和林周县工商联网站，为企业的产品宣传、经验交流、政策咨询等搭建平台。年内，共计发放各种信息200余次，解决各种问题60余件。为帮助企业在销售过程中降低成本，县工商联积极协调自治区有关部门将林周县3家企业加入自治区电子商务与商贸物流协会，为企业产品打入全国市场提供较好的入市渠道。

2017年11月12日，林周县工商联召开“百企帮百村”工作会议

【参政议政】 年内，根据区、市、县人大、政协换届的通知要求，林周县工商联以高度的政治责任感和使命担当做好非公经济人士政协委员、人大代表的推荐工作，严把素质关、优化结构，同时对非公经济候选人进行细致、严格的考察，推荐一批德才兼备的非公经济人士入选区市县人大、政协系统。截至年底，林周县非公经济人士入选县政协委员的有8名，入选市人大代表的有1名，入选市政协党外委员的有2名。

【“百企帮百村”】 年内，参与精准扶贫的民营企业有18家，共计安置建档立卡贫困群众321人（含2016年安置就业人员），涉及7个乡（镇）218户家庭；“企帮村”行动方面：为10家民营企业建立“一对一”帮扶贫困对象10户，涉及4个乡10个村（组），共计捐助款物达12万余元。

（杨　峰）

【领导名录】

主　席

达娃旦增（藏族）

副主席

杨　峰（1月任）

林周县信访局

【概况】 2017年，林周县政府5次召开信访工作联席会议、召开4次专题会议部署信访工作，同时对重点难点信访案件进行研究部署，及时研究应对措施。积极传达落实区、市信访工作会议精神，年初与九乡一镇、县直有关部门签订2017年信访工作目标责任书，将信访工作列入年度工作目标管理考核内容。同时，以《关于贯彻自治区第九次党代会和区党委领导同志指示精神进一步提高信访工作科学化水平的实施意见》，下发《关于加强信访工作的实施方案（征求意见稿）》，并征求相关单位的意见建议。

2017年7月27日，县委副书记、县长高军主持召开林周县第四次信访联席会议

【信访案件协调办理】 年内，共受理群众来信来访20件51人。共办结19件，正在办理1件。其中集体访7件29人，个体访13件22人，办结率达到95%。协调解决各类拖欠资金共计185万元。对区、市信访部门转办的信访案件能及时受理，做到件件有着落，事事有交代。对可能发生的集体访、越级访能做到发现得早、控制得住、处理得好。

【建立健全信访工作制度】 年内，针对当前信访面临的新形势，出现的新情况、新特点，上级部门拟定和完善《关于实行信访工作领导责任追究制的规定》《关于进一步规范信访事项受理办理程序引导来访人依法逐级走访的办法》等制度和规定，使林周县信访工作做到有法可依、有规可依，进一步推动信访工作的开展。县委、县政府领导积极参加接待群众来访工作，在“世峰会”“萨嘎达瓦”及十九大期间分管县级领导在县信访局来访接待室值班，接待当日来访群众，及时协调处理重大信访问题。同时每月坚持进行信访隐患排查，将摸排出的重大信访隐患进行通报。年内，围绕阶段的信访情况和问题以信访简报形式共产生31期，使县党政领导及相关单位能及时了解信访工作的信息和动态，从而形成全县齐抓共管信访工作的强大合力。

【队伍建设】 年内，提高对信访工作的认识，尤其加强基层信访工作的法规制度，林周县自2016年开始，经县委、县政府同意，在各级乡镇部门的配合下，实行信访专干轮岗培训，努力提高业务素质，提高处理各类信访问题的能力，充分发挥信访干部在交办、督促、查处、协调等方面的积极作用，在提供信息、调查研究、参与决策、化解矛盾等方面的参谋助手作用。2017年，全县九乡一镇信访专干轮流进行培训，现已有5个乡（镇）共10人参加轮岗培训（轮岗培训期为半年）。

【开展信访法律法规宣传】 年内，进一步深入开展宣传信访条例等有关法律法规活动。在各法制宣传日期间将《信访条例》《中华人民共和国劳动法》《引导来访人依法逐级走访办法》等有关的法律法规对群众进行宣传教育，引导群众进一步加深对国家法律法规的认识和理解，依法办事，依法维护自己的合法权益。同期，共发放《信访条例》《群众依法逐级走访办法》等相关宣传手册共计235份。通过加大信访条例宣传活动，使群众自觉地遵守信访秩序，按照逐级上访原则，杜绝大规模越级集体上访等过激行为。

【矛盾纠纷排查化解】 年内，共排查矛盾纠纷35件，已化解27件，8件正在化解中，化解率达到77%。为迎接十九大的胜利召开，根据《拉萨市开展矛盾纠纷大排查大化解、信访事项清零专项行动方案》的通知，积极贯彻文件内容，同时制定《林周县开展矛盾纠纷大排查大化解、信访事项清零专项行动方案》。根据上级部门要求，同时制定《党的十九大期间信访维稳工作应急处置预案》《党的十九大期间信访维稳工作方案》《信访局关于十九大期间矛盾纠纷排查调处应急预案》。实现各乡（镇）、县直部门齐抓共管，积极预防矛盾纠纷转变为信访事项，切实做到将矛盾纠纷消灭在萌芽状态、处理在当地的工作目标。截至年底，未发生因处理不当的原因导致的重特大信访事项的发生。

（德吉央珍）

【领导名录】

局　长

次仁罗布（藏族）

副局长

德吉央珍（女，藏族）

林周县政府藏语言文字工作委员会办公室（编译局）

【概况】 2017年，林周县委、县政府高度重视民族语言文字工作，认真贯彻执行党和国家的民族语言文字政策，全面贯彻落实全区藏语言文字工作电视电话会议精神和全区各地（市）藏语委办（编译局）主任（局长）座谈会精神，林周县编译局充分发挥藏语文的信息载体和交际工具作用，把党的路线、方针、政策全面、准确地传达到农牧区，极大地提高广大农牧民群众的综合素质，确保林周县经济社会各项事业全面发展和社会局势持续稳定。

【抓好检查整改工作】 2017年，林周县编译局联合县文化执法大队、县工商局、县城管大队等部门于每季度开展藏语文社会用字检查工作，同时开展东孜山宗教活动藏语文社会用字专项清查整改工作，共对100余家商户开展联合检查400余次，下发整改通知书100余份，使藏语文社会用字检查指导工作机制长效化，有效规范林周县社会面藏语文社会用字，切实发挥维护社会稳定的积极作用。

【开展藏汉编译工作】 2017年，林周县编译局承接社会翻译工作，共翻译270余条，翻译各机关单位材料200余份。在检查整改藏语文社会用字工作中，县编译局在做好检查整改工作的同时，积极向社会各界人士宣传《西藏自治区学习、使用和发展藏语文的规定》，强调藏语文社会用字的重要性和严肃性，引起社会广泛共识。

【推进“双语”和谐社区建设】 2017年，积极派遣工作人员参加区市藏语委办组织的各类培训，同时对全县驻村工作队、村主任、村书记、第一书记、下沉干部等开展双语文化素质提升培训；开展藏、汉干部“结对帮学”。结合精准扶贫工作，组成“双语”学习小组，采取藏、汉干部结对帮扶形式进行互帮互学；抓好“双语”自学。要求每名干部职工根据学习安排，认真抓好自学；突出基层实践锻炼。把“双语”培训与落实党员干部联系点等工作结合起来，强化“双语”交流，提高“双语”能力，有力推进双语和谐社区建设工

2017年12月6日，林周县藏语言工作委员会（编译局）开展“规范藏语文文字，构建和谐社会”活动

作；规范县委、县政府、各乡（镇）、机关单位的文件；积极参与促进学校、寺庙双语工作。

（索朗措姆）

【领导名录】

主任科员

扎西罗宗（女，藏族）

副主任科员

倔　白　都（藏族）

林周县政府法制办公室

【概况】 2017年，林周县法治政府建设工作紧紧围绕市委、市政府、县委的中心工作，紧紧围绕经济社会改革发展大局，做大量工作，取得较好成绩。政府行政决策更加科学，行政审批制度改革更加深化，规范性文件制定更加合理，矛盾纠纷化解更加有力，行政执法行为更加规范，为推进林周经济和社会发展提供坚强的法治保障。

【全面履行法治政府建设职责】 年内，按照《拉萨市法治政府建设工作实施方案（2017—2020年）》重点任务，分解落实责任，明确部门职责，强力推进各项工作。加强行政规范性文件审核审查，开展县政府行政规范性文件专项清理，修改1件，进一步增强行政决策的合法性。严格贯彻落实《信息公开条例》，推进决策公开、执行公开、管理公开、服务公开、结果公开，将政务公开贯穿政务运行全过程，县级部门上网公开各类信息1000余条。坚持向人大报告、向政协通报的工作机制，主动接受人大依法监督、政协民主监督及司法监督、社会舆论监督。组织开展法治政府建设考核评价，加强考核结果运用，加快法治政府建设步伐。

【提高决策科学水平】 年内，林周县出台《林周县人民政府工作规则》《林周县政府投资项目管理办法（试行）》《林周县项目管理工作手册》《林周县200万以下项目招标投标管理暂行办法》等，规定凡是涉及全县经济社会发展的重大行政、经济事务的决策，尤其是项目建设、土地征收等重大敏感事件，坚持依法科学民主决策，完善行政决策程序规则，把公众参与、专家论证、风险评估、合法性审查和集体讨论决定作为重大决策的必经程序，并通过多种形式听取人大代表、政协委员、无党派人士、群众团体等方面的意见和建议。制定林周县2017年法治政府建设工作计划，法治政府建设工作要点，明确工作总体要求、任务措施和组织保障。

【权责清单编制】 年内，根据《西藏自治区推进权力清单制度工作手册》和《拉萨市关于推行政府工作部门权力和责任清单制度的实施方案》要求，结合全县实际制定《林周县关于推行政府工作部门权力和责任清单制度的实施方案》，共26家县直部门参与权责清单工作中，行政职权3442项，行政许可163项、行政处罚2528项、行政强制153项、行政征收20项、行政给付25项、行政检察230项、行政确认37项、行政奖励73项、行政裁决8项、其他类205项。清理县级行政职权事项共3项，并认真开展职权调整工作，开展规章、规范性文件清理工作，26家单位对本部门规章、规范性文件进行清查，修改1件，制定“行政权力清单和责任清单”，绘制“权力流程图”和“服务指南”。

【政府法律顾问制度】 年内，建立健全法律顾问制度，2017年县政府与钟山明镜（苏州）律师事务所签订《法律合作协议书》《常年法律顾问合同》，利用微信、QQ等新媒体将顾问的作用引入政府规范性文件审查、代理行政复议和应诉活动，保障政府重大决策合法、有效，增强可操作性，防范行政风险，节约行政成本。

【法治文化阵地建设】 年内，以宣传法律知识、弘扬法治精神、推动法治实践为主旨，大力加强社会主义法治文化建设，提高法治文化影响力，引导各族群众在精神上、信仰上向现代化、法治化迈进，增强各族干部群众对民族分裂主义和宗教极端思想的“免疫力”。把法治文化建设纳入林周县公共文化服务体系，加强法治文化与民族文化、校园文化、廉政文化、行业文化等有机结合，融合发展。加强法治文化阵地建设，各乡镇、各部门、各行业依托公共活动场所各类电子显示屏等设备，多角度宣传法律法规、传播法治咨询、解读社会热点、引导法治舆论。

【联合执法检查】 年内，为进一步加强林周县法治政府建设工作，提升林周县行政执法水平，推动行政执法工作常态化、规范化，进一步提升执法效率，节约执法成本，同时为降低市场主体对执法检查的抵触和反感情绪，减少执法检查次数，林周县积极探索，组织卫生食药、环保、工商、城管等执法单位开展联合执法检查活动4次，有效提升行政执法检查的工作效率。

（索朗措姆）

2017年10月13日，县委副书记、组织部部长、创先争优强基惠民活动领导小组常务副组长、办公室主任何震在强嘎乡调研指导强基惠民干部驻村工作

林周县创先争优强基础惠民生活动领导小组办公室

【概况】 自治区创先争优强基惠民活动第六批驻村工作开展以来，林周县认真贯彻落实区、市党委安排部署，围绕县委、县政府的中心工作，全县广大驻村干部围以建强基层组织、维护社会稳定、促进增收致富、深化感党恩教育、办好实事好事、落实惠民政策、推进扶贫开发“七项重点任务”为抓手，强基础、保稳定、谋发展、促和谐、办实事，有力促进基层经济持续健康发展，维护基层社会和谐稳定，全县创先争优强基惠民活动第六批驻村工作成效显著。

【建强基层组织】 年内，始终把基层组织建设作为驻村工作首要任务，抓好“两学一做”学习教育，深入开展“喜迎党的十九大‘两提三助’看变化”实践活动，帮助村“两委”树立威信、促进工作、提高能力，帮助基层党员干部更新理念、掌握技能、壮大产业。基层党组织增强显著战斗力，基层组织的支部战斗堡垒作用得到进一步巩固，农牧民党员先锋模范作用得到进一步发挥。2017年，各驻村工作队协助村党支部召开会议450余次，召开党员大会250次，集中学习351余次，讲党课45场次，组织开展“主题党日+”活动540余场次，举办党员培训班85期，培训基层党员干部4325人次，将致富能手培养成党员23人，将党员致富能手培养成村组干部（后备干部）15人。帮助村级组织健全村规民约264条，党务村务财务公开制度171条，党风廉政建设等方面规章制度243条。落实基层党组织建设及补充村级组织活动经费10.4177万元，帮助基层落实好党内激励关怀帮扶资金53.19万元，协助村“两委”发展党员157人。

【深化感党恩教育】 年内，采取集中宣讲、入户讲解、制作专题宣传栏、组织文体活动、召开座谈会等方式，广泛宣传党的各项强农惠民政策。邀请老党员、老干部开展“忆苦思甜、展望未来”活动，集中观看新旧西藏对比展板，参观爱国主义教育基地等方式，深入开展爱国主义教育和社会主义核心价值体系教育，增强广大群众知恩、感恩、报恩意识。2017年，全县45个行政村6万余农牧民群众积极参与到“四讲四爱”主题教育实践活动当中，驻村工作队协助召开动员部署会议45场次，开展宣讲教育活动1900余场次，受益20万余人次，县强基办组织开展全县农牧民群众“党的恩情爱我心”主题演讲比赛。同时，全年举办新旧西藏对比故事会280场次、新旧西藏图片展90场次、以身说法专题讲座120场次，普法教育148场次，播放爱国主义电影76场次，群众受教育面达到100%。

【为民办实事好事】 年内，不断深化“党员干部进村入户、结对认亲交朋友”“三进四同三一”、在职党员到村服务活动和“访民情、送温暖”等系列活动，力所能及地帮助群众解决困难。2017年，慰问“五保户”、贫困户、孤寡老人等困难群众10008次，发放慰问金203.31万元。慰问“三老”人员157人次、发放慰问金5.516万元，开展送科技、送技术、送卫生、送信息、送服务活动90多次，投入资金11.075万元；建立民情档案935个，解决民生方面的突出问题38件，为群众办实事好事300余件，涉及资金183万元，惠及全县群众5万余名。

【助力脱贫攻坚】 年内，按照区市县党委、政府的部署要求，坚持把驻村工作与精准扶贫结合起来，不断健全驻村扶贫开发工作机制，积极协助县乡村开展好扶贫政策宣传，逐户建档立卡，分析致贫原因，针对性制定脱贫计划、帮扶措施，建立扶贫脱困帮扶责任制，落实“五个一批”“六个精准”，组织开展技能培训，充分发挥各方资源，改善基础设施、培育致富产业、发展集体经济。2017年，驻村干部及派驻单位结成帮扶对子717户2498人，帮扶率达100%。建立健全联系制度306项，协助开展扶贫开发政策宣讲大会202余场次，发放宣传资料5809份。

【促进增收致富】 年内，驻村工作队坚持把推动基层科学发展和转变经济发展方式贯穿驻村工作始终，积极帮助村“两委”，理清基层发展思路，找准制约基层发展的瓶颈。2017年，工作队帮助驻村理清发展思路152条，找准发展路子80个，制定、完善、实施经济发展规划70项。从为民办实事经费中落实并完成项目87个，涉及资金223.2万元，派驻单位落实的项目12个，涉及资金914万元，个人和企业捐款资金19万元。落实“短、平、快”项目7个、涉及资金157万，计划外项目28个，总投资达968元。累计实施种养殖项目2个、农畜产品深加工项目5个、乡村道路桥梁建设维修项目49个、村集体经济发展项目37个、农牧民实用技能技术培训项目4个，成立农村经济合作组织16个；组织举办农牧民培训班14期，培训农牧民900多人次；组织村级干部群众外出参观学习45批；组织劳务输出1400人次，实现劳务经济收入达250.75万元。

【落实惠民政策】 年内，通过学习宣传党的强农惠农政策，指导帮助驻村落实好各类强农惠民政策，确保各项补贴奖励政策落到实处。2017年，驻村工作队开展强农惠民政策宣讲大会539场次，发放藏汉“双语”优惠政策“明白卡”1万余张，走访慰问群众1.03万人次，涉及资金234.4万元，帮助群众就医557人次、就学1957人次，涉及资金100.2万元，开展“美丽乡村建设”村容村貌整治145次，投入资金10.59万元。

【“两降一升”】 年内，按照自治区党委提出的“两降一升”目标任务，积极帮助农牧民群众改善医疗条件。2017年，发放“两降一升”和包虫病防治工作，印制宣讲材料1.3万余份，邀请专家讲解等方式开展健康咨询和专题讲座198

2017年10月26日，西藏自治区党委政研室派驻林周县松盘乡拉木村工作队向农牧民群众宣讲党的十九大精神

2017年9月14日，林周县召开2017年度强基础惠民生干部驻村工作经验交流会暨维稳工作专题会议

余场次，发放调查问卷1000余份，覆盖45个行政村近2万名群众。帮助孕产妇到医院分娩220人。

【"两学一做"学习教育】 2017年，林周县深入推进"学党章党规、学系列讲话，做合格党员"学习教育常态化、制度化，取得了显著成效。

【安排部署】 年内，召开林周县推进"两学一做"学习教育常态化制度化工作座谈会，制定出台《关于在全县推进"两学一做"学习教育常态化制度化的实施方案》和《林周县委常委会"两学一做"学习教育具体安排》，成立以县委副书记、组织部部长何震为组长的林周县"两学一做"学习教育常态化制度化工作巡回检查组，全过程检查指导。

【学习教育】 年内，全县党员干部重点学习《中国共产党章程》、《关于新形势下党内政治生活的若干准则》《中国共产党党内监督条例》等党内法规；深入学习习近平总书记系列重要讲话；学习《习近平总书记系列重要讲话读本（2016年版）》《习近平谈治国理政》《习近平总书记重要讲话文章选编（领导干部读本）》。认真学习习近平总书记《摆脱贫困》《干在实处、走在前列—推进浙江新发展的思考与实践》《之江新语》《知之深爱之切》《做焦裕禄式的县委书记》等著作；学习党的历史，学习革命先辈和先进典型。进一步增强全县党员干部政治意识、大局意识、核心意识、看齐意识，坚定正确政治方向；进一步树立清风正气，严守政治纪律政治规矩；进一步强化宗旨观念，勇于担当作为，提升全县党员干部在生产、工作、学习和社会生活中践行党员先锋模范作用的主动性。2017年，县委理论学习中心组开展集中学习19场次，"四大班子"县级领导带头参加学习，参学1000余人次。

【督导工作】 年内，在学习教育开展中，市委第四巡回检查组全程认真指导把关，及时做出重要指示，有力推动林周县"两学一做"学习教育扎实深入开展。县委成立的巡回检查组严格按照上级的部署要求抓督导，进一步加强自身学习，进一步深刻领会中央和区市党委关于"两学一做"学习教育的决策部署和一系列指示要求，督促全县各单位扎实推进"两学一做"学习教育常态化制度化有力有序有效开展，确保学习教育不虚、不空、不偏。

（贡秋卓玛）

【领导名录】

组　长

次仁顿珠（藏族）

常务副组长

格旦次仁（藏族）

高　　军

潘志嘉

田嘉勇

何　　震

格桑次仁（藏族）

主　任

何　　震

副主任

乔彤杰

贡秋卓玛（女，藏族）

军　事

林周县人民武装部

【概况】 2017年，林周县人民武装部认真学习贯彻党的十九大精神，坚持以习近平新时代中国特色社会主义思想、习近平强军思想为指导，认真开展“维护核心，听从指挥”主题教育活动，在推动“两学一做”学习教育常态化制度化上下功夫，深入学习贯彻习近平主席关于军队和国防建设的一系列重要论述，紧紧围绕军区党委工作指导和警备区党委（扩大）会议工作部署，着眼提高遂行多样化军事任务和维稳处突能力，狠抓以军事斗争准备为龙头的各项工作，确保了官兵集中统一，确保了单位安全稳定，维护了社会稳定，单位全面建设基础进一步夯实。

【学习教育】 年内，深入学习贯彻习近平主席系列重要讲话精神，贯彻政治建军、改革强军、依法治军方略，围绕迎接党的十九大召开、学习贯彻党的十九大精神，切实把主题教育开展好，把“两学一做”学习教育深化好，确保单位坚决维护习主席这个核心，坚决听从党中央、中央军委和习主席指挥，为圆满完成各项任务提供坚强政治保证。全体官兵特别党委班子是按照全面系统、领悟要义的要求，持续地学习习近平主席治国理政新理念新思路新战略，特别是强军思想的理解，重点学习“军事篇”“改革篇”“陆军篇”和“西藏篇”。通过认真学习，不断强化高举思想旗帜，追随维护核心的政治自觉，保持了部队高度集中统一和纯洁巩固，凝聚了官兵精神魂魄。根据警备区关于推进“两学一做”学习教育常态化的通知要求，林周县武装部党委高度重视，坚持开展推进“两学一做”学习教育常态化制度化活动作为重大政治任务，严密组织。通过开展“两学一做”学习教育常态化制度活动，进一步提高了官兵的思想政治觉悟，广

2017年5月9日，拉萨市委常委、拉萨警备区政委肖光富（右二）在林周县寺庙看望慰问僧人

2017年11月2日，武装部组织官兵开展军事训练考核

大党员对怎样做一名合格党员有了更加清醒的认识。

【民兵队伍改革】 年内，林周县人民武装部把民兵工作调整改革作为本单位年度一项重要的政治任务来完成。根据林周县民兵编制情况，结合民兵组织的现状，以相关文件精神为依据，坚决按照军地兼容、实事求是、因地制宜的原则，对民兵组织、人员进行调整，切实把热爱民兵工作、责任心强、政治觉悟高、具有一定军事素质人员选进民兵队伍，确保民兵队伍的纯洁和可靠性。以基干民兵组织和民兵骨干建设为重点，深化民兵预备役工作改革，圆满完成了民兵整组任务，同时改善了民兵应急分队的组织状况，切实达到了“便于组织、便于训练、便于机动、便于执行任务”的要求。合理编配民兵队伍，建立健全了民兵工作档案。

【安全稳定】 安全稳定是部队正规化建设的主题，是建设单位关键抓手，年内，县武装部严格按照安全管理文件通知精神，开展“条令学习月”、争创安全年、倾向性问题和防松治散专项整治及民兵武器装备仓库专项整治等活动，通过活动的开展，增强了官兵条令法规意识、树牢了官兵安全责任意识、加强了官兵安全管理观念，使官兵认清了安全法规关系全局、认清了安全管理关系个人和家庭安危，从末端解决了遗留的部分安全管理痼疾，正规了秩序、严格了一日生活制度，加强了“六个管好”“四个秩序”制度落实，确保了单位高度安全稳定。

【征兵工作】 年内，本着不等不靠、早筹划的工作原则，在召开年初开训动员会议的同时，向九乡一镇武装部机构负责人布置年度适龄青年兵役登记任务。针对内地西藏班初中、高中学生报考昆明民族干部学院少年培训大队和报考军队院校情况，依据上级兵役、教育等有关部门的通知精神，对辖区报考学生进行了兵役登记、政治考核和体格检查等工作。

【“双拥”工作】 年内，积极协调地方党委、政府，在落实党管武装工作、支持配合国防后备力量建设、物资经费投入、专武干部配备等方面取得了较好的效果。县武装部还以“双进共创”为载体加强与县政府有关部门的沟通协调力度，在扶贫互助工作上发挥积极作用。与林周县“五保”集中供养服务中心开展结对共建活动，通过打扫卫生、参加义务劳动等形式，为“五保老人”送去温暖和关怀；和甘旦曲果镇朱家村困难户洛桑次仁一家结成帮扶对子，实行对口帮带。针对洛桑次仁家庭比较困难的实际，在自身经费比较紧张的情况下，自筹资金，对洛桑次仁一家给予一定的资金和物资上的援助，帮助他们解决生活上的困难，在周末和节假日期间，还专门指派人员，为洛桑次仁的孩子进行学习辅导，帮助其孩子提高文化知识水平。

（晋美朗杰）

【领导名录】

部　长
陈全兵

政　委
田春雷

副部长
叶臻明

林周县公安消防大队

【概况】 2017年，林周县公安消防大队坚持以习近平总书记“对党忠诚，服务人民，执法公正，纪律严明”总要求，紧紧围绕消防部队防火灭火和社会救助为中心工作，在社会火灾防控和部队正规化建设方面取得了显著成效。

【思想教育】 年内，公安消防大队始终坚持“忠于职守铸警魂、赴汤蹈火为人民”的建队理念，把铸牢官兵的思想防线放在第一位，把政治合格作为对官兵的首要要求，把理想信念培养作为政治教育的第一步。在日常生活中，公安消防大队坚持每周党课、党章学习的同时，狠抓两个经常性工作，动态分析全体官兵思想状况，加强一对一的教育管理，及时消除官兵队伍中可能出现各种不稳定因素，切实带动官兵保持强执勤、严备战的积极状态。

2017年9月7日，消防进企业开展“培训+演练”活动

【部队管理】 年内，公安消防大队以正规化建设为落脚点，始终坚持从严治警、从优建警，以“争建先进警种、争创先进警队、争当优秀官兵”的标准，在强化安全管理、狠抓各项规章制度落实及全面做好部队安全防范事故工作上下功夫，通过定期召开队伍管理教育和安全工作形势分析会，组织官兵学习《条令条例》《公安消防部队安全管理规定》《公安消防部队事故防范细则》等规章，并严格落实经常性思想教育工作制度，切实把事故隐患消除在萌芽状态，杜绝事故发生。

【火灾防控】 年内，公安消防大队始终坚持以建设平安林周为工作重心，全面保持高压强力的火灾排查整治态势。大队联合安监、民宗、治安、教育等行业部门成立专项整治小组，坚持以文物古建筑、易燃易爆场所、人员密集场所及公共娱乐场所为重点，坚持定期开展监督检查的同时，针对各行业特点开展错时检查并定期开展复查、回访工作；在重大节点期间，大队通过消防监督人员错时工作制，形成日间、夜间两批检查队伍，把消防监督警力部署到火灾高发时段和高发部位，着力提高对重点部位、重点时段公共消防安全的火灾防控力度，确保辖区火灾防控工作万无一失。2017年，公安消防大队共计执法检查单位1458家、发现火灾隐患和违法行为1325处、下发责令改正通知书468份、督促整顿火灾隐患1201处。

【灭火救援】 年内，公安消防大队始终坚持“拉得出、战得胜、打得赢”为目标，紧密结合林周县的灾害事故类型、特点和分布规律，深入研究高原地质和气候条件下各类灾害的处置措施，科学应对“五大风险”。狠抓攻坚班组建设，广泛开展各类灾害处置演练，不断深化打造消防铁军，建立官兵训练情况登记和考核成绩档案，采取阶段性考核、综合考评等手段，不断激发官兵练兵热情，并积极做好水源调查和防护排烟装备实际测试工作，普查县区消火栓89个，建立健全辖区水源档案，同时，易燃易爆、文物古建筑、敬老院、医院等重点单位建立健全灭火预案并定期开展灭火演练，为实战工作奠定基础。2017年，公安消防大队共计参加安保执勤32次、处置火灾3起。

【宣传教育】 年内，公安消防大队始终以打造“全民消防”为目标，积极发动社会消防宣传力量，动员消防志愿群体，组织中学生成立“格桑花志愿消防服务队”，切实扩大宣传教育的覆盖面和影响力，并联合宣传部门，组织各乡镇及时开展消防安全宣传工作，发动各类宣传人员深入农村发放宣传资料，主要针对村民用火、用电、用气、用油安全教育及基本的灭火常识、火灾逃生方法进行全面普及，公安消防大队共计组织消防教育活动25次、开展寺庙宣传15次、开展寺庙管委会及僧尼代表专项培训会3次，发放宣传单18000余份，形成了全民消防的宣传声势，营造了浓厚的宣传氛围。

【为民助民】 年内，公安消防大队共计慰问贫困家庭25次，深入养老院开展为老人洗衣、洗头、打扫卫生活动3次，赢得了人民群众的高度赞誉。

（洛桑旦培）

【领导名录】

支部书记、政治教导员

单增念扎（藏族）

支部副书记、大队长

邓钦文

武警林周县中队

【概况】 2017年，武警林周县中队坚持以党的十八大和十八届三中、四中、五中全会精神为指导，深入学习贯彻学习党的十九大精神以及习近平主席系列重要讲话精神，紧紧围绕实现党在新形势下的强军目标，在支队党委、县委、县政府的领导下，认真贯彻三级党委扩大会议精神，以提高素质能力为重点，加强党支部能力建设，“一线指挥部”作用发挥明显；以“一个班子、两支队伍”为核心，狠抓中队全面建设，整体建设水平有较大提升；以执勤和“处突”为中心，强化基础性军事训练，各项勤务完成圆满；深化治理“五个重点问题”，部队正规化建设水平不断提高；以严格落实制度为基础，加强后勤规范化管理，部队综合保障能力不断提高；坚持依法从严治军，落实“三个经常”，有效维护“两个稳定”，更加牢靠、更有质量地实现了“两个确保”。

【政治工作】 年内，武警林周县中队官兵践行政治工作时代主题，培养有灵魂、有血性、有道德、有品德的新一代革命四有军人。认真学习贯彻习主席系列重要讲话精神，落实“能打仗、打胜仗”的重要指示，不断打牢官兵听党指挥、能打胜仗、作风优良的思想政治基础。深入贯彻学习落实党的十九大精神，开展“维护核心，听从指挥”为主题教育活动，筑牢官兵思想政治根基；依靠思想骨干，加强心理疏导工作，普及心理健康常识，坚持从源头、从基础抓起，教育官兵安心高原、安心军营；做好经常性思想工作，深入开展“真知心、诚交心、情暖心、常聚心”活动，不断提高“三帮一带”“三互”“双四一”活动工作质量，解决好官兵现实思想问题；开展好读书活动，落实官兵“日记百字、周写一文、月读一书”的要求，真正达到增长知识，提高认识的目的；加强军营文化建设，进一步加强特色文化、特色队伍和政治工作信息网建设；推进“六共”活动的工作，密切军政军民关系，

2017年9月14日，县中队官兵参加社会面维稳方案演练

积极开展对甘曲居委会贫困户及学生的帮扶活动和与县看守所共建单位的共建活动。

【军事训练】 年内，武警林周县中队以能力建设为重点，强化训战一体、寓教于训、以训进德、以训强能、以训肃纪，通过大抓中队军事训练提升能力，以过硬的能力来高标准实现两个确保。按纲施训，抓好技能、智能、体能、心理素质和作风纪律等基础训练；大力开展实战化训练；科学组训，突出抓好军官和士官训练，强化法规训练，正规训练秩序，降低训练安全隐患；提高教练员队伍素质，突出抓好教练员的教学法和现代化教学设备操作训练。要重点突出"两官"编组作业训练，不断提高"两官"组织指挥能力；突出部队针对性训练，加强基本技能训练，突出分队战术训练。

【战备执勤】 年内，武警林周县中队按照"执勤确保安全、处突确有把握、反恐确能制胜、维稳确保平安、救灾确保有效"的要求，科学统筹任务，精心组织，严格落实战备执勤制度，加大执勤隐患治理，严密组织各项勤务，提高勤务正规化建设水平，深化反恐准备，加强对"七种"情况战法的研究和演练，保证固定勤务安全高效，各类临时勤务完成圆满。规范战备值班系统运行、应急响应程序和快速反应机制。提高常态化战备水平，把战备教育、战备演练等关键环节突出出来，扎实抓好春节、藏历新年、雪顿节、"萨嘎达瓦"等节点战备执勤，提高忧患意识；突出情况处置应急训练，把"三员一兵一组"和哨兵先期处置的训练，贯穿于日常执勤工作当中去，不断提高勤务值班员、勤务领班员、哨兵、应急小组对各种情况的反应和处置能力；及时修订完善执勤方案；与用兵单位搞好协同配合，做到互通情况，并按期召开联系联防会议，密切配合，协商解决执勤中发现的各种问题。

2017年9月10日，县中队参加维稳誓师大会

【后勤工作】 年内，以提高中队官兵伙食质量为重点，突出后勤规范化管理。认真做好后勤正规化建设有关工作，强化后勤训练，提高精细化保障水平，为官兵创造良好的物质条件。后勤战备建设，着眼实战，按照全面、严谨、科学的要求，修订完善应急保障预案，力保圆满完成各项后勤保障任务；搞好后勤人员队伍建设，加强对后勤人员的教育、管理和监督，利用驻地资源，组织后勤人员技能培训；搞好伙食、经费和物资管理，搞好农副业生产，提高自给自足能力；搞好艰苦奋斗、勤俭节约教育，落实营产营具、装备器材、生活设施管理责任制；搞好卫生防病工作，搞好健康教育和卫生防病，开展训练伤防护和自救互救训练。

（黄　河）

【领导名录】

中队长

宋新龙

指导员

何瑞超

法治

中共林周县委政法委员会

【概况】 中共林周县委政法委员会是县委领导、管理政法工作的职能部门，负责指导、协调、部署、督促全县各个阶段的维稳、综治、政法工作，协助县委及组织部门管理政法系统领导干部。中共林周县委政法委员会和林周县社会治安综合治理委员会办公室合署办公，共有行政编制10个。同时县维护社会稳定工作领导小组办公室设在县委政法委。2017年，县委政法委牢固树立稳定压倒一切的思想，不断创新社会治理机制，完善社会治理体系，夯实社会治理根基，提高社会治理能力，确保全县社会局势持续和谐稳定。

【综治工作】 年内，进一步调整充实综治工作专班，多次召开专题会议研究解决综治工作中的难点、热点问题，明确各乡镇、各部门党政一把手为综治第一责任人的要求，形成县级领导率先垂范、科级干部以身作则、工作人员积极落实的良好局面。为推动综治各项工作落实，与各乡镇、县（中）直各单位签订《2017年度社会治安综合治理工作目标责任书》，研究制定《林周县综治和双联户工作考评办法》《林周县2017年社会治安综合治理工作要点》，使各乡镇、各单位把握综治工作重点，分阶段扎实有序开展好工作。完善综治委全体会议制度、综治五部委联席会议制度、综治例会制度，建立季度考核机制，每季度考核1次，对综治工作常抓不懈、部署到位。建立健全领导干部综治工作绩效档案，严格执行选拔任用干部征求综治委意见程序，进一步强化综治维稳各项工作的落实。进一步推动《林周县矛盾纠纷预警排查调处工作机制》落实，严格落实矛盾纠纷联席会议制度、林周县干部下访工作制度、重大信访问题领导包案制度、矛盾纠纷月报制度，建立健全矛盾

2017年12月9日，县委常委、政法委书记、公安局局长塔清带队在阿朗乡调处化解矛盾纠纷

纠纷化解体系。做好严打整治工作,组织各职能部门始终保持对各类违法犯罪活动的高压威慑态势,不断净化社会面环境,提高人民群众安全感。加强基层基础建设,积极筹备林周县综治中心建设,在松盘乡、江热夏乡、当杰村试点建立综治中心,整合综治、维稳、司法、信访、民宗等社会治理职能,配齐配强乡镇综治办主任和综治专干,落实岗位津贴,综治基层基础建设进一步加强。积极建设"雪亮工程",在重点部位、重要交通路段等地安装视频监控设配,继续新建和升级改造视频监控点位,并对社会视频监控点位进行整合和接入,提高打、防、控能力。突出综治信息化建设,为全县各行政村接入社会治安综合治理信息网,通过社会治安综合治理信息网,录入实有人口、流动人口、关怀对象、重点场所、联户单位等信息,为工作提供大数据支撑,提高综治工作信息化应用水平。积极组织开展平安单位的创建申报评选工作,以创建"平安寺庙""平安家庭"为重点,及时组织申报自治区级、市级平安单位,不断健全和完善各类机制,有效确保各类工作措施落到实处。截至年底,全县市级平安乡镇覆盖面100%,县级平安乡镇、平安学校覆盖率均达100%。为进一步巩固平安创建活动成果,对已授牌的平安单位进行动态跟踪管理,严格执行《拉萨市平安创建活动动态管理办法》《林周县平安创建工作动态管理实施办法》的要求,对出现问题的平安单位,按

2017年8月20日,政法委副书记、综治办主任谢彦芳组织各乡镇综治办主任召开综治例会

照相关规定实行通报批评、限期整改、黄牌警告以及摘牌的处理。抓好流动人口服务管理工作,各部门协调联动,及时为流动人口提供社保、医疗、入学、就业、迁移等方面的服务与帮助。积极开展综治培训工作,采取集中培训和跟岗学习的方式提高基层工作人员的业务水平。5月,举办2017年第一期基层综治干部培训班,并由市、县综治办工作人员进行授课,就综治、"双联户"工作进行深入的讲解,达到了预期效果。积极开展综治宣传工作,利用"3月综治宣传月"及"6月综治宣传周"及"9·16"平安西藏宣传日等宣传活动,采取设立宣传点、摆放宣传展板、播放LED宣传标语等形式开展法治宣传教育,各类宣传活动参与单位100余家次,悬挂横幅100余条,发放宣传资料100余种2万余份,农牧民群众9000余人次不同程度受到教育,达到预期效果。

【"双联户"工作】 年内,林周县继续高度重视联户平安、联户增收工作,成立以党政主要领导为组长、副组长的"双联户"工作领导小组,配套100万专项经费。根据"精准扶贫""以迁脱贫"的要求,为全县精准扶贫集中搬迁户新增联户单位,将"双联户"体系深入到扶贫对象中。结合林周实际对现有联户单位进行重新核查和整理,共划分联户单位1309个,选出1309名联户代表。所有联户代表,全部接受系统培训,提升思想认识,提高工作能力。年内,全县联户单位共开展矛盾纠纷排查1085次,调解家庭邻里矛盾纠纷135起,排查各类安全隐患1112次,整治安全隐患304次,卫生整治2957次,开展治安巡逻1751次,实现联户和谐保平安的目标。通过小额信贷联保联担、集体组织联创联营、增收渠道联创联享、科技知识联学联教等手段,结合净土健康产业项目和

精准扶贫工作,持续关注就业信息,为联户群众介绍工作岗位,通过农牧等部门邀请农牧业专家在林周县授课、发展好大部分联户群众赖以生计的农牧业,积极鼓励群众创办联户集体经营组织,努力致富增收。共创办“双联户”经济实体52个,直接带动联户群众致富511人,实现增收746000元。认真做好“幸福家园”微信平台工作,“幸福家园”平台共报平安393612条,报事件70159条,信息报送情况不断提高。按时足额拨付联户代表补助资金,2017年上半年,共拨付联户代表补助资金133.8万元,为符合条件的获奖联户家庭办理公务员加分手续14份,高考加分手续2份。积极发展工作优秀的联户代表进入党组织,共吸纳42名党员联户代表进入村两委后备干部中,强化联户党建工作,进一步提高联户代表工作热情。认真完成“先进双联户”创建评选工作,制定《林周县2017年“先进双联户”创建评选活动实施意见》,层层成立考核领导小组,共选出村级“先进双联户”229个、奖励联户群众2564户;选出乡级“先进双联户”54个、奖励联户群众603户;选出县级“先进双联户”20个、奖励联户群众228户。另外选出乡级先进村15个,县级先进村5个、县级先进乡5个。

【政法工作】 年内,结合“两学一做”专题学习教育活动,组织政法干警大力开展核心价值观教育实践活动和岗位大练兵活动,积极组织政法系统各部门加强理论知识学习,开展常态化学习活动,在每周二、周四开展政法系统专题学习会议,学习党的十九大精神、党章党规、系列讲话、政治理论知识、业务知识等内容,开展党风廉政教育、意识形态教育、理想信念教育、宗旨教育、民族团结教育、纪律作风教育、正反两方面教育等各项教育工作,进行岗位大练兵成果展示,提高政法干警的业务素质和能力。大力发展优秀同志成为新党员,开展一对一党员结对帮扶工作,解群众之忧、排群众之难。加强自身管理与党建工作,深入各乡镇、各行政村、学校、寺庙,开展业务工作检查与指导,为群众办实事、做好事、解难事,做人民群众的贴心人。加大对案件督察督办、执法办案有关协调工作力度,不断提高执法公信力。积极开展政法队伍纪律作风整顿活动,重点解决部分干警思想认识上模糊、偏差问题,克服厌倦、消极、慵懒情绪,开展好公正执法活动,坚决查处以言代法、以权压法、徇私枉法行为。健全司法救助体系,做到司法公正、公开,做好涉法涉诉信访工作,努力实现维护司法权威与维护群众合法权益的统一,落实好依法治国理念。

(贾明阳)

【领导名录】

县委常委、政法委书记、公安局局长

塔　清(藏族)

副书记、综治办主任

谢彦芳(女)

综治办副主任

益西加措(藏族)

2017年10月9日,林周县召开党的十九大维稳安保誓师动员大会

林周县公安局

【概况】 林周县公安局于1973年10月1日成立,前身名为林周县人保组,1989年由彭波农场公安分局、林周农场公安局、林周县公安局合并组建,核定编制数

2017年9月12日，县委常委、政法委书记、公安局党委书记、局长塔清在强嘎乡典冲村慰问结对帮扶户

133 人。全局下设办公室、警务保障室、警务督查科、法制大队、指挥科、行动大队、信通科、综合科、情报科、国保大队、刑警大队、治安大队、特警大队、交警大队、看守所、边交林乡派出所、江热夏乡派出所、甘旦曲果镇派出所、卡孜乡派出所、春堆乡派出所、强嘎乡派出所、阿朗乡派出所、旁多乡派出所、唐古乡派出所、甘曲寺派出所、达龙寺派出所、热振寺派出所、桑旦林寺派出所、"选矿厂" 检查站等 29 个部门。

2017 年，全局共 383 人，其中民警 213 人（副县级 1 人、正科级 13 人、副科级 32 人）、辅警 116 人、公益性岗位 36 人、临时工 3 人、工人 1 人。党员共有 159 人，其中党员民警 133 人、党员辅警 22 人、党员临时工 1 人、党员公益性岗位 2 人、党员工人 1 人。

【警务实战化建设】 年内，林周县公安局在充分调研论证的基础上，积极借鉴拉萨市公安局和兄弟县区公安局的先进经验，正式组建警令部。同时，为进一步理顺甘旦曲果镇派出所与 4 个便民警务站管理机制，林周县公安局将便民警务站统一划归甘旦曲果镇派出所管理，在便民警务站原有七项职能基础上，又因地制宜地拓展七项职能（治安管理、人口管理、消防监督、单位保卫指导、治安案件处置、交通违章行为查处、巡逻盘查），并在县城推行社区警务管理模式。7 月 18 日，林周县公安局积极争取援藏渠道，与江苏省常熟市公安局建立长期警务交流和人才培养新机制，将业务骨干以 "送出去" 模式开展挂职锻炼，使业务骨干开阔眼界、增长才干。同时，林周县公安局充分发挥全局各部门 "小教员" 的作用，将全局 30 名小教员有机整合，以 "组团式送教基层" 和岗位练兵的形式，开展武器警械使用、实弹射击等警务实战科目训练，着力提升一线民警实战技能。

【基础信息化建设】 年内，为彻底解决林周县公安局机房线路老化，设备损坏、机房线路走线复杂不规范、机房设施不完备、运维困难等老大难问题，林周县公安局投入资金 174 万元，对公安局机房进行全面升级改造。建立规范化的机房、配置高性能的 UPS 供电系统，保障信息系统安全运行，投资 290 万余元，经建设，完成乡镇派出所视频会议系统。

【执法规范化建设】 年内，深入推行 "案件终身制"，建立完善全局民警个人执法档案，实现 "每一份案卷当中都有一份执法档案"，强化对执法质量管控和执法过错追责；狠抓民警执法执勤现场督察，将民警的执法质量和督察记录与民警当月绩效、年终评优、提拔使用相挂钩，实行 "一票否决制"；定期组织执法突出问题 "回头看" 和执法考评，整改突出问题；强化执法监督，健全完善执法制度，实现执法、取证、办案各个环节的监督制约，专门制作《林周县公安局执法规范化指导手册》和《林周县公安局党员领导干部廉政教育手册》，从执法方方面面予以规范。通过聘请执法监督员，收费标准公开，程序制度上墙等形式，自觉接受社会监督。

【队伍正规化建设】 年内，林周县公安局结合 "两学一做" 学习教育及 "迎接十九大忠诚保平安" "忠诚教育月”等专项学习教育和民警思想实际，为深入学习贯彻习近平总书记重要讲话精神，特别是“四句话、十六字”的总要求，及时制定思想政治教育计划和方案，严格落实每周不少于两次的政治理论学习，用好用活教育载体，确保人员、时间、地点、内容、效果、心得“六个到位”，强力铸牢人民警察忠诚警魂，永葆忠诚本色。利用“七一”“十一”等时机，通过重温入党入警誓词，不断提升思想政治工作时效性；坚持从严治警。狠抓民(辅)警日常习惯、作风养成、工作监督和责任倒查追究，从规范警车停放、佩戴执勤证等细节入手，狠抓队伍管理；创新队伍监督管理方法，定期召开民(辅)警家属座谈会，通报队伍管理现状，联合民(辅)警家庭，紧紧瞄准“八小时以外”，形成双管齐下、齐抓共管的队伍管理模式；坚持从优待警，相继推行“生日慰问、伤病看望、困难救助”等惠警暖心措施，增强民(辅)警对公安局“大家庭”的归属感和认同感；加强公安宣传，以拉萨公安信息网、林周县公安局信息网和“两微一端”(微博、微信和今日头条客户端)为核心，全方位、多视角、创新性开展思想宣传工作，打造坚实的“互联网+警务”“互联网+宣传”格局；精心打造“走廊文化”，利用公安局大楼一楼至四楼走廊，分别建设廉政文化走廊、法制文化走廊、党建文化走廊和警营文化走廊，使党员民(辅)警耳濡目染，时刻接受教育。

2017年8月2日，林周县公安局组织干警在江苏省常熟市政法公安部门交流考察学习

【严打整治专项行动】 3月，林周县公安局先后部署开展以“三个不发生”“六个大排查”“九大专项行动”等专项行动为主攻的严打整治行动，持续加大对“盗抢骗”、农牧区黑恶势力、风险性经济犯罪、涉毒犯罪、食品药品犯罪等违法犯罪行为的快侦、快破和严查、严惩力度，牢牢掌控社会治安形势。年内，共立刑事案件9起，破现案8起，带破拉萨隐案3起，抓获犯罪嫌疑人20人，刑事拘留8人，逮捕7人，起诉7人，及时挽回经济财产损失折合共5万余元。共立治安案件15起，结案15起，行政拘留16人，罚款9100元。

【道路交通安全专项整治】 年内，林周县公安局以多措并举预防重特大道路交通事故为中心，坚持严打严管与法治宣传相结合，坚持隐患排查与联动治理相统一，突出重点路段、重要路口，严厉打击无证、酒后驾驶、不按规定上牌照、故意遮挡号牌和农用车载人等突出交通违法行为。9月和10月，先后部署开展“9月交通严打统一行动”和“林周县公安局迎接十九大道路交通专项整治行动”，始终保持逐渐趋紧的打击节奏，坚决遏制重特大道路交通事故发生。加大向交警部门配发警务装备力度，推行“白天见警车、晚上见警灯”工程，并结合汛期实际，动员各责任单位，开展“地毯式”隐患排查治理。年内，共依法查处各类道路交通违法行为879起，拘留13人(其中准驾不符2人，饮酒驾驶1人，无证驾驶10人)，罚款292650元，共发生交通事故42起，其中受案4起(伤人交通事故3起，死亡交通事故1起)，排查整治交通隐患35起。

【火灾隐患排查整治行动】 年内，围绕春季火灾防控和夏季消防安全检查工作要求，以文物古建筑，人员密集场所，建筑施工工地，“九小”场所，化危品场所等为重点，积极协调有关部门深入全县重点场所开展隐患大排查，对各类火灾隐患和消防违法行为实行“零容忍”。全年，共排查寺庙650家次，学校2875所次，“九小”场所9354家次，医院45家次，人员密集场所56家次，排查消防隐患36处，当场整改28处，限期整改8处，停业整顿1家。

【法治宣传】 年内，深入贯彻落实“打防结合、预防为主”的工作方针，以“民族团结综治宣传月”为契机，组织国保、法制、刑警、交警等专业警种，一方面走上街道、进入校园、深入牧区寺庙，大张旗鼓开展宣传。在“望果节”“赛马节”等人员聚集活动现场，不失时机地扩大宣传阵地，通过摆放宣传展板、悬挂横幅、发放礼品、张贴标语和公布报警方式等，向辖区群众揭露犯罪分子的盗抢手段和诈骗伎俩，传授防范知识，不断提高群众法律意识、安全意识和自我防护意识。

【行业场所管理】 年内，林周县公安局结合“大检查、大清理、大整治”专项行动、定期不定期对企事业单位、学校、医院、金融系统、油气站、特种行业、娱乐场所等开展安全大检查，重点抓住管制刀具、散装油品、易燃易爆、剧毒危化和音像制品等关键方面，加大收缴整治和法治宣传力度，不断净化社会环境。2017年，共检查娱乐场所1623家次，排查治安隐患23处，停业整顿2家，限期整改6家，取缔1家。共排查废旧金属收购业8家，检查九小场所2516家次，排查消防隐患66处，当场整改66处。共收缴散装汽油83公升，柴油120公升，管制刀具89把，香蕉水10公升，鞭炮7卷。

【流浪犬清理整治】 年内，以包虫病防治为抓手，按照“一户一档”“一犬一档”的要求，共建档流浪犬6122只，清理流浪犬5822只，发放宣传资料7000余份，办理养犬证11张。

【综治维稳】 年内，在重大节日活动前夕，及时召开专题会议，通报维稳形势，研判维稳工作，强化维稳措施。在严格落实月例会基础上，推行每季度召开情报、交警、治安专题会议，阶段性分析形势、查摆不足、明确目标，针对重大节日活动研究制定维稳防控工作总方案、专项行动分方案和应急处突预案等一系列方案预案，确保方案与任务之间，总方案与分方案之间衔接紧密、部署到位。林周县公安局二级“护城河”检查站在查控方式和标准要求上主动提档升级，认真履行一级检查站职责，在严格落实好双向检查的基础上，按照上级工作要求，对过往人员、车辆、物品严格盘查检查，坚决将一切隐患封堵在外围、消除在源头。年内，共检查车辆24万余辆，盘查人员53万余人，劝返证件不全48人，收缴散装油品94公升，管制刀具26把，弓弩1把，套牌4副，查获在逃人员2人，假证无证2人。继续强化易燃易爆物品管理，严格落实成品油购买实名制登记制度，并结合各类清理清查行动，将成品油、香蕉水、电解水作为清理清查重中之重，加大对私存成品油、地下销售成品油的收缴和打击力度。强化

2017年1月10日，林周县公安局干警开展“110”宣传日活动

2017年5月4日，林周县公安局组织庆“五四”文体系列活动

应急处突能力建设，及时调整应急预案，补充处突装备，加大应急合成演练，确保一旦遇到突发情况能调得出、冲得上、靠得住、打得赢。

【群防群治】 年内，林周县公安局加强与统战、民宗、武警、消防以及基层治保力量等单位的沟通与联系，借鉴以往成功经验，深化由公安牵头，各相关单位及驻村、驻寺、“双联户”和民兵等力量配合的联勤联防联动工作模式，形成维稳工作“一盘棋”格局。

【勤务安保】 年内，林周县公安局始终坚持“提前部署、超前谋划”的原则，提前制订方案、提前踏勘对接、提前排查隐患，通过科学用警、依法执勤，圆满完成全国“两会”“一带一路”国际高峰论坛等重大节点和重要宗教活动期间安保任务。

（次仁罗布）

【领导名录】

县委常委、政法委书记、公安局党委书记、局长

塔　清（藏族）

副局长

尼　玛（藏族）

林周县人民检察院

【概况】 2017年，林周县人民检察院政法专项编制28名，其中领导职数3名；工勤人员3名；内设机构6个，分别为办公室、职务犯罪检察科、控告申诉检察科、刑事执行检察科、公诉侦查监督科、案件管理办公室。

【刑事犯罪】 年内，始终把维护国家安全和西藏社会长治久安作为第一要务，依法打击一切分裂祖国、破坏稳定的活动，严厉打击各类严重危害社会治安犯罪，依法履行批捕、起诉职能。年内，共受理公安机关移送审查逮捕案件5件6人。其中，做出批捕决定4件5人，做出不批捕决定1件1人。共受理移送审查起诉案件7件8人，提起公诉6件7人，1件1人作不起诉决定。受理未成年人盗窃案2件3人，其中1件1人做出批捕决定，案件审结率均达到100%。

【查办和预防职务犯罪】 年内，牢牢把握改善民生、凝聚人心这个出发点和落脚点，坚持司法为民，及时跟进重大项目实施、重大工程建设、生态保护、社会事业等重点热点领域，围绕中央对西藏财政、税收、投资、金融、扶贫等政策的落实，综合运用打击、预防、监督、教育、保护等多种法律监督手段，更好地服务林周经济社会发展。开展重点项目预防职务犯罪活动。组织专门人员，成立领导小组对扶贫领域项目的招标、施工、资金拨付等关键岗位开展职务犯罪预防，并对重点项目建设单位和相关财务人员进行职务犯罪预防法治宣传，切实加强经济领域犯罪的预防工作。开通行贿犯罪档案查询服务。针对有行贿犯罪记录的单位和个人，由行业主管或监管部门限制或禁止市场准入，有效遏制贿赂犯罪，促进诚信建设，服务经济社会科学发展，构建针对商业贿赂的“防火墙”。加大对渎职侵权犯罪的打击力度。坚决贯彻党中央关于反腐败斗争的决策部署，充分发挥检察机关在反腐倡廉建设中的职能作用，紧盯渎职

侵权犯罪多发的重点领域，受理渎职侵权线索1件1人，已转交县监察委。

【开展“立案监督”专项检查】 年内，在县公安局及九乡一镇派出所，对案件登记不规范、证据意识差、主动办案意识不强进行指导。积极征求侦查机关对检察院立案监督工作的意见建议，确保侦查行为实体和程序合法。

【审判活动监督】 年内，充分利用对各类刑事案件依法出庭支持公诉之机，除对法庭的审判活动进行严格监督外，还加强对判决生效后执行情况的监督，确保审判活动公正、合法。

【食品、药品监督】 年内，加大对林周县食品、药品的监管力度，对县辖区的3所学校食堂、周边商铺进行行政执法监督并下达《检察建议》2份，切实保障学生们舌尖上的安全。

【环境保护检查】 年内，积极配合中央环保督查，协助县相关环保部门对周边矿山、沙场进行多次检查，对发现的问题及时整顿。根据《关于对唐古乡人民政府监管责任落实不到位、履职尽责不自觉的通报》的文件线索，主动出击，深入北部唐古乡沙矿了解情况，责令其停止开采、恢复原貌，并下发检察建议1份，有效维护社会公共利益。

【法治宣传】 年内，开展“一院一品”即“进机关、进乡村、进企业、进学校、进寺庙”法律五进品牌创建活动。在县城、乡镇、村组和寺庙，通过悬挂法治教育图片、设立法律咨询台、发放法律常识小手册及法律宣传单等形式，深入全县3所学校、2座寺庙、二乡一镇进行宣传教育，共开展普法宣传活动25次，有效提高社会公众的守法维权意识。通过县电视台、林周之窗和检察院“两微一端”等宣传媒介，利用警示教育片、宣传展板、法律咨询台等载体打造法治宣传平台。充分发挥法制宣讲团作用，成立骨干检察官宣讲组，以解决群众最关心、最直接、最现实利益问题有关的法律法规和政策为切入点，推动法治教育宣讲新高潮。以发放各类宣传材料，设法律大讲堂为载体，大力推行“法律五进”活动。针对不同普法对象的特点和需求，在全县领导干部和国家公职人员中发放《国家机关工作人员廉政风险领域》《行贿犯罪档案查询》200余册；在乡镇群众中发放《惩防涉农惠民领域职务犯罪》《中华人民共和国婚姻法》300余份；组织企业代表开展法律大讲堂，并发放《中华人民共和国公司法》《中华人民共和国劳动合同法》100余份；向在校中小学生发放《中华人民共和国未成年人保护法》《中华人民共和国未成年人预防犯罪法》300余份；在寺庙僧尼中发放《中华人民共和国宪法》《宗教事务管理条例》《爱国主义宣传册》100余份，使得广大群众、干部更加了解检察机关职能作用，充实相关法律法规知识，在讲文明、促和谐、维护林周社会稳定上取得实效。

【社会治理创新】 年内，选派5名干警分别参与到边交林乡产业园区整治工作组和甘旦曲果镇低保整治工作组、北部草场纠纷工作组中，积极宣传相关法律知识，及时化解矛盾纠纷，提供法律咨询

2017年10月30日，党组书记、检察长刘玉梅讲党课

2017年9月13日，检察院开展“主题党日+”活动

服务，并充分发挥检察工作特点，对产业园区管理和低保整治工作中是否存在行贿受贿、职务犯罪等行为进行初查，切实将检察工作触角延伸到群众中、延伸到工作的各个环节，确保在全县范围内营造良好的法治氛围。将化解矛盾贯穿执法办案始终。注重释法说理，在办案中耐心做到对当事人的法律解释和思想疏导，加强对当事人认罪服法教育，积极引导和教育当事人化解积怨，使执法办案过程变为化解矛盾、促进社会和谐的过程；建立社会矛盾调处机制。开通检察监督举报电话“6125380”专线，加强与县纪委、县政法委、县司法局等相关单位的工作联系，形成相互联动、主动介入、积极调节的工作主动权，完善社会矛盾调处联动机制。

【“两学一做”学习教育常态化制度化】 年内，推进“两学一做”学习教育常态化制度化，坚持思想建党、组织建党、制度治党紧密结合的有力抓手，不断加强党的思想政治建设的有效途径，是全面从严治党的战略性、基础性工程，全院党员干警充分认识推进“两学一做”学习教育常态化制度化的重大意义，自觉把思想和认识统一到中央决策部署上来，深入把握“两学一做”学习教育常态化制度化的目标任务和基本要求，在抓长抓细抓常上下功夫、求实效；强化思想理论武装，努力在“学”这个基础上做到常态化制度化。要在“学”上深化拓展，持续学、深入学，把党章党规、系列讲话作为经常性教育的基本内容，统一起来学习、统一起来领会。要持续深入学习党章党规，加强党性锻炼和思想改造。要持续深入学习系列讲话，更好统一思想、武装头脑。要联系实际学、带着问题学、紧跟中央要求学，切实增强学习内容的针对性、时效性；要对标“四个合格”，努力在“做”这个关键上做到常态化制度化。全体党员干警要以“四个合格”为标准，主动对照、时时检视，从具体问题改起，从具体事情做起，努力做合格党员、合格检察干警。要始终做到执行纪律合格，心存敬畏、言有所戒、行有所止，严守党的纪律特别是政治纪律和政治规矩。要始终做到发挥作用合格，弘扬“三严三实”作风，敢担当、敢负责、敢作为，推进检察事业创新发展。截至年底，共开展集中学习40次，撰写简报20期、心得体会100余篇，每名干警至少撰写学习笔记10000字以上。

【检察人员分类改革初显成效】 年内，对现有检察人员按照检察官、检察辅助人员和司法行政人员三类进行分类管理。科学合理配备检察官员额。检察院现有政法专项编制数28个，按照上级院关于基层院员额检察官占政法专项编制39%要求，核定检察官员额8名。根据《西藏检察机关检察官助理和书记员职务序列改革实施办法（试行）》，核定检察官助理8名、书记员4名，并完成对检察官助理和书记员的职务套改工作，有效促进司法辅助人员队伍的专业化、职业化建设。

【大部制改革】 年内，按照有利于服务改革发展稳定大局，有利于实现检察工作一体化的思路，检察院从实际出发，优化机构设置，完善职能配置，整合检力资源，建立机构设置合理、职责划分明晰、编制配备精干、运转有序高效的检察工作机制。将原有的办公室、公诉侦查监督科、职务犯罪检察科、控告申诉检察科、刑事执行检察科、案件管理办公室6个科室优化整合为综合保障部。增设部长1名,由院党组领导兼任,设副部长1人,协助部长开展工作,为检察机关依法履行职责提供坚强的组织保障,截至年底,大部制改革工作还在审批中。

【检察官办案组分类组建】 年内,根据履行职能需要、案件类型及复杂难易程度,结合审查逮捕起诉、职务犯罪侦查和诉讼监督等三大类办案业务的特点,以检察官办案组为办案组织形式,将入额检察官全部安排到办案一线,检察官办案组在主任检察官的领导下开展司法办案工作。按照"1名主任检察官+1名检察官+2名检察辅助人员+1名书记员"的模式组建办案组,不仅优化资源配置,而且充分发挥检察官业务骨干作用,形成整体合力,提高案件质效。

【强基惠民工作】 年内,林周县人民检察院选派2名干警到林周县春堆乡洛巴堆村开展驻村工作。截至年底,为民办实事7件,投入经费13万余元,化解基层矛盾纠纷8起,结合"四讲四爱"开展爱国主义及法治宣传等各类宣传40余次,有力夯实党的执政根基。2017年,林周县人民检察院集中开展"精准扶贫千名干部帮千户"慰问活动,详细了解洛巴堆村结对帮扶32户家庭的生活情况、身体状况以及生活中存在的实际困难,并为结对帮扶对象家庭送出慰问金共计3万余元。

(刘晓萍)

【领导名录】

党组书记、检察长

刘 玉 梅(女)

副检察长

尼玛旺姆(女,藏族)

珠 扎(藏族)

2017年5月4日,检察院干警参加政法系统"五四"文艺会演

林周县人民法院

【概况】 2017年,林周县人民法院深入贯彻落实党的十九大和十八届三中、四中、五中、六中、七中全会及中央第六次西藏工作座谈会精神,以习近平总书记系列重要讲话精神和治国理政新理念新思路新战略为指引,紧紧围绕"努力让人民群众在每一个司法案件中感受到公平正义"的工作目标,大力加强审判执行工作,全面推进司法体制改革,着力打造过硬法院队伍,各项工作取得新进展。法院共设有办公室(研究编译室)、立案庭、刑事审判庭、民事审判庭、行政审判庭、审判监督庭、执行局、司法警察大队共8个副科级内设机构,共受理各类案件409件,审结案件403件,审执结率98.53%。

【惩治犯罪维护社会平安】 年内,共受理刑事案件6件7人,审结5件,审结率83.33%。坚持"严打"方针,对主观恶性大、社会危害较大的案件,依法从严从重从快惩处,对3起盗窃案件依法严惩,有力地震慑犯罪行为,增强群众安全感。充分发挥刑事审判在惩治腐败、建设廉洁政治中的职能作用,坚持宽严相济刑事政策,做到宽严有据、罚当其罪,依法对犯罪情节轻微、社会危害不大的被告适用缓刑。特别是针对未成年人犯罪案件,坚持"教育、感化、挽救"方针,探索社会矫正刑罚的适用,最大限度挽救失足未成年人,使其能够重返社会。

【化解涉诉信访构建和谐】 年内，林周县人民法院从内强素质出发，配齐配强立案庭信访干警，并与县信访局、司法局等综合部门形成联动，构建信访案件化解联动机制。同时，依托县委、县政法委、县政府全力化解积案，县委、县府主要领导亲自参与信访联席协调会，县政府投入资金化解信访矛盾纠纷。年内，涉法涉诉信访案件有2件，即林卡丹系列案及措龙采石厂系列案，均已全部化解，为构建林周县政治经济和谐稳定做出应有的贡献。

2017年4月14日，法院立案庭工作人员在唐古乡进行上门审理案件

【法治宣传教育】 年内，结合林周县人民法院审判执行案件特点、各节日节点特色及中心工作需要，采取法制讲座、以案释法、青少年维权岗等形式，从人民群众关心、关注的热点、难点着手，开展普法宣传教育12场次，发放藏汉双语宣传资料1500余份，受教育群众近2000人次，引导各族群众以法治思维、法治方式解决纠纷。积极邀请新闻媒体进行宣传报道1次，报纸新闻报道5篇，起到“审理一案、教育一片”的良好效果。同时，发挥司法建议的补漏作用，向党政机关单位企业提出司法建议5条。

【民事审判】 年内，受理民商事案件320件，全部审结。充分发挥民事审判保障和改善民生的职能作用，对追索劳动报酬、婚姻家庭等各类民生案件开辟“绿色通道”快审快结，全年审结民生案件85件。加大对合同纠纷、借贷纠纷等案件的审理力度，针对林周县辖区矿山企业较多的现状，加大对涉企合同纠纷处理力度，2017年审、调结涉企合同纠纷10件，构建良好的企业发展环境。本着做好庭前调解、做细庭上调解、做实庭后调解的原则，不断增强调解力度，加强与各乡镇、县司法、信访局、人社局等部门的联动，构建起大调解的社会格局，定纷止争取得积极效果，2017年调撤案件310件，调撤率91.88%。

【执行工作】 年内，受理执行案件83件，执结率93.98%，执结标的额1128.67万元，到位率52.75%。严格规范执行行为，建立执行人员责任清单，完善执行案件管理系统，办案环节网上运行，执法记录仪记录执法过程，实现全程留痕。不断健全执行措施，充分利用执行查控系统，对查询到的财产线索立即采取措施进行控制，组织财产处理，保证不让查询到的财产流失或转移。强化执行威慑作用，积极推进社会信用惩戒体系建设，依法公布失信被执行人4名，同时针对不同的被执行人制定针对性地执行对策，依法用足用活法律赋予的查封、扣押、冻结、拍卖、拘留、罚款等强制措施。2017年，林周县人民法院以高法“二至三年内基本解决执行难”的方针为导向，依托拉萨中院“雪域飓风”专项执行行动，不断加大工作力度，提升执法办案水平。将严格规范管理，全力推进主动执行机制，强化立案、审判、执行各部门相互间的协作配合，构建全县的执行联动机制，争取从根本上解决“执行难”问题。

【推进司法公开】 年内，依托网络信息化建设，着力构建开放、动态、透明、便民的阳光司法机制，让正义以看得见的方式运行。利用科技法庭审理案件16件，把案件审判过程纳入信息化管理。深入推进审判流程、裁判文书、执行信息、庭审直播四大公开平台建设，上网公布裁判文书87份、其中藏文裁判文书2份，网上庭审直播案件2起，并完成全区首例远程庭审案件审理，倒逼法官提高司法能力和办案效率。

【推进陪审工作】 年内，充分发挥人民陪审员参与案件审理、监督审判活动、联系人民群众的重要作用，邀请人民陪审员参与案件的调解、庭审、合议等过程，2017年，共邀请人民陪审员参加34起案件的审理。选派一名人民陪审员参加上级法院组织的双语培训，并邀请国家法官学院老师到林周县对全体人民陪审员就民事审判中人民陪审员的职责与权利、参审活动和程序要求、陪审职业道德等内容进行为期两天的专题培训。

【推进职务套改】 年内，林周县人民法院按照中央深化司法体制改革精神，积极推进法官责任制、人员分类管理制度的贯彻落实，严格执行法官员额制相关文件精神，确定员额制法官10人、司法辅助人员13人、司法行政人员1人的分类定岗工作，为司法体制改革向纵深发展扎实基础。

【规范司法行为】 年内，认真落实林周县人大常委会关于规范司法行为工作的审议意见，从健全司法行为规范、改进司法管理、推进司法公开、加强司法队伍建设等方面入手，从全面完善院内规章制度，并整理上墙；实现文件电子化、信息化分类归档管理；干警着制服规范化上岗等方面着手，深入持续开展规范司法行为年活动，切实提高林周县人民法院整体业务能力，推动审判执行工作质量与效率的稳步提升。

【立案工作】 年内，严格落实立案登记制，做到有案必立、有诉必理，当场登记立案率100%，最大限度地维护当事人诉权。按照“一站式服务到位、一次性告知周全、一次性办理妥当”的工作要求做好立案工作，一次性告知当事人补正材料289次。2017年，“12368”诉讼服务热线为32人次提供法律咨询查询服务。加大司法救助力度，为当事人减免缓诉讼费1.52万元，让人民群众切实感受到司法的温暖。

【发挥法庭作用】 年内，唐古人民法庭深入贯彻“以当事人为本”的工作理念，从便民利民、减轻群众诉累出发，在全县九乡一镇设立45个巡回审判点和10个流动收案点，构建起“多层次”的诉讼服务网络，深入田间地头、农家小院、牧民帐篷开展“一站式”巡回审判诉讼服务，并积极探索“诉调对接”“小额诉讼速裁”“人民调解司法确认”等多元化纠纷解决机制，全年接受当事人146次预约，审结143起民商事案件，均以速结形式当场办结，有效化解和调处农村矛盾纠纷，充分发挥人民法庭在便民利民诉讼服务中的高效作用。

【驻村工作】 年内，为切实提高群众致富积极性，加快推进农业机械化水平，提高农业作业效率，购买价值238500元的262台人工自动割草机发放至村民；为方便农牧民报牲畜死亡保险等诸多

2017年3月21日，林周县人民法院干警参加植树节活动

2017年3月28日，林周县人民法院法宣队在唐古乡江多村开展西藏解放58周年宣传活动

事务，特购买4台照相机发放至各小组；利用自身业务优势，主动参与矛盾纠纷调解工作，联系院流动法庭，有效化解一起民事纠纷，真情实意为群众办实事解难事。

【开展“两学一做”学习教育】 年内，以党组学习带动、部门学习深化、个人自学提高等方式灵活安排学习形式，以讲廉政党课、观看警示教育片、开展专题研讨会等方式丰富学习载体，认真学习党章党规、学习习近平总书记系列重要讲话精神，坚定理想信念，强化宗旨意识，切实提高党员干部党性修养。2017年，共组织集体学习48次，开展专题研讨会4次，观看教育题材影片3部，抄写学习笔记550余篇，撰写心得体会170余篇。

【党风廉政建设】 年内，进一步落实党风廉政建设责任制，认真学习、严格落实《中国共产党章程》《中国共产党廉洁自律准则》《中国共产党纪律处分条例》《中国共产党问责条例》《关于新形势下党内政治生活的若干准则》《中国共产党党内监督条例》，严守党的政治纪律和政治规则，严格执行中央政法委“四个一律”、最高院“五个严禁”和“十个不准”，强化反腐倡廉教育，强化惩防体系建设，强化执纪问责，确保法院队伍的清正廉洁，全年未出现干警违法违纪案件。

【干警培训】 年内，按照干警培训工作计划和上级法院的要求，采取多种措施、创造多种途径、克服各种困难，共选派16名干警参加各类培训，其中3名干警前往内地法院学习培训、跟案锻炼，1名干警通过全国统一法律职业资格考试西藏线，有效提高队伍职业素养。

【开展联络监督工作】 年内，牢固树立“监督就是支持、监督就是爱护”的意识，畅通监督渠道，邀请人大代表、政协委员共16人次旁听庭审8件，并认真听取意见建议，不断改进各项工作。充分发挥1名廉政监督员的作用，积极邀请廉政监督员对县法院审判执行、党建、党风廉政建设等各项工作进行严格监督检查。

【精准扶贫】 年内，按照县委、县政府部署，先后组织92人次在松盘乡、江热夏乡开展“千名干部帮千户”扶贫工作，深入调查摸底，详细了解帮扶对象家庭人口、收入借贷、致贫原因等情况，建档立卡，针对性地制定脱贫计划，投入资金近5万元进行走访慰问，加深干警与人民群众之间的血肉联系。

【改善办公生活环境】 年内，为切实落实从优待警要求，林周县人民法院高效利用中央转移支付73.75万元装备经费及40万元援藏资金，大力改进改善干警办公办案和生活环境，政务楼完成装饰装修，视频会议室进行改造改装投影、交换机、背景墙，视频会议室全面投入使用，改造档案室安装密集架，为提高干警体能，购买警体中心健身设备，为全院干警营造良好的办公办案环境。

【信息技术应用】 年内，在区高院、市中院的统筹安排下，“天平工程”一标段各类设备圆满完工，与上级法院实现在网络信息上的互联互通；在市中院的积极协调下，完成庭审直播建设项目；积极落实电子签章、网上办公办案工作，所有卷宗均在加盖实体章前盖电子章，所有办公文件均实现网上审批分发传阅。

（平措拉吉）

【领导名录】

党组书记、院长

赵 红 玉（女）

党组成员、副院长

马 永 龙（回族）

杨 志 艳（女）

党组成员、审委会专委

德吉央卓（女，藏族，11月任）

林周县司法局

【概况】 2017年，林周县司法局核定政法编制14个（含乡镇司法助理员编制7个）。截至年底，局机关实有在职干部人数7人。其中，司法局干警6人（驻村1人），工人1人；正科级1人，副科级2人，一般干警3人；平均年龄36岁。全县共有人民调委会58个，共356人；普法领导小组11个，135人；安置帮教领导小组30个，200人；社区矫正领导小组13个，120人。

【人民调解工作】 年内，林周县司法局根据县委、县政府的总体安排部署，进一步完善矛盾纠纷调处机制，各级党委、政府、各行政村调委会等充分发挥基层矛盾纠纷调解作用，坚持一月一排查、一月一台账制度，在全县范围内针对各类矛盾纠纷进行排查梳理，对涉及群众切身利益、容易诱发集体上访等影响社会稳定的群体性事件进行重点排查。年内，全县共有人民调解委会58个（其中45个村级人民调解委员会、10个乡镇人民调解委员会、1个县级人民调解委员会、2个专业性行业性人民调解委员会），共356人；排查调处矛盾纠纷33件，排查纠纷850次，无重大矛盾纠纷案件，持续维护全县社会大局稳定。

【司法所工作】 年内，进一步明确乡镇司法所在管理体制上实行以司法局管理为主，以乡镇党委、政府为辅的双重管理模式。以县人社局为依托，通过购买公益性岗位为10个乡镇各召录1名公益性人员，确保每个乡镇司法所达到至少3人。为提升司法所的工作效能，全面整合人力资源，壮大工作力量，综治、信访、维稳、“双联户”等部门合署办公。为加强司法所建设，全面提高基层司法工作人员政治理论和业务素质，使其尽快熟悉司法行政工作，切实发挥司法所职能。6月7日，林周县司法局邀请市局领导开展司法行政基层基础知识培训会，对各乡镇司法所新录用工作人员进行司法业务培训。9月11日，县司法局组织开展全县司法所工作台账、业务档案、卷宗集中检查活动，进一步推进各项司法行政工作再上新台阶。

【安置帮教】 年内，林周县司法局按照“帮教社会化、就业市场化、管理信息化、工作职责化”的要求，切实加强刑释解教人员的安置帮教工作。深入九乡一镇，对刑释解教人员进行全面详细的摸底、排查、核实，及时的登记造册、分类归档、更新补充，登记刑释解教人员的详细住址、家庭情况及表现情况，并查找“三无”“三假”人员；进一步落实对刑释解教人员的责任帮教制

2017年9月8日，拉萨市司法局副局长边巴次仁（右一）在林周县江热夏乡督导检查司法行政工作

度，重点做好刑释解教人员回归后的管控工作，预防和减少犯罪；做好刑释解教人员的衔接工作，落实县、乡、村、组四级衔接工作机制，防止脱管、漏管现象的发生；进一步完善乡镇司法所刑释解教人员安置帮教工作卷宗和村委会藏文工作卷宗。

2017年，新增帮教21人；解除帮教16人，帮教率达100%，截至年底，未有重新犯罪情况的发生，有效地维护全县社会稳定，促进经济跨越式发展。同时，为减少全县刑满释放人员的重新犯罪，在释放时及时向他们宣传党的路线、方针、政策，定期走访、谈心、慰问，及时了解其生活近况，对确实有困难的给予就业引导和政策的扶持，使他们切实感受到党和政府以及社会的关怀，帮助他们重新树立人生奋斗目标，鼓励他们重新融入社会。

2017年11月23日，林周县表彰“六五”普法工作先进集体和先进个人

【社区矫正】 年内，县委、县政府高度重视全县的社区矫正工作，为强化全县社区矫正工作的组织领导，全面做好全县社区矫正人员的矫正工作，履行县司法局的社区矫正工作职能，为确保社区矫正对象在本辖区内矫正。全年以来，县司法局积极核实各乡(镇)社区矫正对象的基本情况，重点了解矫正对象的在位情况、家庭状况、思想动态以及存在的困难，确保能及时为他们提供帮助，按期解除矫正。对社区矫正对象进行每周一见面、每周一汇报制度，进行GPS定位管理，有效掌握社区矫正人员的行踪动态。在2月20日、8月15日，县司法局分别开展社会矫正人员公益劳动，通过行为和思想的双重改造，使社区矫正人员重新找回自己的社会价值，增强融入社会的信心。全年开展安全评估调查4例，新增社区矫正人员4人。

【普法依法治理】 年内，林周县普法办按照区、市普法办的统一部署和要求，坚持依法治理和以德治理相结合，认真贯彻落实林周县2017年普法依法治理目标，完善领导干部、公职人员、青少年、农牧民、寺庙僧尼、企业经营管理人员和外来务工人员等普法重点对象的学法用法制度，创新普法工作的载体和形式，深入开展各项法治宣传教育活动，进一步提高机关干部职工的法治观念和法律素质；有效地开展“民主法治示范村”的推广工作，切实提升全县45个行政村村级组织的法治治理和服务水平。同时，为全面回顾总结全县普法依法治理工作，11月23日，林周县召开“七五”普法工作会，总结表彰先进的普法单位15个和个人25个，全面推广普法工作的先进经验和典型事例，确保普法成果得到有效巩固。

【法治宣传】 年内，林周县普法办积极开展“社会治安综合治理宣传月”“3·28”百万农奴解放纪念日、“6·5”世界环境日、“安全生产宣传咨询日”“晨读宪法”活动。活动期间，县普法办通过设立宣传点、悬挂横幅、发放宣传资料及宣传图册、接受现场咨询等多种形式，重点宣传中央、区、市党委关于维护西藏稳定的一系列方针政策；广泛宣传刑法、民法、物权法、未成年人保护法、婚姻法、妇女权益保护法及《农牧民日常法律知识》《法律援助条例学习材料》等相关法律法规知识。共计悬挂(电子滚动)横幅182条，展板 86 块，图片 96 幅，发放各类藏汉文宣传单、法律书籍、“六五”普法知识读本 1.6 万册，法律咨询 145 人，受教育群众达 3.5 万人。

【法律“五下乡”活动】 1 月，县委宣传部组织各相关单位在各乡（镇）、村（居），开展为期 12 天的《文化科技卫生法律和爱国爱教》“五下乡”活动。活动期间，县司法局按照相关的活动要求，积极开展“法律下乡”活动，为 3000 人次宣传相关法律知识，共向农牧民群众发放宣传资料 5450 余份、解答法律咨询 126 余人，受教育群众达 3000 人次。

【开展“法律六进”活动】 年内，为重点推进全县的“六五”普法工作，积极推进法治宣传“进机关、进农牧区、进学校、进企业、进寺庙、进单位”活动，继续深入宣传宪法和国家的基本法律、法规，重点做好新出台的法律、法规的宣传。5 月 12 日，县司法局邀请县政府副县长张凯为卡孜乡夕瑞德矿产企业农民工进行法律宣讲，此次宣讲活动共发放宣传资料 150 份，接受咨询 10 人次。6 月 28 日，林周县司法局联合县法院、县公安局交警大队、县人社局等单位，以林周县“四讲四爱”“十个一”活动暨“尊法、学法、守法、用法”活动为契机，赴林周县扶贫搬迁点拉萨市城关区蔡公堂乡恩惠苑，为 214 个搬迁户进行法治宣讲，共发放 300 份宣传材料，解答法律咨询 30 人次，受教育群众 214 人。为胜利迎接党的十九大胜利召开，10 月 12 日，县司法局联合县法院、检察院等部门在林周县边交林乡当杰村开展喜迎党的十九大法治宣讲教育活动。活动期间共计发放法治宣传资料和标有法律常识的手提袋 300 份，受教育群众达 210 人次，现场解答法律咨询 15 人次。

【青春自护、平安“双节”】 2 月 9 日，林周县司法局根据县预青办通知要求，组织法治宣讲团前往边林乡当杰村进行法治宣传活动，在活动现场通过法律咨询，发放宣传资料等形式向广大青少年及其家长宣传假期期间的安全知识，现场发放《中华人民共和国道路交通安全法》《中华人民共和国未成年人保护法》《中华人民共和国预防青少年违法犯罪法》《中华人民共和国妇女儿童权益保护法》《法治漫画》等各类宣传资料共计 300 余份。

【法律援助】 年内，林周县法律援助中心共接待来访法律援助 70 余人；受理非诉讼法律援助 35 件；代写法律文书 65 份；解答法律咨询 200 余次，其中，从总体案件的本质来看，一般趋向于婚姻纠纷、物权纠纷、邻里纠纷和劳动报酬纠纷，经过县法律援助中心的调解都得到一定的解决，取得良好的社会效益。县法律援助中心结合“12·4”宣传日、“三下乡”、综治宣传月、平安宣传周等活动，组织县法律援助工作人员到各中小学和农牧区进行法律知识轮回宣讲，提高人民群众依法维权的法律意识，推进全县法律援助工作的不断深入。

【网络远程在线“法律援藏”】 5 月 16 日，林周县人民政府与江苏钟山明镜（苏州）律师事务所远程法律援助战略合作协议签字仪式在苏州成功举行。双方将本着合作互利、优势互补原则，选派以张

2017年5月26日，林周县司法局召开2017年度全县司法行政工作会议

2017年11月23日，林周县召开第七次法治宣传教育工作会议

杰律师为主的法律服务团队，探索尝试“互联网＋法律”的方式，为林周县无偿提供三年的政府法律顾问服务。此次法律援助服务包括：协助建立“林周县公共法律服务体系”；为“法治林周”建设出谋划策；为林周辖区内各类经济组织、社会团体、农牧民群众开展法律服务；协助林周在内地开展招商引资活动，协助林周县选择适合的经济建设、发展项目和招商对象；协助县司法局向领导干部、农民工、个体经商户、农牧民群众提供法律咨询；协助县司法局举办全县内部（网络视频）法律培训讲座，提升领导干部法律素质；协助县司法局向辖区内企业提供各类讲座培训，助力企业发展；协助县司法局进行辖区内普法宣传。

【党风廉政建设】 年内，林周县司法局积极开展机关效能建设，全面实施“四条禁令”，努力加强和改进机关作风建设，规范公务行为，提高工作效能和服务质量。积极开展“两学一做”学习教育和“四讲四爱”教育实践活动。按照上级部门的统一安排部署，突出作风建设，认真谋划，精心组织，周密部署，扎实推进。强化理论武装，把学习教育贯穿整个活动的始终，以深化“四风”“两问题”“一薄弱”“三不够”整治为重点，着力营造干部清正、政府清廉、政治清明的从政环境，形成为民、务实、清廉的作风常态；为贯彻落实《关于开展正风肃纪专项政治工作方案》的文件精神及县委相关安排部署，从抓纪律作风建设入手，进一步优化发展环境，不断提高服务效能。为把正风肃纪专项行动各项工作落实到位，制定《林周县司法局正风肃纪专项整治工作方案》，针对局领导班子及干部职工在不亲民、不作为、不务实、不守纪等方面存在的问题，开展自查自纠。县司法局把整改建制作为整个整治活动的重点，坚持边学边改、边查边改、集中整改，针对查出来的问题进行认真梳理，及时召开班子会、党员会、机关干部会，认真加以纠正和解决，并从工作、学习、生活等方面结合各自实际建立健全相关的制度。

（贺姗姗）

【领导名录】

局　长

赵跃民

副局长

索朗次仁（藏族）

贺姗姗（女）

经济管理

林周县发展和改革委员会

【概况】 林周县发展和改革委员会(简称县发改委),下设办公室、项目科。委属单位:交通局、粮食局、物价局。

人员编制:行政编制6人,工程股核定事业编制6人,交通局运管所行政编3人,事业编3人,实际现有干部职工17人,党员13名(粮食局聘用工2人),副科级3人,副主任科员1人。

【办公室】 负责文电、会务、机要、档案等机关日常运转工作;承担信息、安全保密、信访、政务公开工作;承担机关电子政务、财务、资产管理、内部审计等工作

【工程股(项目科)】 拟订并组织实施全县国民经济和社会发展战略、中长期规划和年度计划。统筹协调经济社会发展,研究提出发展总量平衡、结构调整、发展速度等目标和政策建议。受县政府委托向县人大提交国民经济和社会发展计划的报告,负责监测经济和社会发展态势,承担预测预警和信息引导的责任。研究经济运行中的重大问题并及时提出宏观政策建议。负责协调解决经济运行中的重大问题;承担指导推进和综合协调全县经济体制改革、城乡综合配套改革试验的责任。研究经济体制改革中的重大问题。组织拟订全县经济体制改革的中长期规划、实施方案和工作部署。协调有关专项经济体制改革方案,会同有关部门搞好重要专项经济体制改革之间的衔接;承担全县全社会投资综合平衡工作。负责拟订全社会固定资产投资总规模和投资结构的调控目标、政策及措施。编制年度投资计划,策划和储备重大项目。按规定权限实行项目审批、备案、核准。负责监管政府投资项目。指导协调和综合监督全县招标投标工作。组织开展重大建设项目

2017年10月11日,拉萨市发改委项目稽察组一行在林周县发改委检查项目

2017年10月26日，县委副书记、县长高军在热振旅游规划区实地考察

稽查和后评估工作；负责推进全县经济结构战略性调整的协调工作，搞好生产力布局和资源开发、节约与综合利用工作，引导和促进全县经济实现可持续发展。组织拟订综合性产业政策，负责协调第一、二、三产业发展的重大问题并衔接平衡相关发展规划和重大政策，做好与国民经济和社会发展规划、计划的衔接平衡；负责社会发展与国民经济发展的政策衔接。组织拟订社会发展战略、总体规划和年度计划，参与拟订人口和计划生育、科学技术、教育、文化、卫生、民政等发展政策。综合协调社会事业发展和改革中的重大问题；承办县政府交办的其他事项。

【交通局】 负责国家、区、市、县有关法律、法规的组织实施和监督检查。起草制定全县的公路交通行业发展规划和政策，经上级主管部门和县政府批准后，负责贯彻监督执行。

根据市、县总体布局，组织编制全县公路交通行业发展规划，制定固定资产投资、运输生产，交通工业发展中长期规划和年度计划，并监督实施。会同有关部门负责全县公路及其设施的规划建设，负责公路养护、路政管理和公路标线的设置管理，负责乡道公路工程的立项、报批，负责公路施工的组织和技术指导，并对工程进度和质量实施监督。按照国家规定和市交通局下达的计划。负责制定全县联运发展规划和长期计划，对其实行行业管理。指导全县交通行业的体制改革和管理工作，指导全县交通系统财务工作，加强审计监督。

负责全县交通方面的涉外工作，负责利用外资工作。指导全县交通系统精神文明建设和职工队伍建设，负责全县交通科技、教育的发展与管理，负责职工教育、培训、安全生产管理。

【粮食局】 加强对全县粮食流通的管理，监督指导国有粮食企业执行国家粮油购销政策和有关法律法规；加强地方储备粮管理，增强市政府对全县粮食流通的宏观调控能力；加强粮食市场的价格、质量管理监督，维护正常的粮食流通秩序。研究拟定全县粮食行业、粮食流通、粮食储备的发展战略、中长期规划；负责制订本地区粮食安全保障线计划；研究提出地方储备粮的收储计划和动用建议；组织实施全县粮食宏观调控、总量平衡的地区平衡。监测、分析全县粮食供求运行态势。指导地区平衡。根据省、市政府确定的粮食购销市场化，监督全县各粮油购销企业按国家标准敞开收购农民余粮，掌握粮源；配合有关部门做好粮食行业的执法检查工作；负责检查监督国家粮油质量标准、计量标准、粮油检测标准、制度和办法的执行情况。组织实施对社会粮食流通的宏观管理，对国家粮食购销政策执行情况进行监督检查，配合有关部门做好粮食行业的执法检查工作。负责拟定市级储备粮规模、总体布局以及收购轮换和销售计划，并督促实施；负责全县储备粮的库存、质量和安全。指导本地区的粮油销售，做好救助和特需粮油供应工作。负责编制全县粮食流通及仓储、加工设施的建设规划，指导协调粮食仓储体系建设并监督管理；配合有关部门落实国家仓储、流通设施建设资金。指导全县粮油储存的安全管理，监督、指导国家粮油标准、粮油检测政策、制度和办法的执行。制定全县粮食储存、运输的技术规范并监督执行；负责陈化粮处理的有关工作。组织指导全县粮食市场供应，指导全县粮食市场的建设与管理；贯彻落实国家粮食价格政策，适时平抑市场价格，维护正常的粮食流通秩序。指导全县粮食财务审计管理工作，协同有关部门监督管理粮食风险基金的使用；对地方储备粮的财务、会计工作进行监督检查，负责地方储备粮的利息和费用补贴的管理及拨付，负责市场储备粮管理的审计和监督；负责本系统国有资产的监督管理工作。指导行业的技术改造和新技术推广，组织制定并实施全县粮办工业和科研发展规划，推广应用新技术、新工艺、新设备。汇总全县粮办工业、粮食商业、综合经营和外向型经济统计资料。负责系统内基层党组织建设和离退休干部的管理工作；做好全县粮食系统干部职工的思想政治工作。指导全县粮食系统纪检、监察、审计工作，搞好行风建设和精神文明建设。完成县委、县政府交办的其他事项。

【物价局】 贯彻执行党和国家物价方针政策，以及国家、省市物价局下达的各项调定价方案，结合本地实际，建立和完善市场经济条件下的价格形成机制。按照上级提出控制价格总水平的目标、措施及相应的控制对策，综合运用经济手段、法律手段和必要的行政手段调控物价，保持区域内价格总水平的基本稳定。依据《中华人民共和国价格法》及规范性文件和规章制度，协调解决价格矛盾和纠纷。按照价格管理权限，协助上级主管部门管好区域内国家、省市管理的商品价格。在权力范围内对拟调整的商品价格进行审核、审批。负责行政、事业性收费价格管理，发放、审验收费许可证和收费员证，坚持对收费项目、收费标准、收费资格实行年审制度，对各种乱收费、价外附加、价外基金进行清理整顿。规范放开的商品价格行为，对放开价格进行指导和监测，完善价格监审制度，实行提价申报、备案和差率控制；建立副食品批发市场价格鉴证制度和副食品报价中心制度，规范价格行为。平抑物价。建立价格监测体系，按照市局布置监测市场价格动态，分析预报价格走势，并提出相应的对策和建议；发布价格公告及价格信息，广泛为企业提供市场价格和供求信息，建立信息发布制度。依据《中华人民共和国价格法》和其他有关法规，开展经常性的商品和收费价格监督检查，查处价格违法行为，审理价格违法案件；指导职工义务物价监督检查工作；监督商品和服务明码标价制度的执行；组织开展物价信行过单位竞赛活动。

【经济总量】 2017年，全县完成地区生产总值18.01亿元，同比增长10.0%；一般公共预算收入1.04亿元，同比下降19.53%；全社会固定资产投资20.20亿元，同比增长126.8%；社会消费品零售总额1.91亿元，同比增长12.4%；农牧民人均可支配收入达到11455元，同比增长12.4%；工业增加值8594.9万元，同比增长10.3%。

【投资规模】 2017年，林周县实施项目224个，完成全社会固定资产投资20.20亿元。其中，续建项目24项（农牧林水类4项、社

2017年10月27日，县委副书记、常务副县长田嘉勇主持召开200万元以下招标投标暂行管理办法和林周县项目建设设计工作管理办法征求意见会

会事业2项、城镇基础设施建设1项、政法及政权项目12项、受援项目4项、社会投资项目1项)。新建项目200项(农牧林水类37项,社会事业37项、城镇基础设施建设2项、政法及政权类7项、受援11项、交通能源类6项、保障性住房类2项、生态环境保护3项、社会投资项目8项、其他87项),完成投资20.20亿元。

【项目建设】 2017年,林周县实施项目224项,完成全社会固定资产投资20.20亿元。其中,续建项目24项(农牧林水类4项、社会事业2项、城镇基础设施建设1项、政法及政权类12项、受援4项、社会投资类1项),完成投资3.23亿元。新建项目200项(农牧林水类36项,交通能源项目6项、社会事业37项、城镇基础设施建设2项、政法及政权类7项、生态环境保护类3项、受援11项、社会投资项目8个、住房性保障2个、其他89项),完成投资16.83亿元。

【援藏项目】 2017年,林周县在建援藏项目12项,惠及旅游,市政道路、医疗卫生、民族交流交融、村容村貌整治、文物修复等各项民生工程,其中续建5项,新建7项,总投资1.81亿元,全年共完成投资8175.7万元。2017年,林周县第八批援藏工作组以转变经济发展方式为主线,以民族团结为保障,以改善民生为出发点,围绕项目促发展,依托资源求转型,创新援藏理念、扩大援藏效应,为林周的发展和稳定做出突出贡献和成绩。

2017年11月20日，林周县发改委党支部组织干部职工学习

【水利设施】 2017年,总投资9041万元(2017年续建项目)的林周县澎波灌区工程已进入收尾阶段,总投资2.9亿元(2017年新建项目)的澎波灌区子灌区工程完成总工程量的74%,解决林周县南部7个乡镇,近20万亩田的灌溉问题。

【林业绿化】 2017年,总投资1371万元的周边防护林及重点生态公益林等5个林业绿化项目的竣工实现全县新增绿化面积300亩。

【农牧业】 2017年,总投资3790万元林周县人工种草与天然草场改良项目等5个项目的投入使用完成林周县2017年人工种草2.1万亩,建设天然草场网围栏5万亩,2017年农牧林水领域重点项目的建成投用为林周县现代农业发展奠定坚实基础。

【企业投资】 总投资2.6亿元的林周二期20兆瓦并网光伏发电项目已完工并成功并网发电,投资320万元藏香加工厂、投资300万元林周县生态旅游休闲观光农业、投资600万元林周县饲草料种植等企业投资项目的顺利推进,不仅在林周县产生良好的社会效益,实现农牧民群众增收致富。2017年,企业投资项目即实现企业发展和林周县经济发展的互利双赢,又为林周县全社会固定资产投资增长提供重要保障。

【精准扶贫】 2017年,林周县计划实施产业类项目26个,总投资2.3亿元。截至年底,已开工项目14个(4个已完工),带动4189名建档立卡贫困群众增收,已完成招投标工作项目18个,采购项目5个。产业项目的陆续开工建设改变农牧民增收难的现状,更是被农牧民群众称为幸福路上的“得力助手”，为林周县“以业脱贫”提供有力保障。

【经济运行】 年内，林周县发改委做好经济运行分析工作，为领导和上级决策提供参考和依据。关注国家宏观调控的新形势，针对全县经济社会发展出现的新情况、新问题，坚持定期分析与即时分析相结合，深入调查研究，掌握经济发展动态，提出可操作性强的对策建议，提高经济分析的前瞻性和指导性。

【物价监管】 年内，按照市物价局相关文件精神，县物价局以保持价格总水平基本稳定为目标，进一步完善价格调控，加强价格监管，深化价格改革，搞好价格服务，加强队伍建设，各方面工作都取得新进展。继续实行政府领导下的价格调控目标责任制；继续加强市场价格监测工作。根据价格调控的需要和市场变化的新情况，提高价格监测水平，做到见事早、反应快、数据全、分析准，取得很好的效果。

【粮食局工作】 2017年，成立林周县粮食安全工作领导小组，严格执行粮食收购政策和质量标准，切实维护售粮农民利益。严格按照上级要求，进行成品粮油储备，2017年目标任务：青稞70万公斤、大米30万公斤、面粉5万公斤。截至年底，青稞已全部入库并已通过区、市验收；大米、面粉按自治区要求进行动态储备，年底完成第二次轮换工作。

【交通运输精准扶贫】 年内，为扎实推进林周县精准扶贫工作，确保“两年脱贫，三年巩固”的工作任务顺利完成，创新和加强林周县交通运输精准扶贫工作，2017年新增141名交通管护员及时纳入农村公路养护队伍，制定分片包段目标责任长效机制，由各乡（镇）交通管护员具体负责本辖区内的农村公路养护工作，实行县、乡、村“逐级分管，逐级负责”的科学养护管理工作机制。

2017年储备项目26个，总投资3.4176亿元。另外，2017年林周县交通运输局主动作为、全力配合，多次积极主动对接上级项目前期部门，协助推进总投资近112亿元的拉萨至林周公路新改建工程（林周隧道）前期工作。总投资2.8亿元的林周县唐古乡至旁多乡公路改建工程；总投资2.7亿元的X301线当雄县龙仁乡至林周县江多村公路；总投资4.5亿万元的S507线林周县旁多乡至阿郎乡经扎雪乡至墨竹工卡县尼玛江热乡公路改建工程；总投资2.4亿万元的S303线嘉黎县绒多乡至林周县唐古乡公路改建工程；总投资9亿元的国道561当雄县宁中乡至旁多乡到林周县松盘乡段改造工程，等重点项目正在有序开展前期工作。

2017年实施2个农村公路工程项目，总投资3259.82万元，其中，拉萨市林周县松盘乡拉木村G561至夏热组公路工程总投资479万元；拉萨市林周县热振保通恢复工程总投资2780万元。根据拉萨市交通运输局《关于做好G561线日布村至唐古乡公路改建工程环境恢复工作的通知》，多次到实地踏勘研究试点工作方案，协助配合市局于7月30日正式启动第一阶段试验段生态恢复工作，现已完成总投资1950万元的生态恢复工作。

2017年11月22日，县委常务副书记潘志嘉一行在强嘎乡考察村容村貌提升改造项目

【班线客运改革工作】 年内,贯彻落实区、市关于道路运输体制改革工作的系列安排部署,组建县交通运输局、县道路运输管理所,成立县公交运营有限公司,并于12月18日开通农村客运班线7条。按照区市党委、政府改革治理班线客运市场的决策部署及相关要求,结合林周县班线客运改革工作方案,12月22日林周县正式启动班线客运改革工作,林周县21辆县际班线客运车辆已全部与林周县公交运营有限公司签订转让协议。

(拥 宗)

【领导名录】

副主任

苗诗琪(女,主持工作)

尼玛顿珠(藏族,1月任)

林周县统计局

【概况】 林周县统计局于2015年6月由原林周县发展和改革委员会管理的统计局(副科级)调整为县政府工作部门(正科级)(简称县统计局)并加挂社会经济调查队牌子。2017年,共有编制5人,行政编制2人,其中科级领导职数2人;事业编制3人,其中科级领导职数2人。现有干部职工4人,正科级1人,党员3人。

【基本职能】 贯彻执行统计法律、法规、规章、基本统计制度和统计标准,组织协调全县统计工作,确保统计数据真实、准确、及时。拟订统计现代化建设规划并组织实施;指导全县统计工作;建立健全全县国民经济核算体系和统计指标体系;建立和完善全县经济、社会、科技统计调查制度;监督管理各乡镇、各部门统计和国民经济核算工作。组织实施全县人口普查、经济普查、农业普查等国情国力普查和大型专项调查,汇总、整理和提供有关统计数据。组织实施农林牧渔业、工业、建筑业、批发和零售业、住宿和餐饮业、房地产业、租赁和商务服务业、居民服务和其他服务业、能源、投资、科技、人口、劳动力、环境基本状况、文化体育和娱乐业以及装卸搬运和其他运输服务业、仓储业、计算机服务业、软件业、科技交流和文化推广服务业、社会福利业等统计调查,收集、汇总、整理和提供有关调查的统计数据,综合整理和提供旅游、交通运输、资源、房屋、邮政、教育、卫生、社会保障、公用事业等全县性基本统计数据。组织各乡镇、各部门进行经济、社会、科技和资源环境统计调查;统一核定、管理、公布全县性基本统计资料,定期发布全县国民经济和社会发展情况的统计信息;组织实施区域经济和社会发展情况的统计监测评价考核。对国民经济、社会发展、科技进步和资源环境等情况进行统计分析、统计预测和统计监督;建立并不断完善宏观经济监测系统;向县委、县政府及有关部门提供统计信息和咨询建议。建立并管理全县统计信息自动化系统和统计数据库系统,拟定各乡镇、各部门统计数据库和网络的基本标准和运行规则,指导各乡镇、各部门统计信息化系统建设。为政府宏观经济管理和决策提供第一手资料,为制定国民经济和社会发展规划提供科学准确的统计信息支持。

【数据统计工作】 年内,林周县统计局贯彻落实西藏自治区、拉

2017年9月19日,拉萨市统计局党委书记、副局长仓琼(中)在林周县调研经济运行情况

萨市和全县经济工作会议精神，围绕县委、县政府的中心工作，加强内部管理，强化统计基础工作，优化统计服务，大胆改革创新，抓好基层数据统计。统计人员认真贯彻落实全区、市统计工作会议提出的各项工作任务，努力克服各方面的困难，充分认识做好统计报表的重要性，继续严把报表数据的审核关、整理关、汇总上报关、较好地完成各项统计年报和定期统计报表任务。

2017年7月5日，林周县统计局党员干部在卡孜乡托门村慰问结对帮扶户

【“三农普”工作】 林周县第三次全国农业普查工作自2016年11月正式启动以来，在县委、县政府的高度重视和坚强领导下，县农普办统一部署、科学安排、精心组织，在全县各级普查机构和普查员的共同努力下，扎扎实实做好农普各个环节的工作。结合县实际情况，采取多种有效措施，保证机构组建、普查经费落实、宣传动员、人员选聘等方面的工作，为全县农普工作顺利开展提供强有力保障。已于5月20日全面完成普查数据的摸底、绘图、入户采集、录入，上报、审核、改错及初步汇总数据的统计工作。从普查数据来看，全县共登记有农业经营的农户10030户，农业经营单位55家。经营农业的住户成员总人数52825人，其中从事农业生产的劳动力为28183人。全县共有确权（承包）耕地面积18.75万亩，实际耕种面积19.77万亩；确权（承包）林地面积6628.24亩，实际经营林地面积6463.12亩，确权（承包）草场面积444.55万亩，实际经营林地面积444.03万亩，牲畜存栏数24.32万（头、只、匹）。

【“两创”调查样本选取】 年内，为全面做好“两创”指标监测工作，安排专人负责从全县240多家小微企业中选取能正常生产营业，利益好的企业79家作为监测对象，并在2017年3月下旬完成样本的入库工作。4月，安排人员及时对贸易抽样调查样本进行轮换，并帮助调查户规范统计台账；迅速行动，开展对口结对帮扶工作。根据县委统一安排部署，为扎实开展好对口结对帮扶工作，组织干部分别于1月11日、7月5日等先后多次到结对户中了解情况，宣传党中央各项政策，帮助结对户梳理发展思路，并送上节日的慰问。

【“苏林”两地沟通有所加强】 2016年10月，林周县统计局与苏州市统计局签订《结对共建协议书》以来，苏州市统计局已先后接受林周县统计局2名工作人员在苏州市统计局挂职锻炼，8月，苏州市统计局代表团在林周就基层统计信息化建设及统计工作情况进行考察交流，提出很好的意见建议，为下一步双方加强交流奠定基础。

【经济总量】 年内，林周县完成地区生产总值18.01亿元（其中第一产业3.00亿元；第二产业4.45亿元；第三产业10.56亿元），同比增长10.0%；完成一般公共预算收入1.04亿元，同比下降19.5%；完成全社会固定资产投资20.20亿元，同比增长126.8%；完成社会消费品零售总额1.91亿元，同比增长12.4%；农牧民人均可支配收入达到11455元，同比增长12.4%；完成规上工业增加值8594.9万元，同比增长10.3%。经济结构进一步优化，经济发展综合水平、增长质量和效益稳步提

2017年4月28日，林周县召开2017年统计调查工作会议

升，城乡基础设施日益完善，社会事业全面发展，人民群众生活水平得到进一步提高，发展保障和可持续发展能力明显增强。

【常规统计和专项调查】 年内，以提高统计数据质量为中心，加强统计工作，强化审核评估，准确、及时地完成农林牧渔业、工业和建筑业、固定资产投资、批发零售贸易、住宿餐饮业、服务业、人口和劳动工资、居民收入等8个大类22个月度、季度、年度定期报表的工作，数据质量得到明显提高。积极开展各项专项调查和统计监测。有序开展服务业企业、规模以下工业、限额以下贸易业、规模以下建筑业调查、劳动力抽样调查、群众安全感满意度调查、全国性社会心态调查等7项专项调查，积极开展妇女儿童统计监测和劳动力抽样调查等工作，农村住户基本情况调查、畜禽生产监测、能源消费监测、退耕还林监测、规下工业和服务业监测、“两创”指标监测、劳动工资监测、“妇女儿童”规划监测、非公企业人才调查、劳动力抽样调查、群众安全感满意度调查等12项调查监测工作，圆满地完成各项调查监测任务。

【依法统计建设】 年内，根据区、市统计工作会议精神，统计普法、宣传、执法三管齐下，深入普法，深化执法，规范程序，进一步增强全社会统计法治意识，努力营造依法统计浓厚氛围，全力推进统计法治进程，有效地改善统计工作环境。4月28日首次召开林周县2017年统计调查工作会议，县“四大班子”领导及县直部门、企业代表、个体户代表等50多家单位参会，会议在总结部署工作、表彰先进的同时、强调依法统计，依法上报数据的法律义务；借助县里统一组织的宣传活动，积极开展以统计普法宣传为主题的咨询活动，进一步加大《中华人民共和国统计法》的宣传力度；充分利用支部学习、干部职工学习的机会，组织干部职工深入地学习《中华人民共和国统计法》《统计违法违纪行为处分规定》等法律法规；进一步强化依法统计，认真执行《中华人民共和国统计法》，加强统计政风行风建设，加快建设法治统计；进一步加强统计法律法规的宣传教育，编写《常用统计知识汇编》用书，发放至县各部门、乡（镇）、企业及个体户等进行广泛宣传，使统计用户、调查对象和统计人员牢固树立统计法治思维、法治理念，为建设法治统计营造良好的社会氛围；严格统计执法检查。加强对乡镇、企业等各类基层报表单位的审核、调研力度，强化执法监督，切实履行行政执法监督的职能，从统计基础建设、统计数据质量、等方面进行重点监审检查，进一步严肃统计法的权威性。

【提升服务水平】 年内，林周县统计局加大数据发布和统计资料编辑工作，不断增强经济运行分析的时效性，及时向社会各界提供有参考价值的统计数据资料。加强对数据的审核评估，近年来上报的基础数据质量在逐年提高。每月收集和整理各部门主要经济数据形成月报，针对存在问题大的指标，查找原因并认真编写分析报告，及时准确的反应林周县经济社会发展的基本情况，为党委和政府提供决策依据。编写完成《林周县2016年国民经济和社会发展统计公报》和《林周县2017年统计年鉴》。逐步向“统计信息标准化,数据传输网络化,业务处理电子化,信息服务社会化”的目标稳步迈进。

（操　萍）

【领导名录】

党支部书记、局长

侯俊芬（女）

林周县财政局

【概况】 2017年,林周县财政局共有行政编制数6名,事业编制数6名,其中局长1名,副局长2名。局下设会计核算中心;固定资产及公积金管理中心;采购办及综合办公室四个部门。2017年,林周县财政局以开展“两学一做”学习教育实践活动为契机,认真学习贯彻落实党的十九大和区市财政工作会议精神,紧紧围绕保民生、保重点、保运转、保关键的思路,推行“三级财务”制度,深入推开国库集中支付制度,完善固定资产管理制度,健全政府采购管理制度,初步在全县范围内进行“强农惠农政策资金一卡通”工作调研及基础工作,坚持稳中求进的工作总基调,积极发挥财政职能作用,全面落实稳增长、调结构、促改革、惠民生、保稳定等系列政策措施,认真贯彻落实县委、县政府重点工作部署,以促发展、惠民生、保运转为目标,主动适应经济发展新常态,围绕“收、支、管、改”四个方面,努力践行“两学一做”学习教育,突出“四个重点”,即重点抓好稳增长、促转型的财源建设,重点抓好民生项目的需求保障,重点抓好财政资金的依法管理,重点抓好财税改革的有序推进,为林周县各项事业的健康发展提供可靠的财力保障。2017年,财政预算执行情况良好,全县经济社会持续健康发展。

【一般公共预算收入完成情况】 林周县人大十二届二次会议上将予以审议通过的全县一般公共预算总财力为75153.38万元,其中,转移性收入60050.38万元,一般公共预算收入为14500万元,预算稳定调节基金调入603万元。

2017年,根据初步决算数据,一般公共预算总财力调增26480.22万元,调整为101633.6万元,较2016年增收1107.5万元,增长1.1%。其中,转移性收入调增30575.22万元,调整为90625.6万元,较2016年增收4216.6万元,增长4.88%;一般公共预算收入完成10405万元,较2016年减少2526万元,下降19.53%,预算稳定调节603万元,保持不变。

【一般公共预算支出情况】 2017年,经林周县人大十二届二次会议将予以审议通过的全县一般公共预算总支出为75153.38万元,根据初步决算数据,公共财政预算支出调增26075.22万元,调整为101228.6万元,同比增长1.13%。

具体执行情况为:一般公共服务支出21155.9万元,完成年初预算的93.7%,比2016年减少3313.1万元,同口径比较(下同)降低13.54%;国防支出30万元,完成年初预算的100%,比2016年减少19万元,降低38.77%;公共安全支出6487.4万元,完成年初预算的87.09%,比2016年减少9.6万元,降低0.15%;教育事业费支出21960.5万元,完成

2017年10月18日,林周县财政局党支部组织党员学习

年初预算的112.12%，比2016年增加3477.5万元，增长18.81%；科学技术支出102万元，完成年初预算的100%，比2016年增加26万元，增长35.14%；文化体育与传媒支出1381.1万元，完成年初预算的177.29%，比2016年增加301万元，增长62.1%；社会保障和就业支出9564.2万元，完成年初预算的288.08%，比2016年减少514.8万元，降低5.11%；医疗卫生支出9845万元，完成年初预算的120.69%，比2016年减少273万元，降低2.7%；节能环保支出2515万元，完成年初预算的333.99%，比2016年增加1563万元，增长164.18%；城乡社区事务支出1605万元，完成年初预算的466.57%，比2016年增加855万元，增长114%；农林水事务支出21767.7万元，完成年初预算的354.46%，同比减少2312.3万元，降低9.61%；资源勘探信息支出211.8万元，完成年初预算的90.9%，比2016年增加13.8万元，增长6.97%；商品服务业等支出50万元，完成年初预算的100%，比2016年增加41万元，增长455.56%；国土资源气象支出253.4万元，完成年初预算的199.28%，比2016年增加10.4万元，增长4.28%；住房保障支出3976.6万元，完成年初预算的213.22%，比2016年增加1077.6万元，增长37.17%；其他支出322.9万元，完成年初预算的11.17%，比2016年减少20.1万元，降低5.86%。

2017年，收支相抵后，滚存结余405万元，全部补充预算稳定调节基金。全县一般公共预算基本实现收支平衡，略有消费结余。

【政府性基金执行情况】 经县人大十二届二次会议审议通过全县政府性基金收入为200万元，经初步决算，政府性基金收入完成254.7万元，基金支出完成254.7万元。收支相抵后，实现了收支平衡。

【产业发展】 年内，用于支持农牧业发展的专项资金达到4889.36万元。其中，落实草原生态补助奖励资金3843.87万元；落实农作物病虫害防治项目资金127.8万元；落实农机具购置补贴资金214万元；落实农牧业政策保险补贴601.89万元，落实农牧业防灾抗灾及新品种试验资金101.8万元。为松盘乡牦牛育肥基地、格桑塘现代畜牧业示范园区建设和优质肉牛规模化养殖项目等特色产业项目建设，提供资金保障。多方筹措资金2398万元，用于园区配套基础设施建设，持续开展“双创”工作，确保园区承载经济发展能力不断增强。持续争取援藏资金5326.8万元，用于热振片区、林周农场旧址建设，推进旅游业全面发展。

【项目建设】 年内，落实2000万元项目前期经费，确保全县项目库储备建设；落实9424万元资金，确保村级组织活动场所建设项目顺利建设；落实2017年精准扶贫异地搬迁项目资金2230万元；落实林周县高效节水灌溉工程项目资金2300万元，落实林周县彭波河边交林乡防洪堤工程项目资金2671万元，落实林周县甘曲镇帕亚沟水土保持综合治理工程项目资金600万元，落实人工种草和天然草场改良工程资金1760万元。加快财政投资评审工作，确保财政资金安全。全年项

2017年10月19日，财政局副局长张昆慰问驻村工作队

目送审资金2881.05万元，审减资金99.26万元，审减率3.44%。

【民生改善】 年内，落实学前双语教育普及工程项目资金4320万元，落实在校大学生生活资助资金1200万元；落实阿朗乡、旁多乡和强嘎乡小学扩建工程项目资金1335万元；落实教育三包经费和营养改善资金3101.41万元。完善社会保障体系。按照人均120元标准，落实全民体检经费7373.76万元；落实农牧区医疗制度改革资金2733.58万元；落实基本公共卫生服务资金351万元；拨付公务员医疗补助资金434.4万元；落实城乡最低生活保障金和农村低保对生活补助资金1772.59万元；落实冬春受灾群众自然灾害补助资金34.7万元；落实五保户供养和机构运行资金218.8万元；落实"三老人员"补助资金200.3万元，加快公立医院改革，落实公立医院改革资金300万元，落实药品零差率补贴资金26.93万元；落实自主就业退役士兵家庭优待金及一次性生活补助资金178.2万元；落实城乡医疗救助资金240万元。完善就业政策。落实130万元就业补助专项资金；落实公益性岗位政府补助资金615万元。保障村级组织工作。落实村级组织工作经费450万元，每个行政村达到10万元的标准；落实村干部绩效考核和误工补贴资金1261万元，达到人均4万元的标准。同步调整机关事业单位工作人员高海拔工龄补贴、住房补贴以及离退休人员离休费。

2017年11月15日，县委常委、副县长方文伟主持召开2018年预算编制大会

【脱贫攻坚】 年内，积极构建"多个渠道引水、一个龙头放水"的资金管理新格局，集中财力推进贫困村、贫困人口精准扶贫、精准脱贫。多方筹措资金1.88亿，用于实施产业项目34个，带动1622名建档立卡贫困群众增收。调拨资金2230万元，用于2017年易地扶贫搬迁工程。落实生态岗位转移就业补助资金1835.7万元，落实扶贫定向政策性补助资金335.25万元。根据《林周县在校大学生资助办法》，落实1200万元资助林周籍在校大学生。健全完善基本医疗保险、大病保险、医疗救助和重特大疾病救助等多重医疗保障体系，落实农牧民超大额医疗保险资金63.8万元，核销住院、门诊21.22万元。落实城乡最低生活保障金和农村低保对生活补助资金925.98万元，实现农村低保和扶贫线"两线合一"，落实临时救助及医疗救助资金33.75万元。

【发展环境】 年内，落实环卫设施购建经费800余万元，建立全县垃圾收集处理长效机制。落实拉萨河源头治理专项经费200万元，落实"河长制"专项经费200万元，确保拉萨河源头及"河长制"工作的顺利开展。落实生态村、生态乡镇创建资金100万元。落实重点区域生态公益林建设资金691.49万元，落实森林生态效益补偿资金891.87万元。强化城乡配套。调拨农房确权测绘资金788.48万元，落实农村土地(耕地)经营权确权登记资金720.14万元。小康安居工程项目全面启动，农村公路养护常态化机制建立，继续落实农村公路养护资金76.67万元。优化投资环境。加大招商引资力度，开通"绿色通道"，同时加强市场监管，坚持管理服务并重，落实招商引资专项经费100万元。

2017年5月9日，财政局召开工作会议

【领域治理】 年内，全力保障维护稳定、创新社会治理和寺庙管理等资金，进一步提升政法机关装备配备水平和办案、处突能力。及时落实爱国守法先进僧尼表彰奖励、“先进双联户”创建表彰、驻寺干部特殊岗位补贴等资金。

【财政管理】 年内，加强政府全口径预算管理，将政府收支活动全部纳入预算管理。继续推行“乡财县管乡用”和“村账乡代理”制度，进一步加强上级财政对下级财政的监督指导作用。进一步深化国库集中支付制度改革，推进财政票据电子化改革和公务卡改革等工作。加大预决算公开范围，2017年预决算公开单位范围，做到全覆盖，预决算内容更加深入全面。加快开展财政预算项目绩效评价机制，全面提升财政资金使用效益。健全固定资产管理机制，进一步规范固定资产管理。稳步推进“营改增”税务改革。

【财政监督】 年内，全面开展财政资金安全检查，确保财政资金安全使用。聘请第三方中介对县教育局、县民政局财务支出状况，进行核查。完善采购管理制度。全年共完成政府采购143批（次），节约财政资金527.01万元，节约率达5.45%。全年“三公经费”支出为618.5万元，同比下降0.82%。通过上述举措，进一步严肃财政纪律，规范财经秩序，全面提高财政资金使用效益。

【推行“乡财县管”制度】 自“三级财务”管理制度推行以来，取得很好的成效，村级、乡镇财务人员业务能力得到提升，达到预期的效果，乡镇会计人员业务素质有极大的提高。乡镇财务制度也随之健全。同时，“三级财务”管理制度有效规范县、乡（镇）、村三级的财务行为，整合内部财务资源，促进财务资源的合理配置，降低资金成本；降低财务风险。进一步加强县级财政对下级财政的监督指导作用。

【推行国库集中支付制度】 年内，推行国库集中支付，进一步提高资金运行、使用效率，加快预算执行进度，减少沉淀资金量，财政局已开始国库集中支付系统的运行。该系统的运行便于政府对财政性资金统筹安排和调度使用，是资金运行过程更趋于公开和透明。

【完善固定资产管理制度】 年内，为进一步落实国有资产管理统计工作，完善县国有资产管理制度，财政局根据县实际情况，并结合相关固定资产管理制度，制定《林周县固定资产清查方案》。定期开展全县固定资产清查工作，做到账实相符、账账相符。

【健全政府采购管理制度】 年内，财政局根据两年多的实际工作情况，查阅政府采购相关规定，印发《林周县政府采购管理办法（补充通知）》。同时，为更好地服务于各单位，加强对政府采购活动的监督管理，采购办根据上级采购管理规定，更新政府采购流程图、规范政府采购程序，并不定期查阅历史采购档案，做到“及时审核，及时整改”。截至10月办理政府采购项目申请审批132项次，涉及资金9689.375803万元，截至年底，下达中标通知书的成交资金6955.948421万元，完成政府采购项目96个，办理中的36项，节约资金432.112929万元，节

约率 4.45%

【严格控制"三公经费"支出】 年内，结合实际、参考 2016 年实际支出，科学编制预算，各单位"三公"经费预算均细化到公务接待费、公务用车购置及运行维护费、因公出国(境)费用经济分类科目。严控"三公"经费预算规模，确保 2017 年"三公"经费相比只减不增。1—10 月林周县公务接待经费支出 26.35 万元，同比下降 29.3%；公务用车运行经费支出 375.4 万元，同比下降 2.14%；公务出国支出 2.66 万元，1—10 月"三公经费"总支出 404.4 万元，同比下降 3.92%。

【推行强农惠农政策资金"一卡通"】 年内，为全面落实国家各项强农惠农政策，切实加强各类强农惠农政策补贴资金的管理，减少发放环节，降低行政成本，确保资金安全、及时发放到位，让广大基层群众共享改革发展成果，让公共财政的阳光普照基层群众。根据《西藏自治区财政厅关于加快推进财政对农牧民家庭(个人)补贴资金发放"一卡通"工作的通知》，财政局根据县实际情况，通过多次实地调研，制定《林周县强农惠农政策资金"一卡通"实施方案》并广泛征求意见，完成在全县范围内推行"一卡通"的前期准备工作。

【精准扶贫】 年内，以财政资金为引导，健全金融扶贫机制，充分发挥财政金融资金的杠杆作用，扎实推进脱贫攻坚工作。2016 年，财政投入 2000 万元作为精准扶贫工作资金，并为精准扶贫办公室配套 50 万元的办公资金，以确保精准扶贫工作的顺利开展。同时，申请贷款 2 亿余元配合开展异地搬迁工作。

【转变工作模式，提高职业素养】 年内，进一步加强党风廉政建设，完善县财政支付惩防各项制度。牢固树立责任意识、服务意识、纪律意识，促进提升财政工作质量，加快转变工作模式。定期开展财政干部职业道德规范教育、领导财务知识普及和干部业务指示培训，不断提高领导干部知识水平和财务人员业务能力，计划在全县范围内开展财务人员和报账人员培训工作，同时，积极联系市财政局委派人员前往市局跟班学习。

（刘玉笛）

2017年6月22日，林周县财政局宣传政策

【领导名录】

局　长

旦巴罗布(藏族)

副局长

达娃卓玛(女，藏族)

张　昆

林周县国土资源规划局

【概况】 2017 年，林周县国土资源规划局现有工作人员 5 人，其中正科级 1 人、副科级 2 人、科员 2 人。按照县机构编制委员会下发《关于设立林周县不动产登记机构的通知》和《关于整合不动产登记职责的通知》，在县国土资源局加挂不动产登记局牌子，增核副科级领导职数 1 名。设立林周县不动产登记中心，核定事业编制 4 名。不动产登记中心工作人员 5 人(含新分配 2 人)。林周县国土资源规划局主要负责林周县土地管理、矿产资源管理和城乡规划工作。单位职责：加强国土

资源和城乡规划管理职责,落实最严格的土地管理制度,合理开发利用矿产资源,提升国土资源在经济社会发展中的保障能力。严格执行城市总体规划,坚决维护城乡规划的严肃性,充分发挥城乡规划在经济社会发展中的指导作用。

【党建工作】 年内,制订党建年度计划,由局长亲自抓党建工作。加强服务队伍建设,积极组织局在职党员到村报道活动,做好党员志愿者服务工作。学习中国共产党发展党员工作细则等;把提高班子的核心领导作用、科学决策水平、总揽全局能力作为领导班子建设的总要求,不断加强领导干部理论学习,强化民主集中制建设,切实改进思想作风和工作作风,领导班子成员自觉以发展为己任,从发展、稳定的大局出发,在工作中互相信任、互相理解、互相支持,班子凝聚力、战斗力和创造力进一步增强。

【党风廉政建设】 年内,始终坚持一手抓资源管理,一手抓党风廉政建设。把党风廉政建设工作作为全年工作重要内容,列入议事日程,与业务工作一起部署、一起落实。加强对土地整理项目招投标、经营性土地出让转让等重点项目、重点领域、重点环节和关键岗位的监督。强化宣传教育,多层次、多形式地深入开展反腐倡廉教育和预防犯罪等活动,不断提高领导干部思想政治素质和拒腐防变能力。

2017年10月10日,西藏自治区国土资源厅副厅长布琼(右一)在林周县国土局调研集体土地所有权确权登记发证及不动产登记工作

【土地管理】 年内,林周县耕地保有量244062.15亩,基本农田224234亩,保护率为94.7%,均完成市政府下达的目标任务,达到“耕地总量不减少,质量有提高”的目标要求。成立由分管副县长为组长的耕地保护领导小组,建立《林周县基本农田目标管理责任制度》和《林周县基本农田保护考核奖惩制度》;加大宣传耕地保护力度,努力提高全民耕地保护意识,利用“4·22”世界地球日、“6·25”全国土地日、“12·4”法制宣传日,通过多种形式宣传耕地保护的重要性和必要性;落实责任,严格检查执法,林周县人民政府每年都与各乡镇人民政府、各乡镇人民政府与各村民委员会层层签订《耕地保护责任书》,做到面积、制度、责任、标志“四落实”。林周县国土资源规划局负责对全县耕地保护工作进行执法检查,通过“12336”举报电话和动态巡查机制,实现全年无违法占用耕地案件。

【土地开发治理】 2017年,边交林乡、江热夏乡一万亩高标准基本农田整治项目,建设规模10901.28亩,总投资1103.19万元,已完工;春堆乡高标准基本农田整治项目,总投资898万元,项目正在施工中。

【基本农田划定】 年内,划定后基本农田面积19.7135万亩,比上级部门下达任务多划6770.51亩,其中水浇地17.2086万亩,占基本农田面积的87.29%,旱地2.5049万亩,占基本农田面积的12.71%,举证任务图斑1546个,举证面积24.34万亩。全县城镇周边最终划定后基本农田图斑38个,面积0.9346万亩,占城镇周边范围内耕地总面积的50.36%。5月22日,在自治区国土厅进行评审,要求多划6770.51亩调出。调出后,全县永久基本农田面积19.0424万亩。

【用地报批】 年内，出具16个项目的选址意见，完成63个项目的用地预审（初审），确保项目及时开工落地。积极组件报件，及时上报批次和单独选址建设项目用地报批材料，完善用地手续。

【土地利用总体规划修编】 年内，根据批准的《林周县土地利用总体规划（2006—2020）》中存在的问题以及对各项指标将进行充分的研究和分析后，将存在的主要主要问题及意见建议上报市国土局土地利用和耕地保护科，通过招投标方式确定修编单位。

【农村宅基地】 1月，林周县政府制定《林周县2017年农村宅基地（新增部分）确权登记发证工作实施方案》。林周县宅基地总户数12836户（新增3200宗），面积5802856.48平方米。截至年底，完成全部外业测量及数据导入工作，完成全县11074户农村宅基地确权登记发证工作。

【集体土地所有权确权登记发证】 林周县集体土地面积203.1005平方公里。集体土地测量费用182.7923万元，已纳入年度部门财政预算。截至8月，完成外业测量工作，测量面积约340.00平方公里；同时技术单位稳步扎实推进内业整理及公示工作，截至年底，全面完成全县集体土地所有权确权登记发证工作。

【不动产登记】 年内，完成部门职责整合和统一登记的机构的设置建设、人员配备等工作。同时将不动产登记管理机构设置及职责整合经费纳入2017年度部门财政预算。完成不动产登记机构办公设备的采购。在县新的政务服务大厅新增三个不动产登记窗口，稳步推进不动产统一登记工作，截至年底，已发放不动产证书24本。

【中央环保督察迎检工作】 年内，国土资源规划局以坚定的政治自觉，深刻认识做好配合支持中央环保督察的重要意义，把迎接环保督察作为一项重要的政治任务、改进工作的重要机遇、改善民生的重要契机，做好相关工作。做到问题整改到位，对已交办的5个案件、切实加快整改，迅速行动、整改到位，抓好工作落实，全面保障中央环保督察组迎检工作顺利开展。

【矿产资源管理】 年内，国土资源规划局在林周县建设和谐矿区领导小组的领导下，积极协调领导小组相关单位，从有效开展监管矿山企业合法经营、安全生产、保护环境、保持和谐的角度，开展矿区生态恢复、资源开发补偿、项目环境影响评价、安全生产等工作。

不断加大矿山巡查力度，加强与公安、安监、环保、消防等相关部门的联系协调，强化联合执法力度，加强安全生产检查工作，严厉打击非法开采行为。截至年底，共进行30余次的安全隐患大排查和执法检查。针对存在安全隐患的矿企及时下整改通知书12次，跟踪调查，要求停产进行限期整改，整改符合要求后方可恢复生产。同时坚持做好矿企的探矿证、采矿证延续及年检工作。

【地质灾害防治】 年内，国土资源规划局为切实做好林周县2017年地质灾害防治工作，保障人民

2017年9月11日，国土局局长琼达在中梭矿业公司检查生产情况

2017年9月16日，国土局工作人员在甘旦曲果镇朗当村检查砂场开采情况

群众生命财产安全，维护社会稳定，促进县域经济社会发展，按照拉萨市国土资源规划局上级业务部门文件精神，根据《地质灾害防治条例》《西藏自治区地质灾害防治管理暂行办法》《西藏自治区地质环境管理条例》《拉萨市地质灾害防治规划》，结合林周县地质灾害实际情况和2017年降水趋势预报，特制定《林周县2017年地质灾害防治方案》；切实抓好防灾减灾工作，确保人民群众的生命财产安全和工矿企业的正常运转。明确责任，加强地质隐患点的监测。对全县的35个地质灾害隐患点进行专人监测，并实行日报告制度，一旦发现地质灾害隐患点有异常情况，便立即向上级部门报告；县国土局在全县的35个地质灾害隐患点设立警示标志，并已经对松盘、卡孜两乡18户群众下发地质灾害明白卡，着力抓好宣传发动工作，不断提高群众应急防范意识。健全报告制度，加强排查监测。为认真落实各项防灾减灾预案和措施，做到早发现、早避险、早处置，国土资源规划局联合各乡镇、各工矿企业，加大对辖区内地质灾害隐患点的检测频率，确保每个隐患点都有人亲自管、有人亲自抓，同时实行24小时监测并坚持“日报告”和“零报告”制度。

【城乡规划】 年内，国土资源规划局稳步推进实施边交林乡、强嘎乡、松盘乡、唐古乡4个乡的乡镇规划和边交林乡当杰村的村庄规划工作。办理建设项目选址意见书76本、建设用地规划许可证5本、建设工程规划许可证5本及乡村建设规划许可证17本。

【精准扶贫】 年内，国土资源规划局联合县扶贫办、各乡（镇）等相关部门积极做好精准扶贫项目移民搬迁选址和用地保障工作，做好局全体干部结对帮扶工作。

【土地卫片执法】 年内，国土资源规划局对全县土地变更调查图斑认真进行梳理核查，对梳理出的疑似违法用地图斑进行前期调查处理。学习上级部门关于开展2017年土地矿产卫片执法监督检查工作的通知，正确掌握当前卫片执法的新政策和新要求，切实履职尽责，保护好国土资源，维护好群众权益，促进国土资源依法依规、节约集约利用，认真核查2017年度新增图斑，开展整改工作，为2018年卫片执法监督检查工作打好基础。

【自身建设】 年内，组织党员干部学习党的十八大和十八届三中、四中、五中、六中全会及十九大、区市党委九届三次会议精神，深入贯彻中央第六次西藏工作座谈会精神，贯彻落实习近平总书记系列重要讲话精神特别是“治国必治边、治边先稳藏”的重要战略思想和“努力实现西藏持续稳定、长期稳定、全面稳定”的重要指示，贯彻落实俞正声主席“依法治藏、长期建藏、争取人心、夯实基础”的重要原则。开展“两学一做”专题活动，同时把专教活动与业务学习教育相结合，采取个人自学、集中学习等形式开展业务学习，努力建立学习型机关。

【维稳工作】 年内，全面落实区市县党委、政府关于维护稳定的各项举措，认真做好春节、藏历新年期间值班工作，严格执行领导带班和24小时值班制度，切实做好本单位及机关大院的安保工作，完成“三不出”的目标任务。

（赵　帅）

【领导名录】

局　长

琼　达（藏族）

副局长

尼玛卓玛（女，藏族，1 月任）

林周县工业和信息化局

【概况】 林周县工业和信息化局（林周县人民政府国有资产监督管理委员会、林周县商务局）共两局一委合署办公。共有行政编制 3 名，其中科级领导职数 2 名。两局一委共有干部职工 5 人，党员 5 人。其中，正科级 2 人，副科级 1 人，科员 2 人。

5 月 11 日，根据林周县人民政府办公室关于印发《林周县工业和信息化局（林周县人民政府国有资产监督管理委员会、林周县商务局）主要职责机构设置和人员编制规定》的通知，划出原工业和信息化局挂牌机构林周县旅游局管理职责到林周县文化旅游新闻出版广电局（文物局）。

【党建工作】 年内，深入学习贯彻中央、区、市、县会议精神。突出抓好习近平总书记系列重要讲话精神和各级重大决策战略部署的学习宣传贯彻，突出抓好“四个全面”治国理政新方略的认识把握，进一步增强做好各项工作的使命感和责任感。年内，共开展书记带头讲党课 2 次，组织集中理论学习 7 次；认真贯彻落实县委常委会议精神，教育引导机关党员干部牢固树立理想信念、规矩意识、党性原则、为民宗旨、廉洁观念、担当精神。积极主动了解机关党员干部思想动态和意见诉求，加强人文关怀和心理疏导，有针对性地做好思想政治工作。适时开展机关党员干部思想动态调研，进一步改进思想政治工作方式方法。

【党风廉政建设】 年内，认真落实党风廉政建设主体责任、第一责任人责任。与县委、县政府签订党风廉政建设责任书，明确党风廉政建设工作目标及任务。先后建立完善《党务公开承诺制度》《领导干部廉政学习制度》《党员民主评议制度》《工信局“三重一大”事项集体决策制度》《廉政谈话制度》《“三公”经费管理制度》等 9 项制度，严格党的各项纪律，进一步明确对违规违纪行为的惩治措施及惩罚力度。

【专题教育活动】 年内，“两学一做”和“四讲四爱”学习教育活动是一项重要的政治工作，各级党委都高度予以重视。工业和信息化局紧紧按照县委及活动办要求，扎实开展相关主题宣教活动。加强组织领导，制订活动计划。为进一步推进学习教育活动，结合单位实际，精心制订活动计划、学习内容，并明确各个阶段的工作重点；依托多种形式，开展学习活动。加强学习讨论，共组织集中学习 5 次，并撰写心得体会 16 篇。

【工信工作】 2017 年，林周县规上工业增加值完成 8594.90 万元，同比增长 10.3%。全年林周县有 3 家工业企业开工生产，分别是西藏旁多水力发电有限责任公司、西藏藏电开发有限公司、西藏圣央水资源开发有限公司。

2017年8月9日，县委书记次仁顿珠在林周县首届油菜花观赏节暨林周净土绿色徒步大会仪式上致辞

【约谈企业负责人促项目开工建设】 年内，为推动项目尽早开工建设，局领导分别对夕瑞德矿业、财胜矿业的负责人进行约谈。企业负责人表示将按照县委、县政府的要求，积极做好复工前的各项准备工作，力争早日开工建设。4月18日，副书记田嘉勇、副县长卢智杰带领县直相关部门负责人赴夕瑞德矿业实地调研并召开协调会议，会上研究制定林周县夕瑞德矿业开复工生产的工作计划。

【组织企业开展培训】 年内，为推动企业实施清洁化改造，提升企业清洁生产水平，工业和信息化局组织县域范围内的清洁生产主管部门，净土公司、藏电公司、夕瑞德矿业、楚布藏香厂16名人员参加在线培训工作。

【组织企业学习】 年内，为进一步遏制安全事故发生，工业和信息化局向县域范围内的各国有企业，工矿企业发出通知，要求各企业组织学习安全生产领域改革发展意见，对照安全生产工作规范，建立完善安全生产工作领导小组及相应的安全生产工作制度。

【做好工业领域中央环保督察工作】 年内，根据《拉萨市工信局关于督促做好工业领域迎检工作的通知》要求，对照6项重点督促内容，工业和信息化局完成相关台账资料，并针对2016年3家企业在环保方面存在的问题进行解决，并要求企业积极整改，完备相关手续资质。

【商务工作】 2017年，完成社会消费品零售总额1.91亿元，同比增长12.4%。完成全县60421名农牧民碘盐配送的工作，共配送碘盐332315.5公斤，收缴碘盐款总计166157.75元(已付自治区盐务公司)，碘盐配送覆盖率达到100%，圆满完成2017年度碘盐配送任务。

2017年11月1日，县委常委、副县长卢智杰检查秋季商品交易会各项工作

【商业网点管理】 年内，林周县“万村千乡市场”工程项目72家，覆盖县乡村三级，其中配送中心2个，分别位于林周县城、旁多乡政府附近，商贸中心2个位于强嘎乡、春堆乡，物流配送中心1个，位于甘旦曲果镇。大部分农家店运营情况良好，72家农家店存活56家，倒闭16家，存活率占78%，部分农家店主要因农家店主经营不善，致使货物积压滞销或农家店主经济实力过于薄弱等原因倒闭。“万村千乡市场”工程项目惠及农牧民近5万人左右，有效解决农牧民买难卖难等问题，且农村日用消费品、农资商品销售网点基本形成网络，彰显林周县商务工作的新亮点。

【电子商务】 5月，参加电子商务示范县申报评审工作。按照自治区商务厅关于申报2017年电子商务进农村示范县评审会的通知要求，工业和信息化局统筹谋划精心组织，撰写《拉萨市林周县申报2017年电子商务进农村综合示范项目评审会汇报材料》《拉萨市林周县申报2017年电子商务进农村示范县项目汇报答辩资料汇总》，制作《林周县申报2017年电子商务进农村综合示范项目》专题汇报PPT。在项目评审中获得专家评审组的肯定。据反馈该项目商务厅2017年的批复已下，林周县未获得批准，据悉2017年全区5个县的示范项目均为偏远

2017年12月27日，县委副书记、常务副县长田嘉勇在拉萨市赴南京招商引资项目推介会上推介林周县招商引资项目

的县。10月，局长洛桑罗布在四川省参加商务部组织的关于全国贫困县商务扶贫工作培训，培训结束后就培训内容对工业和信息化局电子商务工作进行工作部署，要求全面复制推广电商扶贫的经验，努力做到“遍地开花”“滚雪球”的人才成长机制，使建档立卡户通过电商扶贫政策早日脱贫致富。

【严守成品油销售关口】 年内，工业和信息化局（商务局）联合县安监局、消防大队组成检查组，对县域2家加油站开展全面检查工作3次。检查组严格按照《西藏自治区人民政府令》《西藏自治区零散成品油销售管理办法》等文件精神，要求各加油站对所有购油的机动车辆一律实行实名登记制度，严禁私自倒卖散装油气和非法销售成品油气的行为，并要求各企业加强安全防范工作，确保林周县成品油销售市场安全。经检查，2家油站证件齐全，消防设备齐全，站内均有安排工作人员入住进行值班、管理，工作人员每天实行24小时轮流值班制度和领导干部带班制度，有2位应急值守人员，成品油销售市场运营良好。

【食品检查】 年内，工业和信息化局（商务局）会同县工商局、卫生局、食药局、公安局、消防大队等部门，在重要节点、节假日期间，依法对县域食品、餐饮店进行安全卫生、安全通道及消防设施检查9次，重点查处消费食品、餐饮是否达到卫生许可，餐饮业“三证”情况、内部设施情况、有无防蝇措施和冷藏设施以及环境条件等，超市“三证”情况、不合格产品与过期产品是否上架、从业人员有无健康证等情况。经抽查，部分乡镇商店存在少量“三无”产品，县域超市存在少量过期产品，联合检查组对存在问题的企业负责人当面进行严肃批评，并当场没收不合格产品，严令商户进行整改，进一步规范食品销售市场，保障消费者人身安全。

【督促油气回收】 5月28日，按照副市长方桂林主持召开拉萨油气回收环保督查工作专题会议精神，工业和信息化局积极按照会议精神及要求制定《林周县关于做好拉萨市油气回收环保督查整改工作方案》明确人员职责、工作目标以及整改内容和时间安排。针对摸排情况有针对性的向辖区3个加油站下发整改要求，并督促企业扎实有序做好后续的整改工作。截至年底，县中石化已做好油气回收装置，两个中石油总公司文件上表示从2017年10月开始对各县区加油站进行整改。截至年底，林周县中石油尚未开始整改工作。

【商务领域发展】 年内，林周县旁多乡农畜产品交易市场建设项目是林周县“十三五”期间产业扶贫规划项目中实施项目，由县扶贫办和工业和信息化局（商务局）联合在做，该项目前期手续已经完备，项目正在进行招投标。工业和信息化局（商务局）现已将该项目作为当前重要的工作来抓，主要解决该项目经费。10月，工业和信息化局已正式向市商务局递交《林周县商务局关于商贸流通领域精准扶贫林周县农畜产品交易市场项目资金的请示》，此项工作正在推进中。

【举办民用商品交易会】 年内，为促进县域经济发展，提高农牧民创业创新意识，工业和信息化局于11月1日与西藏泽宇商贸有限公司在太湖路警务站旁举办“2017年林周县首届秋季民用商品交易会”，此次交易会邀请各乡（镇）的建档立卡户参加，有商品的免费提供展位，无商品销售的每人每天100元补助，帮展商销售展品。

【招商引资】 2017年，拉萨市政府下达的林周县招商引资实际到位资金目标任务7亿元。林周县按照“三个一批”招商思路，即开工建设一批项目、签约落地一批项目、洽谈储备一批项目对招商引资和项目引进展开集中攻坚行动，在新能源项目、特色经济作物种植项目、健康饮品、旅游项目上实现招商引资大突破。2017年，林周县招商引资项目9个，其中续建3个，新建6个，全年完成招商引资7.006亿元，完成年度目标任务的100.1%，同比增长12.67%。

【强化项目储备，激活产业活力】 年内，全面响应拉萨市净土健康产业、旅游文化产业发展号召，充分发挥林周农业大县农产品资源优势、万亩土地资源优势，日照3000小时以上光照资源优势，突出重点领域，进一步对现有涵盖旅游、文化，净土健康，商贸流通，民族手工4个类别的8个招商引资项目进行完善，建立项目储备动态机制，及时做好项目“吐故纳新”工作，确保尽快培育和催生一批新的经济增长点。

2017年8月21日，县委常委、副县长卢智杰参加雪顿节招商引资项目推介会暨签约仪式

【实现精确招商】 年内，按照全市招商引资活动“从严从实”原则及“走出去 请进来”招商引资活动要求，推出2017年林周县“走出去”招商引资项目5个。专场招商引资活动：5月5日—16日，由县委常委、副县长卢智杰带队，在西安、深圳、南京、成都、涟水五地开展林周县2017年专场招商引资活动。分别与国达公司签订招商引资协议，并明确国达公司迁址林周县，力争8月能复工生产；与陕西博胜实业有限公司、陕西省农业发展基金会、西安华策万邦产业联盟、成都龙宇酒业有限公司签订意向合作协议；就园区合作共建县鹏博健康产业园，与江苏涟水经济开发区管委会签订园区合作共建战略性框架协议书。“西洽会”招商引资活动：6月，县委、县政府委派县委常委、副县长卢智杰、工信局干部胡泽旭参加“西洽会”。拉萨市政府副市长方桂林专门就林周县农业开发规划及旅游宣传项目、林周县中药材种植项目分别与陕西博胜实业有限公司、陕西农业发展基金会进行对接洽谈，并实地参观考察两个企业的生产运营情况。“商洽会”招商引资活动：6月，县委、县政府委派工信局局长洛桑罗布、工信局干部吴虹易参加“商洽会”，推介林周县招商引资项目，并组织西藏圣央水资源开发有限公司参展。南京招商引资活动：12月26日—27日，县委副书记、常务副县长田嘉勇带队在南京开展招商引资活动并上台做林周县招商引资项目推介，同时组织辖区净土健康企业参展和开展自主招商引资活动。

【统筹推动协调，确保重点项目】 藏电二期20兆瓦光伏发电项目

2016年雪顿节正式与林周县签约，县委、县政府也高度重视该项目，为推动项目开工建设，工业和信息化局积极与企业对接，协调解决相关困难，3月20日，藏电二期项目开工仪式在江夏乡卡日村如期举行。6月12日，县委常委、副县长卢智杰带领县政府办、发改委、工信局、环保局、水利局参加藏电林周县20兆瓦并网发电项目启动验收工作。

【旅游工作】 年内，林周县共接待中外游客157902人，同比增长17.1%；实现旅游总收入1989.7万元，同比增长19%。

【林周农场旧址改造项目顺利通过林业厅检查】 3月20号，自治区林业厅领导、专家在林周县检查辖区建设项目涉林、涉黑颈鹤保护区情况，林周农场旧址改造项目顺利通过此次检查。该项目已经完成初步设计、选址意见、可研报告、项目立项、施工设计及环评等工作。项目已开工建设，预计2018年7月正式投入使用。

【县域旅游基础设施类建设项目】 年内，边交林乡农业旅游示范点基础设施建设项目，卡孜乡、松盘乡、江热夏乡、杰堆寺、夏寺旅游公厕项目，前置手续均已完成，项目申报材料于2016年5月上报市旅游局规划科，一直等待区、市旅发委批复，在此期间工业和信息化局多次与市局沟通协调，争取通过上述项目建设。

【热振片区旅游开发建设规划】 年内，县委及县政府主要负责人协同江苏省城市规划设计院2名设计人员在旁多乡、唐古乡实地勘察指导热振片区旅游开发建设规划。县委、县政府主要负责人一行先后来到旁多乡斯林寺景点、旁多水利枢纽景点、唐古搬迁点、热振国家森林公园、新型小城镇拟选点等地，现场听取旅游规划思路和预想效果，并在唐古乡政府连续召开2次会议，系统听取热振片区旅游开发建设规划设计方案，研究确定规划中的不确定事项，进一步纠正规划方案中部分设计与林周不相符、不恰当、不现实的问题，使规划方案更趋科学合理。其间，还研究确定2017年旅游度假区规划、步行桥和观景台工程、核心区入口景观工程、房车营地建设等项目建设。

【民宿申报工作】 年内，按照市旅发委要求，积极开展拉萨市“乃仓民宿”农（牧）家乐扶持对象申报工作，2017年申报30户农牧民家庭成为“乃仓名宿”农（牧）家乐成员，带动约30个贫困户家庭，120名贫困人口脱贫，“乃仓民宿”项目是贫困户首选的就业渠道和创收途径；工业和信息化局按照拉萨市旅发委的文件规定，积极配合拉萨市交通产业集团，在林周县域内开展“拉萨房车环线”项目营地选址，经实地考察，已确定三处房车营地（林周县热振寺选址、林周县达隆寺选址、旁多乡河谷牧场选址）。该项目的落地不仅能带动当地建档立卡贫困户脱贫致富，还能促进当地经济增长，带动当地旅游事业绿色、高效增长。

【举办首届油菜观赏节】 8月9日，林周县首届万亩油菜花徒步观光旅游节在林周县卡孜乡正式开幕，本次活动由林周县委、县政府主办，林周县旅游局、林周县净土

2017年11月27日，副县长李辉主持召开林周县整治货车非法改装专题会议

产业投资开发有限公司承办,活动主要以赏花、徒步、摄影为主,旨在将林周县打造成可供选择的最佳休闲地。首届油菜花观赏节的成功举办必将成为体育和文化、旅游产业联动发展的重要组带,进一步提升林周县知名度和美誉度。同时,借力油菜花观赏节,以生态环境保护为前提,自然风光和文化基因传承为依托,发挥林周县自身区位优势和资源优势,挖掘旅游资源和发展潜力,做大做好"旅游+",必将进一步促进林周县生态农业和旅游服务业双轨发展。

【县域旅游规范化】 年内,按照市委、市政府《关于加快旅游业发展的决定》,结合市局相关工作要求,林周县在县域旅游规范化建设方面取得阶段性的成效。在旅游市场秩序方面:按照《2017年度旅游市场秩序整治行动方案》着重突出对食品安全、餐饮卫生方面以及旅游环境净化方面的检查与整治,由工业和信息化局牵头协同消防、食药、卫生、工商等部门对县域旅游综合环境整治检查2次。在旅游服务标准化建设方面:制定《林周县旅游服务标准化建设年活动实施方案》,成立以分管副县长为组长,县委宣传部、县发改委、县公安局、食药局、文广局、工商局负责人以及各乡(镇)长为组员的领导小组。

(胡泽旭)

【领导名录】

局　长

洛桑罗布(藏族)

副局长

普　　桑(藏族,1月任)

林周县安全生产监督管理局

【概况】 2017年,林周县安全生产监督管理局共有编制4人,实有3人,党员3名,其中正科级干部1名,科员2名,内设3个办公室,分别为局长办公室、副局长办公室、安委会办公室(安监局办公室)。

【安全生产指标控制情况】 年内,林周县辖区共发生生产安全事故1起(道路交通事故),死亡1人,无受伤人员,与2016年(发生安全生产事故3起,死亡2人,受伤4人)相比,事故起数下降66.6%、死亡人数下降50%、受伤人数下降400%。

【"党政同责、一岗双责"】 年内,根据《拉萨市党政同责暂行办法》的要求,县委、县政府、各乡镇、各部门都制定完善"党政同责、一岗双责"工作方案,定期研究、分析安全生产形势,部署安全生产工作。2017年,县政府与各乡镇、县安委会成员单位签订22份《安全生产责任书》,修改完善安全生产工作考核细则,明确细化各乡(镇)人民政府、县安委会成员单位的监管职责,各行业领域主管部门严格履行职责,主要领导亲自带队检查、带动落实,切实担负起安全生产"第一责任人"的责任。

【安全学习】 年内,林周县安委办下发宣传学习贯彻《安全生产领域改革发展意见》的通知,并以综治宣传日、安全生产月等为契机,以多种形式广泛宣传《安全生产领域改革发展意见》,在县委理论中心组2017年集中学习研讨

2017年6月16日,副县长、县安委会副主任李辉在安全生产咨询日活动现场检查指导工作

会上传达学习《安全生产领域改革发展意见》，在9届县委第3次专题会议上学习传达《拉萨市委、市政府关于推进安全生产领域改革发展意见》，专题研究部署意见的贯彻落实方案，县安委办起草《林周县委、县政府关于推进安全生产领域改革发展意见》《林周县关于推进安全生产领域改革重点任务分工》，形成自上而下学习宣传贯彻《安全生产领域改革发展意见》的良好态势，进一步筑牢各级各部门安全生产底线意识。

2017年2月24日，安监局局长土登欧珠带领局执法人员在烟花爆竹售卖摊点检查

【迎接国务院安全生产考核】 年内，为贯彻落实区市党委、政府关于做好迎检工作的一系列安排部署，县安委办周密安排部署，及时成立迎检工作组，细化工作任务分解，强化责任落实，及时制定迎检方案，多次召开动员会、推进会，汇报工作进展情况，认真对照提出的8个方面40项巡查内容，全面分析研究，认真对表立杆，逐条逐项进行梳理，对安全生产数据汇总整理、统计分析，准确反映安全生产状况，真正做到无遗漏项目、无缺失内容、全力确保各项巡查资料齐全、工作内容扎实和巡查工作顺畅圆满、不出现任何瑕疵纰漏。以县安委办名义制定印发迎接国务院安全生产考核、巡查文件7个，共召开迎检会议4次，梳理迎检台账53册。

【落实企业主体责任】 年内，按照国家安监总局《企业安全生产责任体系“五落实”“五到位”规定》要求，服务企业依法依规建立健全安全生产责任体系，要求企业将《企业安全生产责任体系“五落实”“五到位”规定》张贴悬挂在醒目位置，做好规定内容的宣传解释工作。同时，结合日常安全生产监督检查工作，督促、指导企业按“五到位”要求建立安全生产责任体系，按“五落实”要求做好安全生产工作，预防生产安全事故的发生。

【失职追责约谈机制】 年内，为进一步督促落实单位、企业严格履行主体责任，林周县对发现问题较多的单位、企业实行约谈机制。

【安全生产大检查】 2017年，林周县各安委会成员单位在县委、县政府的领导下，结合全县安全生产大检查工作要求，由各行业领域主管部门牵头，进一步健全执法信息共享机制，主动加强各执法单位的密切配合，发挥执法优势，弥补单项执法的不足，降低执法行政成本，更有效地加强对违法行为的查处力度。林周县坚持“统筹全盘、协调各方、突出重点、有序推进”的工作原则，切实履行指导协调、督查督办职责，加大督导整改力度，限期反馈督办事项整改情况。针对林周县夕瑞德尾矿库及烨鑫尾矿库存在的安全隐患，林周县严格按照区、市安监局提出的相关整改要求，定期不定期地开展督查工作，在区、市安监局的督促指导及县安监局的监督下，2家尾矿库均按期完成相应整改要求，同时县安委会对区、市下发的各类督办事项及群众反映的安全隐患、乡(镇)、县安委会成员单位在日常检查中发现的安全隐患等严格实行督查督办制度，对发现问题较多的单位、企业实行失职追责约谈机制。进一步督促落实单位、企业履行主体责任，确保各项工作落实到位，有效防范和遏

2017年7月28日，林周县安委会组织召开安全生产工作部署会议

制事故的发生，促进林周县安全生产状况持续稳定。

【烟花爆竹安全监管】 年内，林周县安全生产监督管理局负责开展烟花爆竹经营(零售)许可审批工作，春节藏历年期间，受理98家烟花爆竹零售商户申请，以公开抽签的方式对符合条件的10家商户办理烟花爆竹经营(零售)许可证。同时，提前选址、设立集中烟花爆竹销售点，并加大对烟花爆竹销售市场的监管和检查力度，出动联合检查组1次，安监局单独检查5次，总出动人次达20余人次，有效规范城区内烟花爆竹经营秩序，未发生烟花爆竹销售生产安全事故。

【非煤矿山、危险化学品安全监管】 年内，为规范林周县安全生产工作，维护正常的生产、生活秩序，有效地杜绝各类事故的发生，安监局认真履行职责，结合实际制定大检查方案，并在有关部门的配合和协调下，专门组织人员深入到非煤矿山、危险化学品经营单位开展安全生产大检查工作，对高危行业领域企业做到检查全覆盖。重点围绕经营单位的安全制度建立情况、安全生产工作措施落实情况、从业人员岗位培训情况及安全生产工作应急预案等方面加以督促和指导，采取查、看、问的方式，实地了解生产经营单位安全生产工作的开展情况，查找安全生产存在的隐患，解决安全生产工作中出现的新问题、新情况，真正将安全生产工作抓细、做扎实，切实将安全生产隐患消灭在萌芽状态，从而维护林周县社会秩序的稳定，为农牧民群众安居乐业创造良好的氛围。

2017年，检查非煤矿山及尾矿库22次，其中，区、市安监局检查6次，县安监局检查14次，联合检查2次。下发责令整改书3份，行政处罚决定书(单位)1份，罚款共计3万元。危险化学品领域由县安监局以企业自查为基础，开展行业检查和专家排查，共检查10余次，隐患20条，已整改18条，整改率达94%。检查人次共16人余次，由县安监局、工信局、治安大队组建领导小组共计检查3次，发现隐患26处，已整改24处。中石油已整改完毕，中石化有2处正在延期整改。下发责令整改书3份。

【宣传教育】 年内，在县太湖路、甘曲路、苏州路等人员较多的场所悬挂“管行业必须管安全、管业务必须管安全、管生产经营必须管安全”等活动宣传条幅3条。安委会各成员单位及其所属企事业单位按照职责分工开展宣传教育活动；通过企信通向各非煤矿山企业负责人、县安委会成员单位等发送安全生产宣传短信，提高企业负责人及监管部门的安全生产主体意识；通过林周县宣传部，在林周县电视台播放安全生产公益广告，同时在“林周之窗”微信公众号上刊登安全生产相关文章；深入各村、企业持续开展安全生产宣传，发放宣传资料、宣传纸杯、宣传袋共计6000余份，受教育群众达3000余人次；按照市里要求，6月16日，在县太湖路两旁由县安委办举办“2017年安全生产咨询日”活动。工作人员向群众发放各类宣传资料，并介绍家庭防火、日常用电、地质灾害等安全常识及自救互救办法，就群众在日常生活中遇到的安全问题提供咨询服务，活动共出动工作人员60多人次，展出宣传板20块，受理群众咨询100多人次，发放宣传资料800余份，对普及安全知识，提升人民群众安全意识，促进安全发展的社会氛围起到积极的推动作用。

（涂　勇）

【领导名录】

局　长

土登欧珠（藏族）

林周县国家税务局

【概况】 林周县国家税务局负责行政辖区内纳税人的税务征管工作。全局现有干部8人，共承担着1135户纳税人的纳税征管工作，其中企业有504户，个体工商户有631户。增值税一般纳税人有46户，个体工商户中达到起征点的有2户。

【税收分析】 截至年底，共组织收入8010万元，与2016年同期7757万元增加253万元，增长3.26%。其中，中央级4978万元，自治区级145万元，地市级51万元，县级2836万元。共完成税收收入7825万元，与2016年同期相比增加270万元，增加3.57%。

截至年底，从税收数据上可以反映出林周县税收收入以现代服务业、建筑业为主导税种。

2017年各税种收入同比增长表

表1

征收税种	2016年1—12月	2017年1—12月	增减额	增减比例（%）
总收入	77567152.35	80097606.94	2530454.59	3.26%
增值税	28715885.82	37388694.22	8672808.40	30.20%
营业税	11653379.70	-20111.86	-11673491.56	-100.17%
企业所得税	17893401.96	23019660.54	5126258.58	28.65%
个人所得税	440475.28	12268562.79	11828087.51	2685.30%
印花税	967156.98	393260.80	-573896.18	-59.34%
资源税	184073.80	1711341.57	1527267.77	829.70%
城建税	2826623.30	2615545.49	-211077.81	-7.47%
车购税	60445.30	819212.46	758767.16	1255.30%
城镇土地使用税	149622.72	52358.18	-97264.54	-65.01%
耕地占用税	12660500.00	0	-12660500.00	-100.00%
教育费附加	1198402.42	1107589.59	-90812.83	-7.58%
地方教育附加	798935.07	738393.16	-60541.91	-7.58%
罚没收入	18250.00	3100	-15150.00	-83.01%

分级次增减情况比对表

表2　　　　单位：元

	2016年1–12月	2017年1–12月	增减额	增减比例(%)
总收入	77567152.35	80097606.94	2530454.59	3.26%
中央级	24960642.62	49778625.31	24817982.69	99.43%
自治区级	2501267.18	1449857.87	–1051409.31	–42.04%
地(市)级	2587322.15	513402.52	–2073919.63	–80.16%
县级	47517925.49	28355727.23	–19162198.26	–40.33%

【税收收入】 年内，林周县国家税务局涉及税收收入的行业依然以现代服务业、建筑业、制造业为主，其中租赁和商务服务业收入19503466.14元，占全部收入的24.93%；建筑业收入13410517.19元，占全部收入的17.14%；制造业收入8879766.68元，占全部收入的11.35%。这三大行业总计完成税收收入41793750.01元，占总税收收入的53.41%。

2017年2月16日，林周县国家税务局局长穷达在强嘎乡典冲村慰问扶贫对象

【卫生和社会行业税收】 2017年，卫生和社会工作行业税收入库172292.4元，2016年同期入库375.24元，增加171917.16元。原因是2017年林周县卫生局缴纳车辆购置税172287.4元，占此行业税收收入的99.99%。

【制造业税收】 2017年，制造业入库为889.21万元，2016年同期入库12.89万元，增加876.31万元，增幅较大。原因分析：由于林周县国家税务局招商引资企业西藏辛盛机械制造有限公司、2017年由于股权转让缴纳企业所得税856.53万元，占全部制造业收入的97%。属于一次性收入。

【现代服务业税收】 2017年，租赁和商务服务业入库为1983.40万元，2016年同期入库66.67万元，增加1916.73万元，增幅较大。原因分析：由于林周县国家税务局招商引资企业西藏杨山企业管理有限公司在本年缴纳1869.89万元，2016年同期该企业未在林周县国家税务局缴纳过任何税款。

【科学研究和技术服务业税收】 2017年，科学研究和技术服务业入库730.67万元，2016年入库58.15万元。增收672.58万元，增长比例为1157%。增加的原因为本年西藏兴瑞实业有限公司由于股权转让缴纳企业所得税566.53万元，属于一次性收入。

【建筑行业税收】 2017年，建筑业入库为1403.76万元，2016年年同期入库3197.34万元，减收1793.58万元。原因分析：由于“营改增”政策的影响2016年1—4月外埠建筑业纳税人在林周县国家税务局缴纳企业所得税且原先一般纳税人全额缴纳营业税营改增后变为预缴2%—3%，造成林周县国家税务局建筑业税收降幅较大。

【采矿业税收】 2017年，采矿业入库440.13万元，2016年同期入库49.60万元，增加390.53万元，同比增加788%。增加原因为西藏中凯矿业股份有限公司林周分公司、西藏夕瑞德矿业有限公司、西藏永利矿业有限公司三家企业的带动，这三家企业共缴纳税款367.99万元，占采矿业总收入的84%。这三家企业2017年所缴纳的税款与2016年相比皆有大幅度增加。

【批发零售业税收】 2017年，批发零售业收入468.18万元，2016年同期入库1098.61万元，减收630.43万元。原因为2016年零售业纳税大户的西藏林芝地区医药有限公司，本期入库为0，2016年同期入库118.99万元，减收118.99万元。原因分析：西藏林芝地区医药有限公司非林周县国家税务局管户，2017年在国家税务局辖区内未发生任何业务。

林周十一矿煤炭销售有限公司2016年同期入库139.6万元，本年该企业已注销。西藏泰康医疗器械有限公司、西藏宁港商贸有限公司2家企业2017年缴纳税款数与2016年相比皆有大幅下降。

2017年6月22日，林周县国家税务局局长穷达、纪检组长西洛边巴为纳税人讲解新出台的“六项税收”优惠政策

【税收优惠政策】 年内，林周县国家税务局为将各项小微企业优惠政策不折不扣的落实到实际工作中，做了大量针对性工作：首先明确政策执行目标，成立小型微利企业优惠政策领导小组，制定工作方案，一把手亲自过问、督促落实，副局长亲自抓、适时跟踪进展。明确从2017年一季度起，小型微利企业优惠政策享受面力争达到100%的工作目标。其次优化服务、落实责任，加强政策针对性宣传辅导。针对部分农牧民专业合作社对小微企业税收优惠政策不熟悉的现状，国家税务局充分利用办税服务厅电子显示屏、税收宣传栏、纳税人微信群等进行宣传辅导，认真辅导本辖区负责农牧民专业合作社相关涉税事项办理的中介机构，扩大宣传渠道。最后是实时监控，提高政策落实质效。在申报事前、事中、事后实时掌握并更新优惠政策执行情况，在申报前引导符合条件的纳税人根据相关文件要求进行减免税的填写，在申报期中实时跟踪核实，对符合条件的未享受优惠的企业通过补充申报扩大政策执行面，对不符合条件但享受优惠的企业督促整改并补缴税款。林周县国家税务局的工作使辖区内的小微企业受惠面达到100%，真正实现应享尽享，应免尽免。

严格按照文件要求，认真落实六大减税措施。对此，林周县国家税务局第一时间召开会议，传达文件精神，要求全体干部认真学习政策，开展内部学习讨论，并组织大厅前台工作人员和部分重点企业会计人员参加拉萨市局的现场培训，确保干部对政策理解吃透，重点企业对六大减税政策熟知。同时充分利用办税服务厅电子显示屏、纳税人微信群、电话等方式进行政策宣传，重点推送政策变动的背景意义、内容及申报征管方法，最大范围保障税收优惠政策知晓面，实现应享尽享。林周县国家税务局在实际工作中认真贯彻落实六项税收优惠政策，对“增值税税率简并”这一政策，林周县国家税务局涉及的45户纳税人，按照规定及时安排工作人员重新为其进行税费种认定，确保涉及的纳税人及时享受到国家的优惠政策。同时，林周县国家税务局联系工作实际，多次组织干部对六项减税政策进行深入学习，深入宣传，促使六项减税政策在林周县快速落地生根。

2017年11月13日，林周县国家税务局副局长张兴富代表办税服务厅全体工作人员接受纳税人赠送锦旗

【“营改增”工作落实情况】 年内，林周县国家税务局制定“营改增”政策大辅导工作实施方案，对“营改增”四大行业纳税人政策辅导与培训实行全方位覆盖，召开“营改增”纳税人座谈会，深入了解营改增后企业遇到的困难，组织干部对准确填报《营改增税负分析测算明细表》有困难的企业开展专项辅导，避免企业填报错误。每月对“营改增”一般纳税人进行税负增减情况分析，对税负上升企业进行原因分析，情况分析，积极接受纳税人的意见和建议，努力完善不足之处，切实帮助企业解决自己遇到的困难，得到纳税人的认可。

【大督查工作落实情况】 年内，林周县国家税务局认真按照区、市两局文件要求，对照《2017年税收执法大督查自查内容细化表》中提及的5个大项26个小项内容，按照分解的任务逐一进行自查自纠，进一步梳理，将存在的问题找全、找准、找实，将查出的问题大清理、大扫除，建立整改台账，填写大督察工作底稿，将问题整改过程留痕。其次认真整改区局督察组及市局巡查办对林周县国家税务局提出的各项问题，认领督察审计事实确认单，并及时上报整改情况报告、整改台账、追责情况等。最后是要经常回头看，做到问题整改，建章立制。

【纳税服务工作落实情况】 年内，林周县国家税务局在日常的税收工作过程中，从服务纳税人的角度出发，认真贯彻落实《全国税务机关纳税服务规范》2.3版的各项规范，进一步提升纳税服务质效，持续有效地减轻纳税人的负担。

实行首问办结制，实现“集中受理、内部流转、统一答复”的咨询服务模式，并将日常咨询解答中遇到的热点、难点问题（如四大行业的“营改增”政策、资源税改革、六大优惠等），收集整理，要求全体干部学习掌握，形成税收政策咨询的标准化解答口径，进而不断提高咨询服务水平。自2016年几次重大税收变革后，林周县国家税务局按照要求设立营改增咨询台、资源税政策咨询台、资源税申报窗口、行政审批绿色通道等，实现全职能综合服务窗口，依托全职能综合服务窗口，林周县国家税务局推行简事易办、预约服务、延时服务等便捷服务。如税银三方协议签订、CA申请、涉税信息查询及打印、证明开具、变更登记、零申报等，让纳税人随办随走，减少纳税人的排队等候时间；林周县国家税务局通过纳税人微信群、QQ群、电视台、电话、办税服务厅等平台向纳税人推送最新的税收政策，并对政策需求企业进行面对面的培训，实现税收宣传的高效精准传递，促使征纳沟通的深度和渗透率大幅提升；通过合理优化人力资源配置，林周县国家税务局设置领导值班岗和导税员，将综合素质高、业务能力强的领导和税务干部安排在领导值班岗及导税岗位上，以点带面，提升整体纳税服务水平，确保在相关岗位上能为纳税人提供高效、优质的服务，打造方便快捷，务实亲民的纳税服务一体化平台。

【党建工作】 年内，林周县国家税务局党支部根据拉萨市国家税务局巡查组给出的整改任务清单，积极开展自查整改工作，并以此为契机着力加强自身建设，推动形成内部运转高效、干部队伍素质过硬、组织工作提质上档的良好局面。

年内，定期召开学习活动，要求记录学习笔记，及时互相沟通学习心得，确保学有所得，学有所悟；修身养性从严，多次组织干部开展重温入党誓词、聆听革命历史等活动，增强党员干部的党性，引导党员干部以革命先烈的精神来要求自身，不断提高自身思想道德素质；林周县国家税务局党支部根据上级要求，结合自身实际。积极落实“三会一课”制度、民主评议党员制度、领导干部参加组织生活制度等党内生活制度，积极开展相关活动；同时积极开展“回头看”工作，不断查漏补缺，确保将各项整改工作整改到位，落实到位，切实增强党组织的领导作用。

【党风廉政建设】 年内，林周县国家税务局以市局年初召开的“党风廉政建设会议”精神为指引，以更好地为纳税人服务为出发点层层签订党风廉政责任书并且结合林周县国家税务局具体工作实际，制定《党风廉政建设任务分解表》。切实发挥引领作用，把干部思想教育作为切入点，提高党员干部创业激情，开展党员作风教育和反腐倡廉教育活动，增强宗旨意识，引导党员干部把精力放在促进税收工作上来，紧扣组织收入与全面推进营改增工作，发挥党员干部的示范作用。通过抓基层组织建设，发挥职能作用，采取有力措施，强化“一岗双责”，以兢兢业业的实际行动和坚定不移的服务理念，努力营造公正、优良、和谐的税收环境。同时不断加强自身建设，健全内控机制，自觉接受党内监督、外部监督。

根据拉萨市国家税务局巡查组给出的整改任务清单，积极开展自查整改工作，并以此为契机不断完善各项规章制度，促进各项工作的规范化。

【专普票整治工作】 年内，林周县国家税务局根据市局统一安排，严格按照《拉萨市国家税务局办公室关于印发〈拉萨市国家税务局开展增值税发票管理自查自纠整改工作方案〉的通知》要求，对林周县国家税务局辖区内的46户增值税一般纳税人增值税专用发票使用情况逐户进行认真核查。并对2015年、2016年、2017年三年开具的增值税专用发票进行抽查，发现进销项不匹配的纳税人一户、存在其他抵扣与实际经营情况不相符的企业一户。

林周县国家税务局通过抵扣凭证审核检查管理信息系统针对及时发送协查函，并对越秀区国家税务局发来的协查函进行回复。并将有问题的企业及时移交到稽查。有效地打击发票违法活

2017年10月18日，林周县国家税务局党支部在贯彻落实“两学一做”学习教育常态化

动，防止国家税款的流失。同时，林周县国家税务局按照拉萨市国家税务局统一安排对辖区内接受虚开增值税普通发票和虚开增值税普通发票情况进行认真检查。根据拉萨市国家税务局推送的疑似虚开增值税普通发票的纳税人的下家企业名单，林周县国家税务局进行认真核实。发现林周县国家税务局辖区内并无接受虚开增值税普通发票的纳税人。而且林周县国家税务局将辖区内所有领购增值税普通发票的纳税人进行一一排查。组织人员逐户比对发票领用量为50份/次（含本数）及以上的纳税人（包括企业及个体工商户），经比对，发票领用量为50份/次（含本数）及以上的纳税人（包括企业及个体工商户），均有报税记录。抽查发票领用量为50份/次以下的纳税人（包括企业及个体工商户）进行抽查比对，均有报税记录。通过综合分析增值税防伪税控系统发票发售情况表导出数据，发现林周县国家税务局辖区内的企业发票领用量符合其实际经营需求，辖区内纳税人没有大量作废发票行为。

（石欣悦）

【领导名录】

局　长

穷　达（藏族）

纪检组长

西洛边巴（藏族）

副局长

张兴富（2月任）

包燕妮（女，9月任）

林周县工商行政管理局

【概况】 2017年，林周县工商行政管理局有5名干部，全部为党员，大学本科生4人，平均年龄33岁。2017年，工商行政管理局干部团结一心、克服困难，全面履行基层工商局的各项职能，以服务当地经济发展为目标，以深化商事制度改革和后续监管、加强行政执法、抓好消费维权工作等方面为抓手，以队伍教育整顿和服务地方经济建设为中心，按照2017年工作部署要求不断推进各项改革工作开展，较好地完成各项工作，为林周县创造公平竞争的市场环境和安全健康的消费环境，做出积极的贡献，取得较好的成绩。

【党风廉政建设】 年内，严格执行廉政准则和党内监督各项制度为主线，认真贯彻落实廉洁自律、个人重大事项报告、述职述廉、诫勉谈话等各项制度。严格执行民主集中制，完善议事规则和决策程序。坚持党要管党、从严治党方针，强化对领导干部日常监督和管理；与市工商局签订2017年度党风廉政建设目标责任书；按照年初全市工商系统2017年基层党建和党风廉政建设工作会议精神，工商行政管理局结合自身实际，认真制定《林周县工商局2017年基层党建工作计划》《林周县工商局2017年党风廉政建设和反腐败工作实施方案》，确保党风廉政建设与基层党建工作各项任务落到实处。

【增强党员干部拒腐防变能力】 年内，开展每周一学，定于每周四下午为学习日，制订学习计划，组织干部学习，撰写学习笔记。重点学习党的十八大、十九大、习近平总书记系列重要讲话和《中国共产党廉洁自律准则》《中国共产

2017年12月5日，拉萨市工商行政管理局局长陈跃东（左二）在村委会了解村集体经济发展情况

党纪律处分条例》及《中国共产党党内监督条例》《中国共产党问责条例》及“四个意识”教育等。进一步强化干部职工的政治意识、大局意识和全局观念。截至年底，共开展集体讨论学习14次，支部书记讲党课2次。

【基层党建工作】 年内，按照市局《关于进一步加强和改进全市工商系统党建工作意见》《2017年基层党建工作计划》，工商行政管理局党建工作紧紧围绕党的思想建设、组织建设、作风建设、制度建设和党风廉政建设，牢牢把握“233”工作总体思路，及时向林周县委组织部提交成立单独工商支部的请示，并按照要求，花费近2万元，布置专门的党员活动室，配备必要的办公设施，给每位党员配发学习笔记，确保支部活动正常开展；认真落实党内各项制度，规范工商行政管理局“三会一课”、组织生活会、民主评议党员、集中学习等相关制度，促进党组织生活步入规范化轨道；按照市工商局《关于做好2017年党费收缴工作的通知》要求，及时收缴党员干部的党费并上缴给县委组织部。

【制度建设】 年内，认真落实“一岗双责”责任制度，按照“谁主管、谁负责”的原则，将反腐倡廉工作与业务工作同研究、同部署、同落实，做到一级抓一级、层层抓落实，形成分工明确，责任到人的工作机制。结合工作实际，制定《林周县县工商局主要负责人履行“第一责任人”责任清单》《林周县工商局班子成员履行“一岗双责”责任清单》，进一步明确责任主体、职责内容和履职要求，使领导班子和成员责任更加清晰、任务更加明确；落实廉政风险防控机制。按照市局安排部署，全面清理和明确对管理和服务对象行使的各类职责和权力，对依法确定的职权进行分项梳理，摸清职权底数，明确办理的主体、条件、程序、期限等。落实党风廉政建设约谈制度，截至年底，工商行政管理局党建第一责任人集体以及分别约谈干部各1次，向分管领导汇报党风廉政建设工作3次，市局分管领导常规约谈工商行政管理局第一责任人1次。强化制度执行，杜绝腐败隐患。严格执行民主集中制，完善集体讨论制度，明确重大事件决策的原则、程序，促进决策的民主化和科学化。对重大事项坚持集体领导、个别酝酿、民主集中、会议决定的原则，并实施公示制度，接受群众的监督。

【《西藏自治区工商行政管理系统廉洁从政暂行规定》贯彻落实】 年内，严禁节日期间公车私用、公款送礼、公款消费等，确保节日期间风清气正。截至年底，共召开5次节前廉政吹风会议；严格执行《西藏自治区工商行政管理系统廉洁从政暂行规定》等相关制度，用制度约束干部，特别是积极落实自治区工商局《关于在全区工商系统开展“不作为、慢作为”自查整改工作》的通知，在全局干部中开展自查整改工作，坚决纠正“不作为、慢作为”“吃拿卡要赊”“门难进、脸难看、话难听、事难办”、优亲厚友、趋利执法、权力寻租、执法不公等不正之风。

【登记制度改革】 年内，工商行政管理局认真落实区市工商局工作部署，坚持“简政放权、放管结合、

林周县工商行政管理局设立“12315”消费投诉站

优化服务”三管齐下，继续深入落实已出台的商事制度改革各项政策措施，改革红利得到持续释放。市场主体持续健康增长，截至年底，工商行政管理局共登记市场主体2063户，注册资金51.52亿元。其中，个体工商户1486户、企业361户、农专217户，注册资金分别为9068万元、48.05亿元、2.56亿元。分别比2016年同期增长户数28.9%、71.9%、13%；注册资金比2016年同期分别增长27.4%、79.2%、17%。2017年，新增市场主体共391户，新增注册资金12.38亿元。其中，新增企业106户，注册资金11.99亿元；个体工商户269户，注册资金2107万元；农民专业合作社16户，注册资金1828万元；工商行政管理局加大落实“三证合一、一照一码”“五证合一、两证整合”登记制度改革工作。截至年底，共发放“一照一码”营业执照567份，“两证整合”营业执照156份。

2017年12月5日，林周县工商行政管理局执法人员对市场进行专项检查

【市场主体事中事后监管】 年内，工商行政管理局深入落实“一条例、五规章”，高效率地完成年报工作任务。通过主动提早介入年报工作，通知企业在网上申报，为年报公示工作提前打下基础；针对个别企业、个体户及农社不懂汉语或电脑的情况，工作人员分时、分段上门通知到工商行政管理局申报年报；针对无法取得联系的商户，工作人员联系当地乡政府或村委会通知商户完成年报；通过在县电视台、微信公众平台等及时宣传年报工作。2017年应年报市场主体1685户，已年报市场主体1653户，年报率达到98%。

“双随机”“双告知”等企业监管制度得到实施。截至年底，共发放“双告知”承诺书166份，双随机抽查工作，抽查企业6户、农专社6户，个体工商户35户，抽查率均达到年报户数的3%。2017年录入经营异常名录企业31户。

【市场监管】 年内，工商行政管理局把好市场准入、市场交易、市场退出三大环节，督促形成“市场自律、工商监管、群众监督”三位一体的市场监管模式。2017年工商行政管理局的工作计划中着重强调整顿市场秩序的重要性，进一步加大市场监管力度，把好市场主体准入关。截至年底，共办理无照经营案件6件，案值3.2万元，罚款0.58万元。

自从2016年工商行政管理局被确定为拉萨市工商局基层消费维权联络试点单位以来，在县委、县政府的高度重视和乡镇党委政府的密切配合下，工商行政管理局在全县的九乡一镇以及2所学校设立“12315”维权联络站，通过对维权联络员的适当激励机制，维权联络员的工作积极性得到有效提高。工商行政管理局开设“基层维权联络员微信群”，即便利维权联络员与工商干部之间的交流，也促进基层消费维权工作。截至年底，在微信群里受理咨询13人。

【加快商标培育力度】 年内，工商行政管理局把培育本土商标作为服务县域经济建设的着力点，主动介入、全程服务。通过深入了解、摸底调查，对具有强烈的地理来源特性的农产品，向林周县政府提交商标注册建议，并提供全程服务。在工商行政管理局的建议及指导下，2017年林周县畜牧站拿到“澎波牦牛”和“澎波半细毛羊”地理商标注册证；加强事后指导，给林周县政府提交《林周县关于加强地理商标运用及管理的建议》材料，得到县政府领导的肯定；对有申办注册商标意愿的市场主体，主动上门服务，宣传商标法律法规，帮助出主意、想办法，申请注册商标。截至年底，已成功注册商标35件，2017年指导5户企业申报商标注册，指导1户企业申请西藏自治区著名商标。

（洛松旺修）

【领导名录】

局　长

尼玛次仁（藏族）

2017年6月7日，县委副书记、组织部部长何震主持召开全县村级组织活动场所项目推进会

拉萨市林周城镇化建设投资发展有限公司

【概况】 2017年，拉萨市林周城镇化建设投资发展有限公司（以下简称城投公司）深入贯彻落实各项战略部署，推进各项经营举措，坚持党对国有企业的领导，扎实推进“党建统企”的发展战略，坚持以党建促发展、以党建带队伍，坚持党建工作与经济发展齐头并进，企业发展呈现良好态势。城投公司现有林周鹏博物业管理有限公司、林周公交运营有限公司、西藏鸿兆实业有限公司、西藏鼎拓文化旅游发展有限公司、西藏鼎拓建筑工程有限公司、西藏鼎拓园林绿化工程有限公司、西藏鼎拓建材工贸有限公司和西藏鹏智源建筑工程有限公司8家子公司。

【党建统企】 年内，拉萨市林周城镇化建设投资发展有限公司严格贯彻落实中央《关于推进“两学一做”学习教育常态化制度化的意见》，结合实际制定学习计划并加强落实，以“两学一做”学习教育为基本内容，以“三会一课”为基本制度，以党支部为基本单位，推动组织生活化、党员教育常态化、党支部主体长效化。坚持党员干部学习后撰写心得体会，支部书记讲党课制度化。深入开展“三会一课”“主体党日+”、缴纳党费、服务群众、开放式组织生活等活动。党支部全面明确“一岗双责”责任，制定党支部议事规则，建立健全公司内控制度，较好地处理党组织、董事会、监事会等主体的关系，使党组织发挥组织化、制度化、具体化和核心化作用。

【管理制度】 年内，拉萨市林周城镇化建设投资发展有限公司结合国企相关改革指导意见和自身实际，努力适应现代企业制度改革，逐步完善公司管理制度，根据《中华人民共和国公司法》《中华人民共和国劳动法》等相关法律法规，制定《拉萨市林周城镇化建设投资发展有限公司制度汇编》，涵盖费用报销及审批权限管理办法等一系列规章制度；根据《西藏自治区国资委监管企业负责人经营业绩考核试行办法》，参照拉萨市企业党工委、国资委制定的《拉萨市国有企业负责人薪酬管理试行办法》，公司制定《拉萨市林周城镇化建设投资发展有限公司绩效考核办法》。

【项目建设】 年内，拉萨市林周城镇化建设投资发展有限公司承接的林周县村级组织活动场所标准化建设项目顺利推进，该项目总共投资13597.7万元，分为10个标段，涉及全县9乡1镇45行政村，其中36个新建，8个改扩建，1个维修改造，总面积27006.07平

2017年4月9日，董事长普布热旦带领公司员工植树

方米，兑现资金70%，10月底已全部完工。林周县精准扶贫易地搬迁工程建设项目，总投资20862万元，分为边交林乡、甘旦曲果镇、松盘乡、强嘎乡、卡孜乡5个安置点，新建住房316套，规划占地面积663亩，建筑面积36251平方米，已完成总工程量的60%。

【壮大公司规模】 2017年，拉萨市林周城镇化建设投资发展有限公司全额注资成立西藏鼎拓文化旅游发展有限公司、西藏鼎拓建筑工程有限公司和西藏鼎拓园林绿化工程有限公司；通过合资合作、重组并购等有效措施，与西藏林周县鲁杰建材工贸有限公司合资成立西藏鼎拓建材工贸有限公司、与西藏宏发公司合资成立西藏鹏智源建筑工程有限公司，另外全额收购西藏鸿兆实业有限公司。

拉萨市林周城镇化建设投资发展有限公司成立以“鼎拓”命名的系列子公司，借助政府、企业的财力、物力优势，借助公关、广告、公益等手段循序渐进塑造“鼎拓”品牌的知名度、美誉度和忠诚度，通过建立品牌优势来刺激和吸引消费者消费，带动区域经济发展，不断树立公司“质量为本、以质取胜”的品牌形象，壮大公司规模，实现国有资本的保值增值。

【精准扶贫】 年内，拉萨市林周城镇化建设投资发展有限公司积极参与国家精准扶贫行动，认真贯彻落实“精准扶贫、精准脱贫”政策，全力开展扶贫攻坚工作。城投公司下属子公司林周鹏博物业管理有限公司本着“带动当地就业，增加百姓收入”的原则，为林周县建档立卡贫困户及失地农户提供64个就业岗位。截至年底，物业公司在职员工59人，均为当地的农牧民群众，其中建档立卡户9人、北部搬迁失地户22人，占公司总人数的52%以上，每人每年可实现增收约3万余元；村级组织活动场所标准化建设项目和林周县精准扶贫易地搬迁工程建设项目，累计雇用当地劳动力82750余人次，实现群众增收3120.64万元；针对近年来大学生就业难等突出问题，城投公司为林周县待业大学生提供数十个就业岗位，并联合县人社局在全县范围内发布人才招聘信息，截至

2017年6月2日，总经理普桑带领员工开展“主题党日+”活动

年底，有5名当地大学生在公司实现上岗就业，并享受公司规定的各项福利待遇，同时，拉萨市林周城镇化建设投资发展有限公司自2017年起还为应届大学生提供大量的实习岗位，并提供相应的政策支持和激励机制，旨在落实人才培训计划，提高大学生就业率。“十三五”期间，公司至少可提供大学生就业岗位100余个。拉萨市林周城镇化建设投资发展有限公司以产业带动就业、以就业拉动致富，效应显著，极大提高了公司对县域发展的就业贡献率。

（易 勇）

【领导名录】

董事长、加查寺管委会主任

普布热旦（藏族）

总经理、县工信局副局长、主任科员

普 桑（藏族，4月任）

林周县净土产业投资开发有限公司

【概况】 林周县净土产业投资开发有限公司成立于2014年1月27日，属大型国有独资企业，注册资本为3000万元，其中2000万元为固定资产，1000万元为货币资本。公司业务范围涵盖农业资源开发，农村土地开发整理，种养殖、销售农副产品，牲畜育肥，农村旅游开发，中草药种植与销售，农业新技术开发、推广及应用等诸多领域。

【饲草种植业】 年内，按照林周县净土健康产业发展总体思路，全力推进10万亩饲草种植任务，2017年，公司共计种植饲草20541.66亩，同比增长71%，成本投入约为671.9019万元，其中：箭舌豌豆与燕麦草混播8851.14亩，青饲（水果）玉米2579.83亩，多年生紫花苜蓿9110.69亩。为提高单产产量，公司在播种、施肥、收割等关键时期不断向相关专家咨询，提供技术支撑。

2017年，公司共计收割饲草3064.276吨，其中紫花苜蓿263.466吨，箭舌豌豆与燕麦草混播1463.19吨，青饲玉米1337.62吨。与此同时积极寻找饲草销售渠道，并与城关区、墨竹工卡县、曲水净土公司、林芝、那曲申扎县等签订供销协议，销售额达600多万元。

【格桑塘现代农牧产业示范园】 林周县格桑塘现代农牧产业示范园是江苏对口支援拉萨的重要项目，是产业扶贫、精准扶贫的重要举措，该项目位于林周县松盘乡561国道两侧，国道东侧是以牦牛繁育为主的功能区（东区），西侧是以奶牛、肉牛及饲草加工为主要功能的示范园（西园），总面积2415亩，计划总投资约1.5亿元。示范园建成投入正常运营后，规划每年将产出牛奶6000吨，育肥肉牛600吨，牦牛奶25吨，育肥牦牛80吨，犊牦牛450头、饲草6万吨及堆肥0.3万吨，总产值将达11695万元。截至年底，已完成立项批复、规划选址、用地预审、可行性研究报告及初步设计评审等前置手续的办理。

【绵羊育肥基地项目】 年内，为提高经济效益，公司采取销售与引进并举的方式。截至年底，基地绵羊共计779只，向外销售48只，因病死亡44只。2017年，基地支出维修费3.472万元，买兽药支出1.7534万元，买精饲料支出2.188

2017年12月6日，林周县净土产业投资开发有限公司董事长陈实一行与西藏自治区畜牧科学研究所专家商讨格桑塘园区发展走向

万元，发放员工工资 14.3362 万元，共计支出 21.7496 万元。

【油菜观光旅游项目】 年内，根据西藏自治区党委副书记、自治区主席齐扎拉于 2016 年 10 月 7 日在林周县调研时的指示精神，2017 年，公司完成卡孜乡 4068 亩油菜种植工作，并于 8 月 9 日，公司与县旅游局合作承办林周县首届油菜花观赏节暨林周净土绿色徒步大会，体味乡村旅游带来的无穷乐趣。

【农业机械化建设】 年内，为实现农业机械化作业，降低生产成本，林周县委、县政府积极研究购置农机相关事宜。2017 年，公司顺利完成 68 台大型农机设备采购项目，总投资为 1458 万元。

【带动贫困户致富】 年内，为有效发挥国有企业在脱贫攻坚工作中的带头作用，公司在饲草种植、收割等过程中优先选用贫困户中的劳动力。2017 年，公司累计雇佣劳动力 6600 余人次，其中建档立卡户 1600 余人次，增加农牧民群众现金收入 130 余万元。

【招商引资】 年内，按照“走出去 请进来”招商引资活动要求，公司选派干部参加由县工信局牵头组织的 2017 年赴内地招商专题活动，参观内地企业生产基地，交流相关经验，并邀请企业进藏实地考察。

2017 年，公司与招商引资的西藏袁氏农业科技发展有限公司达成合作共识，在边交林乡色康村顺利实施水果玉米种植项目。

2017年5月25日，中科院博士武俊喜（右三）在林周县净土公司绵羊育肥基地开展技术指导工作

【扶贫融资工作】 县域经济发展离不开金融的强大支持，为认真贯彻县委、县政府提出的将县净土公司作为林周县精准扶贫融资平台，缓解产业扶贫项目资金瓶颈问题，公司人员积极与金融机构沟通对接。中国邮储银行西藏分行在全国邮储银行系统及全区银行业中首创“扶贫富农贷”金融产品，双方达成合作共识。7 月 18 日，成功举行与中国邮政储蓄银行西藏自治区分行战略合作签约仪式，并设立 1000 万元风险补偿资金，可发放贷款 1 亿元。

【产品展销、拓宽销售渠道】 在雪顿节来临之际，公司积极整合林周净土健康产品，并于 8 月 20—27 日参加 2017 年中国拉萨雪顿节名优商品交易会，参展产品主要有藏御圣水、文殊山泉水、高原雪菊、宗雪糌粑、古如糌粑、藏香系列、糌粑团、青稞茶系列产品等共计约 35 种，在为期 8 天的展销会期间，共计约逛展观众 8000 人次光临林周净土展位，取得良好的销售和宣传效果。

（王亚婷）

【领导名录】

副县长、董事长

陈　实

工商联主席、总经理

达瓦旦增（藏族）

监　事

黄义奎

社会事业

林周县民政局

【概况】 2017年，林周县民政局（林周县残疾人联合会）有行政编制4名，事业编制3人，其中科级领导职数2名。2017年，全局干部职工14人，其中正科级1人，副科级干部3人，科员1人，事业人员3人，工人3人，公益性岗位3人。林周县民政局（林周县残疾人联合会）负责全县城乡低保、城乡医疗救助、特困人员救助供养、老龄和孤儿管理工作、双拥优抚安置、残疾人事业、救灾救济、婚姻登记、社会团体管理、基层政权建设、勘界、区域地名管理和慈善事业等工作。

林周县居民家庭经济状况核对中心，为县民政局所属的事业单位，副科级建制，事业编制3名，其中科级领导职数一名。主要负责县人民政府授权范围内机关、事业、企业（国有）单位申请救助居民家庭状况的收集、比对、核查等工作，同时对全县申请救助的低收入家庭经济状况进行核查认定，加强与有关部门的沟通与协调，建立信息比对联合机制，落实低收入家庭的各项决策部署。

【五保集中供养服务中心管理工作】 林周县五保集中供养服务中心属于林周县民政局下属事业单位，副科级建制，事业编制3人，其中科级领导职数1人。县五保集中供养服务中心负责宣传贯彻党和国家的路线、方针、政策以及社会福利方面的法律法规；负责县域内五保老人的集中供养，提供衣、食、住、行、葬等基本服务。

2017年，林周县五保集中供养服务中心有工作人员29人，其中管理人员6名、护理人员13人，工勤人员10人。2017年，全县有特困人员207人，集中供养117人，意愿供养达到100%。严格按照《西藏自治区人民政府办公厅关于切实做好五保集中供养和孤儿集中收养有关工作的通知》，做好人员招聘工作，及时招聘调整县五保集中供养中心管理、财务、

2017年7月4日，西藏自治区民政厅厅长嘎玛泽登（前排左三）在松盘乡调研社会救助工作

护理等人员岗位人员，配齐配强院内管理人员。2017 年 12 月，按照上级要求县五保集中供养服务中心 10 名公益性岗位人员，并已签订用工合同，顺利上岗。

2017 年，集中供养的五保人员人均生活费达到 29.5 元 / 人 · 天。与县人民医院签订医疗服务协议，设立医务室，为老人们定期体检，建立健康档案，实行 24 小时全天候诊疗服务。五保老人全部实行“一站式”医疗救助，县医院为五保老人开通就医绿色通道。林周县委、县政府高度重视关心县五保集中供养服务中心的管理运行工作，加大资金支持，2017 年财政预算配套资金 147.9 万元，作为县五保集中供养服务中心管理运行经费，确保林周县五保集中供养服务中心的正常运行。

【开展慰问活动】 2017 年，“三大节日”期间，林周县组织三个慰问组，县委、人大、政府、政协主要领导率领县委办、政府办、人大办组织部、民政局、总工会等单位到全县 10 个乡镇开展 2017 年“三大节日”节前“送温暖、献爱心”慰问活动。在慰问活动中，全县共发放慰问金及物资共计 24.07 万元。其中慰问驻地部队共计 2.6 万元，使他们感受到党和政府的关怀，确保他们过上安全祥和的节日。

【城乡低保】 2017 年，县民政局按照城乡低保申请审核有关规定，积极开展城乡低保核查工作，各乡（镇）按照属地管理原则对城乡低保对象进行入户核查，将不符合低保条件的坚决予以清退，符合低保条件的家庭及时纳入，实现城乡低保动态管理下的应保尽保，阳光低保。在工作开展中，严格按照《西藏自治区城乡最低生活保障审批办法（试行）》，县民政局按照不低于 30% 的比例进行入户核查，对新申请户，按照核对办法做到百分之百入户核查，做到户户登门、人人见面，符合救助的家庭逐级审查审批，按照程序纳入低保，做到“三榜公示”，实现城乡低保的动态管理。2017 年，在 2016 年农村低保 857 户、3213 人基础上进行核查，共计清退低保 298 户、1155 人，新增 30 户、111 人。为进一步规范、解决低保工作中存在的问题，由县民政局和甘旦曲果镇联合制定核查工作方案。4 月 24—26 日，由分管民政副县长张凯主持召开社会救助联席会议，县委副书记、人大常委会主任格旦次仁和县政协主席格桑次仁出席会议，安排部署关于规范最低生活保障工作的有关事宜。按照方案扎实有序稳步推进工作，彻底清退甘旦曲果镇甘曲村 74 户、198 人（农村 52 户、176 人，城镇 22 户、22 人）低保，使精准认定精准救助工作得到政府的肯定，群众的认可与好评，彻底解决城乡低保中的难点问题，为做好城乡低保核查及救助工作起到带动作用。

2017年4月15日，县委书记次仁顿珠在县五保集中供养服务中心慰问老人

2017 年，林周县有农村低保 590 户、2170 人。2017 年兑现全年农村低保资金 553.54 万元。其中，第一季度发放农村低保 770 户、2899 人资金 159.07 万元；第二季度发放农村低保 761 户、2842 人资金 155.91 万元；第三、四季度兑现 590 户、2170 人资金 238.56 万元。2017 年，农村低保标准：A 类重点对象 3031 元 / 人 · 年；B 类特殊保障对象 2427 元 / 人 · 年；C 类为一般保障对象 1713 元 / 人 · 年。截至年底，城镇低保共 859 户 883 人，发放全年低保资金 702.4544 万元。2017 年，城镇低保标准为 764 元 / 人 · 月，实行补差发放。

2017 年农村低保人数情况

表 3　　单位：户、人

序号	单位名称	户数	人数	A	B	C
1	甘旦曲果镇	52	153	42	14	97
2	江热夏乡	85	284	133	10	141
3	边交林乡	34	101	35	0	66
4	强嘎乡	48	185	67	15	103
5	松盘乡	59	226	29	8	189
6	春堆乡	66	205	111	20	74
7	卡孜乡	55	219	32	9	178
8	旁多乡	86	381	124	46	211
9	唐古乡	54	249	26	21	202
10	阿朗乡	51	167	121	4	42
合计		590	2170	720	147	1303

【医疗救助】 年内，严格按照《关于印发〈拉萨市城乡居民医疗救助实施办法〉的通知》进行救助，做到专款专用。2017 年，城乡医疗救助 1277 人次，支出医疗救助资金 607.93 万元，其中城镇低保医疗救助 101 人次，41.55 万元；结算自治区二医院“一站式”住院治疗费用 11.96 万元。2017 年，县民政局与区、市、县 10 家医疗机构签订“一站式”即时结算业务。

【临时救助资金使用】 年内，严格按照《西藏自治区人民政府关于全面建立健全临时救助制度的意见》开展临时困难群众临时救助工作，2017 年，共计救助 149（人）户，发放救助资金 38.86 万元。

【农村五保资金落实】 2017 年，兑现 154 名农村五保资金 88.66 万元。

【老龄、孤儿工作】 2017 年，全县 55 岁以上老人 7982 人，百岁以上老人 7 人。为 939 名高龄老人健康补贴资金 71.29 万元，其中区、市配套 80—89 岁高龄老人健康补贴资金 450 元 / 人 · 年，县级配套 250 元 / 人 · 年；区、市配套 90—99 岁高龄老人健康补贴资金 750 元 / 人 · 年，县级配套 380 元 / 人 · 年；区、市配套 100 岁以上 1200 元 / 人 · 年，县级配套 600 元。落实城乡低保中 60 岁以上 505 人两项补贴（失能老人和经济困难老人）资金 30.3 万元。2017 年，林周县集中在拉萨市儿童福利院的孤儿有 24 名。对符合孤儿条件和意愿集中到拉萨市儿童福利院的孤儿，积极向市民政局申请办理孤儿证，并及时送到拉萨市儿童福利院集中供养。

林周县留守儿童“儿童快乐家园”创建情况。根据市局《关于转发西藏自治区民政厅〈关于做好社会福利事业发展项目申报工作的通知〉的通知》文件精神，县民政局高度重视留守儿童关爱工作。结合林周县实际，县民政局制订《留守儿童快乐之家建设项目实施方案》，将林周县强嘎乡作为留守儿童建设试点乡镇，开展留守儿童快乐之家创建工作。

【救灾救济救助】 年内，拉萨市民

政局为春堆乡调拨19万元的救灾代储物资。兑现2016—2017年冬春受灾群众口粮救助623户、2518人，折合现金34.14万元。对2017年雨季期间房屋受灾户及时进行救助，对1户房屋严重受损户通过临时救助解决1万元，用于修缮房屋。一般受损的7户，每户解决临时救助资金2046元，受损房屋得到及时修复。

2017年9月15日，林周县民政局在县五保集中供养服务中心开展“四讲四爱”学习教育

【自然灾害情况】 2017年，林周县自然灾害主要以洪涝、冰雹、泥石流等灾害为主；6月23日晚8点40分，林周县强嘎乡、卡孜乡、春堆乡3个乡镇遭受风雹灾害，1105公顷农作物受灾（其中成灾面积824公顷），造成经济损失298万元。全县3个乡镇受灾面积共1105.48公顷，成灾面积824.47公顷，其中油菜184.25公顷、青稞435.12公顷、小麦205.10公顷，造成经济损失约298万元。具体情况：强嘎乡，受灾面积共289.87公顷，成灾面积215.34公顷，经济损失98.28万元。青稞（轻度）成灾面积43.24公顷，经济损失约11.68万元；青稞（中度）成灾面积57.78公顷，经济损失约26万元；油菜（绝收）面积43.47公顷，经济损失约41.73万元；春小麦（轻度）成灾面积27.30公顷，经济损失约5.16万元；春小麦（中度）成灾面积43.54公顷，经济损失约137148.9元。卡孜乡，受灾面积22.14公顷，成灾面积共1.91公顷，经济损失1.8万元。油菜（绝收）面积1.91公顷，经济损失约1.8万元。春堆乡，受灾面积共793.47公顷，成灾面积607.23公顷，经济损失198.14万元。青稞（轻度）成灾面积334.1公顷，经济损失约90.2万元；油菜（绝收）面积76.67公顷，经济损失约73.6万元；油菜（轻度）面积62.20公顷，经济损失约8.96万元；春小麦（轻度）成灾面积134.26公顷，经济损失约25.38万元；7月8日凌晨，林周县境内出现大范围持续强降雨，部分乡（镇）出现灾情。边交林乡、江热夏乡、春堆乡和旁多乡部分农田、5户6间房屋轻微受损、松盘乡1户1间房屋严重受损，共计受灾386公顷、成灾245公顷，造成经济损失20.88万元。其中，春堆乡春小麦受灾466.5亩（31公顷）、成灾139亩（9.3公顷），造成经济损失1.68万元。水渠40米，河堤200米，电杆2根受损，涉及人员140户、302人。共计造成经济损失41.6万元。边交林乡春小麦受灾5327.6亩（355公顷），成灾1598亩（106公顷），造成经济损失19.2万元。进入8月后连续降雨，特别是8月20日，全县部分乡镇受洪涝灾害影响，卡孜乡部分道路受损，边交林乡、江热夏乡和甘丹曲果镇部分农村受水浸泡。

【民政项目】 2017年，民政项目3个，共投资400万元。2个村级综合服务中心项目已于2017年11月建成，1个残疾人综合扶持中心项目进入招投标阶段。

【安置工作】 2017年，林周县共接收退役士兵26人，其中3人符合安置，2名安置在拉萨，1名安置在政府办；对剩余人员15人开展驾驶技能培训，以保就业，与县驻地部队开展“双拥共建”工作。县驻地部队积极维护林周县社会稳定，参与各类抢险救灾工作，为驻地部队解决实际困难和问题，为维护林周县社会稳定做出积极的贡献；发放2016年度23名退役士兵家属优待金及一次性就业补助资金178.2万元，发放3名待安置期间退役士兵生活补贴1.38万元；对困难退役军人2人进行临时救助，发放资金0.38万元，医疗救助困难优抚对象1人，救助资金4.8万元，其中3.37万元从优抚资金中支付，1.43万元从城乡医疗救助资金中支付；为现役和退役的13名部队获奖人员发放每人700元的政府鼓励资金。

【重点对象抚恤补助情况】 2017年，共计兑现优抚对象抚恤金17.39万元。其中，60周岁以上农村籍退役士兵11人生活补贴资金1.5万元；2人“三属”抚恤补助资金4.46万元；7人伤残人员抚恤资金11.43万元。

【“双拥”创建】 2017年，林周县双拥办积极与部队开展共建工作，为部队解决实际困难。在“三大节日”和“八一”期间，县委、县政府向林周县驻县部队进行慰问，共计发放慰问金5.4万元。并对全县九乡一镇困难退伍兵20人，发放每户500元的慰问金，林周县开展“八一”慰问驻地部队和开展“双拥”创建座谈会。

【社会事务管理】 年内，依法办理婚姻登记、收养登记，加强婚姻登记人员的业务培训工作，通过学习，提高婚姻登记工作人员的业务素质和执法水平，强化责任意识，提高窗口服务意识，树立民政队伍的良好形象。2017年，办理婚姻登记共842对，其中结婚711对，离婚111对，补发20对。

【基层政权和社区建设】 年内，根据《中共拉萨市委组织部、拉萨市民政局〈关于深入开展村务公开民主管理示范单位创建活动的实施方案〉的通知》《中共拉萨市委办公厅、拉萨市人民政府办公厅关于印发〈拉萨市深入推进农村社区建设试点工作方案〉的通知》，林周县制定《林周县深入推进农村社区建设试点工作方案》，建设村民自治、管理有序、服务完善、治安良好、环境优美、文明祥和的新型农村社区。以便民、助民、利民、安民、富民为出发点，建立健全农村社区建设工作运行机制，拓展农村社区服务领域，发展农村社区卫生，繁荣农村社区文化，美化农村社区环境，维护农村社区治安，促进农村经济社会协调发展，实现村民自我管理、自我教育、自我服务、自我监督，努力建成富裕、文明、民主、和谐的新型农村社区。农村建设试点具体为甘旦曲果镇甘旦曲果村、朱加村；松盘乡岗巴村、白定村；卡孜乡卡孜村、托门村；强嘎乡强嘎村、曲嘎强村；旁多乡宁布村、日布村；春堆乡春堆村；边交林乡当杰村；江热夏乡江热夏村；唐古乡唐古村；阿朗乡嘎列村，共15个村作为林周县农村社区建设试点单位，开展农村社区建设试点工作。

根据县委组织部的统一安排部署，完成全县45个行政村“两委”的换届选举工作。按照1个村1名主任2名委员的配置，完成村务监督委员会换届工作，选举村务监督委员会成员135名。加强村务监督委员会指导工作，2017年发放2016年和2017年村务监督委员会成员误工补贴资金75.48万元。

【以保脱贫】 年内，兑现590人、

2017年8月30日，林周县民政局在苏州小学为留守儿童开展公益互动活动

2170人“两线合一”资金372.23万元（市、县各一半），两线合一标准达到3915元/人·年。建档立卡户116人进行医疗救助，发放资金61.86万元。建档立卡户18户（人）进行临时救助、发放资金6.5万元。

【残疾人工作】 2017年，民政局制定《关于开展残疾人等级认定及疑似残疾人专项核查工作实施方案》，成立残疾人专项核查工作领导小组。核查工作由县民政局工作人员和县医院以及各乡镇工作人员组成，对全县残疾人进行核查，保障残疾人的合法权益。2017年兑现2016年1548名残疾人“两项补贴”资金共147.44万元；康复补贴、阳关家园等各类补贴35.01万元。兑现88名0—16岁残疾儿童健康康复补贴资金21.12万元。

【开展结对认亲帮扶活动】 年内，林周县民政干部职工先后多次对卡孜乡白朗村帮扶的10户家庭开展“结对认亲”帮扶工作。深入结对户家中，与帮扶对象促膝谈心，详细了解他们的身体状况、家庭生产生活情况，了解他们的所想、所需、所盼，并宣传相关强农惠农政策，开展思想宣传教育，并针对各自结对户情况，提出脱贫建议意见。送去慰问金及慰问物品近1万元。深入开展驻村活动，2017年县民政局派1名干部驻村旁多乡宁布村，积极帮助群众解决实际困难。

【“两学一做”学习教育常态化】 年内，民政局严格执行“两学一做”学习教育常态化制度，坚持每周四进行“两学一做”学习教育，严格落实“三会一课”制度，认真抓好党建工作。每月开展一次“主题党日+”活动，全年缴纳党费3321元。通过学习教育，使全体党员干部始终在思想上政治上行动上与党中央保持高度一致，保持高标准、严要求，学习到位、工作到位，查找工作中的不足，有针对性地制定改进措施，为积极推进民政各项工作奠定坚实的基础。组织局全体干部职工贯彻学习党的十九大精神。

2017年6月26日，民政局举行残疾人“两项补贴”申报工作培训会

【党风廉政建设】 年内，民政局坚持“一手抓民政工作发展，一手抓党风和廉政建设，两手都要硬”的方针，在部署工作时，一起安排，一起落实，一起检查。坚持每季度开展1次党风廉政工作专项会议，研究部署党风廉政工作，局主要负责人对局重要岗位工作人员开展廉洁谈话，了解他们的思想状况。班子一把手负总责，对全局的党风和廉政建设负全面领导责任，重点是管好班子成员和下属单位（县五保集中供养服务中心）的廉洁自律工作。围绕“民政为民、民政爱民”，坚持“以民为本，为民解困，为民服务”的宗旨，履行民政部门的职能和职责义务，架好党和政府与人民群众的桥梁，系好党和政府与人民群众的纽带，沟通党和政府与人民群众的血肉联系，按时足额下拨兑现各类民政资金，塑好民政工作者在人民群众中良好形象。

（顾 婷）

【领导名录】

局 长

吴金措姆（女，藏族）

副局长

马 小 强（1月任）

次仁卓玛（女，藏族，7月免）

林周县人力资源和社会保障局

【概况】 2017年，林周县人力资源和社会保障局有行政编制6名，事业编制2名，其中科级领导职数3人。2017年，全局干部职工共17人，其中正科级1人，主任科员1人，副主任科员3人，科员3人，办事员1人，专技人员2人，工人2人，公益性岗位4人，有共产党员10人。

2017年8月28日，人社局局长骆鹏鲜在江热夏乡扶贫点检查创业工作

【就业工作】 年内，通过开展就业援助月、“春风行动”“返乡农民工就业创业宣传专项活动”“招聘会”等公共就业活动，搭建供需平台。2017年，开展转移就业培训18期，培训1036人，投入资金174.2万元。其中建档立卡贫困户607人、易地搬迁户560人，培训涉及科技特派员、青饲玉米、装挖机、厨师、保安、家政等内容，职业技能鉴定人数220人。2017年，农牧区劳动力转移就业1.3万人，达2.6万人次，实现收入0.68亿元；举办2次专场招聘会，实现精准扶贫转移就业1071人，易地搬迁类建档立卡贫困群众就业755人；创业培训66人，创业成功8人，创业带动就业34人。通过入户调查，小微企业吸纳就业人数3657人，503人通过自主择业或创业实现就业，主要涉及茶馆服务员、手工艺编织、藏香加工、糌粑加工等岗位；全县建档立卡贫困户总人口中劳动力总人数为3971人，涉及转移就业2572人，已就业755人；注重做好就业失业登记工作，抓好就业困难人员认定和实名制动态管理，就业再就业培训人数126人；完成职业介绍669人；职业介绍成功292人；开发就业再就业岗位3443个；城镇新增就业人员1028人；实现就业困难人员就业162人；失业人员再就业165人；小微企业新增就业865人；开发公益性就业岗位277个，截至年底，累计发放工资433.86万元；城镇登记失业人员控制在2.2%以内；2017年，应届高校毕业生413人（含建档立卡贫困大学生52人，已就业29人，其中，已就业109人（机关事业单位录取67人、企业单位就业42人）、未就业302人（本科134人、专科168人）、升学1人、入伍1人。

【基层平台建设】 年内，就近就地为广大农牧民群众提供培训、就业、维权、保障、保险等服务，开展“精准扶贫对象建档立卡”“就业情况调查”“送岗位促就业”“就业政策宣传月”等着实有效的工作，进一步把劳动就业、劳动监察、社会保险等惠及群众切实利益的工作引向深入，为全县民生工作的开展打下坚实的基础。2017年，为全面提升平台工作人员的综合办事能力，人社局采取专题培训、跟岗培训、以会代训等形式使其不断熟悉、掌握业务，提高自身素质和工作能力。3月，下发通知，分4批次组织20名基层平台人员到局内跟岗培训；先后3次赴各乡（镇）基层平台进行现场辅导和验收工作；8次采取以会代训的形式，组织基层平台人员提高业务能力。截至年底，10个乡镇基层平台运行良好，累计发放20名就业协理员工资51.89万元。

【全民社保体系建设】 年内，按照全覆盖、保基本、多层次、可持续的工作方针，不断提升社会保障体系建设水平，进一步发挥社会保险“稳定器”“安全网”的作用。2017年，全县共悬挂宣传横幅20条，设置宣传展板15个，发放宣传资料500余份，全民参保登记入户信息采集录入57603人。

【城乡居民社会养老保险】 2017年，参保人数35361人，征缴基金330万元，实现目标任务的106.4%；共计发放60岁以上享受待遇5665人的养老金265.2万元。

【城镇职工基本养老保险】 2017年，参保人数350人，征缴基金563万元，完成目标任务的201%。

【医疗保险】 2017年，城镇居民基本医疗保险参保人数2269人、共缴基金108.9万元；城镇职工基本医疗保险参保人数2528人（职工1968人、退休人员560人），征缴基金2209.3万元，完成目标任务的134%；2017年个人账户清户20人，其中调出1人、死亡去世19人。清户总资金121279.17元；个人账户支现2人，清户总资金1.94万元；职工住院报销74人次，报销总额58.5万元。

【生育保险】 2017年，参保人数1968人，征缴基金154.6万元，完成目标任务的119%。报销情况：居民住院（生育）报销60人次，报销总额35.31万元，职工生育报销95人次，报销总额83.96万元。

【失业保险】 2017年，参保人数1092人，征缴基金119.98万元。

【工伤保险】 2017年，参保人数3214人，征缴基金106.4万元，完成任务目标的151.8%；其中，机关事业单位干部职工1975人，征缴基金648297.81元；公益性岗位275人，征缴基金25252.85元；临时工405人，征缴基金68943.42元；建筑矿山企业559人，征缴基金321522.46元。支付6名工伤（亡）人员待遇款，共计348773.68元。

2017年10月26日，林周县贫困劳动力参加拉萨市2017年度建档立卡贫困劳动力转移就业大型招聘会

【人事制度深化改革】 2017年，林周县人社局严格按照人事管理权限和管理规程，规范事业单位人员管理，积极构建“制度完善、执行规范、运行有序”的人事管理工作机制，认真做好事业人员人事调配工作。深入实施各项人才政策，各项人才选拔工程扎实开展，人才队伍质量不断优化。完成全县各系统46人初级职称（农牧系统33人、卫生系统11人、文化系统2人）、中级职称9人的相关职称聘任工作，副高1人、中级16人的职称材料已上报；全县1008名事业单位及教育系统专业技术人员的继续教育登记本已编号完成；完成教育系统654名中小学教师岗位设置认定工作；4月，推荐35名少数民族干部赴区内外参加专业培训；2017年，全县722名机关事业单位退休调资工作全部调整完毕；且上报2016年新参工退役军人的工资定级审批工作以及全县509名机关事业单位退休调资工作已完成；全县机关事业单位在职人员养老保险、机关事业单位退休人员养老保险、合同制工人养老保险数据已上账且核定完成。

【劳动关系更加和谐】 年内，林周县人社局围绕企业农民工工资支付、劳动用工、合同签订、农民工工资保证金缴存、购买工伤保险等监察内容，加大劳动监察执法频率、扩大执法范围，每月对全县

2017年12月18日，林周县人社局党支部学习党的十九大精神

建筑类、矿山类等企业展开一次执法检查。开展10次专项执法检查，日常检查20次，进一步规范辖区内企业用工秩序。在检查中发现问题，及时反馈相关企业，限时整改，派专人指导整改工作。截至年底，主动巡查用人单位40家，累计对20家用工企业劳动合同签订、工资保证金缴纳、工伤保险缴纳、劳动维权用工牌的设置、用工备案进行监察，涉及民工2000余人；成功调解劳资纠纷案件14起，追发农民工工资464.65万余元，涉及农民工498人，同比2016年下降14%；督促21家用工企业缴纳工伤保险费，涉及农民工486人，林周劳动监察多次向31家企业下达购买工伤保险催办函。同时，督促63家用工企业缴纳农民工工资保障金2338.29万元，同比2016年增长20%；坚持定期开展劳动法规宣传咨询活动，特别注重新法规的宣传普及。充分利用春风行动、各种大型集会、综治宣传月、执法检查等有利时机，通过上街设点、发放宣传资料、悬挂横幅标语等形式，深入企业一线广泛开展劳动保障法规普法宣传，向农牧民、农民工宣传《农牧民进城就业指南》《中华人民共和国劳动合同法》《中华人民共和国劳动保障监察条例》等法律法规，不断提高劳动法规普及率，让劳动者知道自己的权利，学会用法律维护自己的合法权益。发放各类宣传手册5000余份，接受政策咨询1000余人次，解答解析案例70多个、悬挂宣传横幅30多条。有效提高林周县劳动保障法律法规普及率和执法透明度，增强用人单位守法经营和广大劳动者依法维权的意识，切实减少劳动纠纷的发生，为维护和稳定林周县劳动关系夯实坚实的基础。

【自身建设】 年内，全面落实“一岗双责”，深化廉政教育，搭建平台，认真学习贯彻党的十九大精神，组织观看廉政影片，参观廉政警示教育基地等活动，进一步将“两学一做”学习教育常态化制度化。开展谈心谈话，2017年，局领导班子与各科室干部共进行谈心谈话30次。加强惩防体系建设，完善人力社保基金监督管理机制，提升廉政风险防控能力，确保人力社保队伍能干事、不出事；持续开展常态化监督管理，提升机关工作作风和工作效率，杜绝“门难进、事难办”现象，广泛开展服务竞赛活动，优化服务方式，提高服务效率。全力打造“阳光人社”机关服务品牌，提供高效便民服务；大力推进“最多跑一次”改革，全面提升机关工作效能。全力推进人力社保“阳光政务”工作，积极创新人力社保服务模式，不断提升人力社保服务效率。

（杨文杰）

【领导名录】

局　长

骆鹏鲜

副局长

阿旺次仁（藏族）

林周县卫生和计划生育委员会

【概况】 2017年，林周县医疗卫生机构46个，其中，县级医疗机构2个（含疾控中心和县医院），9个乡镇卫生院和35个村卫生室；卫生专业技术人员341人，其中，正式在编195人，公益性岗位51人，临时工95人；博士及研究生9人，本科117人，大专80人，中

2017年7月12日，卫计委主任强巴索朗在江热夏乡卫生院检查指导包虫病筛查工作

专及以下136人；临床助理及执业医师29人，藏医助理及执业医师51人，公卫助理及执业医师29人，执业护士23人，副高3人，中级21人，初级64人。

【卫生计生工作】 年内，县委、县政府始终高度重视卫生计生各项工作，坚持从群众的健康出发，突出民生工程，将卫生计生工作纳入全县国民经济发展计划。召开全县卫生计生会议，对卫生与健康和深化医改工作进行重点部署，县委、县政府主要领导多次就综合医改、健康扶贫、卫生项目建设等工作进行专题调研，并提出具体的指导意见；多渠道争取资金投入，确保卫生计生经费投资。全年投入专项资金1660.2万元。其中，安排卫生计生工作运行经费和专项资金651万，县医院规范化产房改造、婴儿沐浴室、消毒供应室等改造投资74.7万元，包虫病综合防治专项经费200万元，强嘎乡卫生院迁建项目700万元，为卫生计生工作提供强力的财政支撑；为全县农牧民购买超大额补充医疗保险，人均10元，共计63.8万元，确保农牧区贫困人口能够看得起病，看得好病。

【组团式援藏】 年内，苏州市选派5名组团式援藏医生和5名援助开展包虫病筛查工作医务人员，在林周县开展医疗援助工作。开展PDCA项目管理、医疗质量管理、法律法规和急救培训等工作，同时建设医院文化环境，管理理念、管理模式不断得到优化，协助完成县医院“二级乙等”医院创建工作；在援藏医生的指导下，开展外科手术195例，成功抢救肺心、高心、左心衰、高血压脑病等重危患者30例；成功抢救产后出血病人15例，胎儿窘迫13例，脐带脱垂1例，开展宫颈治疗、通液、子宫肌瘤手术治疗等新技术；同时成立急救室等相关职能科室；完成1.5万人的B超检查，3万余份血清检测；在苏州市援藏领导的协调下，与苏大理想眼科医院签订帮扶协议，明确帮带双方的责任和义务，选派1名医生赴苏州学习。

【医联体建设】 年内，抓住医联体建设政策机遇，以县级医疗机构为依托，与组团式援藏医疗机构对接，争取更多的医疗卫生优质资源。与苏州市儿童医院确定医联体合作关系。按照“试点先行，逐步推开”的原则，6月，在全县逐步推进基层卫生院与县医院建立医疗联合体，先后组建成立边交林乡卫生院、强嘎乡卫生院与县人民医院联合体。医疗联合体运行模式的不断探索创新完善，为逐步建立分级诊疗和双向转诊机制提供经验和做法。

【农牧区医疗】 年内，全县农牧区医疗制度覆盖面达到100%，“先诊疗、后结算”模式常规化执行，政府年人均补助标准提高到475元，个人筹资标准每人30元，参加农牧区医疗人数58073人，筹资率达100%。截至年底，农牧民住院补偿3694人次，补偿费用2525.8万元，门诊补偿42142人次，补偿费用262万元。特殊门诊补偿66人次，补偿10.5万元。

【爱国卫生运动】 年内，林周县深入开展卫生城市，大力实施农村改厕，全面开展环境卫生整治工作，不断提升城市环境卫生水平，提高城乡居民健康保障能力。在卫生整治工作中，先后开展4次专项整治活动，有效提升县区环境卫生水平。

【包虫病综合防治】 年内，认真贯彻落实中央、区、市对包虫病综合防治工作的指示精神，林周县制定出台《林周县包虫病综合防治工作方案（2017年—2020年）》，并召开全县包虫病综合防治动员部署会，与相关单位签订责任书，明确工作目标，细化工作任务。截至年底，筛查人群达59685人，筛查率100.7%，确诊96例，患病率0.16%，疑似病例41例；采集血清46429份、血清采集率为77.71%，采集血浆43414例，血清阳性人数3822例，感染率10.4%。登记管理病人96例，建立包虫病健康档案，药物治疗共2例，手术治疗共29例，全部予以免费治疗，救治率54.3%，同时对术后病人进行追踪随访管理。

【计划生育】 2017年，全县15—49周岁育龄妇女18969人，其中已婚妇女13724人；出生1051人、出生率16.18‰、死亡258人、死亡率3.9‰、自然增长人数793人、自增率12.2‰、女性初婚19岁以上5414人、生育年龄20岁以上12112人。县卫计委对9乡1镇计生专干安排部署2017年计生“两项”扶助制度对象的资格确认以及目标人数统计上报工作，本着“符合条件的一个不漏、不符合条件的一个不报”的原则，杜绝出现错报、漏报、谎报等现象。2017年，林周县符合“一孩双女”户困难家庭的新增人数为92人，退出（死亡）人数为62人，“独生子女伤残、死亡”的新增人数为15人，退出（死亡）人数为4人。截至年底，符合“一孩双女”户困难家庭的扶助对象累计为779人，符合“独生子女伤残死亡”的对象累计为137人。兑现2016年“独生子女伤残、死亡”户困难家庭126人的扶助资金50.4万元，2016年“一孩、双女”户困难家庭749人的扶助资金71.9万元。

（赵　亮）

【领导名录】

主　任

强巴索朗（藏族，1月任）

副主任

次仁拉多（女，藏族，1月免）

吉加仓决（女，藏族，1月任）

林周县食品药品监督管理局

【概况】 林周县食品药品监督管理局编制3人，实有4人。2017年，有食品加工、销售、经营单位784户，其中，餐饮服务单位396家、食品流通户337家、中小学食堂33家，机关企事业单位食堂15家，农贸市场1家，食品生产企业2家。药品销售企业2家，医疗机构14家。

【党建工作】 年内，食品药品监督管理局党支部始终坚持“抓好党建促发展”的党建工作理念，落实班子成员党务工作职责，不断夯实党建工作组织基础。加强领导。明确班子成员的责任和工作任务。党组织书记履行第一责任人职责，班子成员按照“一岗双责”的要求，抓好分管领域的党建工作；广泛开展谈心谈话活动，领导班子主动约谈一般党员干部，加强与干部职工的沟通与交流，了解干部职工存在的问题和工作上面临的难处，从而促进工作有

2017年10月15日，林周县卫计委组织县医院援藏专家在阿朗乡布岗村驻村工作点开展义诊活动

条不紊地开展；强化学习，不断提高干部党员的思想政治素质。严格党内组织生活，坚持“三会一课”制度。采取集中学习和自学、观看警示教育片相结合方式，每周四组织全体党员开展集中学习活动，党员按学习计划开展自学。做到学习有计划，有安排，有心得、有笔记、有实效；按时召开组织生活会，及时开展民主评议党员工作。生活会上大家畅所欲言。党员开展批评和自我批评，通过相互批评与自我批评使党员干部认识到自身存在的问题，达到红红脸、出出汗的目的；转变行风、作风，服务基层，保障民生。大力推行优质服务承诺，接待前来办事的群众要始终做到“一张笑脸，一声问候”，态度热情、礼貌周到，将“群众满意、社会认可、上级肯定”作为服务基层工作的最高标准。严格按照时限要求审批到位，不让群众跑冤枉路、受冤枉气；做好党费收缴工作，利用局例会强化党员党组织观念，及时传达组织有关党员上缴党费的文件、标准，明确缴纳时限。利用每月组织的“党日主题+”活动组织党员自行缴纳党费。

2017年11月8日，拉萨市食品药品监督管理局考核组检查林周县医院药品使用管理情况

【食品市场安全监管】 年内，执法人员采取打击和预防相结合、日常监管与专项治理相结合、治标与治本相结合的办法，加大食品市场整治力度，不断规范食品市场秩序。严格行政许可，把好食品经营者准入关，对条件不达标的经营者，坚决杜绝进入食品经营市场。同时严格履行许可时限承诺服务，确保行政许可业务办结率为100%，群众满意率不低于95%。年内，发放、更换食品经营许可证200余张；加强食品流通环节整治。加大对农牧区食品市场的检查力度，严厉打击销售假劣食品的违法行为，落实经营主体责任。督促食品批发商、零售商在购进食品原辅料时认真查看供货商资质证明，做好进货查验并进行登记，确保食品原辅料质量安全；突出监管重点。以农贸市场、超市、中小学、托幼机构周边食品经营者为重点场所，采取随机抽查等突击检查方式、深入排查、严肃查处“三无”、假冒伪劣、过期等食品的违法行为；强化日常巡查。将监管重心下移，严格落实日常巡查制度。组织执法人员深入各村组开展食品安全隐患排查；加强餐饮服务环节整治。强化农牧区餐饮服务单位安全监管，督促餐饮服务单位特别是乡镇小餐饮店，控制好制作食物的基本卫生条件，规范使用食品添加剂。在节日期间，按照县食品安全委员会的统一安排，联合相关职能部门开展食品安全专项整治检查，严厉查处餐饮场所环境脏乱差；食品添加剂过期、变质等影响群众身体健康的违法违规行为；稳步推进明厨亮灶建设。引导新开办的餐饮服务单位优化场所布局，达到“明厨亮灶”要求；换证的餐饮服务单位，根据业态、经济实力、厨房位置及布局等，利用换证改造时机进行“明厨亮灶”建设。未实施“明厨亮灶”的餐饮服务单位，督促其进行改造，逐步达到“明厨亮灶”要求。年内，完成105家餐饮服务单位明厨亮灶改造；积极开展餐饮服务环节量化分级工作，以甘曲镇为试点推动量化分级工作在全县逐步开展，量化分级工作已在全县范围内稳步推进。

2017年，食品药品监督管理局共检查餐饮环节714户次，食品流通环节354户次,学校食堂52家次,食品生产企业2家次,组织联合执法10次,执法范围涉及全县10个乡镇。

【食品监督抽检】 年内,为进一步加强林周县农产品质量安全监管,保障农产品质量安全。根据抽检工作方案,食品药品监督管理局全面开展食品监督抽样任务工作。并结合工作任务实际开展农产品快速检测,年内,共完成43个批次的抽检任务,抽检合格率99%。

【履行"四品一械"监管职能】 年内,食品药品监督管理局坚持以整顿和规范药品、医疗器械市场秩序为目的,强化市场监督管理,坚决查处各类违法违规行为。组织执法人员对全县范围内各药品经营及使用单位开展日常监督检查。年内,共出动检查人员285人次,执法车辆31台次,监督检查涉药涉械单位95家次。

【开展宣传活动】 年内,食品药品监督管理局通过各类宣传日、举办食品安全知识培训班等一系列活动。采取发放藏汉"双语"宣传册、环保手提袋,与群众面对面交流、实例讲解、展示宣传栏等方式大力宣传《中华人民共和国食品安全法》,食品卫生常识和用药常识。不断强化群众的饮食用药安全意识。同时采取食品安全进学校宣传活动,各学校充分利用校园广播站、宣传栏、黑板报等载体开展符合中小学特点、寓教于乐的食品安全教育。全年开展集中宣传活动4次。接受群众咨询302余人次,宣传对象达13500余人次,发放《中华人民共和国食品安全法》、食品安全宣传海报等宣传资料(册)16500余份。

(卢建春)

【领导名录】

局　长

强巴索朗(藏族,1月免)

次仁拉多(女,藏族,1月任)

副局长

次仁德吉(女,藏族)

2017年3月31日,食品药品监督管理局开展"12331·守护食品药品安全"主题宣传活动

林周县人民医院

【概况】 2017年,林周县人民医院门急诊量50485人次,其中急诊3256人次,健康体检3805人次(不包括全民体检人数);住院病人1557人次,出院病人1546人次,治愈好转率87.2%,病床使用率72.2%(按实际开放床位55张计算),出院患者平均住院7.6日。妇产科无孕产妇死亡及新生儿死亡。各类手术265人次,其中阑尾切除术136人次,剖宫产术12人次、胆囊切除术40人次,其他手术77人次。产前检查3461人次,接生618人次。藏医科住院213人次,藏医科门诊18029人次,藏医理疗2166人次,藏医药浴126人次。

【安全生产】 年内,林周县人民医院始终把安全生产和维护社会稳定工作、医院健康促进工作、环境安全工作紧抓不放,坚持自治区提出的"三条底线":安全生产的底线、维护社会稳定的底线、维护环境安全的底线。

【消防安全】 年内,从多种途径对消防安全工作进行宣传,加强学习教育,邀请县消防大队人员,对医院职工进行消防安全培训和灭火器使用讲座。并对新入院实习生讲解规范用电及消防安全常识。2017年,医院对住院楼的喷

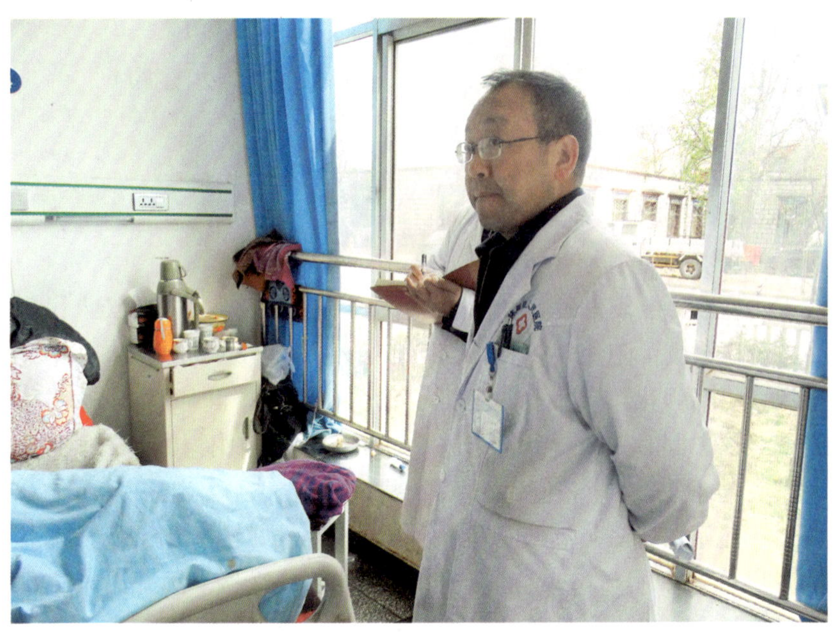
2017年4月27日，党支部书记、院长巴桑旺堆在内科病房进行行政查房

淋系统进行更改，加强消防控制室的管理，同时建设微型消防站，加强消防管理工作，加强巡逻，真正做到以防为主，防范结合，消除安全隐患，医院现有干粉灭火器120个。

【改善医院环境，安全工程建设】 年内，完成供应室改建工程、产房改扩建工程、新建新生儿洗浴中心、污水处理系统改造及建设林周县人民医院院史陈列馆、增加院内各种标识及其他零星维修工程。

【设备安全】 9月29日，由西藏自治区质监局组织邀请广西壮族自治区质监局的各位专家，对林周县人民医院正在运行的62台仪器（呼吸机、辐射、电刀、心电监护、血压计、输液泵等）进行质检，并对合格的机器粘贴合格证。本次质检是对医院医疗安全的一个重要的保障措施，提升医院医疗服务安全的重要保障。

【精准扶贫】 2016年6月，林周县人民医院成立精准扶贫办公室，医院支部书记为第一责任人，落实县委分配的脱贫任务。主要完成因病致贫、因病返贫的入户调查，组成以成都军区总医院专家为主的调查小组。2017年，医院精准扶贫小组下乡调查18次，免费体检、免费送药，为贫困户送温暖，最后调查结论为21户因病致贫、因病返贫家庭中21人员进行体格检查，找出病因，体检筛查项目包括体格检查、询问病史、免费血常规、尿常规、腹部B超等检查。查出大骨节病9例，脑溢血2例，肝包虫1例，胆石症1例。并写出调查报告，分析病因，做出健康指导；11月，医院将1名符合先心手术指征患儿送往苏州进行免费手术治疗。

【党建工作】 年内，林周县人民医院党支部根据有关文件要求，制定《林周县人民医院“两学一做”学习教育计划实施方案》和学习计划，安排专人负责，以每周学习、主题党日、书记讲党课为载体，积极组织干部职工认真学习《中国共产党章程》《中国共产党廉洁自律准则》《中国共产党纪律处分条例》《中国共产党党内监督条例》等党规，明确做合格党员的标准和条件，认真学习习近平总书记系列重要讲话，坚决维护中央的绝对权威，向党中央看齐，向党的理论和路线方针政策看齐，不断提升党员的思想、道德、政治素养，增强规则意识、规矩意识，牢记使命、责任和担当。同时，及时组织全体干部集中学习县级下发各类文件内容，领会精髓，深入落实。2017年对35起通报的案例逐例进行分析，从反面教材中汲取教训，增强自身免疫力，并要求全体干部坚持原则，进一步增强责任意识，强化责任担当，切实管党治党政治责任，推动全面从严治党向纵深发展。党支部以每周例会、主题党日和党建培训为载体组织学习共计42次，要求每名党员干部撰写心得体会4篇。通过活动，把学习党章党规和习近平总书记系列讲话制度化、常态化，切实增强干部思想理论水平。

1月11日，林周县人民医院制定《林周县人民医院医德医风建设实施方案》《林周县人民医院医德医风考评工作实施方案》《林周县人民医院医务人员医德医风考评标准》，并成立以党支部书记为第一负责人、副书记为组长、各科主任为成员的医德医风领导小组及以党支部纪检委员为组长、组织委员为副组长的医德医风监督小组。医院党支部书记巴桑旺堆与各科主任签订《林周县人民医院医德医风建设责任书》。

3月30日,医院党支部召开全体党员大会,会议中清查党组织关系:县医院党员共有36人,其中7人从乡卫生院借调人员,经过与县组织部联系,因借调,组织关系仍在原单位,但在县医院支部参加党员活动;1人为聘用临时工,组织关系在江夏乡拉丁村支部;2名为积极分子。

【社会公益事业】 1月24日,在阿朗乡布岗村慰问驻村工作队,并为当地百姓义诊,本次慰问共发放慰问金2000元,免费发放藏药价值约4000元;2月21日慰问离退休干部人员,本次共发放慰问金47000元;3月15日,医院负责林周县甘曲镇加日寺佛事活动的医疗应急救援工作,免费为170多名群众体检及治疗,并免费发放药品约3500元;3月20日,医院负责林周县2017年重点项目开复工仪式医疗救援工作。4月,医院开展白内障筛查工作,并已筛查出白内障患者134例。5月25日,全县僧尼免费健康体检已全部完成,6月26—28日,医院次仁达瓦副院长带领援藏专家一行9人在林周县边远地区唐古乡、旁多乡、阿郎乡开展僧尼包虫病筛查暨义诊活动,三天时间体检及义诊200余人次。6月,医院组织医务人员担任林周县小考及中考的医疗应急的重任。6月30日,开展庆“七一”迎十九大活动,安排援藏专家及专科骨干为敬老院老人进行义诊,并进行打扫;10月14日开展喜迎党的十九大胜利召开卫生系统驻村工作点开展“四讲四爱”义诊活动,为300多人测量血压、心肺听诊和藏医针灸,健康咨询100余人,发放价值5000余元藏西药。11月9日,开展“关爱老年人 欢庆十九大”敬老月活动,为敬老院113名老人提供健康知识讲座、藏西医专家义诊、医疗咨询,高血压筛查登记等服务,并免费发放价值4300余元的藏西医药和价值400元的慰问品。

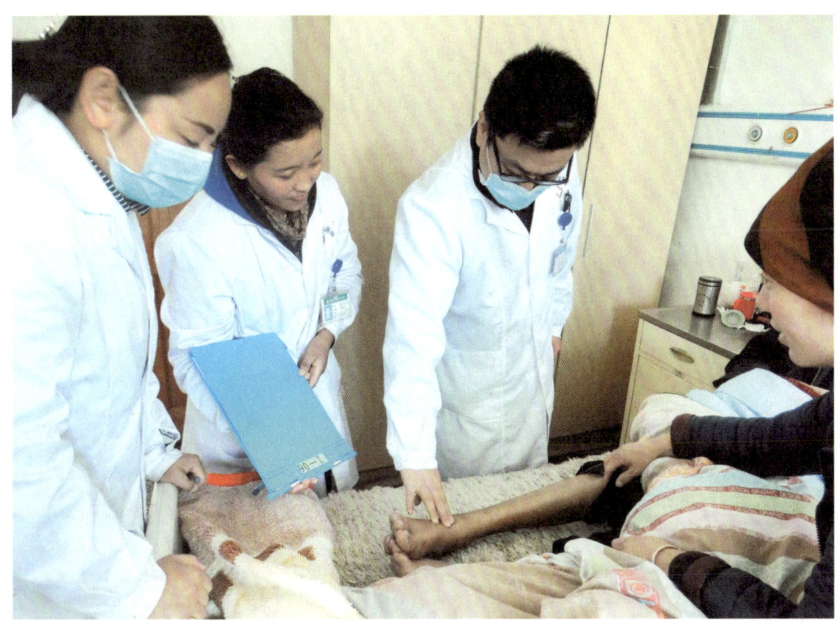

2017年5月25日,苏州援藏专家严冬华(右二)在藏医科进行会诊

【应对突发公共卫生事件】 5月,以创建二级乙等医院为契机,林周县人民医院成立医院急诊科,按管理规定配备医护人员及急救设备。年内,共开展多次紧急医疗救援培训及演练,包括CPR心肺复苏培训及考核、电除颤仪使用培训、传染病应急处置演练、门诊突发事件应急演练及车祸应急演练等,提高林周县人民医院应急医疗服务水平。

【人员培训】 年内,共安排8人分别到拉萨市人民医院,西藏自治区藏医院、苏州市盛泽医院、苏州市立医院、华西医院第二门诊部等上级医院进修培训。以“组团式”援藏为契机,充分利用好援藏资源,让援藏专家与医院年轻职工签署《林周县人民医院带教协议》,加快本院医生的基础理论及基础技能的培养,认认真真培养一批留得住、有能力的本地医生。

【业务学习】 年内,共开展院内业务培训课程40个;组织全院开展应知应会、CPR心肺复苏、三基、突发公共卫生事件、医疗废物处置等知识考核7次;组织20余人次妇幼专项培训。

【全民体检】 年内，为实施党和政府的惠民措施及对患有先心病儿童免费医疗救治的惠民政策，医院积极有效地开展免费全民体检工作。2017年，林周县全民应体检人数60727人，已体检60605人次，体检率99.8%；0—18岁儿童先天心脏病筛查14356人，筛查出疑似先心病患儿12人，8月18日，苏州及成都军区总医院援藏专家进行先心病确诊，其中4名患儿确诊为先天性心脏病，有手术指征的患儿1名，并在同年11月送往苏州市儿童医院进行手术治疗；先天性髋关节脱位3例，唇腭裂5例，已安排到自治区人民医院进行进一步诊治；白内障应筛查人数60727人，已筛查60605人次，筛查率99.8%，筛查出疑似白内障患者45人；妇女病（两癌）应检查15294人，已体检15294人，体检率100%，筛查出的疑似“两癌”患者6人，已进一步安排检查确诊。

【包虫病筛查】 年内，按照国家、区、市、县卫计委的统一安排，医院对10625人次进行包虫病筛查，其中B超确诊43例，筛查出血清阳性患者1212人。按照《拉萨民生基因免费检测项目实施方案的通知》，医院开展无创产前检测10例、新生儿耳聋、DNA检测102例，对于有出生缺陷可能的患者，进行免费的告知，降低出生缺陷的发生。

【充分利用援藏资源】 3月，按照国家卫计委、国务院扶贫办、中央军委后勤保障部等五部委联合下发《关于印发三级医院对口帮扶贫困地区县医院的通知》的文件精神，第二批“组团式”援藏工作拉开帷幕，来自苏州的5名援藏专家对医院妇产科、内儿科、外科、医院管理等进行指导、带教，共完成手术265台，其中妇产科开展29台手术，新开展输卵管通液术、负压人工吸引流产术、宫颈糜烂治疗；外科手术227台，首次开展二次胆道手术、乙状结肠穿孔损伤控制性手术；内科新开展碳-14呼气试验等，使医院的医疗技术水平有新的提高，同时各位援藏专家对医院创建二级乙等医院做出巨大的贡献；来自成都军区总医院的两批援藏专家共6民，对医院护理、心电、B超、检验等工作进行指导。9月4日，成都军区总医院捐助医院一台价值80万元左右的全自动生化分析仪。苏州盛泽医院捐助医院一台价值4万元左右的母婴监护仪，苏州中西医结合医院捐助医院一台价值5万元左右的呼吸机。

【特色专科建设】 年内，为认真落实党的民族医药政策，发挥藏医专业特色，在藏医药管理局及各级领导的大力支持和帮助下，医院大力推进藏医院及藏医药人才队伍的建设，配置电子药浴熏箱（局部、全身），设置传统药浴和水浴，进一步提高住院药浴业务。年内，藏医出院213人次，其中治愈29人，治愈率为14%，好转人数172人，好转率为94.3%，平均住院日为12天/人；药浴126人次，藏医理疗2166人次。藏医门诊病人数18029人次。藏医药房有260种普通藏成药，名贵藏药18种，康复理疗室拥有20多种特色疗法，撰写论文共1篇。建设藏医药文化室、制剂室、煎药室。在治疗骨关节疾病、慢性疾病、高血压等疾病方面有独特优势，深受广大患者的信赖。

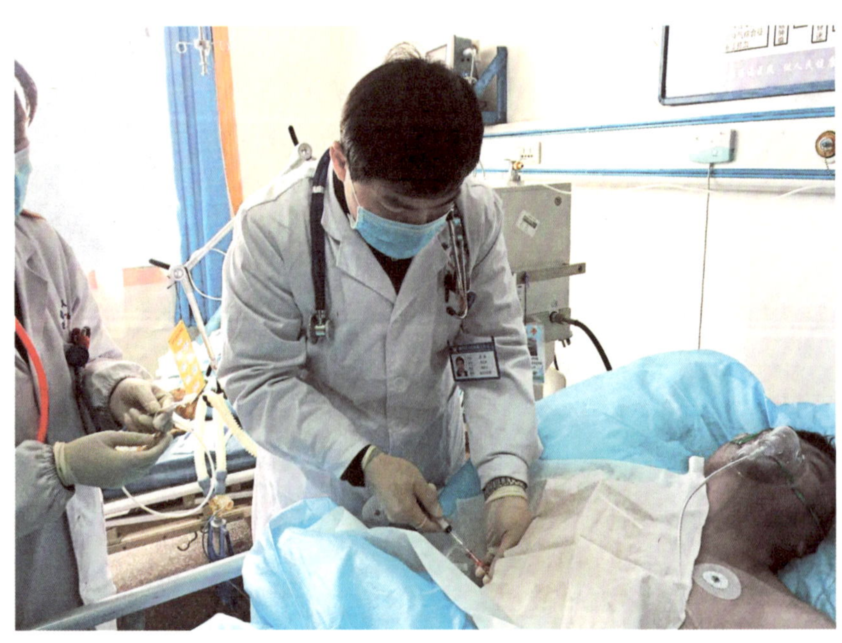

2017年7月15日，苏州援藏专家陈凯在内科病房做胸穿

【医院业务新进展】 年内，林周县人民医院各科室在援藏专家的指导下开展8项新技术，6项新项目。其中8项新技术包括：中心静脉导管置入胸腔治疗自发性气胸、甲强龙在重症肝炎患者治疗中的应用、子宫肌瘤的保守和手术治疗、输卵管通液治疗、宫颈炎的门诊治疗、包皮环切 + 系带过长整形术、ERAS术后快速康复及包虫病ELISA筛查；技术6项新项目包括：PDCA管理工具应用、规范化的各类护理评估单的使用、护理排班管理APN新模式应用、拓展预防保健护理与增进护患关系的新理念、实验室规范化管理基础运用及室内质量控制基础知识培训及应用。

【实施“分级诊疗”】 年内，林周县人民医院按照《拉萨市人民政府关于印发〈拉萨市分级诊疗工作实施意见的通知〉》《关于印发〈林周县分级诊疗工作实施意见〉的通知》，制定《林周县人民医院分级诊疗工作实施方案》，并成立《林周县人民医院分级诊疗领导小组》《林周县人民医院分级诊疗双向转诊制度》，按照《拉萨市分级诊疗疾病谱（县医院可以诊疗的疾病谱）》，制定林周县人民医院分级诊疗疾病谱，并与各乡镇卫生院签署双向转诊协议书，期间对分级诊疗工作进行多次的监管及整改。

【继续实施“先诊疗后结算”】 2013年3月，林周县人民医院开始实施“先诊疗后结算”制度，取得良好的社会效益。大大方便全县农牧民看病就医，减轻全县农牧民住院的经济压力。

2017年5月16日，医院护理部为庆祝护士节与援藏专家及院领导合影

【实施药物“零差价”制度】 2015年5月1日起，林周县人民医院积极响应国家医改政策，实施药物“零差价”制度和国家基本药物制度。2017年，药品零差价让利与民81万余元。从根本上缓解全县人民看病贵的问题，减轻全县人民的医疗经济负担；在看病上，要求临床医生开药以《国家基本药物目录》上的基本药物为主，基本药物以外的药品以“知情同意”的原则，少开或按病情开。

【推行临床路径管理与单病种付费】 年内，为进一步深化卫生体制改革，控制医药费用不合理增长，减轻群众就医费用负担，加强林周县人民医院医疗质量管理，县医院按照国家、区、市县卫计委相关文件精神，5月4日，制定《林周县人民医院临床路径与单病种收费实施方案（试行稿）》，截至9月，全院共完成单病种控费80余例，完成临床路径管理10余例。

【医联体建设】 年内，林周县人民医院与边交林乡卫生院、强嘎乡卫生院、苏州盛泽医院、苏州医科大学附属儿童医院签订医联体协议，建立上、下级跨区域的医疗会诊、远程会诊、远程教育多方合作方式，提升医院诊疗能力，帮助乡镇卫生院。

【创建二级乙等医院】 为全面深化医药卫生体制改革，促进医院能力建设，医院于2015年4月开始筹备二级乙等医院的创建，于2017年4月6日正式成立医院“创建二级医院办公室”。4月7日，由县医院巴桑旺堆院长一行20余人在堆龙德庆区人民医院，考察学习创建“二级综合医院”评审先进经验，交流学习医院管理、制度建设等方面内容。在县委、县政府的大力支持下，在援藏专家的帮助、指导下，7月20日，医院迎接来自拉萨市卫计委组织的以西藏自治区人民医院石荔主任为组长的8名预评审专家组，对医院的创建工作进行初审，并顺利通过初审。8月31日至9月2日，医院迎来西藏自治区卫计委组织的以自治区第二人民医院副院长格桑顿珠任组长的9名专家组，对林周县人民医院创建二级医院进行为期三天的终审，并顺利通过，于12月20日已登报公示。

（王国芬）

2017年4月20日，拉萨市妇幼保健院副院长朗杰曲珍（右二）在林周县医院妇产科检查指导工作

【领导名录】

党支部书记、院长
巴桑旺堆（藏族）
党支部纪检委员、副院长
次仁达瓦（藏族）
党支部副书记、副院长
董启宏

林周县疾病预防控制中心

【概况】 林周县疾病预防控制中心位于林周县政府大院，2017年，有在职人员21人，其中专业技术人员17人，初级专业技术职称12人，中心内设传染病防治科、免疫规划科、结核病防治科、慢性病防治科、卫生监测科。

【全民体检】 年内，为提高林周县农牧民群众健康水平，促进公共卫生服务均等化，林周县应体检人数60727人，已体检60605人，体检率99.8%，建立居民健康档案60605份，并按要求对健康档案信息进行及时更新。

【健康教育与健康促进】 年内，为提高全民健康水平，普及国家基本公共卫生服务项目，根据林周县疾病流行实际制作宣传手册、宣传单，通过主干道上悬挂横幅、发放宣传资料、现场咨询、学校集中讲座、播放音像视频等方式大力宣传，提高广大农牧民群众健康意识，养成良好的生活方式，增进健康水平。县各医疗机构设置健康教育宣传栏，每季度更新1次。2017年，县疾控中心、各乡镇卫生院进行10次健康教育知识讲座，参加的中小学生及村民共2300人次；开展健康教育宣传活动，发放各种宣传资料30多种，共2万余份，悬挂宣传横幅19条，接受群众咨询约1106人次，并免费发放安全套800多支。

【国家免疫规划】 年内，林周县麻疹查漏补种数据摸底目标儿童总数为5396人，其中应种209人，实种209人，接种率100%。脊灰疫苗查漏补种应种996人，实种896人，接种率89.96%。九苗查漏补种数据：常住儿童应种327人，实种325人，接种率99.4%；流动儿童应种56人，实种56人，接种率100%。新入学入托学生总数1147人，其中应补种儿童人数为520人，实补种人数为519人：其中A+C流脑疫苗补种339针次，甲肝疫苗补种41针次，含麻疫苗22针次，脊灰疫苗117针次，补种率99.81%。在疫苗接种过程中，无AFP、疑似麻疹及疑似接种异常反应病例。边交林乡、县医院、卡孜乡卫生院建立规范化免疫接种门诊，为辖区儿童提供优质的预防接种服务。

【儿童健康管理】 年内，林周县疾控中心以强化体弱儿保健工作为重点，发现健康问题和健康问题利用，提高儿童保健工作的吸引力和认同度，对 7447 名 0—6 岁儿童进行体检，体检率 100%，其中 0—5 岁儿童体检人数：5728 人，<2SD 人数 580 人，体检率 10.13%；0—3 岁儿童体检数 4173 人，体检率 100%。婴儿死亡 9 人，婴儿死亡率 8.56‰。

【孕产妇健康管理】 年内，林周县孕产妇总数 1781 人，已发现孕妇 753 人、产妇 1052 人、分娩 1066 人、双胎 14 对，孕产妇建卡数 1781 个、建卡率 100%；住院分娩 1047 人、住院分娩率 99.61%。孕产妇死亡 1 人、孕产妇死亡率 95.14/ 十万。加大预防与控制神经管缺陷工作力度，叶酸发放 875 人次，共 1240 盒，叶酸服用率 83.2%，全年农村妇女增补叶酸的服用率明显上升。2017 年，发现 1 例出生缺陷儿（先天性脑积水 1 例引产）。

【老年人健康管理】 年内，开展全民体检工作中为 65 岁以上老年人 5740 人，藏医药健康管理 5693 人，管理率 99.18%，并为居民建立健康档案，了解基本情况、进行体格检查、辅助检查，发现异常给予反馈和健康指导。

【高血压患者健康管理】 年内，发现高血压患者 2201 例，随访 7192 人 / 次，控制率 10.7%，进行评估后，分 1、2、3 级管理。1 级患者有 1175 例；2 级患者有 781 例；3 级患者有 173 例，管理率 100%、规范管理率 83.2%。

【糖尿病患者健康管理】 2 型糖尿病患者管理，患者 31 例，随访 131 人 / 次，管理率 100%、规范管理 22 人、规范管理率 71%，控制率 9.6%，主要以定期测血糖和健康指导工作予以干预。

【严重精神障碍患者健康管理】 2017 年，全县确诊严重精神障碍患者 26 人，按照规范要求管理人数 26 人，严重精神障碍患者规范管理率达 100%。在做好随访管理的同时，与公安、综治、民政部门进行信息沟通与交换。并组织 7 名严重精神障碍患者到自治区第二人民医院进行治疗，已好转 2 人。

【传染病防控】 年内，林周县无甲类传染病及传染病死亡病例。林周县共发生法定传染病 11 种，共 189 例，总发病率为 330.25/ 十万。其中，乙类传染病 7 种 175 例，发病率为 305.79/ 十万；丙类传染病 4 种 14 例，发病率为 24.46/ 十万，与上年同期相比发病率下降 26.05%。传染病及时发现、登记并报告辖区内发现的传染病病例和疑似病例，参与现场疫点处理，开展林周县常见的水痘、手足口病等传染病防治知识宣传。对非住院病人（居家隔离）的手足口病、水痘等病人进行电话追踪与严格按照传染病管理制度进行管理。

【卫生监督协管】 年内，林周县疾控中心开展医疗机构、传染病防治、公共场所、生活饮用水、学校卫生等重点领域专项整治 6 次，全县 21 家公共场所卫生均为 C 级，并统一悬挂量化分级公示栏。公共场所单位监督检查覆盖率 100%，体检培训率达 100%；“五病”调离率 100%。对 13 家医疗机构（1 家县人民医院、9 家乡镇卫生院、3 家诊所）的疫苗接种工作、医疗机构管理、医院感染管理

2017年3月8日，林周县疾控中心工作人员在卡孜乡托门村开展健康知识讲座

工作、医疗垃圾处置等下达发现场检查笔录及意见书80份；水质检测送检样品共78份（农村饮用水56份，市政供水22份，中学校采样送检18份），其中合格43份，不合格36份，并顺利完成生活饮用水基本情况、水源类型、饮用水监测能力报告、饮用水结果报告的填报工作。

【藏医药健康管理】 年内，为充分发挥传统藏医药在国家基本公共卫生服务项目中的优势，县医院及乡卫生院都设立藏医诊疗科室，开展药浴、涂擦、康复训练、金针疗法、针灸、拔罐、火灸和放血疗法等诊疗服务，重点在高血压、心脑血管疾病等慢性非传染性疾病的诊治，配备藏医药卫生专技人员共39人；同时，充分利用传统藏医学养生及饮食起居等健康教育与健康促进工作，在65岁以上老年人群中开展藏医公共卫生服务诊疗及养生保健服务。

【结核病健康管理】 年内，结核病防治门诊初诊病人为130人，登记免费治疗结核病人48例，其中肺结核42例（初治涂阳8例、复治涂阳2例，初治失败2例、涂阴30例），结核性胸膜炎6例、结案51例；对网报至林周县的57例结核病患者和疑似结核病患者进行追踪，总体到位21例，未到位36例（其他原因未到位）总体到位率36.8%（21/57）；为结核病患者疑似结核病患者进行免费痰检共计159人次，玻片总数为397张，其中阳性玻片数为30张；对阳性患者进行访视累计16人次；发放结核药物34170粒，链霉素123只，并积极开展结核病防治知识培训3次，宣传9次，圆满完成各项指标任务。

（赵　亮）

【领导名录】
负责人
　　达娃顿珠（藏族）

林周县文化广播电影电视（新闻出版、文物）局

【概况】 2017年，林周县文化广播电影电视（新闻出版、文物）局认真贯彻区市宣传思想工作会议、文化（文物）工作会议、广播影视工作会议，以“打牢思想基础、建设先进文化”为主题，以改革创新为动力，全县呈现出文化事业蓬勃发展，文化产业建设稳步推进，文化阵地进一步巩固，文化市场管理更加规范，文化艺术活动丰富多彩，群众文艺队伍不断壮大，不可移动文物和非物质文化遗产得到有效保护，广播电视事业稳步发展，人口综合覆盖率逐步增加，农村电影放映工作深入开展的良好局面。

【文化艺术】 年内，文化广播电影电视（新闻出版、文物）局配合各驻村工作队，在元旦、春节、藏历新年和庆祝“西藏百万农奴解放纪念日”等期间，开展“四讲四爱”主题教育实践活动文艺下乡，组织黑颈鹤民间艺术团共完成演出文艺节目50场次，观众近11万多人次。农家书屋、寺庙书屋、新华书店各项工作有条不紊地进行。新华书店全年实现销售收入8000余元，销售的图书大部分为教材教辅资料和藏文图书资料。

【文物保护】 年内，文化广播电影电视（新闻出版、文物）局教育和引导施工方和农牧民群众严禁

2017年2月15日，文广局局长巴桑云旦在唐古乡江多村慰问结对帮扶户

在文物保护点保护范围内进行取土、挖砂、采石等作业，不能使国家文物遭到破坏；加强文物保护点管理员队伍建设，加大对文物的宣传力度，努力提高群众文物保护的意识，2017年林周县文化广播电影电视（新闻出版、文物）局向自治区级非物质文化遗产热振“曲卓”传承人阿旺顿珠、自治区级文物保护单位江多“仲尼雄古墓”2名野外看管人员和春堆乡卡东村藏戏、达龙藏戏、旁多藏刀的传承人发放补助经费共计33000元，使上级部门下拨的补助经费得到及时兑现，提高了文物保护人员和各级非遗传承人的生活待遇，努力解决后顾之忧，为民间藏戏队提供扶持资金，促进文物和非遗保护事业的健康发展，激发他们干事创业的决心和信心；为做好文物安全工作与各寺管会签订文物保护工作安全责任书；组织文物工作人员定期不定期深入各寺庙，对寺庙内部的照明线路、消防设施和文物保护防盗设备的配备等情况进行检查，对存在的安全隐患提出整改意见；加强《中华人民共和国文物保护法》的宣传，增强寺管会成员和广大僧尼的安全意识，确保国家文物万无一失。国家投资1500万元的那连扎寺文物保护维修工程项目已开工建设，由市文物局负责项目实施，预计2018年9月底完工。

市级非物质文化遗产达龙藏戏演出

【非物质文化遗产保护】 年内，文化广播电影电视（新闻出版、文物）局加大文化遗产保护力度，积极打造艺术性、观赏性为一体的精神文化产品，积极提升林周县热振曲卓，拓展林周文化旅游市场。为规范整理县非物质文化遗产档案，切实将林周县非物质文化遗产保护工作引入全面规范的轨道，使民族特色文化得到有效的保护、良好传承和合理开发，全面启动全县第五批县级非物质文化遗产申报工作。2017年，县文化广播电影电视（新闻出版、文物）局向西藏自治区申报文化产业发展专项资金24.6万元，主要用于林周热振曲卓民俗文化保护经费，截至年底，申请资金已全部到位。3月，全县9个非遗项目彭波羌孜（酒釉）制作技艺、扎念琴制作技艺、林周牛毛帐篷编制和搭建技艺、林周泥塑制作技艺、林周甘曲木雕技艺、堆孜日玛配伍技艺、金达拉节（传统儿童节）、达龙寺羌姆、达龙塘巴古尔鲁已列入市级非物质文化遗产。

【文化市场整治】 年内，按照拉萨市“扫黄打非”工作领导小组办公室的相关文件要求，县扫黄打非办公室负责人、公安、工商、消防、文化执法队对全县范围内开展“扫黄打非·护苗2017”“扫黄打非·秋风2017”“扫黄打非·净网2017”“扫黄打非清源·固边2017”专项行动。执法人员对3家网吧、6家酒吧、1家朗玛厅、4家打字复印店进行是否存在经营政治性非法出版物；是否存在经营非法宗教类出版物和淫秽色情图书、期刊、音像制品、侵犯知识产权等低俗非法出版物等方面进行全面检查。在检查中未发现经营非法宗教类出版物和淫秽色情图书、期刊、音像制品等。对全县范围内集中开展专项行动，持续清理妨害未成年人健康成长的出版物及网络信息，深入开展“绿书签2017”系列宣传活动，引导青少年绿色阅读、文明上网，远离和抵制非法有害出版物及网络信

2017年5月16日，文广局"四讲四爱"主题教育实践活动下乡文艺巡演

息。进一步加大文化市场检查工作，为全县社会稳定、经济发展营造文明、和谐、健康的文化环境，确保全县文化市场安全。

【"户户通"项目建设】 年内，开展广播电视"户户通"直播接收设备新增户统计及清流机更换工作。广播电视"户户通"项目建设是各级党委、政府一直高度重视和十分关心的一项政治任务，是宣传党的路线方针政策、学习科教知识、丰富群众精神文化生活的一项重要工具，是惠及民生、造福民众的重要工程。2017年1月，县文化广播电影电视(新闻出版、文物)局下属广播电视收转站对全县九乡一镇128000户卫星接收解码器进行更换，截至年底，已完成全部更换。2月中旬至4月底期间，文化广播电影电视(新闻出版、文物)局下属广播电视收转站对异地搬迁(拉萨恩惠苑)214户，安装有线数字电视，固定资产投资完成7.1万元；国家投资222.55万元县级有限数字化建设项目铺设5公里光缆部分施工已完成；县级财政投资208万元的电视台设备采购项目已完成公开招投标相关工作，并投入使用；县级投资39万元电视台演播室装修项目按照相关技术要求，使用邀请招标办法，截至年底已完工，并投入使用；国家投资194万元高山台站建设项目已在开工建设当中，预计2018年4月底投入使用；国家投资346.54万元的广播影视中心建设项目已开工建设，预计2018年5月投入使用。

【电影放映巡回展播】 年内，文化广播电影电视(新闻出版、文物)局组织6个农村电影放映流动队，在全县45个行政村、38座寺庙开展"四讲四爱"影片巡回放映活动。并对全县的农村公益电影放映工作进行统筹的安排，放映的主要内容是故事片、科教片、爱国主义传统教育等。2017年，农村电影放映和爱国主义影片共放映1100场次，观众人数达到14万人次。开展电影进村、寺庙、学校、军队、养老院巡回放映活动，进一步展现林周县经济、社会在中华人民共和国成立后发生的翻天覆地的变化，唱响共产党好、社会主义好、改革开放好、人民军队好、各族群众好、伟大祖国好的主旋律，让各族干部群众切实享受到文化发展的成果，促进了电影事业的发展步伐，极大地丰富了干部职工、广大青少年和农牧民群众的精神文化生活。建设林周县数字影院项目：该项目总投资130万元，已完成室内装修、设备采购、安装、调试工作，预计2018年开放使用。

【结对帮扶】 年内，县文广局、电视台、电影管理站、文化馆、新华书店、黑颈鹤民间艺术团到唐古乡江多村开展结对帮扶工作，慰问结对帮扶对象共23户，发放慰问金、慰问物品共计24775万元，并对1名贫困户解决就业岗位。

【党建工作】 年内，文化广播电影电视(新闻出版、文物)局党建工作始终坚持围绕中心服务大局这条主线，切实加强党的思想建设、组织建设、作风建设和制度建设，各项工作取得新的业绩。扎实推进学习型党组织建设，不断提升党员干部引领发展的综合素质。全年，部署和召集党支部深入学习贯彻党的各项会议精神，并开展由县委组织部开展的读书活动；开展党支部讲党课活动。通过活动的开展，不断促进学习型党组织的建设，提升党员牢记使命，引领发展的综合素质。实施党员目标管理，充分发挥党员先锋模范作用。同时，积极慎重地做好发展新党员工作，2017 年，文广局党支部培养入党积极分子 1 名。

【党风廉政建设】 年内，始终落实党支部党风廉政建设主体责任和主要领导第一责任，把单位的党风廉政做好。明确主体责任，细化分工。坚持民主集中制，保障各项制度及上级党委、纪委部署的相关工作能够落到实处。加强管理、强化监督。为保障单位干部的廉洁性，加强单位全体干部职工的廉政教育，强化干部职工的廉政意识，尽最大努力保持干部队伍的风清气正，并将监督考核结果作为年终评优评先的重要考核指标。改善作风，加强效能。不断提高工作人员的综合素质，做到及时、周到、热情服务，切实做到公开、公平、公正，让群众满意，让社会满意。认真学习党员干部从政手册及“四大纪律”“八项要求”等内容，强化党性观念和纪律意识，增强清正廉洁，遵纪守法的自觉性。坚持民主集中制原则，充分调动班子成员的工作积极性，增进理解，加强团结。

（徐梦媛）

【领导名录】

局　长

巴桑云旦（藏族）

副局长

边巴索朗（藏族）

林周县农牧（科技）局

【概况】 林周县农牧局下设畜牧兽医站和农业技术推广站两个事业单位。其中局机关编制 6 人，在编 5 人；畜牧兽医站编制 18 人，在编 18 人；农业技术推广站编制 15 人，在编 13 人。2017 年，林周县农牧局始终高举中国特色社会主义伟大旗帜，以邓小平理论和“三个代表”重要思想、科学发展观为指导，全面贯彻落实中央、区市县农牧系列会议精神和党的十八大一系列会议精神，认真贯彻落实区市业务部门工作要求，以“为民服务、增产增收、提升经济”为宗旨，大力发展农牧经济，取得较好的成绩。

【种植业】 2017 年，林周县耕地面积 24.87 万亩，同比增长 2.8%。其中饲草面积 9.01 万亩（新开垦、弃耕地 2.14 万亩），农作物播种面积 18 万亩。全县粮食播种面积 15.97 万亩，单产 427.17 公斤，总产 6820.09 万公斤，比市下达指标增产 0.09 万公斤。其中青稞播种面积 12.46 万亩，单产 400.9 公斤，总产 4994.02 万公斤；春小麦播种面积 3 万亩，单产 516.16 公斤，总产 1549.67 万公斤；冬小麦播种面积 0.5 万亩，单产 548.75 公斤，总产 276.4 万公斤。经济作物 2.03 万亩，其中油菜播种面积 1 万亩，单产 182.65 公斤，总产 182.26 万公斤，蔬菜 1.03 万亩，超额完成上级业务部门下达的粮油生产指标。

2017 年，播种“藏青 2000”“喜拉 22 号”等品种种子 431.2 万斤；调运化肥 2650 吨，同比减少 1.8%；调运农药 25.8 吨，同比减少 5.5%。另外，依据上级业务部门指示要求，2017 年全县安排落实青稞高产创建面积 10 万亩，同比增加 25%，冬小麦高产创建 0.5 万亩，同比减少 33%，油菜高产创

2017年9月24日，农业部工作组一行在林周县调研农业发展工作

2017年3月28日，农牧局工作人员在阿朗乡拉康村为帮扶贫困户支援青稞良种

建1万亩；测土配方施肥示范面积9.5万亩；良种繁育4000亩；新品种推广12.55万亩，与2016年相比减少0.3%，圆满完成市局指标，提高农作物种植效益。同时，县农牧局农业技术推广中心试验小区按照上级业务部门指示要求，继续做好区域试验工作，主要开展春小麦、油菜、春青稞不同品种的区域试验和生产示范种植，共16亩，试验小区共64个，种植试验品种20种，试验示范小区19个，种植示范品种10种。经统计分析，春小麦参试品种最高亩产量可达500公斤，从室内考种和产量结果来看，区域试验工作基本达到区试的要求和目的，根据区试种植要求，各参试品种还需明年继续进行试验。

【畜牧业】 2017年，林周县畜牧业的发展稳步推进，净土健康产业的发展，加快畜种改良及引进新品种步伐。截至年底，全县牲畜存栏达22.8万头只匹，比2016年减少0.81万头只匹，出栏率为35.6%，比2016年增加0.4%，仔畜成活率为97.4%，比2016年增加0.6%，成畜率为0.9%，较2016年降低0.5%。全县肉产量为0.85万吨，较2016年增加0.07万吨，奶产量为1.85万吨，较2016年增加1.12万吨。禽蛋产量145吨，减产90吨，山羊绒产量3.26吨，增加0.01吨，牲畜良种覆盖率达到42.8%，增长0.7%，均完成市局经济指标。

【动物防疫】 年内，林周县农牧局严格按照上级要求、狠抓落实，严格做好动物疫病防疫工作。在春秋两季，农牧局顺利完成全县春秋季重大动物疫病预防工作，共免疫注射各类动物456542头（只），其中牛口蹄疫O、I、A型339152头，羊108808只，猪8582头，禽类20117羽。共发放疫苗牛口蹄疫双价疫苗107箱32瓶；牲畜驱虫药115箱；羊口蹄疫双价疫苗45箱32瓶；猪口蹄疫疫苗3箱4瓶；猪瘟疫苗91盒，禽流感疫苗3箱6瓶。同时，及时发放每年由县政府解决购置的25万元牲畜治疗药品。全年没有发生重大动物疫情，为全县畜牧业安全生产提供有力保障。

【动物包虫病防治】 年内，农牧局正式启动动物包虫病防治工作，先后组织培训7次，累计达2万人以上。7月24日市里发放羔羊包虫病疫苗14802只，稀释液15000头份，耳标识12800个，犬类投药记录本13413本，耳标钳115把，对2016年至2017年新生羔羊进行注射包虫病疫苗、打耳标识。继续开展黄牛改良工作，2017年全县年初牲畜存栏221138头（只），其中黄牛53240头；适龄母牛26620头，改良任务为0.3万头，全年累计完成0.3万头，受胎率为78%，成活率为96.26%，新生成活数2252头。全县实施建设黄牛改良点11座，逐步完成“万户百场十中心”建设目标。

【惠农政策补贴】 年内，林周县农牧局兑现各项强农惠农政策性补贴，包括粮食直补，粮食作物良种推广补贴、畜牧良种推广补贴、农机购置补贴、科技特派员补贴、草原生态保护补助奖励等，约计3204万元。各项补贴及支农惠民政策项目的落实实施，对林周县农牧业的发展起到积极的推进作用。

【农牧民劳动技能培训】 年内,为提高农牧民创收能力,农牧局千方百计拓宽农牧民增收渠道,截至年底,农牧局共组织开展农牧民实用技术培训、动物防疫培训、“藏青2000”种植技术培训、青稞标准化生产培训、农机操作培训、技术特派员业务培训等各类培训30余场次,培训农牧民4000多人次。

【农牧民增收】 2017年,林周县农牧民人均纯收入12655.6元,同比增长16%。

【各项目实施进展情况】 年内,农牧业续建建设项目共计7个,新建项目6个。续建项目总投资3527万元,截至年底,完成投资2100万元。新建项目总投资2160万元,截至年底,完成投资1380万元。

【科技工作】 年内,在市科技局、科协的大力支持下,科技工作实现新的突破。县农牧局在全国科普宣传月、宣传周和宣传日期间,积极开展科技、防灾减灾、环境保护、科普进校园等科普宣传活动10多(场次),播放科普光碟198余次,群众参与人数达到500多(人次),发放科普资料500余册。科技普及和宣传的有机结合,提高全县农牧民群众的科技意识和科技素质,在全社会营造重科学、讲科学、学科学及用科学的良好风尚;林周县共有各级科技特派员157名,科技特派员集中培训2次。全年开展种子包衣及选种47.02万公斤,参与田间管理及病虫害防治、人工种草等工作技术指导9425人次、牲畜各种疫苗接种9415人次,共计牲畜12.3846万头(只、匹),有力发挥科技特派员积极作用;在全县2个乡(镇)村委会和1个寺庙建立科普活动站,分别是江热夏乡卡日寸、松盘乡岗巴村和夏寺,共投入9.72万元。在自治区科协的大力支持下,在热振寺建立寺庙科普活动站,共投资5万元。

【农产品质量监管与检测】 年内,林周县农牧局农产品质检中心共开展农产品检查30多次,对县城菜市场进行蔬菜抽样检测789批次,合格率为99.7%。保证林周县农产品质量安全。

【合作社经济组织】 年内,林周县有农牧民专业合作组织112家,其中,养殖47家,种植7家,施工19家,农机4家,运输1家,水协会2家,民族手工7家,旅游度假2家,加工19家,采砂1家,其他3家。共有成员18564人,带动户数9292户,带动人数45118。合作社不断地增多发展,有力带动林周县养殖、种植、施工等多方面的发展,带动广大群众经济收入,推动县域经济的发展。

【牦牛短期育肥项目】 年内,为加快推进牦牛短期育肥工作,贯彻落实好上级业务部门相关指示。林周县严格按照区、市文件精神扎实推进牦牛短期育肥工作。经过认真调研、筹备,从青海成功引进310头优质牦牛,并于11月17日运抵林周县斯曲亚玛过度场进行养殖。

【优质肉牛规模化养殖项目】 年内,与市净土健康产业公司合作,引进500头优质肉牛——澳洲安格斯,进行试验性和适应性饲养,摸索饲养经验,培养管理人才。根据牛现在饲养状况来看,牛群

2017年4月15日，林周县强嘎乡春耕春播仪式

整体适应性较好，已通过人工授精方式成功培育出1头牛犊。

【青稞种植】 年内，林周县播种藏青2000、喜拉22号等青稞品种种子215.6万公斤。经测产，2017年全县粮食播种面积及产量均超额完成上级业务部门下达的粮油生产指标。引进青稞深加工公司一家，并初步达成2018年青稞320品种生产订单1万吨。

【精准扶贫】 年内，为有力推进林周县脱贫攻坚工作，扎实落实精准扶贫，尽快从根本上实现农牧区贫困人口脱贫致富，为2020年达到小康社会的目标奠定坚实基础。农牧局依据林周县人民政府及县委的部署要求，开展"精准扶贫千名干部帮千户"的活动。2017年，农牧局共组织开展帮扶活动5次。4月，农牧局给帮扶贫困户支援"藏青2000"优良种子0.85万余公斤，并时时跟踪给予技术指导服务，全年优良品种长势良好，深受贫困户喜爱，获得一致好评，农牧局帮扶工作取得实实在在的成效。

【"四讲四爱"主题教育实践活动】 年内，农牧局认真贯彻落实林周县党委的部署，强化工作责任，紧密结合实际，坚持高标准、严要求，着力在"抓责任、抓教育、抓宣传、抓载体、抓制度、抓典型、抓行为、抓督导"上下功夫，全力推进"四讲四爱"主题教育实践活动深入开展，全年共组织学习5次，参与人数100余人次，撰写心得体会40余篇，组织开展宣传活动2次，切实提高干部职工的思想认识水平。

（温平庆）

【领导名录】

局　长

边　　巴（女，藏族，1月免）

索　　朗（藏族，1月任）

副局长

巴桑措姆（女，藏族，1月任）

林周县农牧开发建设办公室

【概况】 2017年，林周县农牧开发建设办公室紧紧围绕建档立卡贫困群众增收脱贫这一中心目标，以强化农牧业基础设施建设为重点，精心组织、创新扶贫开发工作，较好的实施和完成各项精准扶贫、农业综合开发工作任务。

【脱贫攻坚】 2017年，林周县10个乡镇45个行政村，重点贫困乡镇7个，重点贫困村28个，占行政村的62.2%，有建档立卡贫困户1882户8325名，全县贫困发生率14.4%。2016年末，林周县638户2900名建档立卡贫困群众顺利脱贫，贫困发生率8.4%；2017年，全县1882户8325名建档立卡贫困群众年人均纯收入达6798元，超全市扶贫标准线2883元，高于当年脱贫线73.6%，全县综合贫困发生率低于3%，仅为0.1%，九乡一镇、45个行政村均达到脱贫摘帽的要求，贫困发生率下降到9.1%。自治区第三方评估后，林周县错退率、漏评率、贫困发生率、认可度分别为0.64%、1.26%、1.43%、98.42%，达到脱贫标准，2017年脱贫1215户5377人，乡、村全面脱贫摘帽。

【精准扶贫产业项目完成情况】 2016—2017年实施扶贫产业项目34个，已完成11个，开工建设19个，正在办理前置手续15个。特

2017年7月7日，西藏自治区住建厅副厅长石文江（左排左三）带队自治区脱贫攻坚指挥部督导组在林周县督导检查工作

别是立足资源禀赋、产业基础和市场需求，创造性地确定把种草养畜产业与脱贫产业项目紧密结合的发展思路，积极引导和推进草畜一体化特色产业发展。2017年，全县饲草种植面积达9.01万亩，带动参与种植、收割饲草的农牧民群众人均创收2850元；探索建立以牦牛育肥、奶牛养殖、肉牛养殖、半细毛羊扩繁基地为主、带动养殖小区、贫困户齐发展的经营模式，形成特色突出的“集群”“块状”发展格局。

2017年2月27日，以教组为群众宣讲大学生资助政策

【易地扶贫搬迁】 年内，对1200户5224名“一方水土养不活一方人”的建档立卡贫困群众实施易地搬迁安置，建立县内易地搬迁集中安置点8个，实施拉萨搬迁安置1处。2016年完成3个，已搬迁安置502户2184人，2017年再建5个搬迁安置点，县内将集中安置316户1531人，城关区二期搬迁370户1582人。县政府共筹集1301.652万元，用于搬迁群众家具及家电购置，加大安置点环境保护力度，保障适龄学生就近入学和就近就医问题。

【惠民政策】 2016—2017年，累计落实生态补偿岗位资金3621万元，定向补助资金985.16万元，定向补助4249人。出台《林周县在校大学生资助办法》，制定“两后生”培训方案，解决全县在校大学生(其中建档立卡贫困大学生219名)上学难问题。健全完善基本医疗保险、大病保险、医疗救助和重特大疾病医疗救助等多重医疗保障体系，做好建档立卡贫困群众住院补偿、门诊核销工作；建立低保标准、五保标准自然调整机制，实现农村低保和扶贫线“两线合一”。

【结对帮扶助力扶贫】 年内，全县1360名干部职工结对帮扶1882户贫困户，负责引导贫困群众拓宽视野、解放思想、转变观念，树立勤劳致富观念，注重对贫困群众的教育引导，让贫困群众了解扶贫政策，掌握致富技能，提高致富本领，增强致富信心，消除等靠要思想，变输血为造血，增强内生动力，发挥持续脱贫的主体作用。

【党建促扶贫】 年内，高度重视干部结对帮扶工作，带头开展入户结对帮扶，积极向结对户讲解脱贫政策，帮助寻找脱贫举措，联系就业渠道。加强村组织建设，配齐配优配强村“两委”班子，积极发展村集体经济45家，收入高于10万元的有14家。充分挥发工商联的作用，探索建立社会扶贫对接平台，深入开展定点扶贫、援藏扶贫、企业扶贫等，积极引导社会各界积极关注、参与扶贫事业，鼓励社会资本参与扶贫建设，切实形成脱贫攻坚最强大合力。加强脱贫攻坚宣传，切实扩大宣传范围，提高宣传成效，让精准扶贫家喻户晓、深得人心，为精准扶贫工作的有序推进做好铺垫。截至年底，林周县精准扶贫精准脱贫工作已经通过拉萨市精准扶贫精准脱贫考核验收、自治区交叉考核、自治区第三方评估验收工作，为迎接国家级验收奠定基础。

【农业综合开发项目】 年内，完成总投资1669万元的土地治理项目。截至年底，水利部分已完成100%，土地治理部分也已完成，机耕道植树由于季节原因还未实施，预计2018年5月全部完成，可以申请市级验收。截至年底，已完成总投资1374万元的2017年江热夏乡连巴村农业综合开发项目。

（李 璇）

【领导名录】

主 任

雷伟国

主任科员、副主任

卢立芳（女）

副主任

央金卓嘎（女，藏族）

林周县林业绿化局

【概况】 2017年，林周县林业局深入贯彻落实党的十八大，十八届三中、四中、五中、六中全会，中央第六次西藏工作座谈会，习近平总书记系列重要讲话精神及治国理政新理念新思想新战略，全面落实区、市、县各级文件会议精神，以为民务实统揽林业工作全局，发展现代林业，建设生态文明，落实各项工作，积极促进林业工作稳步发展。

【党建工作】 年内，林业局坚持"围绕党建促业务"的工作思路，以加强林业局党支部战斗力、向心力和凝聚力为重点，通过推进"两学一做"学习教育活动、突出"软弱涣散"问题整改落实、学习习近平总书记系列重要讲话精神活动、加强党组织建设等专项活动，全力夯实林业局党建工作基础，全面提升林业局党建水平，加强林业局党支部党员干部凝聚力和战斗力，为林周县林业工作形成助推力量。

2017年，林业局成立党建工作领导小组，以局长为组长、党支部书记，副局长为副组长、副书记，其他党员为组员的领导小组，切实保障林业局党建活动的有序开展和党建任务的逐点落实；针对党建工作中查摆出的"软弱涣散"问题，制定《林业局党支部关于加强党建工作方案》《软弱涣散整改方案》，全力改变林业局党支部党建工作弱势的现状。年内，共开展民主评议活动1次、"主体当日活动"12次、书记讲党课12次、学习会24次、收集党费12次，84人次、谈心谈话2次、宣传十九大精神3次、观看《榜样》等教育片3部，有力地推动林业局党支部"软弱涣散"问题的整改，一改往昔"重业务、轻党建"的态度，力推"业务、党建"共同建设、共同发展，加强林业局党支部党建工作。

2017年，上墙组织生活制度、"三会一课"制度、党员干部定期学习制度、民主生活会制度、民主评议党员制度等各项制度，有效促进党员干部作风转变和效能提升。建立党员教育机制，通过"主题党日+"活动、学习会等方式，强化党员综合素质，在意识形态领域形成党员干部积极向党中央、区党委、市委和县委靠拢，党支部保持上级精神理论及时传达，培养党员干部与党中央时刻保持政治理论高度统一。

【党风廉政建设】 年内，林业局执行廉政准则、中央"八项规定"和《中国共产党纪律处分条例》，坚决杜绝公款消费、大吃大喝、贪污贿赂等违纪行为；年初与班子成员签订《党员干部遵规守纪承诺书》，加强对党员干部的监督和约束，进一步增强班子的党风廉政建设"两个责任"意识；党员干部坚持每半年进行一次谈心谈话，

2017年10月15日，林业局局长文均辉在阿朗乡布岗村慰问结对帮扶户

了解党员干部的思想动态、生活工作情况。加强干部监督管理，开展机关作风治理，纠正干部职工身上的“庸、懒、散、浮、拖”等现象，建设一支“为民、务实、清廉、高效”的党员干部队伍。

2017年12月29日，召开林周县集体林权制度改革会议

【植树造林】 年内，林周县完成工程项目造林3483.3亩，总投资1105.23万元。其中，拉萨周边人工造林2000亩，封育育林800亩，项目总投资799.48万元。实施完成甘曲镇补植补造，总面积443.3亩，总投资149万元。林周特色生态工程：林业局负责在各单位、各乡镇、寺庙和江热夏乡、卡孜乡易地搬迁扶贫安置点共完成义务植树造林155亩，分别种植杨树、柳树、云杉、红叶李、桃树、苹果树共计11476株，投资资金150万元。完成江夏乡拉定村、卡日村机耕道造林，主要建设农田林网防护林带，共种植4500株新疆杨，投入资金20万元；鹏博产业园区绿化工程植树1500株新疆杨，投资67500元。

为进一步提升林周县政府院内办公环境，塑造林周县政府更加美观的绿化环境，增强林周县政府单位整体形象，共投资近230万元，对林周县政府院内进行绿化改造提升工程，种植草坪、各类花卉、景观树木，极大的改善林周县政府的绿化环境。

【动植物保护】 林周县黑颈鹤自然保护区是雅江中游河谷黑颈鹤自然保护区的一部分，于2003年被国家批准成立，总面积1010.499平方公里，其中核心区面积197.966平方公里。该保护区内的保护对象是国家一级野生动物黑颈鹤，保护级别为国家级。林周县黑颈鹤自然保护区主要分布在南部六乡一镇，该区域也是粮食生产区域，群众主要以农业生产为主，每年10月底、11月初迁飞到林周越冬栖息的黑颈鹤数量在1700只左右，是雅江中游河谷地区黑颈鹤分布数量最为集中的保护区。

为保护以黑颈鹤为主的鸟类迁徙通道、越冬地、栖息地、觅食点生境，保护传统农业耕作模式，确保鸟类食物安全，根据西藏自治区林业厅《西藏雅江中游河谷黑颈鹤国家级自然保护区及周边湿地生态效益补偿试点实施方案》的要求实施该项目，项目总投资1236.325万元，建设年限为2015—2017年，建设内容包括湿地生境恢复与保护、耕地补偿、野生不能自我保护，疫源疫病监测等。6月，在林周县甘旦曲果湿地完成网围栏建设，资金90万元；制作标示牌、宣传单、宣传册，购置野生救护、疫源疫病监测设备等，资金共计17.915万元。为加强西藏雅江中游河谷黑颈鹤国家级自然保护区内黑颈鹤、斑头雁、赤麻鸭等鸟类的保护，林业局招聘9名野生动物巡护员。

【森林防火】 年内，林周县森林防火工作坚持“以人为本、预防为主、重兵扑救”的方针，把森林防火工作放在首要位置，抓预防、打基础。2017年，县林业绿化局专门召集各乡（镇）负责人召开会议强调森林防火工作的重要性，并与各乡（镇）签订森林防火责任状，落实责任，齐抓共管，形成森林防火的强大合力。同时，县林业绿化局结合全县森林防火工作实际，深入各乡（镇）向广大农牧民群众宣讲森林防火条例，开展防火宣传活动，讲解防火常识。

救治受伤黑颈鹤

进一步增强全民森林防火意识，营造浓厚的森林防火氛围，提高全民安全防火意识和安全防患意识，从源头上消除火灾隐患。截至年底，全县已实施森林生态效益补偿基金工程172.4万亩，落实管护人员950名，项目遍及全县范围内的九乡一镇。

【林政资源管理】 年内，林业局加大林业执法力度，严厉打击乱砍滥伐林木，乱垦滥占林地，乱捕滥猎野生动物等违法犯罪行为，对树木枝条、野生植被的需求实行林业局、乡（镇）、村审批制度，护林员监督砍伐，实施属地责任制原则。加强护林员的管理，建立健全森林管护体系，实行森林资源管护合同制，与护林员签订一年的管护合同，明确管护范围、任务，报酬和奖惩兑现的办法，每年一考核，确保管护队伍人员素质和森林管护成效，确保管护区内每一块森林资源都有人管。建立巡山护林工作制度，要求记载巡山日记，以便于护林员巡山护林工作的监督和检查，确保从根本上遏止生态恶化，保护生物多样性，促进林业的可持续发展，确保林周国土生态安全。

【惠民项目带动群众增收】 年内，林周县生态公益林面积共172.4355万亩，森林生态效益补偿基金资金总额为891.87万元，其中管护资金860.78万元、公共管护资金31.09万元。林周县生态公益林管护人员950名，其中761人为建档立卡贫困户。管护工作人员的年工资在8500—9000元之间，共发放森林生态效益补偿基金849.62万元；林周县公益林管护站5人，其中站长1人、副站长1人、站员5人，工资总额为11.16万元，2017年9月已发放；林周县共实施退耕还林9318.76亩，其中2002年实施退耕还林4998.58亩；2003年实施退耕还林4320.18亩。项目主要遍及七乡一镇的49个自然村，72个退耕点，受益群众达2138户。县林业局按照《退耕还林管理办法》的相关补助标准，第二轮每亩兑现钱粮补助为125元，钱粮补助资金116万元，2017年退耕还林钱粮补助资金于10月兑现。

【保护区内林业手续办理情况】 林业局办理手续主要涉及国家级雅江中游黑颈鹤自然保护区林业审批手续和征占林地审批手续。2017年，共上报办理林业手续项目85个，其中扶贫产业项目38个，截至年底，林业厅已批项目48个。

（杨　瑞）

【领导名录】

局　长

文均辉

副局长

张高峰

林周县水利局

【概况】 林周县水利局前身是林周县水电局，成立于2002年，下设事业单位水电队和虎头山水库管理处，水电队成立于1993年，虎头山水库管理处成立于2000年，于2011年更名为林周县水利局。2017年，有干部职工8人，共涉10个项目的建设任务，总投资为9347.67万元，截至年底，累计完成投资4609万元，其中重点项目累计完成投资2217万元，小型项目累计完成投资2391万元。

【小型农田水利基础设施建设】年内，已利用市级财政资金141万元，实施完成松盘、强嘎和春堆乡3个水毁修复项目的建设任务，其修复总长为3.3公里。项目的建成，将有效保护项目涉及的417户，2001人及耕地2546亩；2016年小型农田水利重点县续建项目共20个单项工程，其中18个单项全部完成，累计完成2250万元，于9月11日对已完工的18个单项项目进行自验，对自验中发现的问题提出整改要求，并完成各项整改工作。

【推进新开工项目建设】年内，针对林周县水利发展的突出薄弱环节，针对澎波河流域范围内水利基础设施薄弱、中小河流防洪能力低、水土流失严重等问题，为加大中小河流治理力度、水土流失综合治理，及时实施高效节水灌溉试点项目：边交林乡防洪工程总批复投资2671万元，于8月18日完成招投标工作，于10月16日开工建设，已完成总工程量的41%，累计完成投资1068万元；强嘎乡高效节水灌溉工程属全区试点项目，该项目总投资为2300万元，建设规模为农田灌溉面积6500亩，其中喷灌面积2200亩，低压管道灌溉面积4300亩。该工程于10月15日完成招投标工作，于11月6日开工，截至年底已完成总工程量的50%，累计完成投资1150万元；甘旦曲果镇朗当帕亚沟水土流失治理项目，批复总投资为784.16万元，于11月3日完成标投工作，12月19日开工，截至年底，正在进行客土。

【小型项目招投标】截至年底，有3个小型项目处于招投标阶段，分别为：2017年第一批脱贫攻坚项目共涉及5个项目，总投资为516.55万，其中市级财政投资450万元、县级财政投资66.55万元；2017年小型农田水利及水毁设施建设项目，总批复投资为299.96万元，资金来源为市级财政，共涉及14个项目，其渠道1条，总长2.5公里，防洪堤3条，总长1.1公里，水塘1座，人饮9处；2016年水利工程运行与维护项目，总批复投资为135万元，共涉及8个项目，人饮工程5处，水渠维修3条，总长1009米。以上3个小型项目都处于招投标阶段。

【“河长制”工作】年内，按照区、市关于全面推行河长制的系列会议文件精神和具体指示要求，县委、县政府高度重视。成立以县委书记为组长、县人大主任、县长等为副组长的河长制工作领导小组，县直各相关部门和各乡（镇）长为小组成员；制定下发《林周县关于拉萨河林周段、澎波河及支流全面推行“河长制”实施方案》。已列入县级“河长制”管理的主要河流共23条，水库5座，矿企尾矿库3个，湿地3处，河流总长423.53公里，其中拉萨河林周段骨干河流长182.5公里。以上河库构成林周县实施“河长制”工作的河库管理体系和制定完善相关制度，完成23条骨干河流名录和河长名录公示牌的设立工作，另外县级配套解决河长制工作专项资金200万元，保障河长制工作有钱办事。自2018年起，将河长制经费列入年度财政预算，同时各乡镇下拨3万元，其主要用于各乡（镇）河长制资料的印制，公示牌、宣传栏的制作和安装。加强河道管护员的增设力度。为维护好各辖区内河道健康，实现河

2017年5月6日，县委副书记、县长高军主持召开林周县人民政府2017年第1次常务会议研究审议林周县全面推行“河长制”工作方案

道功能永续利用发挥积极作用，结合精准扶贫贫困人员，共安排河道管护员225人（水库库管员5人），为能够充分利用好河道管护员，制定河道管护员管理办法。

【河道采砂整治】 年内，充分利用实施“河长制”契机，加强整治县域内的非法采石（砂）行为。经排查全县共23家采砂场，根据拉萨市的《河道采砂整治行动实施方案》，结合实际制定《林周县河道采砂整治行动实施方案》，并印发给县直相关部门及各乡（镇）；成立联合执法检查组，主要针对全县辖区非法采砂厂、环境卫生、涉水企业等进行专项整治。2017年，不定期深入实地开展联合执法检查，8月3日，通过出动联合执法小组对建立在黑颈鹤保护区内7家砂场进行设备强制拆除，制止保护区的实施采砂开采行为；为解决供需矛盾和解决砂石料采挖过程中存在生态环境破坏和安全隐患等问题，根据区市有关文件要求，按照规范和合理性要求在县全境内选定6个河道采砂可采点进行规划，并将拟选的6个点的坐标信息通过县林业局上报区林规院进行进一步的确认核实，经核实，6个选点有5个点符合要求，1个点位于保护区缓冲区内，下一步将对符合条件的点编制规划报告；根据中央环保督办情况，县水利局在8月份收到6件举报案件，其中主办案件4件、一般案件2件，重点案件2个。依据《拉萨市河道采砂管理办法》，对4家非法采砂行为进行行政处罚，共处罚金额2.28万元，已全部缴纳。协办案件2件，案件均属实且全部已办结。

【防汛抗旱】 年内，组织召开防汛抗旱工作会议，全面落实防汛抗旱工作责任制。调整充实林周县防汛抗旱指挥部成员，确保防汛抗旱工作责任到人，要求各责任人高度重视，加强监督，落实责任；修订完善水库运行调度预案、防洪预案、水库下游群众应急转移避险等预案；及时储备10万条编织袋，2.5万平方米铅丝笼17条，发电机3台等主要防汛物资，防汛抗旱应急抢险资金43.23万元，其中县级配套9.32万元，中央特大补助资金34万元；对涉河涉水重要工程逐一排查，发文落实责任，提出度汛要求，尤其是对澎波河沿线险工险段及在建设工程加强度汛措施；做好中小型水库的度汛检查，对县4座中小型水库逐一进行现场检查，针对部分水库发现的闸门启闭不灵活等安全隐患，及时进行解决，以确保万无一失；开展山洪灾害非工程措施各站点设备运行维护管理工作，全面排查各站点隐患，确保各站点设备运行正常；做好尾矿库的排查检查。对财胜、夕瑞德、烨鑫等部分矿企重要尾矿库进行认真细致的现场检查，并要求在汛期间每天向县防汛抗旱指挥部进行报汛登记；自7月以来，因强降雨水造成各乡（镇）遭受不同程度的灾情，为做好灾情处置工作，在县防汛抗旱指挥部主要领导的精心组织、科学调度下，及时组织受灾区干部群众开展自救工作，并向各受灾区调拨编织袋25000余条，铅丝笼52卷、铁丝3圈等防汛物资，雇佣机械43小时，维修加固险工险段4处，总长1公里；及时启动24小时防汛值班制度。

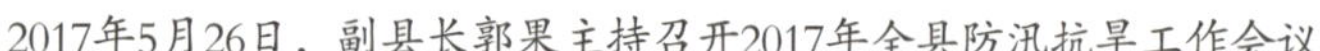

2017年5月26日，副县长郭果主持召开2017年全县防汛抗旱工作会议

【党建工作】 年内，深入贯彻学习

“四讲四爱”主体教育活动及党的十九报告精神，学习习近平总书记一系列重要讲话精神，全面提升县水利局党员干部政治理论水平。把推进学习教育常态化制度化作为一项重大政治任务抓紧抓实抓好，被列为16个软弱涣散基层党组织集中整顿的单位之一，按照要求成立以局长党组支部书记为组长的责任领导小组，制定实施方案，完善党支部中心理论组等学习计划，确保学习教育有人抓、有计划、有落实、有成效，完成相关的整改工作；将“两学一做”学习教育、“四讲四爱”、学习党的十九大报告纳入支部“三会一课”等基本党内组织生活制度中；在党员干部中推行“带党徽、亮身份”、按时缴纳党费等活动，提升党员党性意识，强化党性观念；7月1日，开展重温入党誓词和观看《将改革进行到底》纪录片，进一步加强作为党员重要性和在工作中树立榜样的严紧性；每个党员看望各自的结对帮护户，进一步了解帮扶户的情况，力所能及的解决一些生活上的困难。

（边　久）

【领导名录】

局　长

边巴次仁（藏族）

林周县教育（体育）局

【概况】 2017年，林周县有各类学校42所，其中，县中学1所，县完小1所，乡中心小学9所，县职教中心1所，县中心幼儿园1所，乡幼儿园9所，村级幼儿园20所。全县在园幼儿1958人，在校小学生4177人，在校初中生2090人。全县教职工647人，其中幼儿教师98人，小学教师348人，中学教师190人，局属事业11人。

2017年6月27日，县委副书记、县长高军参观学生手工作品

【各项工作指标任务完成情况】 学前儿童受教育率：全县在园人数1958人，学前三年入园率72.73%，与2016年同期相比增长0.02%；两年入园率87.91%，与2016年同期相比增长0.1%；小学入学率99.91%，与2016年同期相比增长0.01%；初中入学率99.62%，与2016年同期相比增长0.03%；中小学巩固率100%，与2016年同期持平；残疾学生入学率（含随班就读）75.73%，与上年同期相比增长0.93%。青壮年文盲率0.2%以内。

【落实“党建统教”】 年内，加强党员的教育管理，县教育局结合“两学一做”学习教育活动，以“主题党日+”活动为抓手，全面推进党员干部学习教育活动，县教育局组织党员专题学习20次，撰写心得体会90余篇，组织党员开展“帮扶孤寡老人”“宣传党的惠民政策”等志愿服务活动近10次，落实“书记讲党课”1次，邀请县政协党组书记、主席格桑次仁讲党课1次；加强党风廉政建设，林周县教育局积极落实“三重一大”等相关政策，推进教育系统作风建设，积极开展廉政文化进校园，廉政风险点排查工作，廉政谈话，廉政专题学习，干部职工警示教育等活动，截至年底，林周县教育局组织廉政专题活动26次，深入各校开展廉政调研2次；深入开展“三联三进一交友”活动，各校充分发挥职能作用，立足本职工作，以民族团结教育为基础，深入开展“三进三联一交友”活动，用细心感动人、用耐心温暖人、用真心打动人，有力促进师生之间相交流交融。

通过不懈努力，林周县教育局（林周县教育局党总支）先后荣获市、县两级先进基层党组织，拉萨市驻村工作优秀派出单位。

2017年6月27日，县委副书记、县长高军，副县长边巴出席“践行四讲四爱 深化素质教育”文艺会演

【落实发展目标】 年内，为贯彻落实好自治区第九次党代会关于的“五个100%”发展目标的决策部署，加强组织领导，专门成立分管副县长为组长，各相关县直单位负责人为成员的领导小组，设立办公室，出台《林周县推进“五个100%”教育发展目标实施方案》，明确责任分工；营造良好氛围，召开专题会议，传达自治区、拉萨市指示精神，研究部署全县工作落实。充分运用师生大会、校内广播、黑板报等媒介，加大对推进“五个100%”工作的宣传力度，营造良好舆论氛围；完善管理机制、健全考核制度，建立校长、分管副校长、教务主任、教研组长、任课教师层层负责的教学管理责任体系，形成工作有人管、责任有人抓、具体工作有落实的格局。制定切合实际、操作性强的《林周县中小学办学考评制度》《林周县教育教学质量奖惩办法（试行）》，强化制度保障。县教育局教研室对全县课表进行统一规范，开展教学五环节培训，保障课程开出的数量、提高课程开出的质量；加大督导力度，坚持每月组织教育局工作人员入校督导“五个100%”计划、方案落实情况，督促各学校按照既定发展规划稳步开展工作，发现问题立即反馈、限时整改，2017年已组织督导检查7次；丰富教学教研活动内容，在全县开展数学解决问题比赛、数学口算比赛，藏文、汉语文听写竞赛，藏、汉作文比赛，提升学生藏汉双语应用水平。通过听课、说课、作业评分、“一篇论文”、教学成绩等方面进行考核后，选拔第一批县级骨干教师20人，在教育教学工作中发挥其示范作用，带动教师队伍整体素质和教学水平的提高。组织县中学制作校本实验报告册、实验课件，配全实验软件。

通过前期督导调研，林周县中小学双语教育普及率、小学数学课程开课率、中学数理化生课程计划完成率、中学理化生实验开出率已基本达到100%。

【提升教育教学质量】 年内，为大力实施“拉萨市振兴教育教学质量三年行动计划”，进一步提高全县的教育教学质量。完善制度建设。组织11所中小学结合实际，制定切合实际、操作性强的《年度教育教学计划》《林周县推进素质教育实施方案》《林周县教育教学质量奖惩方案》等，强化制度保障；加大督导力度，每月组织各科室工作人员入校督导计划、方案落实情况和教学教研工作开展情况，督促各学校按照既定发展规划稳步开展工作；定期深入各校开展推门听课、评课和教研常规检查等活动，2017年先后组织集体备课、上示范课、电子白板使用培训等30余次；创新评价体系，提高奖励力度。在全县小学、幼儿园实行绩效奖励，绩效奖按月包干到校，各校结合实际制定考评办法，校委会负责组织对教职员工的绩效考评工作和奖金的分配工作，调动教职工的积极性、主动性。2017年度共落实奖金31.77万元；通过教育信息化助推教育教学质量提升。先后举办“一师一优课，一课一名师”网络赛课评课，微课制作、电子白板使用、网络培训等活动；深入推进校园网络工程，投入43.62万元实现校园网络全覆盖，从而提高教师的现代信息技术应用水平和改革创新能力。

2017年，全县小考、中考再创佳绩，小考内地西藏初中班上线、录取41人；中考成绩500分以上78人，内地西藏高中班上线、录取35人，连续两年位列六县第一，荣获全市初中教育教学质量三等奖。

【抓好项目建设】 2017年，教育领域共实施项目31个，（2个续建项目，29个新建项目），总投资7187.3万元。续建项目2个，总投资1452.3万元。分别为林周县中心幼儿园改扩建项目、林周县中学改扩建项目，两个项目已全部竣工。新建项目29个，总投资5735万元。分别为阿朗乡中心小学教工宿舍建设项目，已基本完工；强嘎乡中心小学风雨操场，已完成70%，预计2018年5月完工；旁多乡中心小学风雨操场，已完成70%，预计2018年5月完工；25所村级幼儿园建设项目，除卡孜乡懂村幼儿园（因选址点原村委会未搬迁，无法开工）外，其余24所幼儿园已全面开工，预计2018年下半年完成建设并投入使用。唐古乡中心小学暖廊建设项目，该项目正在进行安装，预计2018年3月完成安装并投入使用。

县委、县政府高度重视教育工作，不断加大教育投入力度，每年对教育投入占县本级地方性财政收入20%以上，2017年县财政对教育投入3086.4万元，与2016年相比增加899万元。

【师资建设】 年内，林周县教育局按照“统筹规划、统一支付”的原则，为所有学校接入光纤，为每名师生配齐电脑，计算机师机比1：1、生机比1：10，均达到自治区标准。学生教室都安装交互式电子白板（205套），实现多媒体进教室100%的目标。建成的两间录播教室，功能齐全、使用正常；抓好应用。定期组织教师进行多媒体课件制作培训，丰富课堂教学的内容和形式。积极参加各级网络培训，举办“一师一优课，一课一名师”的网络培训、网络赛课、现场评课、评优推选等活动。现已完成169名教师2017年“一师一优课，一课一名师”县级录课、评选工作，在12月建好教育系统城域网，增强网络安全性，提高各校之间资源互动性。

【圆满完成中、小考等考务工作】 年内，根据教育厅、市教育局学籍管理的相关规定，县教育局制定《林周县中小学学籍管理办法》，学生转学严格按照规定执行，有效遏制大班额、低龄儿童入学现象。在各部门各学校的密切配合下，教育局圆满完成2017年703人参加的中考、260人参加的小考等重要、大型考试工作。县教育局主要通过四项措施推动考务工作：健全机构、成立考试、测试领导小组，召开专题会议，安排部署相关工作；认真准备测试器材、场地，增强安全防范措施，配备医务人员、安保人员，做好对意外伤害事故的救治准备；严明考试纪律，做到无替考、不做假，落实相关人员责任，对考试场地实行全封闭式管理，安排工作人员在场地四周值守维持秩序，并设置警戒线，禁止任何与考试无关的人员进入考场。

2017年4月20日，县委副书记、人大常委会主任格旦次仁，政协党组书记、主席格桑次仁出席林周县第二届中小学生教职工田径运动会开幕

【发展体育运动】 年内，林周县教育局组织开展以“我运动、我阳光、我快乐、我健康”为主题的第二届全县中小学生教职工田径运动会。共有23个代表队、600余名师生、36名裁判员参加38个竞技项目。12月，县教育局联合县工会、妇联组织开展全县干部职工、农牧民群众足球、篮球联赛，共有27支代表队、348名运动员参加。两场大型运动会实现增强全县师生、干部群众体质，提高身体健康水平、提升锻炼身体意识的目标，更充分彰显林周县广大人民积极进取、顽强拼搏、奋发向上的昂扬斗志。

在全市运动会中，荣获第四届足球、篮球联赛体育道德风尚奖，林周县民族团结进步模范集体，林周县2017年干部职工农牧民群众足球、篮球联赛女子篮球第一名、男子足球第二名、优秀组织奖。

2017年3月28日，边交林小学开展“3·28”西藏百万农奴解放纪念日主题班会

【德育规范化建设】 年内，组织各校充分利用班会、国旗下讲话、课间广播宣读文件、传达精神，开展宣讲216场次，累计受众人数13.7万人次，收集师生心得体会280篇，简报436期。不断丰富活动载体，结合学生身边典型而感人的事例，对广大小学生进行一堂深入而富有实效的道德教育、感恩教育和励志教育。组织学生开展“讲党恩、爱核心”实践活动演讲比赛，统一规范爱国主义教育课，增强广大师生对伟大祖国的热爱之情，“共创明天的绿色·废品利用手工创作竞赛”“践行四讲四爱·深化素质教育学生才艺大赛”“携手特殊儿童·感受生命力量”大手牵小手文艺演出、新旧西藏对比故事会、“尊法学法守法用法”从我做起、“我身边的美德少年”学习宣传，选派30余名青少年学生代表参观自治区自然科学博物馆、拉萨市图书馆。开展“课内比教学，课外赛四爱”为内容的教师教学技能大赛，感恩母校音乐晚会，“不忘初心跟党走”宣誓活动，“感党恩”关爱孤残学生，“感恩母校文明离校签字活动”，爱国语句、诗句抄写字体比赛等20余项主题教育实践活动，将“四讲四爱”主题教育实践活动中所提倡的“内化于心，外化于行”指导思想具体付诸课堂教学实践中。荣获拉萨市教育系统“四讲四爱”主题教育实践活动先进集体。

【安全卫生】 年内，调整充实林周县教育系统维稳工作领导小组，组织召开20多次校园安卫工作会议、4次十九大期间学校维稳专题部署会议，与学校签订工作责任书、军令状，制订下发各项维稳方案；加大巡查力度。将维稳督导检查作为一项常规工作，定期对全县范围内所有学校进行巡查，组织检查小组对各校节假日期间维稳值班情况进行检查。邀请县卫生局、食药局对各学校食堂及校园周边的商店、饭馆等场所进行排查。对存在的问题进行现场反馈，提出整改意见和整改时限；深入开展安全隐患排查。对可能出现问题的教学和生活设施及各项管理责任和制度落实情况进行全面排查，加强校园及周边的巡逻、守护工作。充分发挥学校内部安防、处突、安检、交通安全四支队伍的联防联控作用，巡防校园，严防事故发生。与县公安局沟通协调，加强县中学、县完小和县幼儿园周边的警力配备，辖区派出所民警经常性深入学校巡查；落实联动联防。认真组织召开家长会进行宣传教育，学校与家长签订《中小学安全协议书》，强化家长责任意识。邀请县安监局、环保局组成督查组，到全县中小学幼儿园开展学校安全生产督查指导，邀请县卫生防疫部门专家到各学校开展“包虫病”宣讲知识讲座。在县城人口集中街道开展“增强师生安全意识·保障校园长治久安”“培养安全习惯，倡导安全文化，提高安全素养”等主题宣传活动。聘请12名优秀干警兼任法制副校长，开展“送法进校园”活动。

【落实惠民政策】 年内，全面落实好十五年教育“三包”政策，稳步推进学生“营养改善”计划。共落实“三包”和营养改善资金3296.73万元；完善大学生资助体系。研究制定《林周县在校大学生资助政策》，多方面筹措资金为贫困大学生提供学费、生活费资助，相关实施细则制定完成，惠及学生1831人，资助金总额1024.0462万元，所有资金已经兑现，正在开展核查工作。确保所有考入高等院校的贫困大学新生都能顺利入学、安心上学；建立“两后生”职业教育。结合市以教脱贫专项工作组“两后生”培训计划，不断加强林周县“两后生”职业教育工作，加大宣传力度，广泛征求学生意愿，制定培训方案。组织7人在拉萨市第二中等职业教育学校参加培训，让“两后生”学得“一技之长”从而摆脱贫困。

（许 鑫）

【领导名录】

局 长

巴桑朗杰（藏族，1月免）

边巴次仁（藏族，1月任）

副局长

普 桑（藏族，1月免）

肖莎莎（女）

林周县中学

【概况】 林周县中学是一所农牧区寄宿制学校，占地面积224.5亩，建筑面积40000余平方米。现有44个教学班级，在校人数2090人，学校肩负着整个县城七至九年级的义务教育重任。现有教职工196人，其中专任教师192人（高级教师10人，一级教师85人，硕士学历5人，本科学历191人），职工58人，组成一支作风踏实、教书育人、勇于进取、乐于奉献的师资队伍。

【办学理念】 林周县中学秉承“构建和谐校园，培育合格人才”的办学理念和“习惯、责任、公正”的管理理念，结合实际，提出“以德育为中心，一手抓教育教学质量，一手抓规范管理”的工作目标，大力推进“大部制”改革，继续加强“六支队伍”的领导和建设，营造“关怀、民主、信任、博爱”的人文氛围，全面引入竞争机制和激励机制，形成“事事考评有成绩，人人干事有责任”的管理体系。逐步建立一支思想高、作风正、业务强的教师队伍。在2017中考中，学校共有35名学生上内地西藏班分数线，12人上拉中、北高分数线，中考成绩排名六县第一。

百年大计，教育为本；教育大计，德育为先。林周中学从农牧区学生的行为习惯养成教育入手，开创教师“分数化”管理体制。努力将学校打造成为县级农牧区寄宿制示范中学。“让学生成才，

2017年10月31日，副县长边巴、教育局局长边巴次仁一行对林周县中学素质教育开展督导

让家长放心，让社会满意”的办学宗旨，注重学生的全面发展，不断创新校园文化活动，严格落实“三包”管理制度，确保学生“进得来，留得住，学得好，生活得愉快”。在校学生的流失逐年减少，学生巩固率达到100%，实现国家教育均衡发展的目标要求。

【队伍建设】 年内，林周县中学提出加强“六支队伍建设”即干部队伍、党员队伍、教师队伍、职工队伍、班主任队伍和学生队伍建设的管理理念，成立以校长为中心的领导集体，统一管理学校的各项工作。把学生的学习、安全等放在最首要的位置，为他们的健康成长提供最贴心的服务和最可靠的组织保障。

为进一步提高管理水平和教育教学质量，学校继续实行年级组管理制度，由县中学三个副校长担任年级组长。在三位年级组长的领导下，学校教育教学工作得到更好的开展。

完善《林周县中学中级职称评聘制度》《林周县中学值班制度》《林周县中学教师“分数化”考核方案》《林周县中学教师请销假制度》《林周县中学作息时间表》《林周县中学师德师风考核方案》等一系列关乎师生切身利益的制度，并严格执行。科室工作继续执行“周周清”“月月结”的工作模式，提高干部队伍的工作效率和工作能力。11—12月，完成林周县中学中级职称评审推荐工作。

【开展学生德育工作】 德育是一个学校工作顺利和正常开展的有力保障，也是学生健康成长的重要前提。林周中学的德育工作始终坚持“一个中心，两个重点”（以爱国主义教育为中心，重点加强教师的言传身教和学生的行为习惯养成教育）来开展，形成德育工作的信息化、课堂化、生活化和社会化。

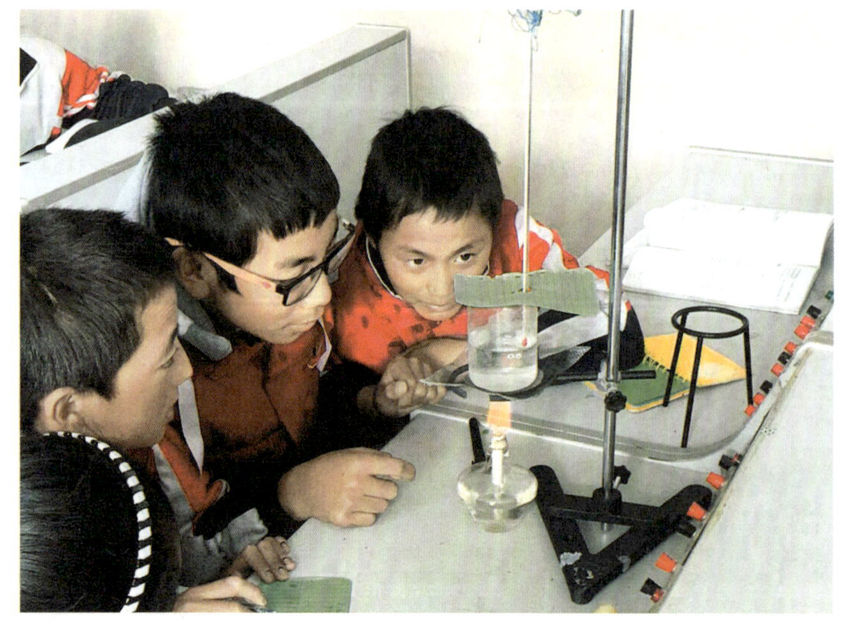
林周县中学开展实验教学

结合“四讲四爱”主题教育活动，开展新生军训、禁毒知识竞赛、避震消防演练等一系列活动。使学生进一步增长知识，开阔视野；真正在课堂上形成爱国主义意识；在生活中学会感恩，懂得回报，能讲文明、爱集体、爱生活；使自己能在走出学校后更好地融入社会、适应社会、服务社会。

【安全工作】 年内，林周中学始终把安全纳入到每项工作的范畴中，高度重视，抓细抓实，丝毫不敢马虎。为此，学校专门成立由校长任组长的安全工作领导小组，下设安委办公室、防控办公室。完善《林周县中学学生疾病防疫应急预案》《林周县中学消防避震应急预案》《林周县中学师生交通安全预案》等36种与安全相关的预案和制度。同时，全校实行以教职工为主的24小时值班制度，学校安委办公室经常开展检查和自查工作，经常性地开展“校园安全隐患大排查”工作。实行职工分区域负责制，由总务处、德育处、宿管科根据工作职责分别领导职工工作。

【无私奉献型教职工队伍】 年内，全校班主任在完成班级常规管理的同时，还要关注学生的各种衣、食、住、行；进行不定期的学生家访；完成晚间21：50—22：30的学生宿舍查房任务；做到全天24小时将患病学生及时送到医院并进行细微的照料；找回并教育好辍学或逃学的学生；义务帮扶家庭困难、品行困难和学习困难的学生、对随班就读学生和残疾学生开展关爱行动，积极开展“送教上门”等。作为教师中的先锋力量，党员教师要在平时的教学和工作中做得更多，付出更多，时时处处要体现党员的先锋模范带头作用。安排“四讲四爱”以及学习十九大精神主题班会5次；制作“两学一做”学习教育党员口袋书。集中慰问困难教师、工龄20年以上的20名老教师、身体健康状况欠佳的6名教师、四名怀孕女教师；为27名党员教师过生日。每学期开学初，一学期内，学校每一名党员教师都要在经济、生活、学习、心理和健康等各个方面帮扶一名家庭困难、品学兼优的在校学生。让无私与细心的关爱使学生感受到点点滴滴爱的力量。对全校孤儿、单亲、留守、残疾等特殊学生进行电子档案存档，通过以学校党员、教师对口帮扶及联系社会爱心集体和个人帮扶的形式对他们进行关爱和资助，使他们认识到社会大爱的无穷力量。

2017年6月15日，林周县中学开展“校长杯”足球联赛

【提升素养，提高教学质量】 年内，为进一步加强教师队伍管理，促进教师理论学习和教学研究，积极提高教师队伍整体素质，2017年，县中学以“素质教育”迎检工作、五个100%工作为契机，狠抓教师教学“五环节”、积极开展实验教学和信息化教学，积极完成与八中的城乡结对工作，积极搭建平台开展教师各级各类培训工作。7月和12月，学校分别举行两次教师业务考试，以新课程理念为指导，以促进教师专业化成长为宗旨。坚持面向全体、突出重点，以考促学、以考促研、以考促改和以考促教的原则，全面提升学校教师专业素质，努力提高教育教学质量。8月，县中学按照上级部门的要求，积极完成定编定岗相关工作。

【文化生活】 年内，林周县中学十分重视学生的业余文化生活，培养学生高雅的生活情趣，促进学生全面健康成长。长期利用周末给回不了家的北部学生播放爱国主义影片；给在校北部学生提供各种体育用品；认真组织举办大型的师生田径运动会；青少年活动中心开办足球、篮球、羽毛球、计算机、藏汉书法、象棋、合唱、舞蹈、美术、朗读、电影欣赏、吉他、排球等各类兴趣班；音体美组教师每天组织学生开展好课间操、眼保健操、体育课等“两操一课”和冬季长跑活动，保证学生“每天锻炼一小时，健康生活一辈子”；4—6月，学校活动中心组织开展“校长杯”足球联赛，既增强学生体质，又树立学生竞争意识和集体意识；政教处和团委定期开展学生有意义的社会实践活动：打扫县城街道卫生，到敬老院帮助和慰问老人，到职教基地进行义务劳动，慰问警务站民警，参加植树活动等等。开展体质监测，并及时上报数据。大力开展青少年科普活动。

【宿舍管理体制】 年内，林周县中学为让学生能更好地学习和休息，24小时开放学生宿舍楼和教学楼，让学生的学习和休息形成规律性，养成良好的学习习惯和作息习惯。年内，学校继续实行学生午睡制度，以进一步提高学生的休息和学习质量。

【学生干部队伍】 在长期的实践中，学校逐渐摸索出一条由学生管理学生的管理模式，培养出学生会、文明督导队、卫生督导队、宿舍楼道长、宿舍管理委员会、少先督导队、团员督导队等。让学生管理学生，既有利于培养学生的管理能力和人际交往能力，又有利于让学生走近学生，让学生了解学生，为学校的管理增添新的动力和活力。

（苏远庆）

【领导名录】

校 长

牟维军

党总支书记

贵桑多古（藏族）

副校长

公保才旦（藏族）

王银超

校长助理

德吉卓玛（女，藏族）

洛桑次仁（藏族）

中国人民财产保险股份有限公司西藏分公司林周县公司

【概况】 中国人民财产保险股份有限公司林周县支公司位于林周县苏州中路，是中国人民保险公司县域综合性的一家服务机构。主要经营企业财产险、家庭财产险、机动车辆保险、货物运输保险、意外险、责任险、农业保险，超大额补充医疗保险等；同时负责区域内的事故现场查勘。林周县支公司自2013年成立以来始终以"人民保险，服务于民"为使命。并始终牢记"扎根农村、服务百姓"的经营理念和保险公司职能。随着保险发展的不断深入，保险为林周县的农业生产和其他产业保驾护航的作用和效果越来越明显，越来越受到广大农牧民群众的欢迎，真正发挥保险"社会稳定器、经济助推器"的作用。

【服务"三农"】 年内，全面完成林周县2018年度的农业保险承保以及2017年的理赔工作。2017年，林周县保费收入12026714.91元，其中人保承担保费为6013357.453元；种植业1349937.11元；养殖业813531元；农房1344160元；能繁母猪5438元；商业险保费200余万元；除政策性农业保险之外，2017年林周县政府、县卫计委以及县教育局还投保"林周县农牧民超大额补充医疗保险""林周县干部职工人身意外伤害保险"以及"林周县教育系统人身意外伤害保险"。为林周县干部群众保驾护航，提供保险保障。2017年12月"中国人民保险国学希望教室"为林周县唐古中心小学爱心捐赠300本国学书籍；40本《著名主持人带你读诗词》；15盒光盘以及150套校服等物资，丰富唐古学子业余生活的同时也温暖唐古学子的心。充分体现县公司"人民保险，造福于民"的服务宗旨。

2017年，林周县受到雹灾以及连续强降雨等自然灾害导致大面积庄稼和住房受到不同程度损失，同时还遭受各种疫情导致牲畜死亡较多。在接到报案的第一时间，西藏分公司领导高度重视，迅速成立查勘小组统计受损情况。并尽最大的努力，在最短的时间内完成灾情查勘定损和处理赔款案件。2017年，林周县农业保险赔款共计46642195.34元，人保承担保费为23321097.67元。其中种植业赔款6374195.34元、

2017年12月5日，中国人民财产保险股份有限公司西藏分公司林周县公司向唐古乡小学捐赠现场

2017年7月30日，保险公司工作人员在受灾查勘现场

养殖业赔款约40000000元、农房赔款约168000元、能繁母猪赔款约100000元、农牧民大额补充医疗保险赔款108000元（立案未决和入院未报案的没有统计），干部职工意外伤害保险赔偿35万元及其他商业保险赔款。

【服务承诺】 中国人民保险公司服务网络遍布全国，有4500多家分支机构和24小时服务热线“95518”。可随时随地为您提供多功能，全方位的优质理财服务和车险客户“百公里免费救援服务”。县公司将以雄厚的实力和优质的服务，竭诚提供高质量、充分可靠的保险保障。切实做到为政府分忧，为群众解难，充分体现“人民保险造福于民”的服务宗旨。

（李明焕）

【领导名录】

总经理

李明焕

林周县鹏博健康产业园管理委员会

【概况】 2017年，林周县鹏博健康产业园管理委员会继续投入2398万元开展北环路、西环路、干渠路二期工程建设，其中长约1.03公里的北环路、1.25公里的干渠路已于11月初完成工程建设，全长1.3公里的西环路也已完工，均已投入使用。截至年底，林周县鹏博健康产业园通过投入援藏资金约1.26亿元，开展园区道路及配套设施建设。

【招商引资】 5月，参加林周县工信局牵头组织的2017年招商专场活动，与西安Sunpark新生代孵化基地建立起联系，同深圳市的企业家就中小企业孵化基地（众创空间）的运营、成立园区物流公司或投资实体类产业达成初步合作意向。

同时，管委会通过第八批援藏干部的牵线搭桥，于11月15日，组织县国土局、县净土公司、县城投公司的同志，在常熟市经济技术开发区、现代化农业科技园区考察学习，重点了解常熟园区在规划建设、招商引资、服务企业等方面的成功经验和有效做法，并同常熟市经济技术开发区签订《园区合作共建战略性框架协议》，通过合作共建方式，打造高原特色产业链，促进林周县域经济转型升级，加快鹏博健康产业园的建设和发展。

【充分发挥中小企业孵化基地作用】 年内，在第八批援藏干部的指导下，对基地二楼进行升级改造，制作展柜展台，搜集整理全县农村合作社、中小企业信息，向外界展示林周本土生产的藏香、陶艺、藏装、藏毯、铜制品、唐卡、木雕、藏式家具、农副产品等。同时，通过图文方式充分展示苏州援助林周23年来在经济社会各项事业方面取得的成就，以及苏州八批援藏干部同林周人民建立起来的同呼吸共命运的深厚情谊；同西藏天域农业科技有限公司签订《林周县中小企业孵化基地厂房租赁合同》，将基地整租给该公司用于青稞精深加工的研发和生产，租期为4年，有效推动全县青稞产业的发展。

【引进实体企业入驻】 年内，已有119家企业注册在园区内，累计产生税收4300多万元。

截至年底，4家实体企业入

2017年5月17日，林周县鹏博健康产业园管委会一行在西安参加专场招商活动会

驻，总投资6亿多元，可解决县建档立卡户或产业园区周边农牧民群众就业，切实起到调整县域经济结构，增加经济总量的作用。其中，高争藏地净露饮用水有限公司投资拟2.4亿元，在园区竞买350亩土地，建设年产40万吨天然饮用水项目，项目投产后预计全年销售收入约5.3亿元；拉萨楚布文化传播有限公司藏香生产厂投资1205万元，在园区竞买10亩土地新建厂房，开展捆香、塔香、倒流香的生产，项目建成后预计年营业收入1688万元；西藏天域农业科技有限公司拟在园区竞买约100亩土地，投资约2亿元，新建一座集生产、观光为一体的青稞产业园，预计年销售利润可达9000万元；西藏童嘎家私有限公司在园区竞买10亩土地，拟投资2500万元，建设年产1万吨油菜籽油加工生产项目，项目建成后年营业收入可达600万元；林周县稀宝古艺艺术有限公司在园区竞买10亩土地，投资约600万元建设民族手工艺铜制品加工销售项目，正式投产运营后年产铜制品约1万件，年销售收入约150万元。

（徐　刚）

【领导名录】

县人大常委会副主任、管委会主任

洛桑元旦（藏族）

林周县供电有限公司

【概况】 根据《关于西藏自治区国家电网覆盖区域农电代管框架协议》，林周县供电有限公司于2014年11月20日正式由国网西藏电力有限公司拉萨供电公司全面实施代管。

2017年，公司在岗职工30人，其中正式职工7人、政府过渡人员10人、劳务派遣11人、其他2人。2017年，国网西藏公司统招新进3名大学生。白玛加措经理为公司法人代表，扎顿副经理为国网拉萨供电公司派出干部。男性职工19人，女性职工11人。30岁及以下职工10人，30—40岁职工8人，40岁及以上职工12人。藏族职工25人，其他民族5人。高中及以下学历12人，中专2人，大专12人，本科4人。

【经营范围与职责】 供电有限公司位于林周县林周大道北路7号，具体负责林周县域内的输、配、变、售电及九乡一镇的供电任务，为林周县社会经济发展提供安全、可靠的供电保障。

【党建工作】 9月11日，中共林周县供电有限公司党支部成立。第一届党支部委员会委员共4名，分别是白玛加措、达珍、拉巴旦增、杨西红。党支部书记为白玛加措，副书记为达珍，党支部现有正式党员7名。

【生产情况】 2017年，公司管辖的35千伏变电站3座，总变电容量15750千伏安，35千伏输电线路41公里，10千伏配电线路16条，长度680公里，10千伏配变524台。公司电网覆盖营业用户1856户，供电人口62184人，供电面积4500多平方公里，2017年完成购电量282578万千瓦时，完成售电量2184.17万千瓦时。

【国网人才帮扶工作】 5月30日，国网苏州供电公司卞皓炜、沈炯、游仕洪、王洪君等4人顺利完成在林周县供电有限公司的对藏人才帮扶工作，卞皓炜等4人在公司对口帮扶一年期间的工作，提升公司在安全生产管理、经营管理、电力设施保护、法律事务、农电管理提升、员工安全教育及技术培训、班组建设等方面的工作。根据国网公司计划，4月20日，国网苏州供电公司王瑞明、冯亦凡等2人到林周县供电有限公司分别挂职综管部主任、营销部主任，开展为期一年半的对口人才帮扶工作。4—12月，国网苏州供电公司杨启明、胡波、黄建元、吴晔等4人依次来公司开展2017年新一轮农网升级改造工程项目专项人才帮扶工作。

【安全管理】 年内，供电有限公司始终坚持“安全第一、预防为主、综合治理”的方针，强化各级安全生产责任制，提高全员安全生产意识，有效预防各类事故的发生，确保公司安全生产目标的实现。2017年未发生人身伤亡事故和重大设备事故、重大火灾及交通事故。为规范安全管理制度，在公司和各部门签订年度安全生产责任状的基础上，加大对安全的监管力度、考核力度，加强跟踪落实，对安全生产工作做到一级抓一级，一级对一级负责，层层抓落实，不留安全死角，进一步完善县公司三级安全网管理规定，制定《林周县供电有限公司三级安全保障体系》，明确公司系统各级机构和人员安全工作职责，健全安全责任体系，维护企业生产安全。2017年，公司认真开展春季安全大检查、汛期前安全隐患大检查、安全生产月专项大检查、迎接党的十九大期间安全大检查等活动，以“三查三强化”活动为契机，全方位进行彻查安全隐患，强化风险管控，夯实安全基础，提升安全生产水平。做到紧急缺陷不过夜、重大缺陷限时改。正视安全生产的周期性规律，牢记“心存侥幸、万祸之源”的安全警句。确保安全生产每天从零开始，杜绝习惯性违章。针对安全生产工作中的不足，积极开展《电力行业安全规则规章制度》培训学习工作，规范变电站、输电线路作业的安全帽佩戴、安全带使用、操作票及工作票的规范填写，严肃现场“两票三制”执行力度，逐步改变过去安全管理方面的落后局面。对公司内部各项管理体制进行规范和整顿，完善周例会制度、考勤制度、文件签发管理制度、值班管理制度、车辆管理办法、差旅费管理办法、安全管理制度、仓库定置管理制度等等，梳理财务费用报销流程，完善企业管理制度框架，提高企业管理效率。公司各项工作正向规范化、制度化管理的方向发展，整体水平有较大提高。

【加强电费回收，提升经营业绩】 年内，针对林周公司账面资金紧张、陈欠电费多的问题，通过查阅历年抄表收费台账，清查用户欠费记录，拟订、发出《电费催缴通知书》19份，逐户走访、实地了解企业生产情况，依法催费。截至年底，该项工作已初见成效，万元以上欠费户催收到旁多小学、卡孜乡政府、边交林乡政府、中水六局、刚源矿业等陈欠电费212.5万元。跟踪夕瑞德矿业、紫悦矿业和平安矿业等欠费大户的企业生产状态，跟踪电费催缴情况。公司账面资金已大幅增加，经营情况大幅改善。从业扩报装、电费回收两个方面拟订《营销分析报告》，开展营销分析：跟踪电力市场增供扩销情况，开展电量增长

2017年8月20日，国网拉萨供电公司副经理杨震涛（左三）在虎头山变电站安全检查

潜力分析；跟踪当月、上月电费回收率和全年电费回收率，开展公司电费催收情况分析。在全力催缴陈欠电费的基础上，每月检查当期电费收缴情况，依法依规发送《催费通知书》《欠费停电通知书》，杜绝新欠费。

2017年6月16日，林周县供电公司开展安全宣传咨询日活动

【完善基础台账档案】 9—11月，林周县供电有限公司制定PMS系统数据普查工作方案，全面开展配网基础资产清查。经过2个月的现场核查，理清2座变电站、16条线路、534家专变户、11台公变关系，建立准确的配网PMS2.0基础档案资料。确保基础数据台账一致、数据准确、现场实用。为下一步营销PMS系统上台做基础准备。

【农网升级改造】 2017年，国网公司共投资7748.8万元建设林周县卡孜乡、松盘乡等中低压配电工程，建设规模、新建配变22台，改造80台，新建10千伏线路11.70公里，改造34.97公里，新建400伏线路202.28公里，新安装户表4830户，截至年底，已经全部完成，竣工验收完毕。新一轮农网的改造全面完成，为建设林周公司“坚强电网”打下坚实基础。

【路灯亮化工程】 2017年，公司承接林周县域的路灯亮化工程，工程投资330万元，新安装改造路灯共287盏，改造路灯线路16000多米。工程已全部竣工验收完毕。亮化路灯亮化工程的实施，促进林周县城的城市风貌，城市品位显著提高，提高市民的获得感和满意度，为促进林周县城的城市更新、丰富群众生活，繁荣夜间经济奠定基础，让百姓切实感受到城市的发展变化。

【结对帮扶】 年内，林周县供电有限公司开展结对帮扶工作，针对结对帮扶的10户贫困家庭，对口帮扶人员及时了解他们的家庭生产生活情况和存在的具体困难，定期上门送上慰问金以及粮油等生活必需品。鼓励贫困家庭要照顾好自己，树立战胜困难的信心，并给予生活上的帮助。林周公司定期为贫困家庭检查用电线路以及户内的用电设备，帮助他们及时更换老旧的插座、开关等。通过有效开展结对帮扶，受到帮助的贫困家庭深受感动，他们对党的关怀表示由衷的感谢，也对供电公司每年的帮扶表达谢意。

（王瑞明）

【领导名录】

经　理

白玛加措（藏族）

副经理

扎　　顿（藏族）

城市建设·环保

林周县住房和城乡建设局

【概况】 林周县住房和城乡建设局成立于2010年10月，单位设局办公室、小康安居办公室、质量强县办公室，下辖林周县自来水厂1个事业单位。此外，住建局同时负责综合管理全县住房保障体系、完善廉租房、周转房、经济适用房等保障性住房制度，着力解决低收入家庭住房困难；推进建筑节能，改善人居生态环境；指导县城、乡（镇）基础设施建设。质量监督管理局、市容市貌管理局职责。全局共有全责清单417项。住建局本级核定行政编制4名，其中科级领导职数2名，科员2名；现有领导2名，科员2名。下辖事业单位水厂，核定事业编制15名，实有事业编制1名、工人1名、公益性岗位人员5名。

【保障房管理】 年内，组织开展保障房清查工作，林周县城共有保障房1048套，其中周转房678套、公租房256套、廉租房114套。共清查出周转房49套，廉租房10套，公租房10套，具体清查情况已上报县政府；加强保障房房租追缴工作力度，对2015年、2016年保障房的房租进行收缴，截至年底，已完成追缴房租费66.4万元。

【公有房屋统计工作】 年内，根据自治区统一安排部署，为切实掌握林周县公有房数据，对林周县公有房屋全面了解，方便公有房屋管理，对全县2016年建成的公有房屋进行统计上报，2016年共新建公有房屋44栋563间，建筑面积为31042.93平方米。其中保障房26栋452套，业务用房（学校教室）17栋109间，其他1栋2间。

【农房确权】 林周县农房确权工作于2016年7月31日正式启动，涉及农房9125户。测绘工作共分2个标段，一标为旁多乡、阿朗乡、唐古乡、松盘乡共3915户，二标

2017年9月12日，西藏自治区党委常委、拉萨市委书记白玛旺堆（中）在精准扶贫易地搬迁卡孜乡搬迁点调研

2017年3月26日，林周县召开精准扶贫易地搬迁项目劳务对接工作会

为边交林乡、江热夏乡、卡孜乡、春堆乡、强嘎乡共5210户。外业测绘及内业数据整理工作已全部完成，由于实测数据与国土局提供的宅基地数据相差较大，住房和城乡建设局要求测绘公司进行复测。一标3915户中，已完成2398户的数据复核工作；二标5210户已全部完成，达到项目验收标准。

【质量强县】 年内，根据政府工作安排，全县质量工作由住房和城乡建设局牵头实施，主要涉及工程质量、产品质量、服务质量、环境质量四个大领域。截至年底，质量工作已纳入市政府对县区的考核内容中，6月21日市质量工作考核组对林周县进行考核，评定结果是：当雄县、尼木县、城关区评为B级，墨竹工卡县、林周县、曲水县、达孜县、堆龙德庆区评为C级。截至年底，住房和城乡建设局正在组织各相关单位对存在问题进行整改。

【租赁住房补贴发放】 年内，本着公开、公平、公正和应补尽补的原则，按照自愿申请、逐级审核的办法，住房和城乡建设局对2016年申请住房租赁补贴户进行入户调查，经初步审核，2017年补贴人数为117户134人，补贴人数相比2016年122户139人减少5人。每人每年可享受补贴金额为3060元，补贴总额为41.004万元，其中县级配套资金3万元。

【精准扶贫易地搬迁】 年内，计划易地搬迁316户1531人，涉及建筑面积为36251.06平方米；概算投资2.086亿元，建设地点为甘旦曲果镇、松盘乡、卡孜乡、强嘎乡、边交林乡，该项目已全部开工建设，现项目进度为20%。

【小康安居试点工程】 该项目在松盘乡集中安置37户148人，建设住房37套，建筑面积7076平方米，项目建设地为松盘乡岗巴村萨纳岗，项目申请立项批复投资2800万元，初步评审概算为3282.98万元，项目于5月2日开工建设，主体工程已完成，正在进行装饰装修工程，项目进度为90%。按照拉萨市小康安居领导小组要求，每2个月对参与小康安居的户数实时更新、核对，参与户数的变换需及时进行数据更新。截至年底，全市所有县区的小康安居工程建设规模未确定。截至年底，最新统计数据为：意愿参与小康安居工程的农牧民共有2436户9354人（含海拔4500米以上住户37户166人），其中意愿搬迁至拉萨市的有824户3093人，意愿在本县安置1612户6261人。4500米以上意愿参与的37户，其中25户意愿搬迁至拉萨，不愿参与小康安居的55户。

【棚户区改造项目】 该项目建设内容为对甘曲村528户进行道路硬化、给排水的改造项目，计划总投资2534.4万元。该项目原下达资金1056万元，已完成初步设计，但上级于6月追加下达补助资金1478.4万元，使投资总额增加，需对所有手续进行重新办理，并对原规划设计进行变更。项目概批已下，正在进行招投标相关工作，10月底开工建设。

【农村改厕项目】 该项目为上级下达的农村卫生厕所改革项目，共计划新建农村厕所52个（除甘曲村外其余每个行政村各1座，共44座，旅游景点8座）。该项目由自治区统一设计、统一施工，住房和城乡建设局协助进行项目选址,落实建设土地,2017年,实际落实20座,全部竣工。

【项目综合管理】 年内,开展8次专项检查工作,共检查施工工地及单位275家,排除安全隐患44处,责令当场整改329处,限期整改150处,停工及整改52家。受理施工许可申请42份,办理施工许可证42份,监督工程项目42项。收集工程资料42项。

【农牧民施工队伍管理】 年内,住房和城乡建设局积极联系市住建局组织农牧民施工队伍专业技术人员培训,已完成培训3批次,拿到相关从业资格证书的有480余人。同时,住房和城乡建设局对全县施工队伍进行重新审核发证,截至年底,已具备资质证书的施工队伍共有73家。

【建筑施工安全监督管理】 年内,住房和城乡建设局组织开展“建设领域开复工前安全生产大检查”“工程质量治理两年行动专项排查”“建筑领域‘严打’行动”“安全生产大检查、大排查、大整治专项行动”等一系列活动。自全县建设项目开工起,住房和城乡建设局每周至少组织一次建设工程安全检查,加强项目建设安全监管,减少建筑施工安全隐患,有效预防安全事故的发生。

【自来水厂管理】 截至年底,自来水厂为住建局管理,本着服务人民的原则,2017年水厂共出动70余次对供水管网进行抢修,花费资金30000余元,极大保障县城的正常供水。

(次仁曲珍)

【领导名录】

局　长

曲　扎(藏族)

副局长

索朗次仁(藏族)

林周县环境保护局

【概况】 林周县环境保护局成立于2010年10月,主要负责县域环境污染防治的监督管理,承担落实减排目标及从源头上预防、控制环境污染和环境破坏的责任,负责环境监测和辐射安全的监督管理,指导、协调、监督生态保护,开展环境保护科技工作,协调全县环境保护宣传教育。环保局行政编制4名,其中科级职数2名,科员2名。现有干部职工7人,均为中共党员。2017年,林周县环保局紧紧围绕县委、县政府中心工作以及“两督察、一行动”工作重点,以环境优化经济发展、加强污染防治和生态保护、强化环境监管、深入开展环境宣传教育及加强队伍建设为抓手,为改善和提高林周县环境质量做出相应的努力。

【党建工作】 年内,按照“强党、固基、扶村”工作要求,继续选派1名综合素质过硬的干部下沉驻村;严格按照“三会一课”制度、“主题党日+”活动加强学习,并将每月2日定为党费收缴日,8名党员均能按时足额缴纳党费,共计3492元;通过抓党建促脱贫,8名党员干部与12户建档立卡贫困户结对,制定帮扶措施,帮助他们脱贫。

【党风廉政建设】 年内,环保局高度重视党风廉政建设和反腐败工

2017年8月31日,中央环保督察组查看林周县垃圾填埋场运营情况

2017年2月22日，环保局局长强巴旦增在唐古乡看望慰问结对帮扶户

作，以落实党风廉政建设主体责任为抓手，始终坚持“两手抓，两手都要硬”的原则，深入推进党风廉政建设和反腐倡廉工作，为各项工作顺利开展提供有力保证。环保局党支部始终把理论武装工作作为加强党风廉政建设的首要任务，将党风廉政建设及反腐败工作纳入环保工作重要日程，充分利用“三会一课”制度、“主题党日＋”活动、党员每周一次学习日，采取集中学习、开展讨论、个人自学等方式，坚持不懈地强化学习。

【中央环保督察】 年内，在中央环保督察组进驻期间，县委、县政府高度重视，认真对待督察组转办的群众举报问题，24小时严阵以待，接到案件后迅速反应、高效处理，充分保证案件办结效率和成效。在此期间，转办案件中涉及林周县的共12件（其中协办案件1件，主办案件11件），共出动行政执法人员108人次，约谈涉案人员9人，罚款46.63万元，均已公示。主办案件中，属于长期整改案件有9件，主要为生态破坏、砂场违规作业等问题。

为确保案件办理有成效、不反弹，林周县将继续主动作为，结合“回头看”工作，认真落实属地管理责任、部门监管责任和企业主体责任，坚持问题导向，加强环保联合执法行动，严厉打击环境违法行为，切实做好辖区环境监管工作，确保林周县环境突出问题整改落实到位。

【“绿盾2017”专项行动】 年内，印发《林周县迎接“绿盾2017”国家级自然保护区监督检查专项行动工作方案》，配合上级部门开展“绿盾2017”国家级自然保护区监督检查专项行动，并严格按照清单建立健全工作台账，做到每一项都有完整的台账支撑。

重点加强雅江中游黑颈鹤国家级自然保护区管理工作，依法对雅江中游黑颈鹤自然保护区内所有采砂采石点进行关闭；积极向当地农牧民群众宣讲相关法律法规，着力提高保护区周边群众爱护保护区内野生动物植物意识；加强野生动物疫源疫病监测和防控体系建设，并在保护区设立10个定期投食点，购置10吨青稞和小麦定期投食；安排9名专职巡护员，不定期在保护区内巡护，对非法狩猎依法进行监管，对1只受伤黑颈鹤进行救治。协助开展雅鲁藏布江中游河谷黑颈鹤国家级自然保护区遥感监测9个点位的实地核查工作。

【“环保进校园”活动】 年内，深入林周县中学、林周县苏州小学、旁多乡中心小学三所学校开展“环保进校园”宣传教育活动，通过开展“共创明天的绿色—大手牵小手”废品利用手工创作竞赛和“共创明天的绿色—我为环保”知识问答游戏竞赛等形式多样的活动，在校园兴起保护环境的良好氛围，进一步强化青少年学生保护生态资源、优化生态环境、培育生态文化的意识，营造人人关心环保、参与环保、支持环保、宣传环保的良好氛围。

【推行“河长制”】 年内，对全县境内23条重要河流全面实行“河长制”，总长达到423.53公里。研究出台《拉萨河林周段、澎波河及支流全面推行“河长制”的实施方案》《林周县“河长制”管理考核办法》等相关制度，对县域内23

条主要河道的相关情况进行全面调查摸底，登记造册，以文字、表格、图片等形式建立河道档案，做到“一河一档”“一河一策”，底数清查，治理有效。在每条河道设立“河长”公示牌，公布“河长”姓名、联系电话及责任区域，明确各级“河长”职责和包乡领导的监督指导责任，保证有人管，有责任。

【生态村创建】 年内，为加快推进林周县创建自治区级生态村创建工作步伐，改善农村生态环境质量，在生态村创建中，一方面坚持因地制宜、量力而行，集中财力解决基层水、电、路、广播电视等现实问题，另一方面在拓宽群众增收渠道上下功夫，在创建生态村过程中实现保护生态、利用生态、发展经济、促进增收，真正让群众吃上“生态饭”“旅游饭”，努力建设美丽生态林周。年内，先后投入159万元用于开展29个行政村和10个乡镇的生态创建工作。林周县现有自治区级生态村30个，生态乡（镇）5个。

【环境监测】 年内，林周县完成空气质量监测（林周县政府大院北纬29°53′52.43″、东经91°15′35.60″），经监测，全年各项指标均达到或优于《环境空气质量标准》（GB3095-2012）一级标准；林周县完成彭波河上游500米（北纬29°53′39.19″、东经91°14′33.98″）和彭波河下游1公里（东经91°16′37.22″北纬29°53′11.54″）地表水质监测，经监测，全年各项指标均达到或优于《地下水环境质量标准》（GB3838-2002）Ⅱ类标准；林周县完成甘曲镇集中式饮用水水源地地下水质监测，经监测，各项指标均达到或优于《地下水质量标准》（GB/T14848-1993）Ⅱ类标准。

【生态环境恢复保障金】 年内，为加大生态破坏恢复治理工作力度，全面执行矿山环境“谁开发谁保护，谁受益谁补偿，谁污染谁治理，谁破坏谁恢复”的规定，坚决制止乱采乱挖、乱砍滥伐、破坏生态环境的行为，依法收缴生态环境恢复保障金，预缴生态环境恢复保证金标准按照《拉萨市人民政府办公厅关于转发〈拉萨市生态环境恢复保证金实施意见〉的通知》文件精神执行。2017年，共收缴生态恢复保障金20万元。

【依法征收排污费】 年内，为全面推进排污许可制的落实，加强对全县排污企业的监管，环保局严格按照区市环保部门的要求，对全县排污企业进行全面统计清查，加大力度，逐步使全县排污许可证审核、核发工作走上规范化。年内，共有6家个体户缴纳排污费，共收缴排污费1.43万元，并对2家个体户发放排污许可证。

【巩固“禁白”成果】 年内，为进一步巩固林周县“禁白”专项治理工作，县环保局联合县公安局交警大队严查进入林周的过往车辆，严禁一次性塑料袋进入辖区集贸市场、超市、临街经营商店等，收缴的塑料袋暂时由县交警大队保管，后期将统一进行处理。此做法有效地在一次性塑料袋的销售和使用环节上进行遏制，取得明显的成效。年内，县相关职能部门联合对县城周边的“白色污染”进行3次大规模的清理行动，累计收缴一次性塑料袋、饭盒10万余个，形成高压态势。

2017年7月3日，环保局工作人员在松盘乡检查非法采石采砂

【严格执行环境影响评价】 年内,林周县严格按照《中华人民共和国环境影响评价法》《建设项目环境保护管理条例》等有关规定,认真执行“三同时”制度,积极协助配合区、市环保部门做好相关工作和落实建设项目的环保专项验收工作,严格按照政策实施环评,对配套设施不落实的项目责令停止。年内,全县各部门共有120个建设项目在网上进行登记表备案。

【处置危废,排除隐患】 年内,林周县政府出资11.59万元,委托西藏中油优艺环保服务有限公司(自治区危险废物处置中心),对已依法关闭的西藏天冠三秦有色林周矿业有限公司林周居荣村铅锌选矿厂遗留的危险废物进行清查,编制《林周居荣村铅锌选矿厂危废处置方案》,出动20余人次,对该选矿厂中遗留的危险废物进行科学化处置,排除林周县经济社会和环境全面协调可持续发展的重大环境隐患。

2017年6月26日,环保局在苏州小学举行“大手拉小手·环保知识问答”活动

【环境卫生综合治理】 年内,预算中新增“林周县周边湿地保护和管理费项目”资金指标50万元,用于加强对林周县周边湿地的日常保护工作;年初预算中新增“拉萨河源头环境综合治理专项资金”,资金指标200万元,并先后给10个乡镇下拨66万元河道治理专项经费,用于开展河道环境卫生整治以及在辖区河道处设置警示标识标牌,进一步加强河道采砂管理,规范河道采砂秩序,增强广大群众环境保护意识;投入20万元对达龙寺和赤龙寺开展厕所重建工作,切实减少拉萨河源头水环境污染。

(王 丽)

【领导名录】

党支部书记、局长

强巴旦增(藏族)

副局长

格桑次仁(藏族)

邮政·通信

林周县邮政分公司

【概况】 2017 年，中国邮政集团公司西藏自治区林周县分公司有在册干部职工共 12 人，其中正科级 1 人，合同制职工 7 人，外聘乡邮投递人员 3 人，外聘安保 1 名。县辖邮政服务网点 9 个，投递服务段道 7 条，服务面达 4000 多平方公里，年服务行程达 4.7 万公里。经营范围：邮政储蓄、邮政保险、邮政汇兑、国内国际包裹（含港澳台收寄）、国内 EMS、报刊、函件、集邮、代理机票和代收移动话费等业务。年内，中国邮政集团公司西藏自治区林周县分公司认真贯彻落实区公司及市分公司工作会议精神，以市分公司会议工作部署，按照增强“24 字中心任务”的建设目标，紧紧围绕“优服务强支撑”的战略目标，为中国邮政全面实施好“一体两翼”的经营发展战略保驾护航。林周县邮政分公司全体员工坚定信心，奋勇前行，以科学发展观为主线，着力抓好创新发展邮务类业务，重点发展金融类业务，加快发展寄递类业务，大力发展农村电商业务，有效促进企业效益的稳步增长。圆满完成全年的各项目标任务，并取得一定成效。

【业务发展】 年内，在加大窗口宣传力度的同时，市场营销工作逐步成为业务发展的主体，分销业务累计收入 20.36 万元，完成目标任务的 127.25%；贷款业务刚对外开放，就在 2017 年的业务发展中显得尤为突出，并取得一定的成效，共计放款 351 万元，为全面完成全年的经营目标任务奠定了坚实的基础。

【规章制度】 年内，持续推进基础管理，对现有的规章制度、流程、标准进行梳理，健全各项规章制度。加大精细化管理力度，加强员工学习服务礼仪，严格按照服务礼仪执行，将精细化管理的理念、方法、措施等融入各项工作

2017年11月20日，拉萨市分公司副总经理刘众清（左二）在林周县邮政分公司指导党报党刊投递工作

中，堵塞管理漏洞。同时，深入开展对标管理，进一步加强对市场情况和同行业信息的把握，学习先进单位管理经验，提高水平缩短差距。推进绩效考核体系建设，建立科学的绩效考核体系，现金台账由双人保管，完善各项激励奖惩机制，及时进行兑现，提升经营活力。这使基础管理工作得到进一步的夯实和规范。形成有章可循、按章办事、规范有效的管理体制。

【普遍服务建设】 年内，除承担县城区域的投递服务工作外，还承担林周县各乡镇、完小、寺庙、企事业单位等机构的投递服务工作。全县乡邮政投递服务工作辐射9个乡、1个镇、46个行政村，乡镇通邮率达100%，村村通邮率达90%以上，最大限度地满足偏远山区邮政通信需求，为林周县经济发展和农牧区文化建设做出贡献。进一步加大乡邮工作力度，不断提高管理水平和服务质量，以高度的政治责任感，把延伸服务深度、认真做好邮政普遍服务作为己任，积极投入到乡邮管理工作中，认真落实实施。在巩固乡邮成果的同时，不断提高乡邮通信的覆盖率，确保乡邮工作的畅通，始终站在“讲政治、讲大局”的高度上，以对党和国家高度负责的精神，着眼于“服务三农”，忠实履行普遍服务的义务，全力以赴做好党报党刊的投递工作，全年共投递党报党刊178万份。确保邮政普遍服务水平不降低，不缩水。其次，就是结合部门实际拓展农牧区邮政业务，每周四定期到旁多中心乡网点进行流动服务，全面实现中心乡邮政网点业务新突破，实现收入4.2万元；加大乡邮政通信安全工作管理力度，确保部门邮政通信安全工作的正常运转。

【“优秀农村邮政支所”创建活动】 年内，以“优秀农村邮政支所”创建活动为主要方式，以“季度业务优秀团队”建设不断改善服务支撑，以“先进集体”建设要求满足日益增长的多层次、多元化、个性化需要。

【创先争优强基惠民】 年内，林周县邮政分公司在文化大发展背景下，把“创先争优强基惠民”作为农牧区乡邮工作的重点之一，为做好“创先争优强基惠民”工作队的邮政服务工作，为此召开专题会议，会上希望各辖区投递服务人员站在讲政治的高度，切实强化投递服务质量，全力满足驻村工作队的用邮需求，树立良好的邮政企业形象，并做到监督检查必须到位、投递服务标准必须到位、宣传力度必须到位。首先通过走访，基本掌握各驻村工作队的各项信息；其次大力宣传邮政服务内容和服务标准，通过深入了解和宣传党报党刊征订工作和用邮需求。

【安全生产】 年内，签订《安全工作目标管理责任书》《消防安全责任书》，制定《车辆管理办法》，与乡邮员签订《乡邮汽车及摩托车安全管理责任书》等与安全生产息息相关的管理办法和制度，将安全生产指标考核纳入部门绩效考核中。每月实行定期组织安全生产检查，使安全生产工作制度化、规范化，确保邮政通信生产安全，维护社会稳定秩序。

（普布扎西）

【领导名录】

局　长

普布扎西（藏族）

林周县电信局

【概况】 林周县电信局（中国电信集团公司林周县电信局）正科级建制，下设林周县电信自有营业厅，9个乡和1个镇都新建便民服务营业厅。林周县电信局核定人数6名，其中合同制员工5名，劳务派遣制员工1名，乡镇划小承包员37名。县域卖场2家，截至年底，全县共计建设56座基站，覆盖全县9乡1镇45个行政村，全县网络覆盖达100%。

【实施“乡乡通视频、村村通宽带”】 2017年，林周县电信局全面深化改革，坚持履行维稳保通政治责任，持续推动体制机制创新，加大力度实施好划小承包改革工作，努力实现全业务有效益规模发展，全县改造成100%光网宽带（FTTH）改善林周县农牧区通信条件，加快农牧区全面建设小康社会步伐，通过上级部门的大力支持下实施“乡乡通视频、村村通宽带”等工程。

【服务工作】 年内，林周县电信局通过县域卖场和各乡镇营业场所、10000号、网上营业厅等服务窗口为重点，简化服务流程，改进服务短板，实现服务标准化，努力争创自治区级精神文明单位。2017年林周县电信局全业务服务标准达标率达到98%，越级投诉、群体性投诉、重大投诉、媒体曝光等保持零的记录。全年全面启动和开展"为民服务、创优争先"主题活动，为农牧民提供最优惠、最便利的服务。先后三次去看望、慰问两家扶贫户。

【应急响应工作】 年内，为确保及时高效应对突发事件的指挥能力和应急处置能力，满足在突发情况的通信保障和通信恢复的需要，在第一时间接应和服从林周县委、县政府和应急指挥中心的统一领导指挥，确保林周全县通信、网络畅通，林周县根据区公司统一安排成立林周县电信局应急通信战备办公室。林周县电信局积极配合林周县公安局完成73个点位的数字监控平台搭建以及监控点位的建设。实现林周县重点区域重点环境下的管控，大力提升公安技防能力，同时也全面提升公安应急响应能力。

【惠农政策】 西藏电信公司按照农牧区经济条件，专门制定"天翼惠农""双联户幸福家园""校园网""警务易通"等业务特殊优惠政策，同时对"天翼惠民"定制最低档的惠农政策。2017年，全体员工走村入户讲解惠民政策办理移动业务6000多部，手机优惠补贴金额达100多万元，赢得广大农牧民的信赖，提升中国电信的感知。

（旦巴扎西）

【领导名录】

局　长

索朗罗布（藏族）

副局长

旦巴扎西（藏族）

林周县电信局全体员工合影

中国移动通信集团西藏有限公司林周县分公司

【概况】 2017年，中国移动通信集团西藏有限公司林周县分公司有在岗员工10人，含驾驶员1人，乡镇区域经理10人，服务于甘旦曲果镇、江热夏乡、边交林乡、卡孜乡、春堆乡、松盘乡、唐古乡、阿朗乡、旁多乡九乡一镇，管理自办厅1家，县主城区合作厅3家，乡镇服务站8家，各级渠道代理店30余家。

2017年，林周县共计完成下账收入2300万元，完成全年指标的88.25%，无线上网收入完成600.98万元，完成全年指标的92.34%，累计新增7032户，月存量用户ARPU值在100元左右，月活动客户数达16935，全年发展家宽用户2450户。

【网络及资源建设】 年内，中国移动通信集团西藏有限公司林周县分公司坚持"网络质量是通信企业的生命线"的理念，加大各乡镇移动通信网的建设，全面支撑客户需求和市场发展，确保客户的网络满意度持续上升。并对各乡镇未建家宽资源的区域作为重点，深度了解用户需求拓展用户规模。及时与各新建小区、单位、商场等洽谈资源进场事宜，提升家宽资源渗透率。

【提升各营业厅管理力度】 年内，对各营业厅进行升级改造，打造崭新美观的"新一代营业厅"，大力提升分公司形象和用户的感知，提升员工价值为核心，对员工强化服务意识、质量意识、用户至上意识、努力提高服务质量，为提升营业员的业务能力及服务能力，县公司每周组织各厅营业员进行业务培训，每月进行一次考核，对各营业厅进行突击检查，对厅店进行打分评定，发现问题及时进行整改，确保发现的问题下周及时得到整改解决。

【团队建设】 年内，定期开展员工素质提升培训，开拓员工的眼界与思维，提升团队协作能力，重点提升主动服务能力，全面提升队伍素质。加强员工基础服务工作，提升业务技能。严格按照工作计划，将服务贯穿在日常工作中，努力做到学习业务、完成指标、提升服务三不误。

【强化规范性、提升满意度】 年内，健全客户经理培训机制，提升培训效果，打造高素质的客户经理团队，为集团客户提供更加优质、专业的服务。年内，林周县移动分公司共计在各集团单位开展现场驻点服务达80余次，为客户进行业务解答、业务受理、宣传营销活动；有效全面的提升集团客户感知度和满意度。

【基础管理】 年内，注重学习公司下发的相关文件、规范、流程，在工作中严格落实，保证各项工作的规范实施。参加县里组织的各项会议，参与县里组织的各项活动。加强绩效管理，明确当月的绩效目标。同时根据下达的相应指标，严格落实奖罚，有效地调动员工的积极性，增强员工对绩效的重视程度，也真正地起到激励作用，及时了解员工的诉求，解决员工的后顾之忧，从根本调动员工的积极性。

（德　吉）

【领导名录】

经　理

旦增罗布（藏族）

2017年10月29日，林周县移动分公司卡孜乡服务站宣传活动现场

联通林周县营业部

【概况】 中国联合网络通信有限公司拉萨市分公司林周县营业部组建于2010年3月，2017年有员工4名，自有营业厅1个，合作营业厅1个，小微代理渠道10余家，服务于全县九乡一镇和县城。按照集团“聚焦、创新、合作”发展战略，聚焦重点区域发展、重点产品服务，经营模式创新，结合“一切为了市场、一切为了客户、一切为了一线”的经营理念，推进业务拓展、渠道建设、团队建设、网络基础资源建设等方面取得了很好的成绩，营业部各项业务、品牌影响力、竞争力均有效提升和改变。“腾讯大王卡”和“冰激凌”产品得到广大客户的青睐和一致好评。

【服务和管理提升】 年内，为进一步提升林周联通营业部各渠道对服务工作的主动性和积极性，按照一切为了客户的理念，提升网络服务水平，提高客户满意度和客户感知。充分借助产品和网络优势，差异化的服务优势，大力发挥协同效应，夯实基础管理，提升网络质量，加快有效发展，增强综合实力，努力为全县广大用户提供更加高效优质的信息化服务，紧紧依靠自治区党委、政府的关怀和支持，紧紧依靠广大用户的深情厚爱，紧紧围绕集团“聚焦、创新、合作、发展”战略，深入贯彻落实习近平总书记系列讲话精神，坚定信心，抢抓机遇，集中尽力加快业务发展和网络建设，提升服务水平，树立企业形象，增强综合竞争力和可持续发展能力，适应不断变化的市场需求，向用户提供专业化和全方位的宽带通信与信息服务。

【网络覆盖和质量更加完善】 网络信号是运营商的核心服务，网络质量是优秀服务的基础。2016年联通致力于网络建设和优化，将全县九乡一镇的乡道、村镇、寺庙进行覆盖和优化，使网络覆盖率和网络质量得到很大的提升和改变，客户感知得到有效提升，全面实现高接通率、低掉线率、通话清晰，网络稳定高效。

2017年7月2日，联通林周县营业部组织党员学习

【党建引领企业发展】 依照党是领导一切的原则，在林周联通营业部的发展与管理工作中，坚持此项原则，党建统领全局。日常工作中，全体员工开展“两学一做”学习教育、“三严三实”专题教育，积极学习习近平新时代中国特色社会主义思想，严格要求自己，热心服务联通的客户。按照规范及各类流程要求，不断加强内部管理和标准化建设，理顺工作关系，完善KPI考核体系，有效提高工作效率。以风险防范作为增强内部管理的重要手段，以创新管理作为提高经济效益的重要保证。党建与企业发展的融合，推动和提升企业文化建设和党风廉政建设，营造良好的工作氛围和工作积极性，使所有员工的党性意识有效提升，综合业务素质能力提升很快，为今后更好地发展与服务打下良好的基础。

【践行社会责任，推动社会信息化】 年内，联通林周县营业部秉承“做优秀企业公民”的理念，发挥通信行业信息化优势，致力于信息化快速建设，构建公平和谐的信息社会，参与政府信息化、农村信息化、应急通信建设，推进信息化和工业化融合，通过向信息服务商的转型，推进整个社会信息化进程。在联通自身发展的同时，没有忘记肩负社会责任的重担，在西藏联通、拉萨市联通的号召与组织下，向林周县民政福利养老院做“勇担社会责任、塑造道德标准”—西藏联通爱心慰问活动，传播爱的力量，向福利院老人送去温暖。

（白玛多杰）

【领导名录】

经　理

李建忠

金　融

中国农业银行股份有限公司林周县支行

【概况】 中国农业银行股份有限公司林周县支行位于西藏拉萨市林周县甘旦曲果镇甘曲路2号，成立于1995年7月1日，于2009年10月成功股改后改名为中国农业银行股份有限公司林周县支行，是一家服务于林周县县城及所辖九乡一镇的金融机构。截至年底，有4个营业网点，分别为县支行营业室、强嘎营业所、江热夏营业所及旁多营业所。在职职工39人，其中正科级1人（任行长一职）、副科级2人（任副行长一职）。支行内设一个党支部，全行共16名党员，根据业务性质分别设有会计、出纳、信贷及代理国库等岗位，主要办理人民币存取款、贷款、结算业务；办理票据贴现；代理收付款项、代理保险、代理国库业务；从事银行卡、网上银行、黄金销售业务；代理销售开放式基金、国债承销和其他理财业务；办理政策性金融业务以及经国务院银行业监督管理机构批准的其他业务。

2017年12月16日，农行林周县支行行长何钦在强嘎乡慰问结对帮扶户

【企业文化建设】 年内，农行林周县支行推进内部机制改革，增强风险控制能力，加强员工队伍建设，加大企业文化建设，各项工作得到健康发展，并取得飞跃性的进步。依照年底数据，林周县支行再次超额完成各项考核计划，取得较好的成绩。截至年底，支行各项存款达到176695万元，其中储蓄存款32886万元，对公存款143809万元，各项存款较上年增长4421万元；各项贷款余额为89472万元，其中涉农贷款56622万元，公司贷款14109万元，个人贷款18741万元，各项贷款累放63060万元，其中农牧民贷款累放57130万元，公司800万元、个人贷款累放5130万元，各项贷款累收49200万元，中间业务收入85.85万元。

2017年8月17日，林周县支行副行长索朗罗布在强嘎乡曲嘎强村参加掌上银行村挂牌仪式

【深入落实、情系基层】年内，为加强对农牧民进行信贷扶持，林周县支行对县域中有经商头脑，能带动致富的农牧民，进行重点信贷扶持。截至年底，林周县共计评定信用乡（镇）9个，信用村42个，"金穗惠农通工程"稳步实施推进。截至年底，支行累计颁发贷款证12414张，贷款55846万元，其中钻石卡383张，贷款5303万元，金卡7091张，贷款36465万元，银卡3057张，贷款9532万元，铜卡1883张，贷款4546万元；"四卡"贷款证颁证率达97.63%，使用率达98%。协助全县范围内开展精准扶贫建档立卡户的数据采集、核对、统计、汇总上报工作。

2017年，在县委的统一部署下，林周县支行除继续做好县内9乡1镇新农保开户工作外，也对城镇低保、城镇养老保险及寺庙养老（医疗）保险进行开户工作，自开展农村新农保工作以来已经开办60745户存折。此外，支行积极配合财政局及社保局工作，做好代收代付业务，全年累计代付28525万元（工资28520万元，农保及其他4041万元），代收304万元；截至年底，现金已投入125536万元，回笼残破币564万元。

【牢记使命、服务"三农"】中国农业银行股份有限公司林周县支行的各项业务，尤其是小额信贷业务之所以发展到今天，是当地党委政府和有关部门关心支持的成果，是全行干部员工情系"三农"，端正经营理念，勇于开拓创新，克服种种困难，乐于奉献的结果。

农业银行林周县支行作为林周县直接为农牧民服务的金融机构，以服务好"三农"，建设好林周作为自己的精神使命，不断拓展小额信贷领域，加大有效信贷投入，扶持农牧民增产增收，为林周的经济更好、更快发展做出应有的贡献。

（贡嘎次仁）

【领导名录】

行　长

何　钦

副行长

索朗罗布（藏族）

扎西卓嘎（女，藏族）

乡（镇）概况

甘旦曲果镇

【概况】 甘旦曲果镇下辖甘曲村、久荣村、江角村、朱加村、朗当村、觉布村6个行政村，22个村民小组，耕地面积26452.8亩；农牧民2248户，其中农业户2236户，纯牧业户12户；农牧民总人口9473人，劳动力5659人，妇女劳动力3084人；牲畜24484头（只、匹）。辖区内有朗当、甘曲、加日3座寺庙。甘旦曲果镇现有在编干部职工50人（包括11人借调），其中现有行政编制38人、事业编制12人，工人2人，社保协理员2人，公益性岗位2人；下沉干部共11人；共有正式党员615人（农牧民党员581人），预备党员18名；退休干部58人，退休工人106人；“三老”人员26人，其中老党员20人，老干部6人。

2017年11月15日，自治区党委党校综合教研部主任赵萍（左一）在甘旦曲果镇朱加村进行党的十九大精神宣讲

【重要活动】 4月25日，甘旦曲果镇召开第十三届第二次人民代表大会。

5月31日，甘旦曲果镇党布村与武警西藏总队联合开展“党在我心中”文艺会演及义务巡诊。

全年认真安排部署“两学一做”学习教育活动，7月20日开展书记讲党课。

11月25—27日，甘旦曲果镇各村进行村党组织的换届选举大会。

12月2—7日，甘旦曲果镇各村进行村“两委”的换届选举大会。

12月25日，由甘旦曲果镇党委书记牵头带领甘旦曲果镇干部代表在苏州市吴中区高新区管委会及苏州市吴中区木渎镇进行交流学习经验，并争取到援藏资金45万元。

【干部队伍建设】 2017年，甘旦曲果镇共有12个党组织，其中有2个基层党委、5个党总支，1个机关党支部，1个退休党支部，1个城管党支部、2个寺管会党支部。2017年，新发展党员18人，全镇现有正式党员615人，其中农牧民党员581人，现有预备党员18人。

在工作中，镇主要领导带头贯彻落实各项制度，组织全镇干部职工每日早晨做早操，加强干部职工的组织纪律性，投入经费制作甘曲镇工作人员状态牌，明确人员去向，加大群众监督力度。定期查找自身存在的问题，及时进行整改，做到一级抓一级，层层抓落实，不留死角，有力推动各项工作的开展。

【落实决策部署情况】 年内，镇党委认真贯彻落实中央，区市县各级党委、政府的决策部署，始终坚持以“两学一做”常态化制度化学习教育、“四讲四爱”主题教育实践活动、“主题党日+”活动为载体，传达学习党的十八大和十八届三中、四中、五中、六中全会精神、区市县第九次党代会精神及林周县经济工作会议、农村工作会议、精准扶贫精准脱贫工作推进会等会议精神。年内，先后召开2017年党委工作部署大会、政府工作部署大会、党风廉政建设工作部署大会，签订《2017年基层党建工作目标责任书》《2017年党风廉政建设工作目标责任书》，召开党委会15次，党政联席会议5次，党委理论中心组集中学习（扩大）会议15次，机关支部集中学习15次，开展“书记讲党课”活动4场，其中包括2场廉政党课，多措并举推动上级党委政府决策部署在甘旦曲果镇的贯彻落实。

2017年5月9日，县委书记次仁顿珠在甘旦曲果镇朱加村开展“讲党恩，爱核心”活动

【精准扶贫】 2017年，甘旦曲果镇63户290人顺利脱贫，贫困发生率为0.09%，63户贫困群众人均纯收入为8497.77元；全镇123户脱贫户2017年年人均纯收入为7311.31元，脱贫户错退率为0%，漏评率为0%，群众认可度达到95%以上，实现“三不愁”（不愁吃、不愁穿、不愁住）、“三有”（有技能、有就业、有钱花）、“三保障”（义务教育、基本医疗、社会保障）、“六个享有”（享有稳定的吃、穿、住、行、学、医、养保障，享有和谐的安居乐业环境，享有均衡的基本公共服务，享有较完善的社会保障体系，享有较高的获得感和幸福指数）的目标。

【“两学一做”学习教育】 年内，及时召开推进“两学一做”学习教育常态化制度化座谈会，制定下发实施方案、领导小组、督导方案等相关文件。年内，镇党委召开党委理论中心组学习暨“两学一做”学习教育集中学习15次，参加学习人数600余人次；开展书记讲党课4次，参与人数200余人次；发放《“两学一做”应知应会关键词》630余本，做到全镇党员人手一本；开展学习教育督导15次；全面开展“四讲四爱”主题教育实践活动。截至年底，共开展宣讲150余场次，受益2万余人次，县委书记次仁顿珠在甘旦曲果镇朱加村开展“讲党恩爱核心”专题宣讲，受众人数200余人；发放《习近平总书记重要讲话摘录100句》9000余册；发放宣传资料1200余份；依次开展爱国歌曲大家唱、新旧西藏对比、“党的恩情怎么报”主题演讲比赛等实践活动65余场次，受众人数6500余人次；制作宣传栏30余个、宣传横幅20余条、LED显示屏5个、通过广播宣传20余次；开展督导15次，提出整改意见50余条；迅速掀起学习宣传贯彻党的十九大精神热潮。组织全镇干部职工集中观看党的十九大开幕式，要求各村组织村“两委”、驻村工作队、第一书记观看开幕式，观看次数共7场次。结合村级组织换届召开村民大会和党员大会，开展党的十九大精神专题宣讲30余次，受众人数3500余人次；制作十九大专题宣传栏12个，宣传横幅10余条，LED显示屏5个，发放宣传资料100余份。

【团委工作】 年内，圆满完成村团支部书记换届工作，新一届团支部书记平均年龄38岁，均为初中以上文化水平，进一步优化班子结构，充实工作力量；全力配合团县委开展预防青少年违法犯罪工作，积极参加青年创业大赛，甘旦曲果镇3个合作社荣获奖励。

【“三个全覆盖”工作】 年内，甘旦曲果镇立足镇村实际，创新工作思路，强化工作措施，扎实推进“三个全覆盖”工作，取得明显成效。村级活动场所建设项目方面，截至年底，甘旦曲果镇所有村已全部完成活动场所的建设；村集体经济方面，甘旦曲果镇的集体经济发展已逐渐步入正轨，其中以较为突出的江角村集体经济收入10万元左右，朗当村集体经济收入7万元左右；村干部学历提升方面，甘旦曲果镇已完成所辖6个行政村的村干部学习提升培训；通过参加此次培训，着力打造一支政治素质好的队伍。

【党风廉政建设】 年内，开展党风廉政学习25余次。年初召开党风廉政建设专题部署会议，研究制定党风廉政建设工作计划、目标要求和具体措施，通盘考虑、扎实推进党风廉政建设和反腐败工作。层层签订党风廉政建设目标责任书，将工作措施落实到分管领导、具体人员，确保任务明确、履责有依、问责有据。通过廉政谈话，进一步筑牢甘旦曲果镇领导干部拒腐防变的思想道德防线，做到清醒就任、清正履职、廉洁从政。截至年底，由镇党委书记对副科级干部进行廉政谈话共8次。重新编制印发《甘旦曲果镇各项制度汇编》，对日常考勤、学习制度、财务管理制度等方面进行系统的规范约束，并坚决责任追究。年内，共约谈干部职工12人，责成相关人员做出检讨共10人。严格落实厉行勤俭节约、反对铺张浪费的相关规定，在公务接待、公务用车方面，严格执行接待标准、驾驶员和车辆管理制度，公车使用必须经镇主要领导同意，填写派车单之后，方可使用，努力营造为民、务实、清廉的良好氛围。

2017年8月3日，党委书记郑杰向全镇干部作题为“提高新形势下群众工作能力”的教育党课

年内，镇纪委下村督查“四风”问题、党风廉政建设落实情况共计15次。不定期对各村扶贫项目开展专项检查，截至年底，共开展检查4次。不断强化镇纪委工作保障，镇党委在人员配备、硬件设施、工作经费等方面优先进行支持，在正风肃纪、激浊扬清上持续加压、持续用力，让干事创业、风清气正成为党员干部的新风尚、新动力。针对当前资金种类多，来源广的情况，镇纪委对相关部门和各户进行随机抽查，了解各部门专项资金的种类、来源和数额，发放的程序及时间，并要求相关部门及时将资金发放情况公示，确保各项支农强农惠农政策资金的分配、发放工作置于镇纪委的监督之下，切实做到公开、公平、公正，年内，下村督查共20余次。

【经济发展】 2017年，甘旦曲果镇本级财政预算和上级财政拨款共计2251024.55元，支出1046902.5元，占46.5%。其中，苏州援助款支出353887.5元，各项工作经费支出693015元。强农惠农资金收入16257099.4元，收支平衡。每一笔资金都是由财务人员和相关工作人员进行全程发放，并且由负责领导进行宣讲政策并说明资金分配情况，确保群众对每一笔资金的发放都清楚、明了。

【农牧业】 2017年，甘曲镇农村经济总收入18327.69万元，增速16%，农牧民人均可支配收入12268.62元，增速16.20%。2017年，全镇农作物播种面积26400.9亩，总产量10937951.43公斤。共发放草种2次，其中，发放箭舌豌豆47860公斤，涉及亩数4786亩；发放燕麦草16680公斤，涉及亩数3336亩；发放青饲玉米100公斤，涉及亩数200亩，发放地膜200卷。

【涉农保险体系】 年内，坚持以服务“三农”、保障民生为宗旨，逐步建立完善以政策性涉农保险为基础的涉农保险保障体系。年内，甘旦曲果镇牛出险407头，每头4200元，羊出险130只，每只400元，猪出险37头，每头1000元；完成2018年涉农保险承保数据统计工作，2018年养殖业承保户数1476户，数量17051只（头），种植业承保户数3324户，数量25232.85亩，农房承保户数1664户，猪保险承保户数182户，数量407头，农机具承保户数1609户，数量1630台。

【城市环境综合整治】 年内，严格履行甘旦曲果镇在迎接中央环保督察工作的责任，协助办理涉及甘旦曲果镇中央环保督查反映问题5起；开展专项环境整治活动，加大环境整治力度，截至年底，开展环境卫生整治活动50余次；大力整治政府内部环境。自接到市委巡察组的反馈意见后，镇党委、政府立行立改，坚决落实到位、整改到位。投入资金购买石墩，实行通行证管理制度，严格规范车辆的出入、停放，维护大院办公秩序，确保机关正常办公环境。在镇政府门口设立门卫，严格实行进出镇政府办公区域登记制度，明确值班职责，主动盘问陌生人员和陌生车辆，切实发挥值班防范的积极作用。

【教育工作】 年内，甘旦曲果镇高校毕业生109人，其中建档立卡贫困户高校毕业生有12人。已就业高校毕业生有21人，其中建档立卡贫困户高校毕业生有2人，未就业高校毕业生有88人，其中建档立卡贫困户高校毕业生有10人，见习生2人。10月，发放401人2016年度在校大学生资助金，共计发放资金2195893.6元，其中资助建档立卡贫困户子女30人，共计发放资金242260元。

【卫生工作】 年内，甘旦曲果镇参合人数9369人，共筹资281070元，参合率100%。兑现门诊报销资金511533元，报销户数共计745户。兑现大病统筹住院报销资金2130025.8元，共计310人。对14名重大病群众给予报销特殊门诊共计15841元；扎实开展包虫病等卫生健康工作，积极参加全民体检，截至年底，为农牧民群众体检9000余人，干部职工体检50余人，体检率达100%；家犬共登记造册1100余条，抓捕流浪犬共1720条，投放包虫病疫苗3次，共817户993条家犬；加大包

2017年4月25日，甘旦曲果镇召开第十三届第二次人民代表会议

2017年5月31日，甘旦曲果镇党布村与武警西藏总队联合开展文艺会演

虫病防治宣传力度，宣传次数30余次，发放宣传日历300余本、宣传贴画300余张。

【民政工作】 年内，按照上级部门指示要求，配合相关联动部门核查并清退失地城乡低保户，截至年底，全镇农村低保52户148人（清退38户154人），城镇15户18人，低保中建档立卡7户19人，五保户11人，享受残疾"两补"的对象282人，0—16岁享受康复补贴重残儿童9人，退伍兵61名，寿星老人92人。5月，对甘旦曲果镇2016年受灾户65户进行粮食救助，每户发放大米2袋、面粉2袋、清油1桶；兑现2015—2016年民政医疗救助金119余万元，救助对象244人；发放各项民政惠民资金31万余元。

【人社工作】 年内，召开甘旦曲果镇全民参保暨社会保障卡数据采集工作动员部署大会，签订《甘旦曲果镇全民参保暨社会保障卡数据采集入户调查表目标责任书》，截至年底，已采集人员10110人，采集率100%；征缴养老保险总计4002人，征缴基金439600元，覆盖率99%，相比2016年增长6.7%。

【开展就业创业扶持培训】 年内，共计培训8次，人数155人（其中建档立卡贫困户有11人，一般户89人已报名装挖机还未培训）。参加厨师、保安、装载、驾驶员、保洁员等培训66人（其中建档立卡贫困户11人）。

【统计工作】 年内，与相关部门密切配合，严格执行普查方案，结合甘旦曲果镇实际情况，采取各种有效措施，认认真真、踏踏实实做好农普各环节工作，确保高质量地完成第三次全国农业普查工作；有序开展每月劳动力抽样调查工作和微小企业季报工作。

【妇联工作】 年内，积极开展"会改联"工作，高票选出新一届村妇联主席和副主席，均为中共党员，平均年龄47岁，初中以上文化水平；同时开展廉政文化进家庭等活动。

【援藏工作】 年内，为进一步加强与对口援藏单位之间的交流，增进对口单位间的情谊，学习内地先进工作理念，促进甘旦曲果镇各项工作的顺利开展，于12月25日由甘旦曲果镇党委书记郑杰牵头带领镇干部代表在苏州市吴中区高新区管委会及苏州市吴中区木渎镇进行交流学习经验，并争取到援藏资金45万元。

（白玛央金）

【领导名录】

党委书记

郑　杰

党委副书记、镇长

次仁桑珠（藏族）

党委副书记、人大主席

普　珍（女，藏族）

党建副书记

土多格列（藏族）

纪检书记

卞君普

人武部部长

段金城（藏族）

党委委员、副镇长

张梦娜（女，藏族）

党委委员、组织委员

陈　建

党委委员、宣传委员

卓　嘎（女，藏族）

副镇长

边巴玉珍（女，藏族）

边交林乡

【概况】 边交林乡是林周县的东大门，桥头堡，地处拉萨东部拉林公路中段，距离拉萨42公里，距县城24公里，海拔3700米。全乡下辖3个行政村19个村民小组，农村总人口1314户5395人（男2592人、女2803人，农业人口1290户5268人，牧业人口24户127人），较2016年增加8户23人。

2017年，完成农村经济总收入10990.63万元，同比增长26.78%，农牧民人均纯收入11973.25元，同比增长9.9%。全乡耕地总面积20053.27亩，主要沿彭波河两岸呈带状分布，水资源和可利用荒地资源丰富，农业主要靠彭波河引水，耕地大部分为自流保灌地，约70%的耕地为一等地，是典型的农区畜牧业乡。

【党风廉政建设】 年内，边交林乡党委始终坚持把党风廉政建设和反腐败工作纳入全乡工作的总体布局，摆在重要位置和重要议事日程，同其他工作同部署、同落实、同检查、同考核。年初，边交林乡召开党风廉政建设安排部署会，根据县委办下发的责任清单，结合工作实际，制定印发《2017年党风廉政建设与反腐败工作计划》《2017年党风廉政建设与反腐败工作方案》《2017年党风廉政建设与反腐败工作责任任务分解情况》，签订党风廉政责任书8份，将党风廉政建设各项任务分解到各单位、部门，落实到人。

加强党员干部警示教育、廉洁教育，通过学习传达典型案例、观看廉政教育片等形式，加强反腐倡廉教育。年内，参加理论中心组学习10次，“两学一做”学习教育41次，书记讲党课2次，撰写心得5篇，开展的涉及党风党纪教育21次，组织全体党员干部职工观看警示教育片6次，书记讲廉政党课1次。多种形式开展廉洁教育，严明党的政治纪律，坚定政治立场与政治态度，与在职党员干部、退休干部、农牧民党员签订不信教的承诺书。强化思想认识，加强党员干部自身思想修养，培养积极向上的精神情趣，形成健康文明的生活方式，动员党员干部签订不参赌涉赌的承诺书。

严格制度落实，加强监督检查。紧紧抓住各大重要时间节点，开展节前警示教育提醒、节中明察暗访、节后突击抽查，既紧盯公车私用、大操大办、收送礼品红包、违规接受吃请等“四风”老问题，又挖掘变相公款吃喝、收送礼品红包、违规发放津补贴等“四风”新动向。2017年各大节点共进行36次督查，通报批评单位2家。强化廉政谈话教育，广泛开展廉政谈话，主要领导和班子成员、班子成员和分管干部、班子成员和班子成员普遍开展1次谈话。

【基层党组织建设】 年内，抓理论学习，提高党员干部整体素质。以上率下带头学，带头参加所在支部理论学习，带动党员干部的学习自觉性，形成领导带头、上下联动、层层跟进的良好局面。联系实际针对学，围绕党的十九大精神、习近平重要讲话精神和区市县相关会议精神，组织党员干部开展学习达50多次。创新形式深入学，通过开展专题学习、专题研讨、交流讨论、知识竞赛、收看直播等方式，多层次、多角度的组织学习，撰写心得体会6篇。

2017年4月10日，农业部规划设计院调研组一行在林周县边交林乡现代农业示范园区调研

抓制度保障，夯实基层党建工作基础。推进“两学一做”学习教育常态化制度化，坚持每周四召开学习会议；健全管理制度。执行考勤、请假销假制度，加强干部管理；开展谈心谈话制度，及时了解和掌握干部情况；坚持周四学习制度，加强理论学习。严肃党内政治生活，严格党员发展程序，2017年转正党员12名，预备党员17名，党员队伍发展成376人。坚持“三会一课”、民主生活会、组织生活会、民主评议党员等制度，端正党风，进一步强化党员党性意识。

抓组织建设，推动各项工作稳步前进。各村级组织换届选举工作圆满完成，选出新一届村级组织班子成员30人；边交林乡当杰新村委会建成已于2016年年底投入使用，色康和卡优新村委会均已完成验收，正准备投入使用；通过门面房出租、温室大棚、农机设备、养牛场、青饲玉米种植等项目，3个村集体经济不断发展壮大，年收入增加至24万元；按照“强党、固基、扶村”要求，边交林乡现有4名下沉干部，3名第一书记，3名包村领导，3个驻村工作队，党员干部与贫困户结对帮扶；边交林乡辖刚琼农牧民施工专业合作社已成立党支部，有7名党员。3个行政村党支部分别调整设置为2个村党委和1个村党总支，下设19个党支部均已完成选举工作。

【“四讲四爱”主题教育活动】 年内，为迎接党的十九大召开，根据区市县党委的工作安排，结合全乡实际，深入地开展“四讲四爱”主题教育活动，在活动中利用多种途径多种方式加大宣传力度，营造浓厚的宣传氛围，充分利用广告牌、LED显示屏等载体大力开展宣传。截至年底，共设立大小广告牌3个，制作展板和宣传栏10个，利用LED显示屏8个，悬挂横幅15条，张贴标语画报112张，编印发放宣传单5400余份、宣传册5300余份，确保全乡农牧民群众知晓率达到100%，使“四讲四爱”真正做到家喻户晓、人人皆知，耳熟能详。同时组织乡村两级宣讲员用通俗易懂的语言，把《宣讲提纲》四讲十四节的全部内容按计划、按节点，一节不落、一人不落地讲全、讲透、讲明，让全乡5372名农牧民群众听得懂、记得住。全年集中宣讲110次，受众人数达万余人次。

【“双联户”工作】 年内，选好联户代表、建立健全工作台账。严把联户代表推选人关，注重从党员、“三老”人员、离退休人员、致富带头人、有威望、有管理能力的人员中推选，现全乡细分联户单元147个，联户代表147名。稳步推进“联户增收，联户平安”，联户代表以联户增收、联户平安的职责为准，做好双联户一事一记工作，坚持记录每件事，并及时报给村委会，以便提升工作效率。发挥作用，促进平安边林建设，联户代表有效发挥带头带动，并发挥服务管理作用，定期召集联户单元开会，宣讲与广大群众切身利益相关优惠政策，引导互惠互利，排查矛盾纠纷、化解涉稳隐患。

【人大工作】 年内，不断完善联系走访代表制度。通过建立区市县乡人大代表个人档案，拓展主席团与代表，代表和选民联系渠道，及时了解选民关心的热点问题，认真接待和处理代表的来信

2017年3月22日，党委书记次旦罗布主持召开边交林乡2017年党风廉政建设和反腐败斗争安排部署会议

2017年7月14日，党委副书记、乡长罗军主持召开边交林乡精准扶贫精准脱贫推进大会

来访，为代表排忧解难，督促政府及部门办理代表的建议，并及时给予答复，切实履行宪法和法律赋予的职权，提升乡人大工作整体水平，充分发挥人大监督作用。加强代表学习培训，提高代表履职能力。组织代表开展视察，调查活动，切实抓好人大代表的培训工作，进一步提高乡人大代表的素质和参政议政能力，牢固树立“人民选我当代表，我当代表为人民”的崇高意识。

【精准扶贫】 边交林乡辖卡优、当杰、色康3个行政村，19个村民小组。2016年边交林乡识别建档立卡贫困户94户344人，2016年边交林乡已脱贫9户31人。2017年边交林乡有81户290人脱贫，2户未脱贫。全乡集中搬迁户计划为60户234人，搬迁点位于边交林乡当杰村藏嘎组，现已动工建设；搬迁至拉萨共7户25人，2016年已搬迁3户11人。通过一人一岗调整，2017年，共252人252个岗位，其中，建档立卡175人，非建档立卡低收入人群77人；定向补助共123人，其中，建档立卡116人，非建档立卡民政低保7人。2017年，共发放686758元，其中，补发2016年以补资金197500元，发放2017年以补资金489258元，另外为17名建档立卡大学生发放142320元大学生补助资金。大力实施“一村一品”产业推进行动，优先照顾贫困人口就业。色康村通过净土公司鲜食玉米种植项目，带动20户21人就业，当杰村贫困户借助沿街商铺，实现5户贫困户脱离贫困边缘；卡优村农机具合作社带动扶贫户1户1人就业。积极组织建档立卡户中16人参加手工艺、驾校、厨师等培训，其中结业有证人员5人，30人实现转移就业（主要在政府部门和企业解决就业）。

【环保工作】 年内，多渠道、多方式开展环保宣传工作，提高广大群众的环保意识，利用各种形式进行环保宣传，张贴过街宣传标语20幅，利用“6·5”世界环境日搭建环保宣传台，悬挂环保标语，开展环保政策宣讲活动，发放宣传资料，共发放各类资料100余份。开展乡村环境整治工作，不定期地组织力量对辖区内道路沿线及周边、河流两侧、农业园区等重点区域进行集中治理。年内，清理道路垃圾、废弃农膜及其他垃圾50余吨。较好完成环保督察工作，对未通过的没有依法执行环境影响评价并投产的采砂（石）场、砖厂，依法督促其停止生产；对环保设施不正常运行、污染物超标排放的，一律要求停产整治，坚决控制新污染源的产生，有效地避免走“先污染后治理”的老路。不断完善与维护环保基础设施，当杰街道新修植被保护栅栏1000余米，对街道两侧重新进行标志标线，共修复损坏路灯、井盖等20余个，更换当杰街道垃圾桶16个，果屑箱12个。

【农业】 年内，边交林乡完成农作物总播种面积20053.27亩，当杰村6755.47亩，卡优村8318.47亩，色康村4979.33亩，深松整地5000亩。其中，青稞播种面积9983.57亩，单产1253.7公斤，总产4172133.91公斤；春小麦播种面积4845.31亩，单产1579.65公斤，总产2551297.98公斤；冬小麦播种面积2836.79亩，单产1649.7公斤，总产1559950.821公斤；马铃薯播种面积888.9亩，单产4950公斤，总产1466685公斤；油菜播种面积820.3亩，单产548.4公斤，总产149950.84公斤；蔬菜播种面积678.4亩，单产6514.5公斤，总产4419436.8公斤。良种发放7815.4公斤箭舌豌豆种子和406亩青饲玉米种子。土地流转，色康村1800亩地租赁给县净土公司种植水果玉米；当杰村1124.25亩地由城关区夺底乡承包，用于种植青饲玉米，当杰村100亩地用于现代农业园区建设。

2017年3月28日，边交林乡"庆祝西藏百万农奴解放纪念日"文艺会演

【牧业】 2017年，边交林乡畜、禽存栏数为13587头(只、匹)，其中，大畜9904头(只、匹)(牦牛2622头、黄牛7180头、马99匹、驴3头)。小畜3683头(只、匹)(绵羊3027只、山羊314只、猪342头)。禽存栏数1742只(鸡1742只)。2017年牧业主要工作是春秋季重大动物疫病强制免疫注射，2017年疫苗包括牦牛、黄牛三价疫苗，绵羊、山羊双价疫苗，禽流感疫苗及猪"O"型口蹄疫苗注射，其中春季畜类总共注射13962头(只、匹)，防疫面均达到100%。秋季畜类注射14032(只、匹)，防疫注射率达到99.4%，禽类共注射1886只，防疫注射率达100%。

【林业】 年内，针对公路沿线道路两旁树木长势较为茂密，对沿线房屋造成安全隐患等问题经请示县林业局，完成修剪工作；卡优村委会现有97.5亩地由于未能确权到当地农牧民群众，乡政府已向县林业局和农牧局递交退耕还林和耕地确权申请；另边交林乡继续加强森林管护队伍建设，不断提高管护人员的巡山力度，认真做好森林防火工作，严控乱砍滥伐行为。

【水利】 年内，积极沟通协调，确保澎波灌渠水利工程顺利实施；制定并下发《关于边交林乡在林周段、澎波河及支流全面推行河长制工作方案》；及时发放防洪物资：卡优村委会4个铁网，2捆麻袋；色康村委会3个铁网、2捆麻袋；当杰村委会3个铁网，2捆麻袋。

【民政工作】 年内，按照"应保尽保、分类施保、动态管理"的要求，将符合低保条件的人员纳入最低生活保障待遇。严格低保入户审批程序，低保工作实行动态管理，确保低保资金准确使用。截至年底，边交林乡农村低保户有34户101人。按照五保供养标准，按时足额发放9户散居五保供养人员供养资金。

【就业培训】 年内，根据建档立卡基础数据，充分调动农牧民群众就业积极性，认真配合区、市、县级开展的各类培训，广泛开展"送服务、送政策、送技能、送岗位"活动，重点搞好包括城乡劳动力、农牧民劳动力转移就业、未就业高校毕业生、贫困劳动力等各项服务工作。截至年底，全乡参加"家政服务员"培训1名，挖掘机技能培训1名，B照驾驶技术培训3名，厨师培训45名。千方百计增加就业岗位。边交林乡位于561国道，有区级示范园区，在发展服务业和种植业等领域具有优越条件。紧紧围绕精准扶贫，以"一村一品"为抓手，增加就业人员。充分发挥人力资源市场作用，积极配合区、市、县举办的专场招聘洽谈会，推动、引导农牧民群众参与就业工作。2017年，建档立卡贫困户劳务月输出量达到35名，完成全乡16—50岁2838名农牧民全方位就业调查。

【养老保险】 年内，边交林乡以“入户宣传、耐心讲解”为原则，大力营造宣传氛围，提高农牧民群众对城乡居民养老保险知晓率。入户率达98%，做到“村不漏户，户不漏人”，切实为群众答疑解惑。严格规范参保登记、保险费征缴、关系转移接续、基金管理、资格认证、档案管理等业务行为。强化工作人员工作纪律约束，定期披露信息，依靠社会力量，加强群众监督。强化监督检查，加大责任的追究力度。截至年底，全乡农牧民登记参保（16—59岁）2716人，共缴金额为300600元整。城镇居民适龄参保46人，共缴5000元。

【医疗救助】 2017年，边交林乡新型农村合作医疗参保户数1292户，共计5393人，个人缴费30元，筹资总额为161790元。市级定点医院住院报销比例为60%，县级住院报销75%，乡级住院报销80%。边交林乡农牧民合作医疗账户本每月核销一次，自1—9月共计核销金额119243.55元。截至2017年第四季度，季度门诊报销共计261人次，报销金额为305713.45元。边交林乡农牧民住院报销每月上县报销一次，截至年底，共计报销139人次，报销总金额为980984.44元，资金已全部落实到患者手中。

【妇联工作】 年内，积极组织女干部、女党员加强自身政治理论学习和参加各类文化活动，广泛发动女干部、女党员投入政治经济建设，充分发挥“半边天”的作用。鼓励她们不断大兴学习之风，并学以致用，与时俱进，努力开创妇女工作新局面。在全乡范围内开展以“加强学习、提升素质、做魅力女性”为主题的纪念第107个国际“三八”妇女节系列活动，组织全乡200余名妇女群众开展座谈会、表彰大会、拔河比赛以及跳锅庄等活动，有效引导妇女筑牢理想信念，实现把党的主张转化为广大妇女内心认同和自觉行动。利用边交林乡现代农业园区，大力支持和宣传鼓励妇女科技致富带头人，带头致富抓示范，影响带动更多的妇女投入致富道路中。带动200余名妇女同志长期在蔬菜温室、玫瑰基地、青丝玉米种植基地打工，就地就近解决妇女就业问题。

【现代农业园区】 边交林乡现代农业示范园区始建于2011年，占地1126.41亩。截至年底，国家资金总投资达6000余万元，建成高效日光温室850栋（按400平方米/栋折合），其中，2012年300栋，国家资金总投资1230万元（4.1万元/栋），配套水电路等附属设施120万元；2013年320栋，总投资1600万元（5万元/栋）；2014年250栋，总投资1200万元（150栋4万元/栋，100栋5万元/栋）。另2014年建成6200平方米智能棚1栋，完成投资1000万元；投资530万元完成园区改造提升工程。园区分为三个区域，分别是A区、B区、C区。园区已成功引进示范种植的作物有五彩椒、水果黄瓜、高产优质西红柿、五种颜色樱桃西红柿、高产茄子、优质青椒等。边交林乡现代农业示范园区每年给承租户带来经济效益约1200余万元，带动当地群众现金收入60余万元，土地流转

2017年8月4日，边交林乡举行“望果节”活动

金收入110余万元。乡现代农业示范园区本着从提升形象、培植亮点、做出特色、增加效益出发，努力进一步整合资源，集聚产业，正逐步地由传统农业向特色农业加速发展。

（殷志坤）

【领导名录】

党委书记

次旦罗布（藏族）

党委副书记、乡长

罗　军

人大主席

旦　增（藏族）

党建副书记

姚　娜（女，藏族）

纪检书记

扎　西（藏族）

人武部部长

达娃次仁（藏族）

党委委员、组织委员

曾书巧（女）

副乡长

旦增多吉（藏族）

巴桑拉朵（女，藏族）

格桑德吉（女，藏族）

冯　靖（女）

农牧综合服务中心主任

次　央（女，藏族）

春堆乡

【概况】 春堆乡位于林周县南部，距县城30公里，距拉萨市区95公里，乡域面积297平方公里，平均海拔4000米。全乡共有3个行政村，13个村民小组，1125户农牧户，总人口6093人。2017年，全乡经济总收入140372387.4元，同比增长16.0%，农牧民现金收入6989.19元，同比增长17.9%。

【脱贫攻坚】 年内，春堆乡完成99户413人脱贫目标，实现全部脱贫。2017年申报产业扶贫项目6个，总投资712.41万元，其中养殖业项目4个、种植业项目2个，分别为洛巴堆村、春堆村牦牛短期育肥项目和半细毛羊养殖项目、卡东村土豆种植项目、三个村饲草种植项目。截至年底，卡东村217.4亩土豆种植项目、三个村1468.3亩饲草种植项目已完成实施，两个牦牛短期育肥项目基地完成建设；已完成以迁脱贫搬迁25户87人，均已搬迁至城关区恩惠苑小区，搬迁户中通过参加招聘会实现新增就业1人。2017年异地搬迁55户200人，其中搬迁拉萨45户161人、搬迁至县内（卡孜）10户39人。2017年年初，以一人只能担任一个岗位的要求，认真开展岗位调整工作，调整后确定生态补偿岗位465个，其中建档立卡户分配222个、非建档立卡户分配243个。2017年，全乡生态岗位补偿资金合计172.2万元。2016年、2017年建档立卡户、低保户无劳力定向补贴资金99.3795万元。非建档立卡低保户生态岗位资金45.6万元；按照《林周县在校大学生资助办法（试行）》规定，春堆乡符合条件的大学生176人，其中17人为建档立卡贫困户。截至年底，已完成学生信息录入工作，并兑现建档立卡大学生学费、生活费12.56万元，非建档立卡在校大学生159人，兑现资金80.98万元；2017年组织人员走村入户核查建档立卡户中患有大病人员，按照相关疾病类型，重新核实统计出6户共6人患有重大疾病或长期慢性病，已向上级申请为以助对象，确保患有重大疾病的贫困群众得到医疗救助；全年有1名贫困户（洛巴

2017年11月20日，西藏自治区党委宣传部副部长嘎玛旦巴在春堆乡卡东村宣讲党的十九大精神

堆村次仁卓嘎）纳入低保。

【基层党建】 年内，成立以乡党委书记为组长，乡党委副书记、纪委书记为副组长的领导小组，明确党委主体责任，党委“一把手”全面负责抓好党风廉政建设工作，确保党风廉政工作责任到人。全面落实党风廉政建设“一岗双责”，细化乡班子成员履行党风廉政建设职责，要求其带头落实党风廉政建设岗位责任制。与各行政村、派出所、乡中心小学及卫生院，层层签订《党风廉政建设责任书》。全乡上下，严格执行廉政建设工作的各项规定，做到目标任务明确，职责分工明确，责任追究明确，建立起上下共同负责的责任网络。结合实际，先后制订完善党风廉政建设和反腐败工作实施方案等，以制度管人、管钱、管事，从源头上保证廉洁高效运作。加强对各村集体“三资”管理服务，2017年，乡纪委协调会计事务所对各村组的资金、资产、资源进行全面的核查、登记；按照《关于开展村（居）党组织调整设置工作的通知》，县委组织部相关文件要求，为进一步健全村级组织体系，大力推进农村基层干部队伍和党员队伍建设，根据《中国共产党章程》和《中国共产党农村基层组织工作条例》有关规定，春堆乡党委高度重视，对辖区内各党组织进行调整设置，将原先的三个村党支部调整为村党委，对各村下辖13个村小组调整为村组党支部。全年发展党员16名，其中农牧民党员10名、机关党员6名；召开专题工作会，传达全市党员管理信息系统应用培训班精神，组织学习县委组织部相关文件精神，明确相关要求和时间节点，截至年底，已完成采集上报3个村党委，21个支部，共计496名党员；按照上级文件精神要求，以“围绕扶贫抓党建，抓好党建促发展”的工作思路，结合春堆乡实际，整合扶贫资源，突出加强农村基层组织建设、改善农村生产生活条件、促进农民增产增收等工作重点，采取切实有效措施，积极推进党建促扶贫工作。

2017年12月1日，县委副书记、组织部部长何震，县委常委、县委办主任侯飞与新一届村民委员会、村务监督委员会委员合影

【精准扶贫】 年内，春堆乡成立以党委书记为组长的党建扶贫工作领导小组，制定科学合理的扶贫工作计划，明确目标任务、工作举措和工作要求，将党建扶贫细化到各项工作中，为全乡扶贫工作提供指导，充分发挥党建扶贫在扶贫工作中的引领带动作用；落实党建扶贫考核制度，切实转变党员干部作风，提升服务群众水平，不断规范基层制度建设。高效整合党建资源，推进贫困村人、财、物最优配置。选优配强乡村党组织书记队伍，训优建强农村致富带头人队伍。2017年，全乡共计申报扶贫产业项目6个，土豆种植，牦牛短期育肥，半细毛羊养殖、饲草种植等。贫困户以劳动力入股的方式进行分红或以打工方式按月领取工资。进一步加强产业项目扶贫“输血”变“造血”功能的完善，将产业扶持作为帮助贫困户脱贫的重要措施之一。

【政治学习】 年内，各村委会结合“创先争优”“两学一做”“四讲四爱”专题教育活动，以党建工作为抓手，着力推进基层服务型党组织建设，不断增强村委会引领和服务群众发展致富的能力，切实把党组织建在产业链上，采取“支部＋合作社＋农户”的发展模式，构建“产业党支部＋党员致富能手”的产业化组织体系。组织全乡干部收看党的十九大视频直播并摘抄十九大报告内容，撰写心得体会，期间，春堆乡通过召开机关支部会议和党委理论学习中心组集中学习（扩大）会，第一时间学习好、宣传好党的十九大精神。为切实让广大农牧民群众学习好、贯彻好、落实好党的十九大精神，深刻领会党治国理政的新思想新战略新目标，乡党委书记深入各村小组巡回演讲3场次，受众群众达到500人次。春堆乡利用村级组织换届选举期间群众较集中的契机，在党员大会、村民大会结束后，开展十九大精神的宣讲学习活动，1500多名农牧民党员群众参加宣讲活动。通过“主题党日+”活动，春堆乡组织开展十九大精神专题学习会。全乡干部充分认识到学习十九大精神的重要性，能以自己饱满的热情和刻苦学习的劲头投入到学习中，努力将十九大精神学习好、贯彻好、落实好。

【换届选举】 年内，春堆乡对各行政村“两委”现任班子、村后备干部、村会计、出纳及村委监督委员会现状进行统计上报；从6月开始，对各行政村现任班子成员、村后备干部进行民主测评、班子成员述职及乡党委班子成员与各行政村现任班子成员、后备干部、农牧民党员群众代表谈话，形成现任村“两委”班子、班子成员、后备干部综合评议结果；为进一步健全村级组织体系，大力推进农村基层干部队伍和党员队伍建设，根据《中国共产党章程》和《中国共产党农村基层组织工作条例》有关规定，结合春堆乡实际，对各行政村党组织进行调整设置；通过自主开展的村级财务清理和离任审查工作，对各行政村财务清理存在问题进行公示；利用广播、悬挂横幅、制作宣传栏、展板及标语等多种形式，广泛宣传村级组织换届选举的目的意义；制定村级组织换届选举工作各类方案、预案，确保村级组织换届选举工作顺利进行；成立村级组织换届领导小组及设立换届工作办公室，同时成立由乡纪检、党办、民政等部门参与的指导检查组，进一步加强对村级组织换届选举工作的领导和指导；从八月份起，对各行政村选民进行登记、筛选，对各行政村民主推荐候选人进行两次海推，确定村级组织换届选举人事安排方案；召开村级组织换届选举动员部署会，邀请县级换届选举工作第二指导组参加，依照各行政村换届期间安排部署，先后张贴各类公示名单、换届选举时间、选民公示等相关工作，于12月3日共选举产生15名新一届村党组织委员会委员，17名新一届村民委会委员，9名新一届村务监督委员会委员，率先圆满完成村级组织换届选举工作。

2017年3月8日，春堆乡党委书记刘勇慰问驻村工作队及下沉干部

【经济发展】 2017年，春堆乡党委、政府紧扣县委、县政府中心工作，实干兴乡，以科学发展观为指导，以转变发展方式为主线，全面贯彻林周县“十三五”发展的目标和重大举措。结合精准扶贫、新农村建设等工作，发挥春堆乡优势，大力开展全乡经济工作。截至年底，固定资产投资项目有：村级组织活动场所标准化建设项目780万；春堆乡春堆村幼儿园项目180万；春堆乡洛巴堆维修项目40万；春堆乡基层农牧综合服务站80万；垃圾压缩站项目30

2017年4月11日，春堆乡党委召开“四讲四爱”主题教育实践活动动员部署会

万元；春堆村土地整治850万；春堆村复合堤项目220万。

2017年，春堆乡粮油农作物播种面积为15688.36亩，其中青稞播种面积为11100.06亩、春小麦播种面积为3569.9亩、油菜播种面积为1018.4亩。按照“稳粮、增油，加强结构调整”的总体思路，春堆乡持续抓好技术培训，改良土地、优化种植结构，实现效益最大化；春堆乡加大科学养殖力度，抓好畜种改良、种草养畜短期育肥，有力地改良品种，既实现养殖户不断增收，开展草原生态保护奖励机制，又改善乡生态环境，进一步促进养殖业由单一型向多元型、分散型向集中型调整，增强养殖业抵御市场风险能力，为群众增收致富创造更多渠道；在2016年尝试性种植青饲玉米的基础上，2017年继续扩大种植面积；其次瞅准春堆乡适合种植饲草的气候优势，大力调整种植结构，适度扩大饲草种植面积，2017年实施2515.32亩饲草种植项目，其中箭舌豌豆、燕麦草混播种植1656.51亩、紫花苜蓿种植530亩、青饲玉米种植328.81亩。在一定程度上满足本地牲畜的饲草需求，促进畜牧业的发展，可谓一举多得。按照“做精传统产业、做强特色产业、做好优势产业”的思路，春堆乡依托精准扶贫项目，实施种植卡东土豆217.4亩，切实提高土豆产量和质量，同时大胆尝试种植藜麦20亩，通过农业生产结构不断完善，开拓增收新渠道，农户生产积极性不断高涨、收入不断提高，为春堆乡长远发展打下坚实基础。

【农牧林业】　年内，通过宣传教育，提高农牧民群众勤劳致富的意识，积极教育引导广大农牧民群众做好施肥，田间管理等工作，并经过精耕细作，提高粮油产量，同时依托牦牛养殖、土豆种植等项目的实施，促进种养殖业由单一型向多元型调整，拓宽群众的增收渠道。

2017年，全乡耕地面积17067.4亩，农作物播种面积17067.2亩，其中，青稞总产量4598754.94公斤，春小麦总产量1772147.126公斤，油菜总产量185449.88公斤，蔬菜总产量2435462公斤；牲畜总头数21993（头、匹、只），牲畜出栏率20.5%，仔畜成活率99%，成畜死亡率2.9%，总增率16.7%。

【社会治安综合治理】　年内，春堆乡以喜迎党的十九大胜利召开为契机，统筹安排、周密部署，认真落实各项维稳措施，在全乡干部群众共同努力下，实现全乡社会局势持续稳定，确保辖区大事不出、中事不出、小事不出的目标。通过明确责任合理布局，使维稳工作形成一级抓一级、上下齐动、齐抓共管的格局；深入开展法治宣传，构筑和谐春堆。

【民生保障】　年内，对辖区3个行政村66个低保户共计205人(原为64户109人),通过细致严谨的入户调查及邻里走访，发现辖区内有两户农牧民生活出现较大的波动，经与乡村两级商议，拟将这两户重新申请低保，最终确定低保人员名单并进行张榜公示，兑现4—6月低保户补贴19123元。完善建档立卡贫困群众158户704人的电子户档录入工作。

【群众就业】　年内，组织农牧民参加各类培训20余次，统计青壮年外出务工人员达1700余人。

【教育工作】 2017年，春堆乡有乡中心小学1所，在校学生342名，幼儿园学生184名，教师35名；村级幼儿园2所，卡东村幼儿园学生30名，教师1名，洛巴堆村幼儿园学生40名，教师2名，春堆村幼儿园年底建成。

【医疗工作】 年内，春堆乡设有乡卫生院，各行政村设有村卫生室，截至年底，由卫生部门报销1—4月合作医疗费用54008.08元。

【文体事业】 年内，春堆乡各行政村设有农家书屋，为各行政村补充发放一批图书；设有文化活动中心；各行政村设有体育健身场所；各行政村成立农牧民藏戏歌舞队，特别是卡东村农牧民藏戏歌舞队表演的《阿谐歌舞》、春堆村农牧民藏戏歌舞队表演的《洗衣歌》，先后参加全县“四讲四爱”文艺会演活动，并获得上级部门的表扬。

【包虫病防治】 年内，春堆乡开展包虫病防治工作，通过宣传、驱虫、流浪狗抓捕、包虫病筛查等各项工作，全乡对6000余人进行筛查，除在外出务工及流动人员外，筛查率达到100%。

【民生工作】 年内，民政部门兑现残疾人补贴资金112200元、兑现草补资金501904.9元、兑现黄牛改良资金105450元、兑现“三无”人员补贴11904元、兑现科技特派员补贴57000元、兑现护林员补贴156408元、兑现村务监督委员会误工补贴、农村“五保”资金、老年人两项补贴、高龄老人、0—16岁残疾儿童健康补贴共计163077.5元、兑现2003、2004年第一批、第二批退耕还林补贴120060.8元、2017年禁牧补助下发1424.9元、2016年黑颈鹤国家级自然保护区耕地补助资金1270538元。全乡参保人户为2991人，城居参保人数为19人，养老保险参保率100%，参保金额为300100元。

【环境综合治理】 年内，春堆乡高度重视，对全乡环卫设施、交通设施、园林绿化、河道、农村沟渠、农村院落等进行专项整治，提升春堆乡整体形象。在乡政府的指导下，各村委会的积极配合下，2017年，先后对辖区道路沿线、河道沿线、道路周边、房屋角落等地区的环境卫生进行集中治理，共清除积存垃圾及杂物20余吨；春堆乡把建立健全长效机制作为推进环境治理工作深入持久开展的重要保障，制定《春堆乡环境综合治理实施方案》，建立责任落实、督查问责、考核奖励、工作保障“四位一体”的工作机制，有力促进环境综合治理工作的常态化和长效化；针对辖区内出现的突出环境问题，乡成立领导小组，及时对辖区内非法采砂场关停；针对“河长制”落实情况，春堆乡于年初指定“河长制”河长人员，并制定实施方案，将河流分段到人，责任到人，切实加大对辖区内河道治理工作；对涉及中央环保督察组要求整改落实的具体工作不折不扣的完成好，进一步加强乡域环境管理水平，切实巩固环境整治的工作成果，为建设整洁优美的生态环境打下基础。

（万映沁）

【领导名录】

党委书记

刘　勇

党委副书记、乡长

西热坚参（藏族）

2017年3月28日，春堆乡举办干部职工篮球联谊赛活动

党委副书记、人大主席
　　巴　珠（藏族）
党委委员、党建副书记
　　强巴格桑（藏族）
党委委员、纪检书记
　　边巴卓玛（女，藏族）
党委委员、组织委员
　　白银娜（女）
党委委员、人武部部长
　　肖　铮
副乡长
　　巴桑卓嘎（女，藏族）
　　平措卓玛（女，藏族）
　　次　珍（女，藏族）
农牧综合服务中心主任
　　巴　桑（藏族）

江热夏乡

【概况】 江热夏乡位于拉萨河上游，澎波河沿岸，拉林公路贯穿全境，乡政府驻地距拉萨55公里，距县政府10公里，为半农半牧区。全乡面积234.4平方千米，耕地面积23437.15亩，牲畜37548（头、匹）。全乡共5个行政村，14个村小组，具体为江热夏村：江热夏组、杰仲组、农牧处组；联巴村：联巴组、吉龙组；加荣村：加荣组；卡日村：永唐组、卡日组、马行组、加热组；拉顶村：拉顶组、古吉组、顶雪组、牧业组，共有1300户，5583人，劳力3791人（其中男1893人、女1898人）。全乡辖区内有2座寺庙，曲定寺和康龙寺。

2017年，江热夏乡在编干部职工65人，其中行政编制33人、事业编制29人、工人3人。驻村及下沉16人，借调15人，住院医师规范化培训3人。男性32人，女性33人；汉族24人，藏族40人，其他少数民族1人；大专及以上学历名59人，中专及以下学历6人；35岁以下59人，36—50岁6人，50岁以上1人，最大年龄60岁，最小年龄22岁，平均年龄29.6岁。此外，江热夏乡辖区内还设有学校、卫生院、派出所、农行等公共服务设施。

2017年10月2日，林周县政协党组书记、主席格桑次仁在江热夏乡卡日村检查指导工作

根据实际情况，江热夏乡内设党政综合办公室、维护稳定和综合治理大厅、便民服务大厅、经济发展和社会事务办公室、财务室办公室、农牧综合服务中心、纪律监察办公室、精准扶贫精准脱贫指挥部，分别由5名副科级干部负责各办公室工作。党政综合办公室主要负责基层党建、文化宣传、组织以及党办、政办的具体工作；维护稳定和综合治理办公室主要负责维护社会稳定、社会治安综合治理及公检法司的具体工作并负责加强和创新社会服务管理办公室各方面具体工作；经济发展和社会事务办公室主要负责经济发展、民政、扶贫、教育等方面的具体工作；财务室主要负责乡政府的会计、出纳等方面的具体工作；农牧综合服务中心主要负责农牧林水等方面的具体工作；纪律监察办公室主要负责监督检查基层党支部、党员干部贯彻执行国家的法律法规、党的方针政策、乡党委、政府各种规章制度的情况，并受理基层党支部、党员和领导干部违反党纪政纪的信访和举报；精准扶贫精准脱贫指挥部主要负责贯彻执行中央和区市的扶贫工作方针、政策并组织实施等工作。

江热夏乡因其特殊的地理位置，自然资源极为丰富，农副产品主要有冬小麦、春小麦、青稞、油菜、土豆、萝卜、白菜等；动物资源主要有牦牛、黄牛、绵羊、山羊等；野生动植物资源主要有黑颈鹤、

2017年10月12日，江苏省苏州市甪直镇代表团一行在江热夏乡交流指导工作

雪鸡、灰鸭、野山羊、斑头雁等；药材资源主要有贝母、红景天、雪灵芝等；矿产资源有铅、锌、石灰石等。除自然保护区外，江热夏乡至今存在古文化遗址、自然泉水以及非物质文化遗产，如：联巴村的古代庄园、拉顶村的自然泉水等，其中25处古文化遗址已于2016年立碑保护。

【党建工作】 年内，与各党组织书记、第一书记签订党建工作责任书，责任到人，逐项兑现，构建起上下同心、齐抓党建的运行机制；乡党委严格按照中央和区市县委的部署，认真落实主体责任，健全完善“一把手负总责，分管领导各负其责，班子成员齐抓共管、纪委组织协调”的领导体制和工作机制；以执纪监督为抓手，明确党政班子成员、下属党组织(书记)以及普通党员的职责所在，确保纪委监督不缺位、不错位，全面履职；乡党委将“两学一做”学习教育、“四讲四爱”主题教育实践活动同“三会一课”制度、“主题党日+”和党委理论中心组学习统筹开展，强化理论学习，更好地提升党员干部的党性修养。2017年，乡党委、各党总支及各支部共举办学习会80余次，开展集中宣讲、田间课堂60余次，交流讨论16次，召开党课12次；各支部严格按照“三会一课”加强学习，乡党委采取集中培训、辅导讲座、专题研讨等多种形式，组织广大党员认真学习掌握党的创新理论成果，提高党员能力素质，为发挥党员作用打好基础；通过组织海推、召开座谈会、个别谈话、民主测评等工作，全年摸清村情民意；通过召开党员群众大会进行宣讲、悬挂横幅、制作宣传展板，营造浓厚的换届氛围；通过反复酝酿，几上几下，召开专题工作会议，确定最终人事方案。江热夏乡村级组织换届选举工作从11月25日正式开始，到12月11日全部完成。

【党员情况】 年内，江热夏乡共设1个党委、5个党总支和16个党支部，共有党员428名(预备党员14名)，其中女党员140人，占党员总数的32.7%，45岁以上党员136人，45以下党员292人，其中小学及以下文化237人、初中文化15人、高中文化3人，中专文化4人、大专文化6人、本科文化26人、硕士研究生1人。农村党员有390人，占党员总数的91.1%。

【学习教育活动】 年内，江热夏乡在基层党建工作中采取“集中学+自主学”“参观+培训”等多措并举的方式，抓严、抓实党员学习教育，截至年底，乡机关累计开展集中学习活动20余次，专题研讨活动3次，人均撰写心得体会3篇，主持召开党课活动1次。江热夏乡严格按照党员发展“十六字”方针，推优入党，2017年，预备转正27名，发展党员14名，培养入党积极分子32名。党的十九大召开以来，为进一步营造学习十九大精神的氛围，乡党委及各党组织积极组织开展学习，2017年，召开乡党委理论中心组专题学习党的十九大精神2次，各支部党员结合“主题党日+”和“两学一做”学习教育组织开展学习活动10余次，党员撰写心得体会30余篇。

【党风廉政建设】 年内，江热夏乡党委坚持把落实党风廉政建设主体责任作为重大政治任务，加强领导，强化措施，狠抓落实，深入推进党风廉政建设和反腐败工作落实。成立以乡党委书记任组长的党风廉政建设领导小组，健全“党委统一领导，党政齐抓共管，纪委协调督查，办公室各负其责”的领导体制和工作机制；认真落实党政领导班子“一岗双责”，制定《江热夏乡2017年党风廉政建设和反腐败工作实施方案》，将工作任务逐项分解给各党政班子成员，并及时与下属各村、学校、卫生院党组织签订《党风廉政目标管理责任书》，层层分解落实工作责任；每季度召开一次党委会议，听取党风廉政建设和反腐败工作责任落实情况汇报，2017年，乡党委共召开4次专题会议，研究解决责任落实中的困难和问题。

【宣传工作】 年内，江热夏乡党委紧密围绕迎接、宣传、学习党的十九大这一主线，突出“四讲四爱”主题教育实践活动这一主题，明确目标责任、强化工作督导、加强宣传造势。通过召开动员部署会、培训宣讲员队伍、打造宣传阵地、进行专题宣讲等方式，在全乡范围营造浓厚的活动氛围，使主题教育实践活动更加深入群众、深入人心。截至年底，全乡共有市、县、乡、村四级宣讲员18人，开展宣讲200余次，参与群众达5000余人，覆盖全乡党员干部、农牧民、学生及僧尼。同时，制作户外永久性大广告牌5个、小广告牌21个、LED电子显示屏2个、宣传栏14个、标语30个、横幅14条及宣传册、环保袋4500份。

【人大工作】 年内，江热夏乡以“人大之家”为突破口，对人大之家进行重新装修，并配备文件橱、办公桌椅、LED电子显示屏等硬件设备，进一步完善阵地建设。同时，人大各项制度等重新上墙，人大工作职责、制度等更加一目了然，为实现现代化办公提供基本保障。以学习促提高，2017年，江热夏乡共组织开展学习活动10余次，深入学习党的十九大精神、习近平总书记系列重要讲话精神等政策理论、法律法规和人大业务知识。此外，全乡共开展宣讲300余场次、受益5000余人次。以调研查找问题，以督办传导压力。全年，共开展调研6次、督查4次，解决实际问题8个。

2017年4月13日，江热夏乡开展“四讲四爱”主题教育实践活动动员部署大会

【经济发展】 2017年，江热夏乡已开展的固定投资产业项目共计6个。江热夏乡村级组织活动场所标准化建设项目，该项目于2016年11月开工，总投资1542.72万元，现5个行政村项目均已通过初验；江热夏乡加荣村、卡日村、联巴村幼儿园项目，该项目于2017年开工，手续办理和施工全部由教育局负责，总投资540万元，已完成主体建设，正在进行周围配套工程建设；藏电二期20兆瓦并网光伏发电项目，项目总投资2.6亿元，截至年底，该项目已完成全部投资，于6月25日正式并网发电；卡日村水渠整改项目，该项目为2015年批复项目，于2017年5月初整改，总投资约80万元，7月已全部完工；澎波灌区牛马区水利基础设施建设，项目总投资865.59万元，法人为拉萨市水利局，林周县水利局负责协助该项目实施，该项目处于基础实施阶段；澎波灌区五七干渠项目，该项目总投资5466.02万元，江热夏乡水渠建设段总投资约1000万元，已完成投资200多万元，该项目现正进行水渠主体施工。

【农牧林生产】 年内,江热夏乡因地制宜推进农牧业各项事业发展。2017 年,江热夏乡农作物总面积 23437.15 亩,其中开荒地 2000 多亩,青稞总种植面积 11072.72 亩、小麦总种植面积 8221.49 亩、油菜总种植面积 910.34 亩、土豆总种植面积 692.14 亩,饲草总种植面积 2540.46 亩,产业种植项目箭舌豌豆总种植面积 2164.815 亩;乡农牧综合服务中心及各村兽医通过开展春季、秋季牲畜防疫工作及包虫病防治家犬每月服药工作,确保牲畜防疫率达 100%;同时,为保障农牧民群众畜牧业生产正常进行,全面开展牲畜保险工作,全乡牲畜参保头数总计 13916 头;江热夏乡通过生态管护增加农牧民群众的就业收入,全乡共有护林员 79 人,其中建档立卡 67 人;为提升耕地地力,在县农牧局的统一安排下,江热夏乡在农作物休耕期间,由西藏保田公司负责江热夏乡一万亩的土地深耕工作,保障下一年度种植工作有序开展。

【教育工作】 年内,江热夏乡党委、政府高度重视教育工作,认真落实教育工作领导责任制,把教育工作列入乡政府重要议事日程,积极推进平安校园、文明校园、卫生校园、和谐校园创建工作,2017 年,校园未发生任何安全事故。江热夏乡学校共有学生 471 人,其中小学生 345 人、幼儿园 126 人,教师 40 人。所有学生均享受免费教育,小学生享有“三包”政策、幼儿园享有营养餐补贴。同时,为江热夏乡符合条件的 198 名在校大学生兑现资助金 98.8005 万元。

【工青妇工作】 年内,江热夏乡党委着力配齐配强工青妇领导队伍,明确分管领导具体抓,各村第一书记为第一责任人的工作队伍,建立定期研究、联系反馈等制度,形成齐抓共管的合力共推局面;通过为农民工维权、开展“五四”青年日活动、青年创业大赛、评选“文明家庭”等,切实把工、青、妇工作纳入全乡党建工作的总体格局,不断增强群团组织在群众中的影响力;各村均将妇代会主任纳入村“两委”班子,通过“会改联”工作,选举产生妇女联合会,进一步增强妇联组织在群众中的影响力;江热夏乡积极为农村妇女提供技术、信息、小额信贷服务,帮助和促进农村妇女脱贫致富。用精准扶贫“巾帼建功”活动,动员全乡妇女为江热夏乡的经济发展再立新功、再创佳绩。

【民政工作】 年内,为实现 2020 年全面建成小康社会,根据区市县民政部门的安排部署,江热夏乡积极开展民政工作,截至年底,已完成农村低保户 85 户 284 人 2017 年第一季度资金发放,共计 18.89 万元(从第二季度开始补贴打到个人卡上);2016—2017 年度 63 户 230 人受灾群众生活补助资金发放,共计 3.5 万元;15 名村务监督员工资 3.8 万元。此外,江热夏乡还积极做好“五保户”相关工作,按时足额发放散居“五保户”(4 户)年度供养资金 2 万元,并做好全乡孤儿的摸底、救助工作等;做好四大基础工程的入户宣传,及时协调开展民政工作时遇到的矛盾纠纷,努力将问题化解在基层,实现民政工作零上访。

【社保、医疗】 2017 年,江热夏乡合作医疗筹资人数 5591,筹资金

2017年6月29日,江热夏乡召开庆祝中国共产党建党96周年会议

额16.773万元，医疗保障覆盖面和筹资率均为100%，实现合作医疗全覆盖。截至年底，报销人数1106人，总金额175.89万元。加强对农牧区医疗制度基金监管，完善制度，简化手续，实施农牧区医疗费用即时结报，为农牧民群众提供更多实惠。8月，开始全面参保录入工作，通过走村入户、定点拍摄等方式，截至年底，已完成4000余名群众的录入，完成率达80%以上。

2017年12月1日，江热夏乡江热夏村举行第九届村民委员会换届选举大会

【便民服务大厅】 年内，江热夏乡通过职能整合，组建便民服务大厅，集中受理办理关系人民群众的行政审批事项和公共服务事项。服务大厅共设四个服务窗口，分别为：民政岗，主要负责教育、妇联等各方面事项；合作医疗岗，主要负责医疗报销；农保岗，主要负责村民参保事项；证明岗，主要负责开具各项证明。

【网格化、“双联户”服务管理】 按照“住户相邻、邻里守望”的原则，江热夏乡共分为125个联户单位，其中江热夏村划分为28个联户单位，卡日村分为20个联户单位，联巴村分为18个联户单位，加荣村分为17个联户单位，拉顶村分为22个联户单位，江热夏乡扶贫搬迁点8个联户单位，乡政府分为5个联户单位，小学分为4个联户单位，派出所、卫生院、寺庙各分为1个联户单位。其中女联户代表35人，占联户代表总人数的28%，党员48人，占联户代表总人数的38%。江热夏乡2017年度共开展1次大型、10次小型微信报送培训，联户代表微信认证率90%，实行每日有事报事，没事报平安制度。结合江热夏乡实际出台江热夏乡“幸福家园”微信平台报平安工作奖励办法，根据奖励办法对排名前30名给予奖励资金，共计6000元。

【精准扶贫】 2017年，江热夏乡共有建档立卡贫困户175户、679人，贫困发生率0.91%，搬迁安置92户383人，建档立卡人口动态调整：死亡5人、迁出11人、迁入11人、新生11人、漏报2人、从阿朗乡迁入1户4人。脱贫目标为：2016年实现脱贫92户363人，2017年实现脱贫84户316人。

【以迁脱贫】 年内，江热夏乡集中搬迁点88户搬迁户及城关区蔡公堂乡恩惠苑小区4户搬迁户生产生活顺利，未出现返迁现象；2017年意愿搬迁至城关区蔡公堂乡恩惠苑小区的13户30人未出现反复现象；以业脱贫：江热夏乡一直以产业项目建设为抓手，努力开展企业对口帮扶，实现贫困户增产增收。西藏宏发集团对江热夏乡60岁以上的103名老人每月发放200元的爱心敬老资金，共计26.78万元，其中涉及建档立卡贫困户32户。向藏电二期20兆瓦光伏产业项目争取到42万元扶贫资金，同时，还分别争取到20万元、10万元资金用于江热夏乡基础设施建设和村集体经济发展。2016年底，尼唯旅游发展有限公司所属扶贫商品房产业项目分红80万元，受益人数1474人，其中，建档立卡贫困户44户166人享受人均885.5元分红；2016年，尼唯旅游公司组建农民建筑施工合作社，于2016年争取到江热夏乡拉顶村36万余元的饮水项目工程；于2017年争取到强嘎乡、甘旦曲果镇综合服务中心100余万元的建设项目。2016年，江热夏乡加荣村、卡日村种植紫花苜蓿4000亩，总投资共计200万元，约产出80万斤紫花苜蓿。

【以补脱贫】 江热夏乡2017年以补脱贫的上岗工作已全部完成，上岗证及以补脱贫岗位补助均已下发完毕，共发放资金105.3万元。2016年至今，江热夏乡为非建档立卡边缘户134人提供以补岗位，共计发放资金40.2万元。2017年，全乡共有以补岗位425个，其中建档立卡贫困户201人、非建档立卡边缘户224人，发放岗位补助120.75万元；定向补助372人，其中建档立卡贫困户256人，非建档立卡边缘户101人，拉萨搬迁15人，共发放补助29.3508万元。

【以教脱贫】 年内，江热夏乡共有198名大学生，其中建档立卡贫困大学生16名，截至年底，县教育局、财政局、乡政府已经将学生的学费、生活费、路费发放到学生手中，共计发放98.6965万元（建档立卡91.06万元）。

【以保脱贫】 年内，江热夏乡积极着力编织好低保、“五保”、社会救助、新农合、新农保等基本生活安全网，切实做好以保脱贫工作。健全农村最低生活保障、五保供养、临时救助、农村社会养老保险等社保体系；加强卫生事业发展，加速乡中心卫生院建设，巩固发展城乡医疗保险，完善低保、“五保户”对象参加新农合补助政策和农村困难家庭医疗救助政策。

【以助脱贫】 年内，江热夏乡联合县人社局、扶贫办累计培训贫困人员130余人，实现劳动力转移100余人，真正让贫困户掌握产业发展技能与脱贫致富技巧，切实增强贫困户自身“造血”功能与可持续发展后劲。截至年底，江热夏乡已消除“因病致贫、因病返贫”现象。同时，对重点救助对象、建档立卡贫困户和市民政局及县政府认定的一般救助对象进行及时救助。

（何德芳）

【领导名录】

党委书记
肖鸿彪

党委副书记、乡长
旦增顿旦（藏族）

党委副书记、人大主席
陈国纲

主任科员
伍江河

党建副书记
王金燕（女）

党委委员、纪委书记
仁青卓玛（女，藏族）

党委委员、人武部部长
旦曲（藏族）

党委委员、组织委员
加略（女，藏族）

副乡长
卓玛次仁（女，藏族）
扎西央金（女，藏族）

农牧综合服务中心主任
洛丹（藏族）

副主任科员
尼玛卓玛（女，藏族）
李自强

卡孜乡

【概况】 卡孜乡位于林周县城西部，距县城12公里，下辖6个行政村，23个村民小组，62个自然村，11个党组织，其中6个村党组织，乡机关、乡完小、派出所、强瑞矿业、夕瑞德矿业党支部各一个（强瑞与夕瑞德党支部因未开工，现在为临时党支部矿区，党员12名），全乡共有农牧民共产党员450名，其中正式党员422名，预备党员28名。卡孜乡现有干部职工45人（在岗18人，在市直、县直单位共借调、抽调12人，下沉15人），6个行政村“两委”干部40名。

2017年，卡孜乡总人口1321户6149人，其中劳动力3389人，耕地总面积18455.55亩，农村经济总收入1.07余亿元，农村居民可支配收入1.16余万元。2017年，从对口援藏单位江苏省常熟市海虞镇争取到援藏资金66万元，全乡村集体经济总收入88.2万元，完成固定资产投入2790.4万元。

【基层党建】 年内，卡孜乡党委建立健全党建各项基础台账，开拓创新，健全完善“三会一课”制度、党务、村务、财务公开制度、村干部业绩考核等一系列体制机制，完善村级后备干部人才库，22名村级后备干部全部建立跟踪培养记录；坚持和完善“三会一课”制度，各基层党组织定期召开支部党员大会、支部委员会、党小组会和按时上好党课，2017年机关党支部共召开学习会议32次，乡党委中心理论组共学习11次，各村党支部共计召开144次，做到“三会一课”活动开展时间、人员内容和效果三到位，充分发挥村党支部的领导核心作用，建立健全村“两委”工作机制，将“四议两公开”工作法宣传到每一名党员，注重加强提高村“两委”班子成员的团结协作能力，增强凝聚力，提高他们在群众中的威信。努力提高村第一书记、村第一主任、大学生村官、下沉干部在本村开展工作的能力，使其发挥重要的带头作用。开展好党员“三亮、三比、三评”工作，2017年，卡孜乡党委先后被拉萨市委和林周县委评为“先进基层党组织”荣誉称号；积极开展党员承诺践诺和无职党员设岗定责活动。年初，乡机关党员承诺26件，已全部践诺，无职党员设立8项56个岗位，60%以上的党员主动认领岗位。积极提升农牧民党员干部素质，从总体上提升全乡党员队伍的形象，增强他们的致富意识，使他们带头移风易俗，破除陈规陋习，坚决做到党员中无宗教信仰或参加宗教活动的现象；合理运用网络媒体，建立卡孜乡微信公众平台——鹤舞卡孜，并动员党政各办公室，各村“两委”、工作队积极报送简报信息，对卡孜乡的各项大事记都积极公开发布，做到全乡农牧民党员都能及时了解党政信息，知晓动态，增强党员干部的凝聚力。

2017年7月21日，拉萨市妇联党组副书记、主席向巴彩喜（左一）在林周县卡孜乡调研“四讲四爱”教育实践活动开展情况

【党风廉政建设】 年内，要求各办公室、各行政村把廉政风险防范管理工作融入各项业务工作之中，拓展预防腐败工作领域，创新预防腐败工作的思路和办法，使各项业务工作、责任分工更加明确，提高工作效率。为此，乡党委、纪委制作并发放藏汉“双语”反腐违纪举报卡共计1000张，藏汉“双语”党风廉政建设宣传手册700份，纪委日常工作开展情况手册300份，举报电话保持24小时开通，为防止干部腐败“设栏扎网”；开展廉政建设“互监互提”活动，党员干部主动查找风险、制定措施、互相监督与提醒，切实提高广大党员干部的廉政风险意识。并于5月24日召集全乡第一书记、党组织书记开展述责述廉报告会，各村干部充分发挥模范带头作用，进一步将目标任务细化、量化；多次开展廉政风险隐患排查工作，主要采取查阅资金发放表、下村检查、入户走访等形式，2017年对党员干部和各行政村村“两委”班子成员开展党风廉政建设提醒谈话工作35人次，全乡范围内通报批评5人，并对问题进行系统梳理、准确定位，形成良好的自我约束氛围。

充分发挥纪检监督责任，推动全乡作风建设的常态化。以《林周县目标绩效考核体系》为依据，根据全乡实际情况，认真制定《卡孜乡目标绩效考核体系》，签订《卡孜乡党风廉政目标责任书》，监督落实考勤制度，定期不定期在乡级、村级范围内进行督查；继续开展正风肃纪专项活动，以卡孜乡长期以来形成的一些“习惯病”“顽固病”为重点，着力开展7个方面的整治并落实月报制；落实维稳工作不懈怠，特别是在春节、藏历新年、清明、端午、雪顿节、国庆节、中秋节以及党的十九大等重要节点，共计走村入户320家次，检查乡辖区6个行政村、3个寺管会、卫生院、小学、派出所的维稳值班在岗率、维稳设备齐全和公车停放等情况，维稳值班在岗率达100%；开展廉政风险隐患排查工作，主要针对十八大以来重要政策文件、决策部署以及相关的具体落实情况、惠民资金落实情况、“三务”公开情况、精准扶贫专项检查等，从8月开始，针对各领域专项监督检查共40次，共计发现的问题18条，并一一整列出来，以下发文件的形式，责令整改到位；严明换届纪律，维护风清气正，为确保村居组织换届风清气正，卡孜乡纪委在乡辖区各行政村，就村级组织换届选举前期海推工作，监督检查共24次，并对换届当日的工作开展情况进行全程参与、跟踪监督，为卡孜乡的换届工作提供的坚实的保障。

【“两学一做”学习教育活动】 年内，深入贯彻落实相关文件精神，覆盖全乡各党组织500余人，机关支部学习共计24次，撰写心得体会20余篇，其他党支部每个星期至少安排一次集中学习。坚持领导干部带头，适时举办专题研讨班，乡党委主要负责同志带头讲党课，及时组织乡干部与村干部观看《镜鉴》《永远在路上》等相关警示教育片，并要求每人必须撰写心得体会，用专题简报的形式及时印发，便于大家学习交流。同时，由乡分管领导和村“两委”干部牵头开展跟踪督查、随机检查学习笔记、心得体会等，及时了解掌握各村党支部学习贯彻落实情况，及时交流做法经验，推动学习教育工作落实，以“促学”力促全乡党员干部达到合格党员的标准和要求；严格落实“两学一做”学习制度。乡党委坚持每周开展“两学一做”专题学习会，坚持每半年召开1次支部党员大会。2017年，卡孜乡“两学一做”学习教育及“主题党日+”学习活动覆盖全乡各党支部500余人，乡机关全年集体学习共计36次，撰写心得体会共54篇；把“两学一做”学习教育、“四讲四爱”及党的十九大精神学习有机结合，切实把全乡各族干部群众的思想和行动统一到党的十九大精神上来，自十九大会议结束，卡孜乡共组织机关干部开展党的十九大专题学习会5次，各行政村共计组织学习12次，发放十九大宣传手册5000余本，坚持知行合一、学以致用，把学习成果转化为切实可行的政策举措；认真落实发展党员工作规划，严格按照标准和程序做好发展党员工作，不断提高新发展党员质量，优化新发展党员结构。同时，加强对流动党员的管理，完善流动党员管理制度，并建立健全党员教育培训制度，认真开展党员教育培训工作；时刻按照“两学一做”学习教育要求规范干部职工日常行为举止。开会时，每个人都可以积极主动地为全乡的发展谏言谏策。为认真做好各项工作，切实解决党员干部队伍中存在的突出问题，乡党委研究制定114项制度，这些制度的实施进一步转变乡机关工作作风，提高乡政府服务质量和工作效能。

2017年8月21日，县委副书记、县长高军考察卡孜乡水患工作

【“四讲四爱”主题教育实践活动】 年内，成立专门领导小组。自“四讲四爱”教育实践活动开展以来，卡孜乡党委认真筹备成立卡孜乡“四讲四爱”主题教育实践活动领导小组和工作专班，制定出台卡孜乡“四讲四爱”主题教育实践活动方案，向各村印发藏汉双语版宣讲提纲等宣传资料1500余册，并组织召开全乡“四讲四爱”主题教育实践活动动员部署会，各村

委会、学校、寺庙均也积极动员，集中培训，学习和掌握工作步骤、重点、方法和内容；积极开展各项活动。开展“党的恩情怎么报”乡村两级群众性演讲比赛和“爱国歌曲大家唱”活动，充分引导和教育群众通过自己在衣、食、住、行、教育、医疗、政治、文化等八个方面的变化，感受党的政策和国家发展，感受祖国统一和民族团结的强大力量，在县举办的“爱国歌曲大家唱”比赛中取得第一名的优异成绩，通过热情讴歌林周县经济社会发展取得的巨大成就，为党的十九大胜利召开营造团结、和谐、健康、幸福的社会氛围，进一步激发全乡农牧民群众的爱国情怀，进一步坚定跟党走的信心和决心；开展“文明家庭”评选活动，推动形成爱国爱家、相亲相爱、向上向善、共建共享的社会主义家庭文明新风尚；开展“一堂课”教育活动，认真贯彻落实吴亚松常委的重要指示精神，并诚邀林周县政府副县长米玛在卡孜乡开展“四讲四爱”喜迎党的十九大主题教育实践活动之“讲好一堂课”活动；开展“四讲四爱”回头讲活动，进一步强化“四个意识”、向核心看齐，加强和改进新形势下群众思想教育工作。截至年底，卡孜乡共开展“四讲四爱”集中宣讲30次，走村入户宣讲181次，“回头讲”宣讲工作6次，全年参与“四讲四爱”教育实践活动的农牧民群众累计20000余人次。

【村级组织换届】 年内，卡孜乡党委注重发挥好农村党组织的领导核心作用，党员的先锋模范作用和党的政治优势，加大对工作人员的培训，使所有工作人员熟练掌握相关法律法规，熟知换届选举的方法、程序，切实建立一支精干高效的骨干换届队伍；积极开展前期调研工作，针对卡孜乡38名村级后备干部，展开深入调研，并组织工作人员、各村第一书记、驻村工作队、下沉干部召开换届专题会议6次、座谈会7次、个别谈话60人次，发放民主测评表600张。针对现任村班子作用发挥情况、去留意向、后备干部情况及宗族宗教势力、矛盾纠纷隐患等可能存在的问题进行全面摸底调研，详细掌握全乡6个村的基本情况及党员群众的思想动态；注重工作细节，乡党委、政府对提名产生初步候选人、审查通过正式候选人和正式投票等关键环节进行严格把关，并依托每周一报制度，有效掌握各项动态，向上级报送动态21次，为后期换届工作的开展提供良好的依据；严格把关选举条件，尽可能的联系外出有选举权的农牧民，告知他们选举日期和相关事宜，努力让他们及时回村参加选举，以体现更多数人的意志；注重换届宣传，充分利用广播、横幅、宣传册等传播媒介营造选举氛围，共悬挂横幅36条，张贴海报66张，用良好的氛围促进换届选举工作；形成有力的监督，乡换届领导小组先后18次前往各村开展纪律宣讲，积极推行观察员制度，严厉查处换届选举中的拉票、贿选等违法行为；狠抓换届期间的维稳工作，乡换届领导小组及时制定应急预案，并要求各行政村也纷纷制定应急预案，严防漏洞，换届期间，乡党委共派驻16名乡干部，4名派出所干警全程参与各村换届工作，确保村级组织换届工作的顺利开展。

12月7日，卡孜乡村级组织换届工作正式结束，截至年底，卡孜乡现任村“两委”班子成员40名，其中正职12名，副职18名，有37名拟继续留任，有3名后备干部进入村两委班子。

【“三个全覆盖”】 年内，深刻领会市委做出的安排部署，充分认识到村级组织活动场所建设的重要性，把思想统一到市委、县委的决策部署上来；结合辖区实际情况，认真分析村庄规模、人口分布、交通条件，做好选址及征地工作，积极发动各村做好群众工作；与县财政局等有关部门协调一致，稳步推进建设各项手续办理工作，做到“胸中有全局、手中有项目、落实有主体、推进有措施、保障有手段”。截至年底，卡孜乡新建5个村级活动场所共投入资金1518万元，各村的村级活动场所建设均已完成90%，待装修完工后，即可投入使用。村级集体经济发展情况。卡孜乡统筹全乡区位优势、自然资源，积极探索经济新模式，根据自身发展特点，立足乡情，集全乡人力、财力办大办强集体经济，与对口援藏单位海虞镇积极争取援藏资金，与驻村工作队积极协调，将卡孜乡有特色、能存活的项目全部列入乡村集体经济项目，并将其作用发挥到最大。年内，卡孜乡6个行政村村集体经济项目共收益88.2余万元，同比增长34%。注重基层党员干部教育培训。卡孜乡以加强学习中国特色社会主义理论体系为首要任务，全面推进理论武装、党性教育、能力培训和知识更新，卡孜乡党委高度重视党员教育培训工作，将党员教育培训工作纳入党建工作责任制，将党员教育工作作为党建述职评议考核的重要内容，并于下半年举办全乡党员党务工作者培训班；积极依托海虞镇对口援建，不断拓宽干部培训渠道，逐步提升干部整体素质；邀请理论功底扎实、实践经验丰富的优秀党政领导干部、先进模范人物为党员干部授课，积极开展送教下基层活动；乡党委、纪委将特殊案例以学习会议形式及时传达给乡干部，让干部充分认识到加强党风廉政建设和反腐败斗争的重大意义。

【党建带团建、妇建工作】 年内，积极组织卡孜乡团员到白朗村残疾人手工编织合作社参观学习，并在乡团委的积极推动下，手工编织合作社和木工雕刻专业合作社参加和2017年第二届青年创业大赛，并分别获得第二名和优秀奖的好成绩；2017年，卡孜乡妇联协助成立女性编制合作社2个（即白朗村残疾人手工编织合作社和克布村藏毯编织合作社）、其他类型的妇女合作社1个。开展妇女技能培训3次，安排重阳节慰问妇女活动1次，发放慰问资金600元，开展“送医送药送健康”活动1次，发放药物合计700元，组织宣讲“包虫病”防治知识活动8次，受益人数达300余人，帮助申报妇女“小额贷款”11人，并协助妇代会选举产生6名妇女主任。

【人大工作】 4月24日，召开卡孜乡第十三届人民代表大会第二次会议，会期为期三天，乡人代会先后审议和听取政府工作报告、人大工作报告、财政预算执行情况报告，向乡党委、政府提出合理建议11条，其中7条以提交县人大督办，4条卡孜乡自己处理完毕。规范“人大之家”的作用。截至年底，乡人大代表之家有人大代表55人，其中市级代表1人，县级代表12人，乡级代表42人。组织全乡人大代表开展5次人大代表培训，利用“人大代表之家”设备组织人大代表观看红色教育电影4次。积极处理信访事件。2017年，共开展走访活动600人次，接待来访选民及群众70人次，收到农牧民反映的问题及意见建议20件，处理8起信访案件，成功化解27起矛盾纠纷，大部分问题均已解决或正在解决，为维护全乡稳定做出积极的努力。积极监督政府工作。2017年，乡人大主席团组织代表视察2次，参与各项评议15次，参与民生调研5次，在扶贫搬迁、集中连片环境整治、村级道路硬化等项目实施工程中，“票决”不合理地方5处，优化卡孜乡基础设施项目设计方案和投资预算，促进基础设施发挥效能最大化，同时组织乡人大代表深入6个村进行涉农惠民资金询问，纠正和规范不合理行为6件，提升群众满意度，并对民生实事的开展进行全程跟踪监督，确保按规程运行，发挥惠民作用。

【“双联户”工作】 年内，卡孜乡党委、政府结合实际共划分为23个网格，配备23名格长，设立双

2017年12月8日，县委副书记，组织部部长何震在卡孜乡开展党内激励帮扶活动

联户单元121个，“双联户”代表121名。针对白朗村扶贫搬迁点，乡政府进一步优化联户结构、方便管理，将新搬迁来的100户分为10个联户单位，每10户选出一个联户代表，有效的约束和管理搬迁点的秩序。

【排查矛盾，查找问题】 年内，整合乡政府、派出所、中心小学、卫生院、各村委会等资源，成立乡综治维稳中心，办公室设在乡综治办，实行每周一排查，每月一报制度，对全乡的矛盾隐患、治安隐患、安全隐患进行全面排查，对排查出来的问题，层层建立台账，逐件落实办理，对发生的重大矛盾纠纷和热点难点问题，按照一个调处班子、一个调处方案、一个调处责任制、一个处置预案、一套奖惩办法的“五个一”措施，实行限期负责办理制，把问题解决在村，化解在萌芽状态，做到问题不上交，责任不推诿，矛盾不激化。2017年，在乡、村、组三级的团结协作下，成功调处矛盾纠纷5起，均在村、组两级成功化解。

【预防犯罪，减少危害】 年内，根据辖区的治安实际，划定“打防控责任区”，积极构建严密的防控网络，实现各类案件发案率的持续下降，“毒、赌”等社会丑恶现象得到遏制，群众安全感增强。积极开展禁毒和预防艾滋病、反邪教教育、防范电信诈骗、防治艾滋病宣传教育等活动，其中广播宣传6次，发放宣传资料1200份，张贴宣传画50张，在一定程度上杜绝

2017年5月17日，党委书记拉穷，党委副书记，乡长何振华在残疾人手工编织合作社调研

卡孜乡青少年、农牧民群众犯罪的苗头。

做好对刑满释放人员、解除劳教人员的帮教工作。乡政府专门成立帮教安置领导小组，全乡6个村委会都明确帮教责任人，在乡帮教安置领导小组的指导下开展工作，在工作中采取亲情帮教、结对帮教等方法，通过多渠道帮助他们树立信心，鼓励他们自谋职业，走勤劳致富的道路。对生活确有困难的，帮助其渡过难关。防止这些人员走回头路，减少重新犯罪现象的产生，一直坚持一对一跟踪管理反馈。

【安全生产】 年内，先后11次在开展非煤矿山、民房火灾和道路交通安全、医疗卫生安全和食品安全等方面的专项整治。严格治安执法和危爆物品管理，严格管制刀具和枪支弹药、爆炸、剧毒化学物品等危险物品管理，坚决杜绝因管理不力导致的重大治安事故。对采石场等场所实行严格管理，严把审批关，并与各村签订《安全生产目标责任书》，严防安全事故。

【经济建设】 年内，为进一步加强与卡孜乡对口援藏单位苏州市海虞镇交往交流交融工作，2017年与对口援藏单位达成口头协议，将援藏资金在2016年60万元的基础上增加到66万元，并开展村村结对，全乡6个行政村各获得1万元的工作经费，在援藏工作中重点突出体现“智志双扶”工作，加强对口援藏单位对技术能力的支持力度。

【争取招商引资项目】 年内，与县工信局、净土公司共同承办林周县首届油菜花节。首届林周县油菜花节在卡孜乡白朗村举行，种植油菜面积共计6300亩，全县干部参加首届油菜花节徒步大会，为卡孜乡以业脱贫一、三产结合

发展迈出探索性的第一步；2017年与西藏武警总队协调江苏省武警总队投资，在懂村建立精准扶贫项目——懂村藏香制作加工销售合作社，计划投资300万元，预计把懂村44户建档立卡贫困户全部吸收，建成实施后预计每户增收1500元；与创科种植公司初步达成协议，将卡孜乡集体土地5000亩出租给其公司，全乡所有建档立卡贫困户均可到其公司打工，如若协议达成，预计每户每年增收2000元以上。

【争取项目资金】 年内，饲草种植共4515.13亩，涉及卡孜村、托门村、白朗村、田嘎村4个行政村，7个村民小组，项目总投资160余万元，主要雇佣卡孜乡建档立卡贫困户，促使其增收脱贫；为高度重视卡孜乡的环保工作，由深圳国达投资有限公司西藏分公司为卡孜乡夕瑞德矿业公司共投资2000余万元用于生态恢复和加工厂的设备添置，现已完工；卡孜乡卡孜新村搬迁点和懂村幼儿园建设，共投资360万元，现搬迁点幼儿园主体建设已完工，待内部装修完毕后可投入使用，懂村幼儿园因选址问题还在进一步协商当中；白朗村亏组水渠工程、托门村岗嘎组溢洪道维修项目、虎头山一片区和卡孜水库二片区续建工程已相继完工；白朗村手工编织合作社。2017年，合作社吸纳残疾人32人，其中建档立卡贫困户14人，规模还在不断扩大，部分售出产品已得到消费者的青睐，还有部分合作社产品正在积极寻求订单，2017年争取扶贫资金405万元用于修建合作社用房项目；懂村牦牛短期育肥项目，2017年，卡孜乡进一步提高良种牲畜（牛）的培育，向相关单位申请扶贫资金406万元用于改扩建牛圈和购置200头牦牛进行育肥，吸收懂村44户有劳动能力的贫困户到合作社里，进一步增收脱贫；白朗村种草养畜项目，向上级争取扶贫资金59.16万元用于羊舍改扩建和购置300只彭波半细毛羊及饲草料，进一步推动卡孜乡畜牧业产业化发展，以上三个项目均因环评手续问题而未能及时落地，正在积极跑办当中。

2017年4月17日，党委书记拉穷在矿区进行安全生产巡查排查

【落实惠民政策】 年内，兑现2016年卡孜乡“先进双联户”表彰资金12.97万元、2016年度县级“先进双联户”奖励资金1.9万元，村级“先进双联户”奖励资金2.07万元，先进集体2万元、“双联户”代表补助资金25.42万元，兑现卡孜乡2017年联户代表补助资金13.81万元。兑现2016年度村“两委”班子工资116.95万元，兑现其他各项惠民资金721.11万元。

【精准扶贫】 年内，卡孜乡建档立卡贫困户180户791人，其中扶贫户108户522人，扶贫低保户69户265人，五保户3户4人。按照“六脱”作法，2017年全乡建档立卡贫困户中以业脱贫384人，以迁脱贫456人，以补脱贫436人，以教脱贫198人，以保脱贫119人，以助脱贫7人。2016年底，卡孜乡98户488人建档立卡贫困户顺利脱贫，经测算，2017年卡孜乡计划脱贫80户291人，2016年脱贫收入测算和2017年计划脱贫全乡建档立卡贫困户户均纯收入达到6522.85元，已超出全县扶贫标准线2607.85元，新增建档立卡贫困户2户12人。12月10日，卡孜乡先后迎接自治区第三方脱贫验收考核组、自治区扶贫领域暗访组和拉萨市第四脱贫验收考核组的考核，经考核卡孜乡三率一度均达标，综合贫困发生率0.53%，错退率1.4%，漏评率0.16%，群众满意度97.1%，177户建档立卡贫困户群众初步实现“三不愁、三有、三保障”，确保全乡“十项全面提升工程”全覆盖。

【以业脱贫】 年内，制定《卡孜乡“十三五”脱贫攻坚规划》和《卡孜乡“十三五”脱贫攻坚产业发展规划》，进一步完善脱贫产业体系，丰富扶贫开发内容，均衡扶贫产业结构，规划扶贫产业格局，增强扶贫产业现代化能力。卡孜乡2017年确定的项目共有4项，其中饲草种植项目种植面积共4515.13亩，总投资160余万元，主要以燕麦草、箭舌豌豆混播种植为主，2017年测算共产出干草600余吨，现已销售94.15吨，剩余干草已与其他企业谈好销售协议，近期内进行销售。其他3项（白朗村白旦残疾人手工编织合作社、白朗村种草养畜合作社和懂村牦牛短期育肥合作社）因都涉及基建类部分，加之卡孜乡属于国家级黑颈鹤自然保护区的核心区，因而项目手续除环评手续外均已办理完成；成功举办2017年力士·绿哈达行动。与托门、白朗、田嘎3个行政村建立生态文明共建村，与苏宁易购超市签署农畜产品五年的框架协议，将辖区特色农产品、绿色产品、手工编织品通过网络和物流等方式在全国进行销售，开创卡孜乡依托网络销售推动精准扶贫工作的新格局。

【以迁脱贫】 年内，按照上级规划统一建设，确定在卡孜乡白朗村当果组实施的100户贫困户易地搬迁安置项目，现已全部入住。2017年卡孜乡当果组继续深入推进以迁脱贫，计划增建搬迁房85套，该项目正在施工。

【以补脱贫】 2016年，全乡安排8个岗位446人，其中林业护林员250人、农牧草监员158人，水利协管员10人、交通公路管护员10人，旅游公厕保洁员10人、乡镇公厕保洁员10人、环保监督员1人、地质监测员2人，并于10月中旬，兑现以补岗位资金共计130.8万元，人均3000元。2017年初，卡孜乡根据《关于全区生态补偿保护岗位及定向补助政策的解释》一人一岗相关要求，共安排7个岗位728人，其中建档立卡贫困户408人（林业护林员235人、农牧草监员153人，水利协管员10人、交通公路管护员5人，乡镇公厕保洁员2人、环保监督员1人、地质监测员2人），非建档立卡边缘户320人，兑现2016、2017年定向补助资金累积共计75.71万元，兑现2016、2017年生态补助资金150万元。

【以教脱贫】 年内，在全乡建档立卡贫困户中，以教扶持228人，其中享受免费教育172人，两后生28人，大学生28人，并对大学毕业生予以跟踪记录、动态调查，对全乡的非义务教育的大学生给予一定的补助和政策支持，共计解决经费17.5万元，提高学生的入学率，2名两后生参加转移就业技能培训和学历提升培训。

【以助脱贫】 在2016年脱贫户当中，通过相关政策，实现以助脱贫6户，2017年以助脱贫7户，考虑到在享受各项医疗救助的建档立卡贫困户，因病缺乏劳动力出现“因病返贫”的情况，乡党委、政府在使其享受六脱政策措施上的基础上给予一定程度的倾斜，为有劳力的建档立卡贫困户安排以补脱贫岗位和扶贫搬迁安置等项目。

【以保脱贫】 年内，按照“按标施保、应保尽保、动态管理”的工作原则，卡孜乡大力实施城乡最低生活保障制度，为全乡38户124人（其中低保户35户120人，五保户3户4人）建档立卡贫困户发放低保资金222.42万元，其中2016年低保资金126.13万元，2017年低保资金96.29万元。

【民政工作】 年内，卡孜乡现有农村低保为55户，219人；城镇低保户27人，其中兜底为20户，48人，建档立卡低保22户、78人；农村分散五保17户；县敬老院集中供养五保老人16人；享受残疾人两项补贴人员196人；享受老年人两项补贴79人；享受0—16岁残疾儿童康复补贴18人；优抚对象14人；烈士家属1人；55周岁以上老人846人；80岁以上高龄老人69人；村务监督委员会成员18人；地质灾害防治工作人员

6名。兑现2016年196名残疾两项补贴资金19.14万元；兑现9名残疾人阳光家园生活补贴5400元；兑现17户五保分散供养补贴提标资金5780元；兑现市民政局“三大节日”慰问金5400元；为60户冬春缺粮户(296人)发放大米、面粉、菜籽油，折合资金33420元；兑现2017年，农村低保保障金及“两线合一线”资金96.29万元，兑现2016年18名村务监督委员会工资45600元；兑现2016年社会保险资金(农田受损、房屋受损、能繁母猪)272.32万元；兑现2016年老人两项补贴资金4.74万元，兑现2017年分散农村五保补贴资金10.05万元，2017年村务监督委员会误工补贴资金4.56万元，2017年高龄老人补贴资金5万元，0—16岁残疾儿童康复补贴资金4.32万元；兑现医疗救助资金56.13万元；兑现其他惠民资金合计633万元。

2017年，参加新农合人数为6043人，筹集资金181290元，参保率为100%。1—11月共报销补偿资金215.09万元，其中门诊报销3次，合计资金24.62万元；其中卡孜乡卫生院核销4次，核销资金31.99万元，强嘎乡卫生院核销2次，核销资金2.48万元；县合医办市级以上住院报销6次，合计资金156万元，截至年底，卡孜乡新型农牧区合作医疗专项资金余额为157.47万元。

【牲畜防疫】 年内，为切实增强群众对防疫工作的认知度，提高群众对春、秋两季防疫工作的重要程度，乡政府召集全乡“村两委”班子成员及14名兽医进行专题会议研究部署，并要求不留任何死角，大、中、小畜必须全部注射到位，截至年底，全乡防疫工作已结束，防疫率达到100%。

【包虫病防治】 年内，由乡政府、派出所、卫生院、寺管会、小学、村两委组成领导小组，形成寺管会负责僧尼，乡完小负责学生，卫生院负责体检和防治的衔接机制。并采取“联防联控”工作措施，即乡联网，总揽全局；所联动，控制野犬；村联控，杜绝病肉；组联防，控制家畜；户联群，遏止病源；形成乡负责、村为主、组包户、户落实的防治机制，从源头上开展防治工作；成立专项工作行动小组，先后召开专题工作会议5次，全乡村“两委”班子成员及14名兽医列席会议，共同探讨相关工作的开展，并动员全乡干部群众高度重视包虫病的筛查和防治工作，针对动物粪便、包虫病源头、食用肉质检测等拿出明确的预防措施；成立专门的捕杀野犬的行动队，针对辖区的野狗进行抓捕、扼杀，行动共持续9天，捕杀野犬496只，有效地减少传播源和传播隐患；以卫生院为主体，成立卡孜乡包虫病筛查工作领导小组，乡政府与派出所积极予以配合，对全乡5000余民众及干部职工做体检，对不愿采血的群众积极引导，告知群众包虫病的危害和为何要采血筛查的意义，使得群众放下心中的包袱，积极主动配合筛查工作。年内，卡孜乡共查出包虫病病例5例，疑似病例27例，对外出务工未归的农牧民，要求就近体检，将体检报告发回乡卫生院，形成专项台账，为卡孜乡包虫病的有效防治奠定坚实的群众基础，也进一步优化党群、干群关系。

【环境保护】 年内，卡孜乡政府先后召开环保工作专项会议16次，组织各村进行卫生大扫除46次，

2017年10月28日，卡孜乡党委副书记、人大主席米玛次仁调研村级组织换届工作

并规定每月4次大规模清扫乡辖区内卫生，尤其针对辖区的白色垃圾采用无死角式清理；严肃统计乡境内无树村、无树户的有关情况，针对统计结果，积极制定下一年度的植树计划，进一步优化卡孜乡的生态文明建设。

【文化教育】 6月，卡孜乡文化站重新设置规划，开设多功能厅，图书阅览室，电子阅览室，培训室，并增添影像设备、乐器等；队伍建设逐步增强。文化站配备专职文化干部4名，都具有本科以上学历，有较强的专业能力和组织管理能力。建立6支业余文化团队，并为6个行政村的农家书屋选聘书屋管理员；公共服务水平不断提高，每天安排专人进行负责管理，对群众开放，利用共享工程资源开展信息服务，编辑文艺、信息等刊物、资料，并配合文化部门组织开展“三下乡”（电影、图书、文艺表演）活动。

【劳务输出】 年内，全乡建档立卡贫困户中共有803人需就业，参加各类培训62人，21人通过培训就业，115人转移就业。2017年全乡劳务输出784人，未就业高校毕业生28人，实名制登记15人，参加见习高校毕业生3人，做到有记录，有信息。

（全 斌）

【领导名录】

党委书记

拉　　穷（藏族）

党委副书记、乡长

何 振 华

党委副书记、人大主席

米玛次仁（藏族）

党建专职副书记

郭　　勇

党委委员、纪检书记

次旦拉姆（女，藏族）

党委委员、人武部部长

乔 彤 杰

党委委员、组织委员

白 玛 央（女，藏族）

副乡长

普布央金（女，藏族）

尼玛欧珠（藏族）

桑珠次旦（藏族）

派出所负责人

土旦旦增（藏族）

阿朗乡

【概况】 阿朗乡位于林周县北部，是自治区级白唇鹿自然保护区，乡境内以拉萨河为纽带，东牵墨竹工卡、南靠达孜县、西连旁多乡、北结唐古乡，平均海拔4200米，乡政府距离县城95公里，国土面积为750平方公里，乡政府机关办公用房面积1685平方米，乡村道路136公里，是林周县北部三乡之一。全乡共辖4个行政村，19个自然村，21个村小组，4座寺庙，共有994户5046人，其中男性2528人，女性2518人，劳动力2192人（其中妇女劳动力981人），农牧民中拥有大专以上文凭101人，中专1人，高中94人，初中160人，小学359人。

党委下设2个村党委、2个村党总支、22个党支部。共有党员399名，其中农牧民党员366名，预备党员27名，入党积极分子64名。乡机关现有干部职工共48人，其中行政干部27人，事业干部17人，社保协管员2人，工勤人员3人，公益性岗位2人。乡派出所现有干警5名，辅警2名，中心小学教职工27名，卫生院医生10名。结合全乡工作实际，成立党群综合办、维护稳定和综合整治办公室、人社办公室、农业普查办公室、司法所办公室、妇联办公室、团委办公室、纪委办公室、人大办公室、人武部办公室、财务办公室、便民大厅等12个办公室，分别由4名副科级干部分管。阿朗乡因其特殊的地理位置，全乡经济结构较为单一，主要以农业为主，牧业为辅。出产农作物有青稞、油菜、豌豆等；牧业以饲养牦牛、黄牛、绵羊、山羊为主。

【基层党组织建设】 年内，阿朗乡党委始终坚定不移地贯彻党的路线方针政策，坚持立足于提高乡村班子学习力、执行力和公信力，加强村级的队伍建设。以贯彻落实《基层党建目标责任书》为先导，加强机关为民、务实、廉政建设，推进党务、政务和村务公开制度，完善基层党组织建设。认真开展“主题党日+”活动，进一步发挥全乡基层党组织的战斗堡垒作用和先锋模范作用，同时规范党费收缴管理，全年收缴党费24375元。

【基层基础建设】 4月，在乡党委的指导下，顺利完成乡人大十三届二次会议后，按照县委组织部

2017年12月18日，西藏自治区党委常委、拉萨市委书记白玛旺堆（中）在林周县阿朗乡调研

的工作部署，全面铺开村级组织换届工作，严格按照“动员部署、宣传培训、调查摸底、会前准备、换届选举”等步骤要求，顺利完成村级组织换届选举工作，新一届村“两委”班子成员共计28人（其中包括一名转公务员身份的扎西巴珠）均以全票当选，其中新任班子成员17人、连任11人，结构上呈现70、80、90梯队式传接，年龄上趋于年轻化，截至年底，班子整体平均年龄达到40.39岁。

2017年，村民监督委员会选举产生村民监督委员共计12人，其中连任的有4名，新任的是有名，平均年龄36.7岁。2017年，开展村（居）“会改联”工作，全乡共选举产生27名执委会委员，其中：妇联主席4名，副主席4名，委员19名，平均年龄达到28岁。

【党员发展】 年内，阿朗乡党委严格按照“坚持标准，保证质量、改善结构、慎重发展”的方针，落实制度、规范程序，严把党员队伍“入口关”，新入党同志和预备期满申请转正的同志严格按照要求召开党委会进行专题研究，确保发展党员工作上的规范性和严肃性。2017年，阿朗乡党委共研究3名预备党员转正事宜和吸纳27名（农牧民26名）入党积极分子加入党组织事宜。

【党风廉政建设】 年内，党风廉政建设工作在县委、县纪委的正确领导下，阿朗乡党委紧紧围绕“全面从严治党”这一主题，坚定不移维护以习近平总书记为核心的党中央权威和集中统一领导，坚持正确选人用人导向，严肃党内政治生活，强化党内监督，坚决查处“微腐败”问题，不断把全面从严治党引向深入。超前谋划抓教育，靠实责任抓落实，明确目标抓过程，深入推进“两学一做”学习教育常态化、制度化。整合乡工作骨干力量，建立“四讲四爱”宣讲员队伍，确保宣讲力量覆盖至全乡各行各业的广大群众。以宣传教育、监督检查、体系制度建设等为抓手，扎实开展党风廉政建设和反腐败工作，为全乡经济社会事业的快速发展提供良好的政治环境。

【机关效能建设】 年内，阿朗乡纪委书记组织机关全体干部每周定期不定期的召开例会，根据个人工作分工，轮流发言，总结上一周工作，提出存在的不足或困难，以批评和自我批评的形式，推进全乡整体工作顺利有序开展；严格落实《林周县目标绩效管理考核办法（试行）》，规范干部职工上下班制度和奖惩制度，进一步转变全乡干部职工的工作作风。

【开展专题教育】 年内，全体班子成员带头学习党章党规，学习习近平总书记系列讲话精神，学习党的治藏方略，带头践行宗旨、做合格共产党员。结合“三会一课”制度，阿朗乡全年开展乡党委书记“讲党课”活动3场次，各村第一书记“讲党课”8场次，受教育党员达820人次。全乡干部职工、下沉干部、驻村工作队、各党支部负责人参加活动。通过党课形式不断向全乡干部灌输共产党员要有觉悟关键要做到坚定理想信念、不断提升自己的精神境界、自觉接受党的教育和纪律约束；共产党员要有本领，要政治上靠得住、工作上有本事、作风上过得硬、能在各方面发挥“先锋模范作用”的思想。

【后备干部队伍建设】 年内，以1∶2的比例建立村后备干部信息库，截至年底，共有村后备干部41名，并以村干部帮带、乡党委指导、邀请列席老干部、村干部座谈会等形式，帮助村级后备干部提高理论水平、组织领导能力，丰富工作经验。

【干部下沉】 年内，阿朗乡4个村委会，按照下沉人数比例要求，共安排下沉干部16名，其中乡机关副科级干部3名，一般干部9名，公安干警4名。

【"三老"人员】 年内，阿朗乡现有"三老"人员63名，其中老干部46名，老党员17名。乡党委始终将其作为本乡经济发展和社会稳定中的"参谋"人，在重大节庆日组织离退休干部、老党员召开座谈会，请他们为本乡的发展和稳定建言献策，同时，在关心离退休干部生活的基础上，号召和发动他们在所在村的各项工作中发挥带头作用。年内，共发放"三老"人员补贴369540元。

【村集体经济发展】 年内，阿朗乡党委坚持把经济健康发展置于农村工作的首位，促进农村集体经济的发展、增强农村发展后劲，统一思想认识，增强发展壮大村集体经济的紧迫感和自觉性，通过扎实有效的抓发展、抓创新，不断增强"造血"功能，阿朗乡4个行政村集体经济年收入均达到2万元以上。

【农业】 年内，阿朗乡共有耕地11266.82亩；农作物播种面积11266.82亩，青稞种植面积10339.12亩，总产量3397434.832公斤，平均亩产328.6公斤，油菜种植面积927.7亩，总产量356051.26，平均亩产191.9公斤。

【牧业】 2016年底牲畜存栏量为22933头、只、匹，2017年增加2164头（只、匹），减少3044头（只、匹），年末存栏共22053头（只、匹），其中大畜19843头（只、匹），小畜1782头（只、匹），现有役畜3591头，奶牛9182头。年内，阿朗乡实现农村经济总收入1.48亿元，人均收入18551.96元，人均现金收入11840.84元。

2017年2月24日，县委书记次仁顿珠在阿朗乡拉康村看望结对帮扶户

【"四业"工程】 年内，阿朗乡共劳务输出45人，转移就业138人，主要在拉萨务工。阿朗乡多渠道争取专业技能培训机会，增加就业。阿布村组织藏毯编织25人，在一定程度上增加阿朗乡农牧民群众就业，解决本村部分贫困人口就业问题。

【草补】 年内，阿朗乡草原总面积52.52万亩，可利用面积51.04万亩，禁牧面积15.59万亩，草畜平衡面积35.45万亩，人工种草面积1.48万亩，4个行政村自愿承包草场的农户为857户。

【重点项目建设】 年内，总投资1323.02万元的村级活动场所项目有序实施，已完成总工程量90%；总投资719.04万元的各村水利项目均已完工；总投资540万元的布岗、拉康、阿布村幼儿园、总投资130万元的卫生院业务楼、总投资130万元的乡中心小学职工周转房及乡农牧综合服务中心、总投资120万元的4个行政村公共厕所等建设项目已完工，待上级相关部门验收后即可投入使用。

稳步推进产业项目建设。逐

步完善基础设施，通过争取和推进水利设施和乡村公路项目的实施，更好地实现水利项目在农业生产中的“毛细血管”末梢作用和乡村公路延伸至生产点的“最后一公里”作用；依托120.6亩经济沙棘种植和正在对接的6400亩扶贫土地治理项目，提高土地利用率，有效增加土地耕作面积和载畜量，实现村集体经济明显增收的目标，并在以业脱贫中形成有效支撑，在沙棘种植项目试点成功后在全乡范围内推广2000—3000亩经济沙棘种植，并积极探索招商引资，通过援藏渠道促成一家加工、生产、经营型的企业落地阿朗；通过县委、县政府主要领导的关心督办和相关部门的积极协调下，文印数码服务、标准化洗车场两个项目落地县城，开启阿朗外延发展之门，将有效助力产业扶贫。

【教育工作】 年内，阿朗乡党委、政府高度重视教育教学工作，主要领导定期到乡完小，看望慰问学校师生，年内，阿朗乡党委、政府在“科学发展观”重要思想的引领下，在县委、县政府的正确领导和大力支持下，在县教育局的具体指导下，把“办好人民满意的教育”作为全乡工作的重中之重，狠抓教育工作，珍视教育人才，全面提升公平教育水平的基础上，加大群众思想教育，在群众中初步形成“我要让孩子上学”思想。阿朗乡适龄儿童入学率达到100%，小学初中升学率实现100%，在校大学生人数达到90人，应届毕业生实现稳定就业。

【卫生工作】 年内，阿朗乡加强牲畜疾病预防和宣传工作，上半年春季牲畜疫苗接种率达到100%，极大提高人畜安全，确保农牧民的根本利益。

【民政工作】 年内，阿朗乡始终坚持“以民为本、为民解困”的工作宗旨，充分发挥民政工作“调压减震”的作用，解决弱势群体的生活困难。截至年底，阿朗乡共有134名寿星老人，51户农村低保户167人、优抚对象13人、40户“五保户”（其中20人在乡里居住，另外20人在林周县养老院居住，1个城镇户口）、69名留守儿童。

【计生工作】 年内，组织妇女学习计划生育知识，提倡优生优育，做好计划生育宣传服务工作。同时在全乡的范围内做关于妇女在计划生育综合防治方面的问卷调查。根据问卷调查结果，全乡妇女有较强的优生优育的观念。

【新型农村合作医疗】 年内，阿朗乡新农合工作实现四个提升：参合人数、参合率持续提升；国家补贴资金的大幅度提升；群众受益程度持续提升；管理水平持续提升，服务体系的不断完善给参合农牧民带来更多实惠。

【财政工作】 年内，在县财政局统一安排部署下，阿朗乡财务管理全面实现电算化，有效提高阿朗乡财务管理水平。严格规范财务管理制度，在乡人大、纪委的统一监督下，及时兑现各项惠农资金。年内，共兑现粮食直补、春季救助口粮、农村低保、草补等各项惠农资金1363万余元。深化宣传引导力度，新农保参保率提升至98.7%，为747人落实保险金7.17万余元；新型农村合作医疗参合人数进一步增加，狠抓核销工作，

2017年11月30日，县委副书记、县长高军在阿朗乡指导扶贫整改工作

巩固参合率，核销医疗金33.4万余元。

【"双联户"工作】 年内，阿朗乡现有4个村级工作站，11个网格，83名"双联户"代表，并通过"以会代训"的形式对全体网格长、"双联户"代表开展日常业务培训，切实发挥网格化、"双联户"管理应有的作用。2017年，全乡共有17户联户代表被评为优秀，其中县级2户，乡级4户，村级17户。

【扶贫工作】 年内，阿朗乡共有建档立卡贫困户305户1379人，其中2015年脱贫户35户150人，现有贫困户270户1229人，贫困户和贫困人口分别占全乡总户数和总人数的26.6%和24.3，2017年享受以补岗岗位人员697户830人，共计资金2490000元。阿朗乡严格按照六个精准的总要求，精准实施"六脱"措施，结合实际，强化措施，狠抓落实，扎实开展精准扶贫各项工作，为打赢"双百"攻坚战奠定良好基础，以"一人一策、一户多策、多户联策"的原则，参照"六脱"措施，精准识别，精准举措。受限于自然环境和发展现状，阿朗乡贫困户脱贫更多是政策性脱贫。以补脱贫。2017年以补岗位738个，其中建档立卡贫困户岗位273个，非建档立卡户含民政低保岗位465个。2017年定向补贴639人，其中建档立卡贫困户450人民政低保189人；以迁脱贫。2017年搬迁户岗位有城关区提供共39个岗位。2017年搬迁拉萨户68户314人，2017年搬迁户共安排以补岗位198个；以保脱贫。2017年低保户清退后，扶贫低保户18户50人；以教脱贫。建档立卡在校贫困大学生23人，兑现生活费及学费资金142690元，2017年两后生共20人；以助脱贫。以助脱贫人数14人；以业脱贫，58名转移就业人员中，16名通过技能培训实现就业，人均年收入增加5500元，同时将信贷扶贫作为推进精准脱贫的重要抓手，先后为159户贫困户办理小额信贷业务，贷款总额628万元。注重扶贫同扶志、扶智相结合，扎实开展"千名干部扶千户"活动，市、县、乡共12家单位211名干部职工结对帮扶269户贫困户，以思想引导为重点，为贫困户进一步理清脱贫思路，坚定脱贫信心。截至年底，帮扶干部共入户520余人次，送去12万余元现金或物资资助，帮助1户实现创业，促成6人就业。

（宋云飞）

2017年4月22日，召开阿朗乡第十三届人民代表大会第二次会议

【领导名录】

党委书记
　　宋宜青（女）
党委副书记、乡长
　　尼玛次仁（藏族）
党委副书记、人大主席
　　普布次仁（藏族）
党建副书记
　　嘎旺伦珠（藏族）
纪检书记
　　旦增罗布（藏族）
党委委员、人武部部长
　　仁青多吉（藏族）
党委委员、组织委员
　　次仁顿珠（藏族）
副乡长
　　土旦卓嘎（女，藏族）
　　刘晓开
　　刘权锐
　　尼玛多吉（藏族）
　　朱　洋（1月任）
　　平措拉姆（女，藏族，1月任）

旁多乡

2017年8月17日，自治区纪委常委，拉萨市委常委、市纪委书记彭祎涛（左二）在旁多乡调研

【概况】2017年，旁多乡下辖5个行政村，21个村小组，867户4416人，全乡劳动力2438人，耕地5157.312亩，牲畜32954头（只、匹）。2017年，旁多乡农牧民人均可支配收入达11585元，现金收入达4125.6元；精准扶贫建档立卡贫困户293户1283人，五保户9人；“双联户”共86个村级联户单位，10个机关联户单位；下辖4个党支部，4个党总支，1个村党委，党员（含预备党员）383名；乡机关工作人员43名（抽借调15人），村干部33名；学校1所，教职工28人，在校生294人；4座噶举教派寺庙（达龙寺、斯林寺、赤龙寺、色瓦龙寺），政府认定活佛2名，2个寺管会，工作人员21人（其中干警10人）。

【“两学一做”学习教育】年内，旁多乡按照区市县党委“两学一做”学习教育常态化、制度化相关要求，充分发挥班子带头作用，组织全乡干部职工严格按照学习计划，开展理论学习32次，共印发学习资料300余份，撰写学习心得26篇。并要求全乡9个党支部认真组织所有党员干部参加学习，确保参与覆盖率达100%；

【“四讲四爱”主题教育实践活动】4月13日，开展“四讲四爱”主题教育实践活动以来，旁多乡共开展宣讲298余场次（包含村级），受众人数达2.1万余人次。为确保“四讲四爱”主题教育实践活动深入、有效的开展，共设立大小广告牌5个，制作展板和宣传栏15个（包括村级），利用LED显示屏2个，悬挂横幅34余条，张贴标语画报140余张，发放宣传单490余份。

【“三个全覆盖”】年内，旁多乡按照上级相关部门要求，大力推进“三个全覆盖”，充分发挥基层党组织战斗堡垒作用。实现村级活动场所全覆盖，辖区5个行政村村级活动场所标准化建设已全部竣工。实现村集体经济全覆盖，截至年底，旁多乡村集体经济主要有：宁布村7间商品房，年收入约9万元；加格村粮油加工厂，年收入约8000元，藏香厂年收入约3.7万元；达龙村便民超市，年收入约2000元，牦牛养殖场将于2018年年初开工建设，暂无收入；帮多村便民茶馆和粮油加工厂年收入约6500元；日布村商品房，年收入约6.5万元；村集体经济的全覆盖，有力地推动旁多乡以党建促发展促脱贫目标的实现。为加强党员干部队伍建设，提高旁多乡党员的政治理论水平和业务素质，通过以“三会一课”“党员干部读书活动”“主题党日+”等活动，学习党章党规、学习习近平总书记系列重要讲话精神以及党的十九大精神。年内，全乡共开展书记讲党课17次，党委委员讲党课10次。

【党建工作】年内，旁多乡党委严格按照“党建七项重点任务”工作要求，不断加大对违纪违规党员、流动党员、口袋党员、失联党员的摸排工作，经排查，无违反以上纪律党员。以“3·28”百万农奴解放纪念日、“七一”建党节、“三八”妇女节等活动为契机，走访慰问困难党员、“三老人员”，为优秀党组织、个人发放奖金及慰问金共计66865元。旁多乡共开展两项创新性工作。由乡党建办牵头，利用微信平台，创建全乡党员微信交流群和旁多党建微信公众号，有效的宣传上级政策、会议精神等，极大的便利党员之间的沟通交流和学习；成立旁多乡微型党校，有效促进全乡党员的教育学习和整体素质的提升。

【换届工作】 11月28日，旁多乡村级党组织换届工作圆满完成，成功选举产生新一届党组织成员，其中共选举出党组织书记5名，党组织副书记5名，党组织委员10名（女性4名）；12月8日，旁多乡圆满完成村民委员会、村务监督委员会换届选举工作，选民参选率达到94.67%；大会选举产生新一届村民委员会成员24人，其中主任5名，副主任5名，委员14名，平均得票率为99.77%；选举产生村务监督委员会成员15人，主任5名，委员10名，平均得票率为99.88%。

【强化领导，落实责任】 年内，成立以乡党委书记为组长、乡长、人大主席为副组长，各村第一书记、驻村工作队、下沉干部、乡扶贫专干为成员的精准扶贫、精准脱贫工作领导小组，领导小组下设办公室，负责日常工作的推进，坚持抓好扶贫开发重大问题的研究、难点问题的协调，出实招、办实事、求实效，推动精准扶贫取得更大成效。

【科学制定规划，推动以业脱贫】 年内，全乡建档立卡贫困户共293户1283人，劳动力701人，2016年已搬迁51户168人，已就业36人，意愿参加技能培训就业200人。全乡非搬迁户125户607人（劳动力337人，已就业36人，意愿参加培训就业76人）。4月县妇联对接拉萨市培训家政服务1人，就业1人；4月参加堆龙德庆区专职护路联防队员9人就业，结合旁多乡实际及贫困户意愿申报产业扶贫项目3个。以上三个配套产业扶贫项目投入运营后可解决一部分非搬迁户剩余劳动力就业，生产所得利润将采取分红的方式发放到贫困户手中。

【以迁脱贫】 年内，旁多乡主要针对“一方水土养活不了一方人”的建档立卡贫困户实施易地扶贫搬迁，计划2017年搬迁至城关区的133户509人已完成审核，符合异地搬迁条件。

【以补脱贫】 年内，按照《关于全区生态补偿保护岗位及定向补助政策的解释》一人一岗相关要求，旁多乡以补岗位按照一人一岗要求调整后确定岗位695个，其中建档立卡贫困户岗位340个（护林员152个、草监员130个、沙化管理员27个、野生动物保护员9个、环境监督员1个、乡镇保洁员1个、水利协管员3个、地质灾害群测员1个、交通管护员14个、旅游公厕保洁员2个），建档立卡之外的低保户及低收入人群岗位355个（护林员151个、草监员170个、沙化管理员18个、野生动物保护员6个、乡镇保洁员1个、水利协管员3个、交通管护员6个）。并按照要求确定建档立卡定向补助人员542人、建档立卡外低保定向补助人员76人，基本信息已录入系统。

【以教脱贫】 年内，旁多乡建档立卡贫困户中，以教扶持369人，其中十五年免费教育学生333人、“两

2017年3月15日，县委书记次仁顿珠，县委副书记、县长高军一行在旁多乡调研

后生”12人，大学生27人。2017年3月初配合县以教组将2016年异地搬迁的51户26名学生转学至城关区第九幼儿园、白定小学、江苏实验中学、北京实验中学。

【做好“以助”“以保”工作】 年内，旁多乡通过“以助”脱贫2户2人，“以保”脱贫67户268人，社会保障兜底127人。并按照上级要求统计全乡风湿病患者545人，其中贫困户家庭成员131人，愿意手术治疗有110人。建档立卡贫困户中残疾人15人，一级残疾3人、二级残疾2人。

【固定资产完成情况】 年内，旁多乡固定资产共计完成1232.7万元。已完成文党岗组村容村貌整治项目，总投资1200万元；已完成旁多乡中心小学混凝土路面改造工程项目，总投资21.5万元；已完成旁多乡值班室新建项目，总投资11.20万元。另外，总投资300万元的大型便民超市建设项目，已开工建设，预计将于2018年6月完工，总投资800万元的农畜产品交易市场建设项目及总投资1200万元的牦牛短期育肥项目均已进入招投标阶段，预计将于2018年1月完成招投标工作，于2018年3月开工建设。

【新农保、新农合工作】 年内，旁多乡参保有效总人数为2850，其中16岁以下265人，16—59周岁2850人，60周岁以上731人，城镇户口25人，搬迁户18户109人。在校生369人，缴费金额总计1200元，农户2291人，缴费金额总计229100元，2017年旁多乡参加新型农牧区合作医疗人数4168人，参合率95.47%；2016年1月至2017年6月门诊核销9747余人次，门诊核销共计57.283081万元；2016年1月至2017年9月住院病人118人次，住院报销合计61.41961万元；2016年精准扶贫搬迁户51户168人，农牧区医疗家庭账户资金共计41384.01元已足额转到城关区。

2017年11月14日，党委书记扎西普拉主持召开深入学习宣讲贯彻党的十九大精神会议

【落实强农惠农政策】 年内，在旁多乡人大、纪检的监督检查下，乡强农惠农政策做到“三个到位”即政策宣传到位、监督管理到位和资金及时足额发放到位，促进农牧民的增收和农村社会的和谐。2017年各项资金兑现情况如下：发放“三老人员”节前慰问16.3040万元；发放“三农保险”养殖业赔款资金409.02216万元；发放2016年区、市级“优秀双联户”代表补助资金7.2万元；发放2015年护林员提标工资60.822万元；发放2016年上半年护林员提标工资25.296万元；发放2016年下半年护林员工资73.6488万元；补发2016年下半年生态效益公益林管护人员工资5.1834万元；发放2017年上半年生态效益公益林管护人员工资76.0338万元；发放2016年村务监督委员会工资4.62万元；发放2015年草畜平衡及纯牧户保底资金218.836935万元；发放2016年草畜平衡奖励资金193.8671万元；发放2017年草畜平衡奖励资金188.34172万元；发放2016年禁牧补助177.065928万元；发放2017年禁牧补助177.065928万元；发放2016年边缘户以补岗位资金22.2万元；发放2017年以补岗位资金195.6万元；发放2017年恩惠苑搬迁点以补岗位资金68.4万元；发放旅游公厕保洁员工资0.6万元；发放2016年定

2017年7月12日，党委副书记、乡长张天平就洪水冲毁路面进行现场勘察

向性政策补助84.94万元；发放2017年定向性政策补助46.3932万元；发放2013年退牧还草牲畜暖棚资金254.64万元；发放2013年游牧民定居工程项目款44.87万元；发放2016年粮食直补19.332605万元；发放在校大学生资助款62.06016万元。

【教育工作】 年内，旁多乡教职工28人，学生294人。小学适龄儿童入学率100%，小学适龄儿童巩固率100%。2017年，旁多乡享受大学生资助总人数为99人，其中建档立卡贫困户大学生29人，共计发放大学生资助金62.06016万元，圆满完成大学生资助金发放工作。

【民政工作】 年内，旁多乡农村低保86户381人（其中建档立卡户67户295人），农村五保户9人，城镇三无人员1人，残疾人75人，留守儿童20人，60岁以上退伍军人5人，寿星老人92人。2017年旁多乡民政资金发放情况如下：发放2017年林周县民政局“三大节日”分散五保户慰问金0.12万元；发放市民政局慰问空巢老人及贫困低保户资金0.27万元；发放2016年分散五保户生活补贴2.6850万元；发放2016年老年人两项补贴2.04万元；发放2016年残疾人两项补贴7.8540万元；发放2016年寿星老人生活补贴共计9.027万元（其中县级配套3.012万元）；发放村监委工资4.62万元；发放2016年医疗救助27.420748万元；发放城镇三无人员补助0.7710万元；为2016—2017年冬春受灾群众发放大米110袋、面粉110袋、清油55桶；为留守儿童发放酥油搅拌机15台、洗衣机1台、衣物28件。

【包虫病防治】 年内，实施包虫病全人群筛查，共体检3827人，包虫病采血3280人，采血率87.7%；B超疑似包虫病17人次，血清包虫病阳性355人，未体检僧尼、学生（大学、初中、高中）806人，顺利完成2017年体检工作任务；加强家养牲畜疫苗注射工作，已完成全乡所有6382头山羊及绵羊疫苗注射工作，注射率达100%。

【环保工作】 年内，成立以党委书记为组长、乡长为副组长的环境卫生管理整治工作领导小组，并成立旁多乡环境卫生管理办公室、环境卫生管理整治工作督查小组和旁多乡环卫队。其中环卫队成员共58人（集镇环卫队8人，环卫小分队每村各10人），环卫车驾驶员1名，并放置垃圾集装箱14个（集镇8个，每村各1个，文党岗组1个），设立垃圾填埋场5个；以“四讲四爱”主题教育实践活动为契机，开展“美丽乡村人人有责”清洁环保活动，引导广大农牧民群众树立讲文明、爱卫生的良好生活习惯；明确任务，落实责任，与辖区各单位及各村委会签订环境保护工作目标责任书，细化各村、辖区各单位工作任务，明确工作责任及时限要求，实行划片包干责任制，使每一项工作任务落实到人头，切实抓好各自职责范围内的环境整治工作；加大管理力度，严格执法检查，对辖区存在污染和破坏隐患的砖厂、砂场等项目一律予以取缔关停或搬迁整改，坚决将不符合环保要求的项目拒之门外。其中共组织5次环境卫生专项整治工作，对不符合环保要求的10家砖厂和1处采沙场进行搬迁整改或关停，使拉萨河源头水质得到有效保护。

【“河长制”工作】 旁多乡境内辖4条河流，总长度32.4公里；1座水库，为旁多乡水库，总库容11.74亿立方米。成立以党委书记为组长、乡长和人大主席为副组长的旁多乡全面推进河长制工作领导小组，明确一把手负总责、亲自抓的工作格局；初步建立乡、村两级河长体系，所辖4条河流均由包乡县级领导担任总河长，乡长担任河长，村支部第一书记担任村级河长，并在河道显要位置设立“河长制”公示牌，公布河段范围、河长姓名职务、职责和联系方式；从建档立卡贫困户中招聘责任心强、能吃苦耐劳的35名人员担任水利协管员，负责管辖区内乱采乱挖、倾倒垃圾、排放污染物等行为的监督工作，并按规定清理河道垃圾。

【党风廉政建设】 年内，旁多乡党委研究通过《旁多乡党风廉政建设实施方案》，制定具体工作措施，对党风廉政建设任务进行层层分解。3月22日，召开旁多乡党委党风廉政建设专题会议，传达中央和区市县党委廉政工作会议精神，并与各责任单位签订《旁多乡2017年党风廉政建设责任书》9份。制定完善《旁多乡党委会议制度及工作规则》《议事规则》等重要制度，重大决策部署及时召开党委会研究，有效加强党的领导，强化“三重一大”事项的监督和管理，自觉接受纪检等相关部门的全方位监督。旁多乡班子成员带头遵守廉洁从政和改进作风的各项规定，坚持民主生活会制度，针对2016年度民主生活会上对班子提出的11条批评意见，逐一制定整改措施，逐条做出回应，并已全部整改完毕。严格执行并完善“三重一大”集体决策和一把手末位发言制度，有效保证党内民主的贯彻落实；深入贯彻落实中央、区市县党委有关党风廉政建设和有关反腐败工作要求，制定《旁多乡党风廉政建设工作计划》《旁多乡党风廉政建设实施方案》《旁多乡党风廉政建设年度任务分解表》《旁多乡落实党风廉政建设主体责任和监督责任清单》和《旁多乡党风廉政建设考核方案》等，并进一步完善旁多乡财务管理制度、值班制度、学习制度等各项制度共计32项，并予以贯彻落实。充分依托旁多党建微信公众号、旁多乡党员信息交流群、LED电子横屏、宣传栏、宣传横幅等宣传方式，做到党风廉政建设宣传覆盖到角角落落。2017年，共召开党风廉政建设专题会议5次，传达学习上级党风廉政建设相关文件精神10余次。

2017年3月23日，旁多乡综治办组织工作人员开展普法宣传教育活动

【共青团工作】 年内，旁多乡共青团员共计150名，工作主要以团员队伍建设，团员思想教育等方面为重心开展“青少年寒假安全自护教育活动”“学习雷锋活动”和纪念“五四”运动97周年活动等，为群团建设增添新的活力。

【妇联工作】 年内，旁多乡妇女总人数2229人，乡妇联主席1人，副主席1人，委员1人。为做好妇女法治宣传教育工作，提升妇女法律意识和维权能力，旁多乡于3月7日组织开展“三八”国际劳动妇女节庆祝活动，并向各村妇女主任、优秀妇女代表和各单位女同志发放慰问金共5000元，并为各村争取8000元妇联专项活动经费，鼓励妇女自强自立，不断进取；通过各种形式，开展《中华人民共和国婚姻法》《中华人民共和国妇女儿童权益保护法》等法律法规宣传活动；做好各村妇联、换届选举各项工作，并已于12月26日全部换届完毕，产生村级妇联主席5人，副主席5人，委员17人。

【工会工作】 年内，旁多乡认真贯彻落实乡镇工会“八有”目标建设工作，积极发展新会员入会，共吸收农牧民工会会员108名，干部职工会员7名；开展各项教育宣传活动和培训工作，认真做好维权维稳工作，促进社会劳动关系和谐，发挥基层工会工作职能，配合各部门做好相关工作。

【人大工作】 4月20日，旁多乡召开第十三届人民代表大会第二次会议，听取和审议《旁多人民政府工作报告》《旁多乡人大工作报告》《旁多乡财政收支情况报告》和《旁多乡第十三届第一次人代会议案办理进展情况的报告》，通过《政府工作报告的决议（草案）》《人大工作报告的决议（草案）》《财务收支情况报告的决议（草案）》，圆满完成预定的各项工作任务。

（彭琬茹）

【领导名录】

党委书记

扎西普拉（藏族）

党委副书记、乡长

张 天 平

党委副书记、人大主席

米 玛（藏族）

党委委员

伦 珠（藏族）

党委委员、纪委书记

普布次仁（藏族）

党委委员、人武部部长

尼玛欧珠（藏族）

党委委员、组织委员

王 超

党委委员、派出所所长

宝 虎（蒙古族）

党委委员、副乡长

贡秋卓玛（女，藏族）

副乡长

万 德 加（藏族）

农牧综合服务中心主任

格桑占堆（藏族）

强嘎乡

【概况】 强嘎乡位于林周县城西北方向，地理位置北纬29°56′，东经91°08′，距县城15公里，距拉萨83公里。强嘎乡西连春堆乡、东接松盘乡、南与卡孜乡相连、北接旁多乡，平均海拔3860米。属高原季风气候，最高气温28℃、最低气温-17℃，昼夜温差大，气温低。全乡总面积373.74为平方公里，其中耕地面积为30134.93亩，主要沿彭波河以北呈带状分布，人均拥有耕地面积4.3亩，水资源和可利用荒地资源丰富，农业灌溉主要依靠虎头山水库，耕地大部分为自留保灌地，约80%的耕地为一等地，是典型的农区畜牧业乡。

2017年，强嘎乡下辖5个行政村，21个村民小组。其中，曲嘎强村委会3个村小组：热苏岗组、拓玉组、贡热组；典冲村委会5个村小组：热萨组、典冲组、郭吉组、仁青岗组、江玛组；强嘎村委会3个村小组：强嘎组、林周顶组、拉龙岗组；连布村委会3个村小组：连布组、冲嘎组、西加组；切玛村委会6个村小组：切玛组、古如组、东牧组、西牧组、拉热组。全乡总户数1408户、总人口7016人，其中劳动力3673人，妇女劳动力1681人。全乡有村级党委3个、村级党总支1个、村级党支部1个，共有党员580人（含预备党员17人），其中农牧民党员500人，占全乡总人口的7.15%。乡机关编制人数58人（含卫生院10人），在编干部60人（含驻村、下沉、上级借调），其中科级领导职数10人。

【物产资源】 强嘎乡因其特殊的地理位置，资源极为丰富，农副产品主要有冬小麦、春小麦、青稞、油菜、土豆、萝卜等；动物资源主要有牦牛、黄牛、绵羊、山羊等；野生动植物资源主要有獐子、白唇鹿、狐狸、水獭、猞猁、黑颈鹤、雪鸡、黄鸭、灰鸭、野山羊、斑头雁等；药材资源主要有虫草、贝母、雪莲花、红景天、雪灵芝等；矿产资源有铅、锌、石膏、自然泉水、矿泉水等。除自然保护区外，强嘎乡至今存在古文化遗址等丰富的历史人文资源。例如：位于强嘎乡强嘎村，乡派出所驻地旁的红色遗址；现卫生院所在地的林周农场旧址；强嘎乡切玛村仍留存有两处古庄园遗址（普夏庄园和定结庄园）；强嘎乡辖区内共分布着9座古墓遗址；切玛村东牧组距离村委会

5公里处有一处天然矿泉水，切玛组距离村委会3公里处有一处野生温泉—切玛温泉；强嘎乡强嘎村境内有一座神山—东孜山，每12年人们都会集聚在此举行隆重的“东孜猴年转山”活动。

2017年7月24日，全国政协委员、国务院扶贫开发领导小组专家咨询委员会主任范小建（右五）一行在林周县强嘎乡调研“精准扶贫、精准脱贫”产业发展工作

【经济发展】 2017年，农村经济总收入18278.83万元，同比增长16.07%，农民人均可支配收入11762.25元。同比增长10.3%。现金收入4720.87元，同比增长为18%。

【农业】 年内，强嘎乡完成农作物播种面积30134.93亩，其中青稞播种面积23245.93亩，小麦播种面积7944.61亩，油菜播种面积1097.48亩，土豆及蔬菜播种面积162.99亩；2015年、2016年草补顺利通过区市交叉验收。

【特色饲草种植】 年内，强嘎乡特色饲草种植面积共计达14261亩。其中种植箭舌豌豆1814.9亩。紫花苜蓿955亩；紫花苜蓿与箭舌豌豆混播2857.4亩；群众房前屋后零星饲草种植面积1426亩。2017年，种植青饲玉米7233.78亩，其中产业项目实施1000亩，产业带动村委会（双联户）实施2030亩，企业种植3428.18亩，个体工商户流转775.6亩。2017年完成全乡土地流转面积7524.78亩，统一流转土地金为500元。

【畜牧业】 年内，强嘎乡始终坚持稳中求进的发展理念，狠抓重大动物疫情防控工作的落实，在春秋两季强嘎乡及时组织召开重大动物疫情防控动员部署大会，并按照要求抓好防控工作的落实，动物疫病防治覆盖率达到100%．全年强嘎乡加大科学养殖培训力度，抓好牲畜品种改良、鼓励村组和家庭建立示范养殖基地、种草养畜短期育肥，全乡牲畜业基础工作进一步巩固，主要畜产品数量质量稳步提升。截至年底，牲畜存栏数为16211头，全年牲畜出栏4980头。

【水利】 年内，为抓好防汛抗旱工作，针对雨季强降雨和冰雹灾害多发的情况，强嘎乡成立防汛抗旱指挥部，与各村签订强嘎乡2017年度防汛抗旱责任书。在防汛期间实行24小时值班备勤制度，建立乡村两级灾情防控应急机制，在灾情发生后，实行个人到组、组到村、村到乡信息上报制度，并由乡政府牵头及时做好灾情调查处理和向上汇报工作。在防汛工作中，强嘎乡多次组织人员对事故隐患进行排查，对易发生进水的房屋发放编织袋搭建简易挡墙，对群众宣传防控灾情的常识，对在易发生泥石流的地段进行生产放牧的群众进行疏散，并及时抢修被洪水冲毁的道路5处、防洪堤2处，加固桥梁2处及清淤水渠1000余米。

【林业】 年内，强嘎乡为进一步强化林业管理工作，主要采取以下措施：加大依法管理林地执法力度，坚决制止和严肃查处非法占用林地行为；加强林木的病虫害防治和防火工作，有效保护林地资源；加强林业队伍建设，组织管理好全乡护林员队伍，实行护林包片包干制度。

【涉农普惠资金兑付】 年内，强嘎乡兑付牲畜良种补贴3.37万元，特大防汛补助 1.575 万元，周边湿地生态效益补偿耕地 114.6687 万元，涉农保险理赔金 29.02 万元，水毁道路维修资金 10.5 万元。

【对口援助】 年内，强嘎乡争取主动联系，增进沟通，在县委、县政府及援藏领导的重视下，得到对口乡镇（苏州市吴江区平望镇）的大力支持，落实援藏资金 40 万元。

【固定资产投资】 年内，强嘎乡达成固定资产 4147 万元，具体如下：强嘎乡扶贫商品房项目，完成固定资产投资 800 万元；强嘎乡青饲玉米种植项目，总投资 220 万元，已实施完成；强嘎乡红色遗址项目（林周农场修复工程），总投资 1000 万元，经与林周县文广局沟通，该笔资金计算为强嘎乡固定资产投资；村级组织活动场所标准化建设项目 300 万元；切玛村牦牛短期育肥项目 517 万元；典冲村半细毛羊养殖项目 160 万元；土地节水灌溉工程，总投资 2300 万元，经与县水利局沟通，其中 1000 万元计算为强嘎乡固定资产投资；强嘎乡强嘎村村容村貌整治项目，总投资 1000 万元，按照发改委固定资产分配意见，其中 15% 为强嘎乡固定资产投资，即其中 150 万元为强嘎乡固定资产投资。

【精准扶贫】 年内，强嘎乡通过成立脱贫攻坚工作领导小组，形成由书记总体抓、党政领导亲自抓、扶贫分管副乡长具体抓、各村委会齐力抓的脱贫攻坚工作机制，上下联动、层层落实，切实发挥乡领导、村“两委”班子、第一书记、驻村工作队、下沉干部的职责作用。通过识别精准、措施精准、程序规范、政策到位，实现全乡“三率一度”均在标准线以内，户档资料及“六脱”台账得到完善。通过梳理短期脱贫与长期巩固成效的思路，明确全乡产业发展措施与突破口，找好乡域发展定位。

强嘎乡共有贫困户 132 户 630 人，其中一般贫困户 116 户 586 人、低保贫困户 11 户 39 人、“五保户” 5 户 5 人，建档立卡贫困户中残疾人有 26 人。各村建档立卡贫困户分别为：典冲村 25 户 141 人，连布村 33 户 144 人，强嘎村 24 户 103 人，切玛村 41 户 212 人，曲嘎强村 9 户 30 人。

通过采取“以业”“以迁”“以补”“以助”“以保”“以教”六项脱贫措施，使产业脱贫覆盖全乡所有贫困户；“以补” 脱贫 377 人，享受 377 个岗位，“定向” 补助 327 人；“以迁” 脱贫 75 户 364 人，其中搬迁至拉萨城关区 12 户 48 人（1 户 4 人为 2017 年搬迁），在乡集中安置点63 户316 人；“以教” 脱贫 163 人，其中大学生 25 名（强嘎村 5 人，连布村 6 人，典冲村 7 人，切玛村 6 人，曲嘎强 1 人）；“以保”脱贫 109 人；“以助”脱贫 10 人。

【项目促脱贫攻坚】 年内，强嘎乡曲嘎强村青饲玉米项目，为 139 户建档立卡贫困户发放青饲玉米产业项目分红资金共计 38 万元；强嘎乡典冲村郭吉组犏牛养殖项目为强嘎乡 30 户建档立卡户进行分红，每户分红标准为 1500 元，共计人民币 45000 元；强嘎村仁青服装合作社，按照每户 1400 元的标准，为 12 户建档立卡户发放藏历新年生活用品和物资，物资总价值达 16800 余元；切玛采石场为强嘎乡 104 户建档立卡户，按照每户 500 元的标准进行分红，分红资金共计人民币 52000 元；

2017年9月12日，西藏自治区党委常委、拉萨市委书记白玛旺堆（右二）在林周县强嘎乡检查指导工作

木质家具农民合作社，帮扶15户建档立卡贫困户，年底分红500元每户。本土合作社为贫困户提供工作岗位31个；神珠宝藏香农民合作社，每户按照500元的标准，为贫困户发放生活物资。

【合作医疗】 年内，强嘎乡参加新型农村合作医疗的农民达6820人，占农牧民总数100%，每人筹资金额30元，筹资金额204600元，筹资率达100%；门诊报销情况。第一季度门诊报销人次1532人，其中县级以上274人、县级1105人、乡级153人。报销金额为73819.97元，其中县级以上20511.07元、县级48816.2元、乡级4492.7元。第二季度门诊报销人次502人，其中县级以上99人、县级318人、乡级85人。报销金额为32189.9元，其中县级以上12928.3元、县级15114.7元、乡级4146.9元。第三季度门诊报销人次其中县级以上280人、县级1119人、乡级189人。报销金额为77201元，其中县级以上26238.3元、县级41762.6元、乡级9200.1元；住院报销情况。截至年底，全乡住院报销人次135，报销金额为834920.7元。

【民政工作】 年内，强嘎乡顺利完成2016年度残疾人瘫痪卧病生活补贴共计18000元；发放2016年分散“五保户”生活补贴79940元；发放2016年医疗救助金691411元；此外，还顺利完成往年残疾人两项补贴、残疾人阳光家园居家托养补贴、残疾人燃油补贴等各项补贴资金的发放工作。全乡共有低保户48户193人，银行代发金10.6569万元，建档立卡61人，兜底对象32人；残疾人201人，兑现残疾两项补贴发放18.216万元；社会救灾救助70户。

【教育工作】 年内，乡中心小学现有在职教师51人，学生864名，全部享受“三包”政策。小学入学率达100%；考入内地西藏班学生4人，乡里奖励资金1000元/人，共4000元；解决中心小学“六一”活动经费1.1万元，全乡大学生受助对象278人，以教脱贫帮扶对象25人。

2017年10月25日，西藏自治区党委组织部副部长张咏合（右二）在林周县强嘎中心小学调研

【基础设施建设】 年内，强嘎乡党委、政府为让干部“下得来、留得住”、增进干部交流，通过多方努力争取，得到县直有关部门和自治区民政厅的帮助支持，投入近50余万元建成“强嘎乡党员干部职工活动室”“离（退）休老干部之家”，并配置台球、乒乓球等室内文体设备设施。

【文体广电】 年内，强嘎乡机关及各村村委会均有广播站点，农家书屋正常开放。“3·28”百万农奴解放纪念日、“七一”建党节、雪顿节各村组织群体活动21次。组织观看教育宣传片22次，乡村电影年播放场次十余次。

【党团建基本情况】 2017年，强嘎乡下辖5个行政村、21个村民小组。全乡有村级党委3个、村级党总支1个、村级党支部1个，现有党员580人、预备党员17人。

【基层党组织建设】 年内，在党员发展工作中，始终坚持“推优”入党的原则，共吸收16名同志入党，其中女党员4名，占新发展人数的25%；发展积极分子95人。

【党委班子自身建设】 3月，强嘎

2017年5月25日，拉萨市委副书记、市长果果（右四）一行在林周县强嘎乡曲嘎强村调研

乡召开党委专题会专门研究讨论全年党建目标与阶段工作任务，与辖区各党组织签订《2017年党建目标建设责任书》，明确党建目标、每月计划、重点工作及责任主体；并明确乡党建工作专班和村级党组织工作力量。召开党委会安排推进党建事务，对村“两委”换届、村级活动场所建设、完善干部管理制度、深化主题教育活动开展、开展党员活动等进行安排。坚持每月开展“主题党日+”活动，全体党员干部自觉缴纳党费、开展支部学习生活；全年召开党委会27次，集体商讨“三重一大”事项；开展党委理论中心组学习12次；开展“书记讲党课”4次；召开党建专题表彰会1次，表彰先进党组织5个、优秀党务工作者5个、优秀共产党员18个，投入表彰资金1.5万元；通过“两学一做”学习活动，推动村级夜校、“三会一课”“四讲四爱”主题教育活动常态化，认真开展党的政策宣讲、习近平总书记重要讲话精神、十九大精神等集中学习57场次，专题讨论45场次，乡村两级专题宣讲413场次，受益群众达3万余人次，投入为民办实事经费40.05万元；组织完成村34名小学学历“两委”班子参训学历提升培训；梳理掌握全乡60名流动党员信息与生产生活情况，对农牧民党员进行民主评议，评出优秀等次16人；按照发展党员“十六字”方针，新发展正式党员16人、预备党员17人。

【建立健全基层党组织】 年内，进一步完善流动党员服务、管理、教育办法，完成党员信息的登记，更新流动党员花名册，进一步掌握流动党员的去向和近况。通过排查党员组织关系集中排查，全乡共有流动党员54名，无失联党员、口袋党员。强嘎乡现有乡级党代表86人、乡级人大代表38人、党员580人，加强对“两代表一委员”、党员的教育服务管理工作，坚决杜绝出现党代表和党员违法违纪现象。

【民生改善】 年内，强嘎乡社会事业稳步开展，参加新型农村合作医疗的老百姓达6820人，占总数的100%；每人筹资金额30元，筹集资金204600元，筹资率达100%。合作医疗季度门诊报销3672人次，共计报销金额1083210.87元；住院报销135人次，共计报销金额为834920.7元；全乡共有82户享受“一孩双女”政策的百姓。

【党风廉政建设】 年内，强嘎乡党委坚持把推进“两个责任”的落实扛在肩上、抓在手上，按照中央“八项规定”要求，深入贯彻落实“准则”“条例”和县委专项工作部署，结合党政班子民主生活会与党员干部组织生活会查摆的问题，坚持自查整改贯穿到日常工作当中，做到常警示、常提醒，抓好监督检查、专项整治。做到党委会议专题研究党风廉政建设工作，围绕全县工作大局和强嘎乡年度重点目标任务，对全年度党风廉政建设把握的工作重点与每月工作重心做出安排，制定出年度工作目标和每月工作计划，梳理出每月重点抓与关注落实的1至2项工作；切实履行党风廉政建设主体责任，牢固树立“一岗双责”责任意识。4月，乡党委召开全乡党风廉政建设专题工作会，与各村签订《强嘎乡2017年度党风廉政建设和反腐败工作目标责任书》5份，与乡党政班子成员签订《强嘎乡领导干部党风廉政

2017年6月20日，拉萨市扶贫办副主任王双成（右二）在林周县强嘎乡检查精准扶贫工作

建设“一岗双责”责任书》12份，与全乡党员干部签订《强嘎乡党员干部廉政承诺书》34份，把党风廉政建设和反腐败工作融入乡村干部日常工作当中；5月，乡党委召开辖区党组织第一书记、书记述责述廉质询评议会，各党组织负责人逐一汇报，党委书记对每个党组织、每个村的工作作一一点评和提醒纠正，并进行现场质询，达到“红红脸、出出汗”的会议成效；坚持每月定期听取党风廉政建设和反腐败工作情况汇报，对重要工作亲自部署、重大事项亲自过问、重要环节亲自协调，对存在的问题进行限期整改，做到“三重一大”事项集体研究讨论。年内，先后开展干部警示教育25次，通报区内外违反“八项规定”和群众身边不正之风案例10余次；每逢节假日都要对党员干部进行纪律强调；与班子成员、干部谈心谈话2次，覆盖全乡干部；开展干部上班时间迟到、早退、办公场地不整洁等日常管理专项检查13次，对发现的问题批评教育干部3人，对违反工作纪律的干部约谈3人；乡纪委开展专项和综合督导检查38次，对存在的落实纪律不到位情况做出限期整改。

【环境综合整治】 年内，强嘎乡深入贯彻落实国家、区、市环保部门的重大决策部署，狠抓环保重点工作的推进，积极做好中央环保督察组的检查工作，开展非法采石采砂及临时制砖场地的取缔和整治工作；充分发挥“河长制”特殊职能，对辖区突出环保问题进行解决，并落实环保责任制，与各村签订环保责任书；利用“双联户”工作模式，建立以联户为单位的环境卫生包片整治长效机制，大大提高强嘎乡环境治理工作效率。年内，制作环保宣传横幅30余条、环保宣传牌5块、组织专题宣传会21次，全乡共发动群众近2000人开展环境卫生治理，转运生活垃圾40余吨，群众义务投劳拖拉机30余辆，鼓励各村致富带头人种植树木。

（邓晓梅）

【领导名录】

党委书记

赵 光 超

党委副书记、乡长

多吉次仁（藏族）

党委副书记、人大主席

边巴次仁（藏族）

党建副书记

扎西卓玛（女，藏族）

组织委员

扎 桑（女，藏族）

纪委书记

赵 学 善

人武部部长

赵 睿

副乡长

次仁卓嘎（女，藏族）

小 尼 玛（女，藏族）

松盘乡

【概况】 林周县松盘乡位于县城西北部，国道561沿线，交通较为便利。乡政府驻地距县城14公里，北与阿朗乡、旁多乡相连，西与强嘎乡接壤，南与甘曲镇为邻，平均海拔高度在3900米。

2017年，松盘乡共有1136户，其中农业户1049户，牧业户87户，总人口为4911人，农业人口4475人，牧业人口436人，其中劳动力2769人，妇女劳动力1377人。松盘乡乡机关共有干部职工46名（其中借调8名、下沉5名、大学生“村官”1名），党员427名，其中农牧民党员375名、三老人员22名。下辖1个村党委、4个党总支、19个党支部、4个村委会、15个村民小组、一所中心小学、一个卫生院、一个派出所、6座寺庙、87名“双联户”代表。

【经济发展】 2017年，农村经济总收入达6635.73万元，其中第一产业收入达3849.94万元、第二产业收入达611.52万元、第三产业达2174.27万元，人均纯收入1.16万元，比2016年增加16%，人均现金纯收入8302.78元，比2016年增加17%。牲畜年末存栏量为18020头，牲畜疫苗注射率达100%，幼畜生活率达95%以上，牧业总收入1433.61万元。

【项目实施】 年内，在全乡范围内实施和建设包括小康安居示范工程、扶贫集中搬迁安置点建设工程、扶贫大型便民超市工程等项目，配合实施国道561至夏热组公路、旁多水利枢纽附属工程东西灌渠等重点项目。积极协调西藏创科农业科技有限公司，流转松盘村4400亩土地种植饲草，为松盘村增加集体收入61.9734万元，为群众增收50万余元。下一步计划流转1200亩土地用于建设光伏电站和奶牛养殖基地（其中1000亩用于建设50兆瓦光伏电站，投资约5亿元；200亩地用于建设奶牛养殖基地，投资3亿元，计划养殖2000头奶牛）。

【“两学一做”专题学习教育】 年内，松盘乡以“两学一做”专题学习教育为载体，选准课题，召开推进“两学一做”学习教育常态化制度化工作座谈会，制定《松盘乡关于推进“两学一做”学习教育常态化制度化的实施方案》《松盘乡“两学一做”学习教育常态化制度化督导工作方案》。充实完善《松盘乡“两学一做”学习制度》《松盘乡党委理论中心组学习制度》，规定每周三为理论中心组暨“两学一做”学习会。共开展“两学一做”学习教育32次，理论中心组学习26次，组织开展座谈会3次，乡村党组织书记讲党课7批次，撰写心得体会80余篇，撰写理论文章18篇。

【“四讲四爱”主题教育实践活动】 年内，松盘乡先后召开动员部署培训会6次，总结会4次。先后投入经费5万余元，制作“四讲四爱”广告牌、宣传栏、横幅、海报和宣传彩页，下发农牧民版《习近平总书记重要讲话摘录100句》4900多册。通过“八宣讲”（乡党委书记宣讲、宣讲员宣讲、驻村工作队宣讲、村党组织书记宣讲、小组长宣讲、联户代表宣讲、人大代表宣讲和党员宣讲）和“四宣讲”（开会宣讲、入户宣讲、工作间隙宣讲、田间地头宣讲）模式，深入开展各类宣讲532场次，受众人数达10652人次。先后2次召开工作推进会，开展督导检查14次，开展演讲比赛、学唱比赛、新旧西藏对比图片展等各类活动35次。

【党建工作】 年内，松盘乡党委先后2次组织开展对各村农牧民党员人数及信息的核实录入。列支资金5700元购置“全国党员管理系统”专用笔记本电脑，并安排专人负责系统的日常维护。根据各村党员人数，申请调整设置各村党支部，经县委批准成立村党委

2017年6月20日，西藏自治区党委常委、拉萨市委书记白玛旺堆（前排左三），拉萨市委副书记、市长果果（前排左二）在林周县松盘乡松盘村格桑塘奶牛养殖示范园区调研

2017年9月5日，拉萨市委组织部副部长杨栋章在松盘村检查指导抓党建促脱贫攻坚工作

1个、村党总支3个、村小组党支部15个。坚持"三会一课"制度。依托"两学一做"学习教育、"四讲四爱"主题教育实践活动、"主题党日+"活动，深化"三会一课"等组织生活，不断加强基层党组织的政治功能和领导核心地位。乡党委带头召开2016年度民主生活会，各党组织相继召开组织生活会和民主评议党员工作；2017年全乡共计发展预备党员17名，其中农牧民党员11名。依托党组织和党员信息采集工作，完善党员的基本信息。加强对流动党员的教育管理，引导其自觉履行党员义务，正确行使党员权力。加强对党员的奖惩力度，充分利用"七一"表彰先进基层党组织和优秀党员，同时畅通党员"出口"，不断纯洁党员队伍。全年党员自发组织维修道路2次，自发组织值班巡逻25次，自发组织开展环境清理3次，党员的先锋模范作用得到进一步发挥。

【换届工作】 年内，为做好村级组织换届选举工作，松盘乡先后20余次召开推进会安排部署，3次组织开展村级财务清理和离任审查工作，4次组织开展后备人选的海推工作，3次召开乡党委班子（扩大）会议研究人事安排方案，扎实开展软弱涣散党组织的整顿转化工作，于11月28日至12月25日圆满完成村级组织的换届选举工作。全乡新一任村"两委"班子共28人，中共党员28名，初中及以上学历干部28名，交叉任职16名，妇女干部4名，新进班子成员7名，留任班子成员21名，平均年龄46.6岁。

【党风廉政建设】 年内，松盘乡始终坚持一手抓改革发展，一手抓党风廉政建设和反腐败斗争，积极落实"两个责任"，坚持全面从严治党。在村级组织换届选举的人事安排方案上，坚持"德才兼备、以德为先"的用人原则，强化选人用人责任。围绕党委、政府重点工作开展督导检查81次。制定并完善《松盘乡党委议事规则和决策程序》，强化"三重一大"事项的监督和管理，积极践行一把手末位发言制。与所辖干部职工签订《松盘乡干部职工八小时以外监督管理责任书》《松盘乡共产党员、国家公职人员严禁参与赌博或带有赌博性质娱乐活动承诺书》《林周县党员干部遵规守纪承诺书》《个人岗位廉政风险点等级确定和防控措施表》，加强对党员干部的监管。组织开展第一书记和书记述责述廉质询评议会议。全年组织开展党内法规廉政学习21次，对19名干部进行谈心谈话，对32名干部进行廉政谈话，先后9次召开会议进行节前廉洁提醒。

【精准扶贫】 年内，松盘乡严格落实中央"六个精准""五个一批"和自治区"八个到位"的工作要求，大力实施"六脱"措施，脱贫攻坚取得良好成效。2017年，全乡扶贫产业项目3个，其中大型便民超市主体已完工，温室大棚已进行第一轮邀标摇号，半细毛羊养殖项目已完成设计评审。全年种草3170亩，受益覆盖全乡贫困户，人均增收达到600元左右。2017年，确定搬迁78户353人（其中拉萨搬迁34户161人，集中安置44户192人）；全乡建档立卡贫困户中以教扶持246人，其中十五年免费教育学生数201人、"两后生"21人、大学生24人。乡党委、政府每年争取援藏资金（昆花奖学金）5万元为当年被大学录取的学生提供学费、生活补助。为全乡21名贫困大学生兑现资助金147510元。积极配合县以教组将2016年搬迁拉萨的23名学生转学至拉萨；年初根据《关于全区生态补偿保护岗位及定向补助政策的解释》相关要求，结合实际安排以补岗位598个；补充确定2016年建档立卡定向补助人员338人、低保户定向补助人员140人，确定2017年建档立卡定向补助人员369人、低保户定向补助人员142人，并且均已录入系统。2017年及时兑现以补岗位工资131.1万元（对2016年一人双岗的62人次进行调整抵扣）、2016年定向补助资金74.09万元、2017年定向补助资金40.3179万元。两年共计兑现资金434.5079万元，年人均增收1716元。

全乡共有城镇低保24户25人、农村低保59户226人（其中1户2人为建档立卡贫困户）。认真做好全乡贫困人口中21名残疾人的社会保障工作。无劳力和劳力差的11人享受政策性补助，有劳力的6人享受以补岗位，2人于2016年搬迁至拉萨，3人将于2017年实施搬迁。乡党委、政府先后主动为16户突发大病的贫困户和非贫困户家庭争取医疗救助和爱心捐款114500元，为拉木村次旦边巴办理住院治疗一站式服务报销。按要求统计全乡风湿病患者441人，其中贫困户家庭成员68人，有意愿做膝关节置换手术的4人。

【农牧工作】 年内，在县有关部门的指导下松盘乡完成第三次全国农业普查的摸底、登记及PDA录入工作。顺利完成2017年春、秋季动物重大疫病防疫工作，口蹄疫、蓝耳病及禽流感疫苗注射率达到100%。完成白定村青稞良种“喜马拉雅22号”推广种植1000余亩，粮食产量同比提高80%。组织各村开展“田间管理、清除杂草、保证产量”活动。在汛期排除各类安全隐患点13处，并积极协调有关部门解决。组织发放《农村土地承包经营权证》942本，土地确权面积16545.86亩。协调县农牧局在全乡境内完成7500余亩土地深耕深松项目，推广饲草种植8000余亩，促进农牧民群众增收。

【民生改善】 年内，在县直有关部门的指导和帮助下，松盘乡民生进一步改善。在县民政局的指导下，乡政府集中利用一个月的时间，对全乡低保户105户341人进行全面的入户核查，最终全乡清退低保户24户98人，新增2户6人，2个新生儿，现有民政低保户83户251人。2017年共发放医疗救助、残疾人、五保户、“三无”人员等相关资金共计679004.12元；严格按照《松盘乡包虫病综合防治工作方案》，组织全乡联户代表及兽医采取分片包干的形式，对自己所在的联户单位家养犬进行投药驱虫并对犬类粪便进行清理，从源头上控制疾病的传播。大力开展“包虫病”防治工作，共计登记349户农牧民饲养家犬391条。组织全体干部群众配合乡卫生院开展包虫病的筛查工作，共计筛查4570人，其中血清阳性274人，疑似病例22人，最终确诊4人；全年共发放新农保、新农合、草补资金、涉农保险、家具补贴等在内的各类强农惠农、政策性补助资金962.91万元，公开透明发放各类资金，坚决杜绝各类资金被截留、挤占或挪

2017年3月5日，县委常务副书记潘志嘉在藏历新年慰问看望结对帮扶贫困户

2017年11月2日，县委副书记、人大常委会主任格旦次仁在松盘乡慰问生活困难党员

用等现象的发生；全面推行并完善农牧区合作医疗制度。2017年农村合作医疗筹资4577人，筹资137310元，住院报销154人次，报销金额692905元；农村养老保险征缴人数2484人，征缴金额296200元；城镇养老保险征缴54人，征缴金额5200元；全面落实“三包”政策，全乡在校大学生155人。2017年，全乡高校毕业生已就业28人、未就业19人。发放林周县在校大学生资助金140人671228.4元，其中建档立卡贫困户21人147510元。2017年高校毕业生26人，其中建档立卡贫困户4人；2017年高校新生37人，其中建档立卡贫困户6人。发放2017年困难新生入学路费补贴区内3人、区外1人，共计2500元。

【生态保护】 年内，乡党委、政府将环保工作列入全年重点工作计划，制定环保目标任务。为确保目标的实现，成立环境保护工作领导小组。组织党员干部群众对全乡范围内的环境卫生进行综合整治行动共计15次，对饮用水源保护区的整治情况进行实地检查5次。成立依法取缔乡域非法采石（砂）场领导小组，对全乡境内的相关采石（砂）厂予以关停，按照要求的时间节点处理现有的砂石并恢复原貌。利用“6·5”世界环境日通过悬挂横幅张贴标语，进一步提高广大群众的环保意识；配合环保部门开展小流域污染问题的整治，加强对全乡境内河床的污染治理，严格控制污染源头并大力推行河长制。结合全乡实际，乡村两级进一步细化“河长制工作方案”，形成全乡范围内每一段河（支）流都有专人负责的工作格局。组织村民开展对河道、水塘的清淤及卫生整治工作，有效减少防汛工作的压力及白色垃圾带来的污染；建立环境督查小组，每周三定期下村检查环境卫生，并责令卫生不合格的村组进行整改，每周四进行复查。

【民族团结】 年内，乡党委、政府始终把增强民族团结、促进各民族共同发展作为一项重要的政治任务来完成，引导干部群众牢固树立“三个离不开”意识。全乡在岗干部38名，其中藏族干部23名，占60.5%；汉族干部15名，占39.5%。党政班子成员9人，其中藏族干部6名，占67%；汉族干部3名，占33%。领导班子带头讲团结，关心关爱各族干部；为驻村工作队、村“两委”班子成员和机关干部发放《汉语藏语一本通》书籍和多媒体读物45份，充分利用工作间隙进行学习；利用宣传栏、悬挂横幅、张贴标语和召开宣讲会等方式，大力宣传党的民族理论和民族政策，促进民族团结宣传教育贴近群众、贴近基层、贴近生活；利用党委理论学习中心组和“主题党日+”活动的机会，组织党员干部群众学习有关法律法规和党的民族宗教政策，不断增强民族自尊心、自信心和自豪感。

【人大工作】 4月20日，松盘乡十三届人民代表大会第二次会议胜利召开。此次会议，共收到人大代表建议和意见77件，其中62件已办复，代表建议所提问题已经解决或基本解决的35件，正在解决或列入计划逐步解决的25件，因政策不允许、财力不足、条件不具备等原因，暂时不能解决的2件。

（谭正权）

【领导名录】
党委书记
晋美多吉（藏族）
党委副书记、乡长
荣聚金
党委副书记、人大主席
达　桑（藏族）
党建副书记
刘兆静（女）
组织委员
罗布卓玛（女，藏族）
纪检书记
石可永
人武部部长
蒲小龙（藏族）
副乡长
次仁卓玛（女，藏族）
达娃卓嘎（女，藏族）
农牧综合服务中心主任
白　桑（藏族）

唐古乡

【概况】 唐古乡位于林周县西北方95公里处，距离拉萨165公里，与那曲地区嘉黎县、拉萨市当雄县和拉萨市墨竹工卡县接壤，国土面积为1258.48平方公里，平均海拔4300米；全乡耕地面积7664.72亩，草场面积112.47万亩。唐古乡人民政府位于热振寺东侧400米，热振河边上。唐古乡是一个典型的以牧业为主农业为辅的乡，经济收入主要依靠牧业，第三产业基本处于空白状态，经济结构十分单一，所辖4个行政村，51个自然村，共986户，5594人（其中农业人口485户2458人），劳动力2634人，其中妇女劳动力1130人。乡机关干部职工57人，其中行政编制27人、事业编制30人（行政编制借调8人，抽调1名，下沉干部2人，第一书记3人；事业编制借调8人，驻村1人，下沉干部3人，第一书记1人，产假1人），公益性岗位2人、电影放映员1名、村干部27人，村小组长18人，妇女主任4人，全乡6个党支部组织，2017年藏雄村党支部调整为党委；唐古村、江多村、恰扎村党支部调整为党总支，唐古乡机关、唐古乡中心小学为党支部，全乡党员共390人。

【党的建设】 年内，唐古乡把加强领导班子建设放在全乡工作的大局来考虑，不断优化班子结构，提高领导班子整体水平。抓思想政治建设。健全和完善班子成员学习制度，认真学习领会党的十八届三中、四中、五中、六中全会精神，不断提高党政班子成员思想政治素质和业务水平，进一步提高执政能力和执政水平。坚持民主集中原则。凡涉及全乡经济社会发展的重大问题决策，严格按照程序办事，由乡党委集体讨论决定，从而充分调动班子成员的能动性和积极性，突出班子的集体领导地位，营造和谐的氛围。加强党委议事和决策程序的规范。制定相关细则，围绕决策、执行、监督三个重点环节，对议事范围、议事原则、议事形式以及执行、监督、纪律等进行更加具体的规范，使党委议事和决策严格按法定程序规范运行，确保党委议事和决策的科学化、民主化、合理化。维护好班子团结，班子成员多谈心、多交流，彼此信任，协商共事，和谐相处，形成人齐、心齐、气顺、风正、劲足的局面。

【干部队伍建设】 年内，建立健全坚守工作岗位制度、建立健全请示报告制度、完善干部管理工作

2017年7月23日，县委副书记、县长高军，县委常委、副县长方文伟在唐古乡考察牦牛养殖项目

制度等，进一步提高机关干部的服务意识和工作效率；对全年党委、政府目标任务进行逐项分解细化，明确相应责任人；集中利用一个月时间对机关进行作风整顿活动，提高机关干部工作作风；扎实开展“为了谁、依靠谁、我是谁”大讨论活动；要求机关干部深入群众了解掌握社情民意，了解掌握村干部和党员、群众的思想动态，以及各类苗头性问题，做到矛盾及时化解。落实领导干部与部门工作人员经常性谈话谈心制度。

【“两学一做”学习教育开展情况】年内，根据《中共中央办公厅印发〈关于在全体党员中开展“学党章党规、学系列讲话，做合格党员”学习教育方案〉的通知》《中共中央组织部印发〈关于“两学一做”学习安排的具体方案〉的通知》和中央、区、市、县“学党章党规、学系列讲话，做合格党员”学习教育（以下简称“两学一做”学习教育）工作座谈会精神，以基础在学、关键在作为主线，以坚持党要管党从严治党、落实党章关于加强党员教育管理要求、面向全体党员深化党内教育的为要求，推动党内教育从“关键少数”向广大党员拓展、从集中性教育向经常性教育延伸为重要举措，拓展党的群众路线教育实践活动、“三严三实”和“忠诚干净担当”专题教育成果。乡党委成立“两学一做”专题学习教育实践活动领导小组，领导小组下设办公室，负责教育实践活动的具体工作，对教育实践活动进行科学、合理安排。共召开座谈会8场，走村入户谈心谈话195户，发放征求意见建议表420份，收回395份，共收集意见建议24条，归纳整理为9条。并认真撰写对照检查材料，使召开的组织生活会、民主生活会达到“红红脸、出出汗”的要求。同时唐古乡党委始终以严的纪律、严的标准、严的措施贯穿整个活动，使“两学一做”学习教育实践活动取得良好的效果。

【精准扶贫】年内，唐古乡建档立卡贫困户共计234户1152人，2016年已脱贫69户，351人，已达到整乡脱贫，其中恰扎村和江多村实现全村脱贫。2017年，建档立卡户为233户（其中一户因老去世），2017年脱贫162户846人，搬迁至拉萨69户385人（2016年已有25户128人搬迁至拉萨城关区），本乡集中搬迁100户470人已搬迁完毕。

建档立卡。2016年，唐古乡严格按照规模分解、初选对象、公示公告、结对帮扶、制定计划、数据录入、数据更新等7个步骤，稳步推进，完成全乡234户1152人建档立卡贫困户的“一户一档”建立和国家及拉萨市系统录入工作。2017年，唐古乡在上级有关部门的领导下，坚决打赢脱贫攻坚战，截至10月，唐古乡仅剩2户9人未脱贫；产业扶持到村到户。投资117万元，实施唐古村扶贫牦牛养殖项目，现已有50户参与。下一步，唐古乡将在现有基础上（339户），将项目范围扩大、户数增加，力求惠及更多群众。至今唐古乡已申报21个产业项目；通过“以补脱贫”措施，解决政策性就业安置岗位604个，涉及建档立卡贫困群众223人，非建档立卡贫苦群众381人，涉及“以补”资金181.2万元（3000元/人/年）。其中，交通管护员18人，草监员232人，重点公益林管护护林员227人，自治区级以上片段保护区

2017年10月6日，县委常委、副县长方文伟在唐古乡指导维稳工作

野生动物疫病检测员12人，沙化土地封禁保护管护员36人，环境监督员1人、水利协管员2人、乡镇保洁员2人、地质灾害监测员1人。2017年，所有相关资金已全部发放完毕；按照县委、县政府提出的塑造“古刹灵山秀水、美丽生态林周”的发展定位和“培育本土品牌和地理标识，加快净土健康产品走出去步伐”“鼓励支持民族手工业发展”的指导方针，认真分析唐古的资源特点，结合实际申报7个产业发展项目，涉及资金920万元，可带动200户建档立卡贫困户每人每年增收1000元。具体包括：恰扎村藏泉药浴馆项目，计划投资160万元，可带动15户建档立卡贫困户每人每年增收700元（15人）；唐古村高海拔粮油加工包装厂项目，共需投资160万元，将带动40户建档立卡贫困户每人每年增收1100元（40人）；唐古村旅游度假村项目，计划投资110万元，能够带动30户建档立卡贫困户每人每年增收1000元（40人）；唐古村马术体验中心项目，该项目计划投资160万元，能够带动50户建档立卡贫困户每人每年增收800元（50人）；唐古村精准扶贫集中搬迁点商品房建设项目，计划投资180万元，可带动30户建档立卡贫困户每人每年增收1000元（30人）；唐古村手工艺品加工厂项目，计划投资80万元，能够带动20户建档立卡贫困户每人每年增收900元（20人）；唐古村温室大棚项目，项目总投资为70万元，可带动15户建档立卡贫困户每人每年增收900元（15人）。

2017年9月18日，林周县政协党组书记、主席格桑次仁在唐古乡调研村“两委”换届工作

【党建带群团建设】 年内，按照上级党建带团建指导思想，积极探索党建带群团组织建设的新形式、新路子，促进党建和群团建设工作的深入开展。高度重视，统筹部署。把群团组织工作纳入党建的重要内容来抓紧抓好抓落实，并把此项工作作为村党支部年终考核主要内容之一，与评选先进和奖惩挂钩。健全制度，强化落实。结合共青团、妇联和工会工作实际，完善各项工作制度，建立健全长效机制，成立督查组，负责对村级党建工作及共青团、妇联工作进行督促检查，进一步促进党建带群团组织建设工作落到实处。创新载体，构建平台。结合党建活动的开展，构建女性创业和活动平台，妇联通过开展“双学双比”等创建活动，共青团通过评选优秀团干事等活动，实现党建和群团组织建设的联动性发展。

【后备干部培养】 村党支部书记是村党组织管方向、带队伍的“领头雁”，是村级工作的主要领导者和决策者，是党和国家各项方针政策在农牧区的宣传者和落实者，是团结带领农牧民群众发展致富、反对分裂、维护稳定、促进和谐的组织者和管理者。开展“领头雁”工程，着力选优训强村（居）党支部书记，是基层组织建设年的有效载体，是加强农牧区基层党组织建设的有力抓手，是社会主义新农村建设的重要保证，直接关系唐古乡跨越式发展和长治久安、全面建成小康社会的成败。为建立一支素质优良、数量充足的村级后备干部队伍，确保党在推进农村各项事业中后继有人。唐古乡按照1∶2的比例，建立完善村党支部书记后备干部队伍。加强后备干部的政治理论学习。每月至少组织集中学习一次。学

2017年5月22日，唐古乡开展"党的恩情怎么报"群众演讲比赛

习内容为习近平总书记系列重要讲话精神及党的十九大和十九届三中、四中、五中、六中全会精神。做到政治上严要求，业务上多培养，培养年轻干部的党性修养和纪律观念；加强后备干部的综合素质提高。引导和培养后备干部广泛学习各种知识，学习先进的管理理念，加强学习和锻炼，不断提高自身综合素质，更好地适应新世纪信息时代农村各项工作的需要；注重培训和锻炼。做到"重点后备干部重点培养，优秀人才优先培养"，把有发展潜力的年轻干部放在一定岗位上，压担子、多锻炼，在实践中提高素质，增强技能，增长才干；加强日常教育管理。乡机关干部不定期找后备干部谈心，了解他们的思想、工作情况，肯定成绩、指出不足，帮助后备干部认识工作中的不足，提高综合素质，不断提高解决各种问题的能力。

【村级组织换届】 年内，成立以乡党政主要领导带头、分工明确的换届工作领导小组，确定专门的办公室、工作人员以及派驻各村的副科级换届指导员，确保为各村"两委"换届工作提供坚强的组织保障；氛围营造。年内，为广泛营造换届选举工作氛围，唐古乡通过悬挂横幅宣传换届标语6条，利用LED显示屏滚动播放藏汉双语换届标语、换届纪律21条，手写藏语版换届标语、换届要求54条，在每个村小组张贴3条，专门组织各村第一书记、驻村工作队长召开工作部署会议7次；现任班子成员民主评议。为深入群众全面了解全乡各村现任班子成员在群众中的口碑情况，乡党委组织成立专门小组，前往18个村民小组进行实地走访。通过集中民主评议和个别谈话，基本掌握群众对现任班子成员的意见看法。总的来说，各村群众对现任班子成员比较满意，希望成员继续留任。也有个别群众认为，有些班子成员能力不强、履职尽责不力，在带领群众脱贫致富方面缺乏思路。还有的群众对村干部在确定建档立卡贫困户时没有做到对长期在外务工人员一视同仁，让他们失去享受国家政策的机会；拟任班子成员人选摸底调查。为进一步了解群众对新一届班子成员人选的具体看法，乡党委组织换届专干、各村第一书记以及驻村工作队长分别开展小组"海推"。从总体来看，各村基本实现每户至少有一人到场。年内，全乡4个行政村的26名（唐古村妇女主任于2016年10月病逝）"两委"班子成员中，有24名被推荐为候选人。另外两人中，一人因年龄原因自愿退出，另外一人得票略低于对手。村党组织推荐新入班子的3名候选人中，2名候选人经过群众检验并占据绝对优势，另外一人票数略低于对手。总的来看，基本符合乡、村两级党组织意图；充分调研，制定切实可行的实施方案。成立换届选举调研组，逐村了解情况，广泛征求意见建议，摸透村情民意，结合实际制定《唐古乡村"两委"换届工作实施方案》；加大排查，确保稳定。联合派出民警深入各村进行巡查，全面排查不稳定因素和矛盾问题，研究制定《村"两委"换届期间维护稳定工作应急预案》，确保换届期间辖区和谐稳定；严格程序，依法选举。将严格按照县换届办工作要求，组织召开换届动员部署会，传达区市县级工作指示，并对辖区各村级组织换届选举委员会成员进行集中培训，确保按照“公开、公平、公正”的原则，将选举委员会成员、选民名单、候选人、选举日、投票时间、投票地点、选举工作人员、选举结果等逐项进行公开，使换届全过程透明，切实保障村民的知情权和监督权，全面做好接下来的选举工作。同时，进一步细化换届工作方案和维稳应急预案，确保安全顺利完成整个换届选举工作。

12月7日，唐古乡村级组织换届工作正式结束，唐古乡现任村“两委”班子成员27名，其中正职8名，副职10名。

【党员教育培训】 年内，认真贯彻落实党员教育培训工作规划和各级实施意见，制订全年教育培训计划，使党员教育培训扎实有序开展。强化乡党校、党员轮训课堂的阵地建设。年内，共宣传党的十九大精神12次，宣传十八次届五中、六中全会精神10次，25名村干部和387名党员参加学习。努力培养造就一支素质较好、作风较扎实、努力做事、能干事的党员队伍。

【经济发展】 年内，认真贯彻落实县经济工作会议精神，想方设法增加群众收入。积极申报牦牛集中饲养项目，选址恰扎村巴荣组。积极发展壮大村级集体经济。2017年唐古村新建一批整村推进扶贫商品房，已被全部预订出租。在产业发展方面，完成申报的6个产业发展项目预计建成后可以带动180户190人建档立卡贫困群众年人均增收1000元。

2017年，唐古乡牲畜存栏达到34800头（只、匹）；新生仔畜4563头；共出栏14298头（匹、只），出栏率达到41.1%。2017年，唐古乡人均年收入为45153.9元，现金收入10105.03元，全乡国民生产总值为250604193元，其中，农业收入69419607.35元，牧业收入162343956元，同比增收24.7%，其他收入18840630元，同比增收19.6%。

【劳务输出】 年内，组织劳务输出926人，实现经济收入1324882元；自发劳务输出417人，实现经济收入208360元；组织劳力转移就业186人，实现经济收入1122684元；自发劳力转移就业105人，实现经济收入179854元。

【风景旅游】 唐古乡生活着世代居住的藏族同胞，大部分以畜牧为生。在这里民族民俗文化艺术底蕴深厚，热振文化远近驰名，热振卓舞因其历史悠久、流传广泛、内容丰富、深受农牧民群众喜爱而享誉四方，从而源远流长。唐古乡拥有著名的热振牦牛肉、羊肉，虫草、贝母、藏红花、雪莲花等特产。

唐古乡境内坐落着热振寺和桑旦林寺两座历史悠久的寺庙，其中，有着近千年历史的藏传黄教寺庙—热振寺，坐落在美丽的热振国家森林公园内，公园内有着树龄均在千年以上的参天巨柏林，生存着各种珍稀野生动物，沿着热振河流域绵延近30公里，形成独特秀美的河谷风光，该寺的热振呼图克图是清代以来西藏四大呼图克图之一，曾两度出任西藏政府摄政王，在广大信教群众中，有着极高的声望。由中央批准并报经西藏自治区人民政府任命的七世热振活佛。随着旅游业的不断发展以及交通状况的不断改善，前来唐古乡的游客不断增加，据不完全统计，仅在2017年的“恰达曲巴”“库由曲

2017年5月24日，唐古乡恰扎村开展“四讲四爱、喜迎十九大”活动

巴”节日期间，前来旅游、朝佛的人数就接近20000人。

另一座寺庙—桑旦林寺，坐落于热振国家森林公园腹地，松柏群山之中，有一条清幽小路通往该寺庙。寺庙周围环境优美，空气清新，小路两边野兔、野鸡成群结队，在小路上就能听见隐约的诵经之声，给人一种洗涤心灵、融入自然的感觉。寺庙依山而建，层层叠叠，煞为宏伟壮观，著名的“阿热巴扎”矿泉水从寺中蜿蜒而过，仿佛在向游人们诉说着这座寺庙的古老和神奇。

【生态保护】 年内，唐古乡多次组织召开环境保护工作会议，研究部署“河长制”落实工作。同时，乡政府与各村层层签订环境保护工作责任书，确保环保责任落实到人。截至年底，全乡各村组基本实现环境卫生人人抓，环境保护为人人的工作氛围，群众的环境保护意识明显增强，乱扔垃圾的行为得到有效遏制。

【城镇建设】 从林周县城出发15公里柏油路，再行使140公里二级沙石路和柏油路就到唐古乡人民政府。唐古乡人民政府到江多村村委会是乡村柏油路，距离为11公里；到恰扎村村委会为乡村柏油路，距离为5公里；到藏雄村村委会为乡村柏油路，距离为23公里；到唐古村村委会为乡村柏油路，距离为0.5公里。唐古乡各村人畜饮水设施均已完善，其中较远的个别自然村未能实现集中供水，另唐古乡全乡境内通电率已达到100%。

【教育工作】 年内，通过唐古乡党委、政府积极的宣传和扎实的工作，加大“控辍保学”力度，切实抓好小学、初中的入学率和巩固率。通过奖励学习优秀的学生等措施，鼓励、促进唐古乡适龄儿童上学，截至年底，唐古乡适龄儿童入学率和巩固率分别达到100%和100%；初中学生巩固率和升学率分别达到100%和98.8%。

【医疗卫生】 年内，唐古乡党委、政府组织人员进行大量、深入、细致的宣传，唐古乡农牧民群众对新型合作医疗达到家喻户晓的程度，经过乡党、委政府的积极动员，唐古乡共有5378人参加农牧区新型合作医疗，参保率达到100%。为进一步加强对人与动物间鼠疫的防控工作，乡卫生院认真开展乙肝、糖丸等计划免疫工作和育龄妇女的统计工作。同时，乡党委、政府协同卫生院，进一步加强对妇女卫生保健知识的宣传，免费发放药品和计生用品。

2017年，合作医疗参保5380人，筹资161400元（30元每人），参保率96.2%。年内，共开展各类核销、报销乡级核销17506人次，共计兑现资金973451.63元；包虫病筛查工作有序开展，共计筛查4462人。其中，B超疑似包虫病40人（4人未复查），血清包虫病阳性342人，囊肿31人，确诊18人（8人已做手术、10人未做）。2017年，唐古乡孕妇入院率达到100%。辖区内也未发生一起关于食品、药品的事故。在“三险”方面，经过乡党委、政府的积极动员，农牧民群众对新型医疗合作达到家喻户晓的程度。

【最低生活保障】 截至年底，唐古乡共有低保户54户、共249人，资金由县财政直接打入低保户卡中，资金发放率达到100%；“五保户”3户共3人，资金发放率达到100%，为唐古乡低保户和“五保户”提供生活保障。

【社会治安综合治理】 年内，加强“和谐寺庙”和“平安村”的创建工作，在寺管会和驻寺工作组的积极配合下，认真开展寺庙法治宣传教育工作，进一步建立健全寺庙管理的各项规章制度，完善各类台账，组织寺庙僧尼进行防火防盗演练，切实加强寺庙僧尼的防火防盗意识，加强文物的保护力度。

（陈泰旭）

【领导名录】

党委书记

赵 继 荣

党委副书记、乡长

洛桑桑旦（藏族）

人大主席

杨 高 斌（藏族）

党委副书记

秦 晓 华（女）

党委委员、纪委书记

晋美朗杰（藏族）

党委委员、人武部部长

李 雪 斌（藏族）

副乡长

尼玛旦达（藏族）

仁 青（藏族）

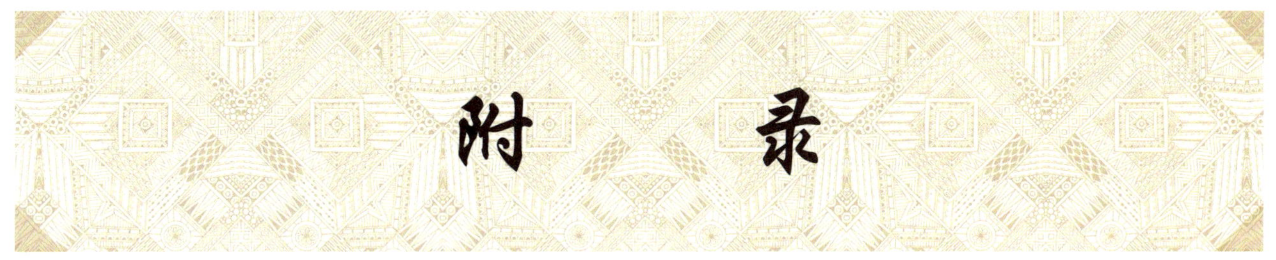

受县（区）级以上表彰的先进集体名录

表 4

获奖单位	获奖名称	表彰时间	授予单位
边交林乡卡优村农机合作社	国家级农业示范合作社	2017 年	农业部
林周县工商业联合会	全国“五好”县级工商联	2017 年	中华全国工商业联合会
边交林乡当杰村	全区 2017 年度“双联户”创建活动先进村	2017 年	自治区党委、自治区政府
林周县委统战部	西藏自治区优秀驻村工作先进集体	2017 年	自治区党委、自治区政府
林周县春堆乡工会委员会	全区乡（镇）工会规范化建设“八有”达标单位	2017 年	自治区总工会
林周县阿朗乡工会委员会	全区乡（镇）工会规范化建设“八有”达标单位	2017 年	自治区总工会
林周县公安局	2015—2016 年度青年文明号	2017 年	共青团西藏自治区委员会
林周县公安局澎波路便民警务站	西藏自治区文明便民警务站	2017 年	自治区精神文明建设指导委员会办公室、公安厅
林周县人民检察院	2016 年度全区检察机关先进集体	2017 年	自治区人民检察院
中国邮政集团公司西藏自治区林周县分公司	优秀农村邮政支局（所）	2017 年	中国邮政集团公司工会西藏自治区委员会
林周县政府	拉萨市第三届非公经济发展先进单位	2017 年	拉萨市委、市政府
边交林乡当杰村	拉萨市 2017 年度“双联户”创建活动先进村	2017 年	拉萨市委、市政府
卡孜乡田嘎村	拉萨市 2017 年度民族团结先进集体	2017 年	拉萨市委、市政府
阿朗乡政府	林周县 2017 年度“先进双联户”创建活动乡级先进村	2017 年	拉萨市委、市政府
强嘎乡政府	拉萨市“双联户”工作先进乡	2017 年	拉萨市委、市政府
强嘎乡政府	拉萨市优秀驻村工作队	2017 年	拉萨市委、市政府

续表4

获奖单位	获奖名称	表彰时间	授予单位
典冲村驻村工作队	拉萨市优秀驻村工作队先进集体	2017 年	拉萨市委、市政府
林周县委政法委	2017 年度社会治安综合治理工作三等奖	2018 年	拉萨市委、市政府
林周县中学	2017 年度民族团结进步模范集体	2017 年	拉萨市委、市政府
林周县中学 2017 届年级组	优秀教师团队	2017 年	拉萨市委、市政府
林周县工商业联合会	服务民营企业先进单位	2017 年	拉萨市委、市政府
林周县财政局	拉萨市 2017 年度民族团结进步模范集体	2017 年	拉萨市委、市政府
卡孜乡政府	拉萨市民族团结进步创建活动示范单位	2017 年	拉萨市委、市政府
江热夏乡综治办	“双联户工作”市级先进集体	2017 年	拉萨市委
林周县工业和信息化局	拉萨市 2016 年度招商引资工作三等奖	2017 年	拉萨市政府
林周县中学	2016—2017 学年优秀团队奖	2017 年	拉萨市政府
林周县统计局	2016 年度全市统计调查工作先进集体	2017 年	拉萨市政府
林周县政府办公室	2016 年全市藏语文工作先进集体	2017 年	拉萨市政府
林周县政务服务中心	全市工人先锋号	2017 年	拉萨市政府
林周县黑颈鹤民间艺术团	第三届拉萨市民间艺术团文艺调演歌曲类一等奖	2017 年	拉萨市政府、拉萨市委宣传部
林周县纪委	2017 年度拉萨市纪检监察信息工作先进集体	2017 年	拉萨市纪委
林周县委组织部	2016 年度信息工作先进集体	2017 年	拉萨市委组织部
林周县委组织部	2016 年度网宣(评)工作先进集体	2017 年	拉萨市委组织部
林周县司法局	拉萨市 2016 年度普法工作先进集体	2017 年	拉萨市委宣传部、市司法局、市普法办
林周县总工会	2016 年度全市工会结对帮扶村(居)工会工作先进集体	2017 年	拉萨市总工会
林周县总工会	2016 年度全市工会工作目标责任考核二等奖	2017 年	拉萨市总工会
林周县公安局甘曲路便民警务站	拉萨市妇女儿童维权服务岗先进集体	2017 年	拉萨市政府妇女儿童工作委员会
林周县公安局	拉萨市公安系统第一届“平安拉萨”杯篮球足球比赛优秀组织奖	2017 年	拉萨市公安局
林周县公安局治安大队	拉萨市公安局“九大专项行动”阶段性工作先进集体	2017 年	拉萨市公安局
林周县公安局	2016 年度全市公安机关执法质量考核先进单位	2017 年	拉萨市公安局
林周县公安局	2016 年度优秀县(区)公安局	2017 年	拉萨市公安局
林周县公安局国保大队	“党的十九大”安保维稳工作集体嘉奖	2017 年	拉萨市公安局

续表4

获奖单位	获奖名称	表彰时间	授予单位
林周县人民检察院	2016年基层检察院综治维稳先进单位	2017年	拉萨市人民检察院
林周县人民法院民事审判庭	2016年度先进集体	2017年	拉萨市中级人民法院
林周县文物局	2016年度全市文物安全工作先进集体	2017年	拉萨市文物局
共青团林周县委员会	2016年度拉萨市预防青少年违法犯罪工作目标考核成绩突出奖	2017年	拉萨市预防青少年违法犯罪工作领导小组办公室
林周县中学	2017年禁毒知识竞赛优秀奖	2017年	拉萨市禁毒委员会办公室
中国邮政集团公司西藏自治区林周县分公司	先进集体	2017年	中国邮政集团公司拉萨市分公司
中国邮政集团公司西藏自治区林周县分公司	季度业务优秀团队	2017年	中国邮政集团公司拉萨市分公司
中国邮政集团公司西藏自治区林周县分公司	发展优胜奖	2017年	中国邮政集团公司(北京市)
林周县委组织部	2011—2015年全县法治宣传工作先进集体	2017年	林周县委、县政府
林周县委宣传部	2011—2015年全县法治宣传工作先进集体	2017年	林周县委、县政府
林周县委统战部	2017年度民族团结进步模范集体	2017年	林周县委、县政府
共青团林周县委员会	林周县2016年度县直机关目标绩效争先进位考核三等奖	2017年	林周县委、县政府
共青团林周县委员会	2016年度社会治安综合治理工作先进集体	2017年	林周县委、县政府
林周县妇女联合会	林周县2017年度民族团结进步模范集体	2017年	林周县委、县政府
林周县人大常委会办公室	2011—1015年法治宣传工作先进集体	2017年	林周县委、县政府
林周县人大常委会办公室	2017年民族团结进步模范集体	2017年	林周县委、县政府
林周县人民检察院	2011—2015年全县法治宣传先进集体	2017年	林周县委、县政府
林周县人民检察院	林周县创先争优强基础惠民生优秀组织单位	2017年	林周县委、县政府
林周县人民法院办公室	2011—2015年全县法治宣传工作先进集体奖	2017年	林周县委、县政府
林周县司法局	林周县2016年度县直机关目标绩效考核进位奖	2017年	林周县委、县政府
林周县财政局	2011—2015年全县法治宣传教育先进集体	2017年	林周县委、县政府
林周县政府办公室	林周县2017年度民族团结进步模范集体	2017年	林周县委、县政府
林周县中学	“四讲四爱”喜迎党的十九大主题教育实践活动先进单位	2017年	林周县委、县政府
甘旦曲果镇政府	2011—2015年全县法治宣讲教育先进集体	2017年	林周县委、县政府
春堆乡委员会	创先争优惠民活动优秀组织单位	2017年	林周县委、县政府
阿朗乡政府	2017年度“先进双联户”创建活动先进乡	2017年	林周县委、县政府

续表4

获奖单位	获奖名称	表彰时间	授予单位
旁多乡政府	2016—2017 学年度教育管理先进乡（镇）	2017 年	林周县委、县政府
强嘎乡政府	“双联户”工作先进乡	2017 年	林周县委、县政府
强嘎乡政府	2016 年度纪检监察工作先进集体	2017 年	林周县委、县政府
松盘乡政府	“四讲四爱”喜迎党的十九大主题教育实践活动先进单位	2017 年	林周县委、县政府
松盘乡政府	2016—2017 学年度教育管理先进乡	2017 年	林周县委、县政府
唐古乡政府	2011—2015 年全县法治宣传工作先进集体	2017 年	林周县委、县政府
唐古乡政府	2016 年度社会治安综合治理工作先进集体	2017 年	林周县委、县政府
唐古乡藏雄村	“四讲四爱”先进党支部	2017 年	林周县委、县政府
边交林乡政府	2017 年度“双联户”创建活动先进村	2017 年	林周县委、县政府
林周县公安局	优秀基层党组织	2017 年	林周县委
春堆乡委员会	学党章党规知识竞赛二等奖	2017 年	林周县委
江热夏乡司法所	“六五普法”工作先进集体	2017 年	林周县委
江热夏乡综治办	“双联户工作”县级先进集体	2017 年	林周县委
卡孜乡政府	先进基层党组织	2017 年	林周县委
林周县委组织部	2017 干部职工农牧民群众足球篮球联赛 体育道德风尚奖	2017 年	林周县政府
松盘乡政府	2017 干部职工农牧民群众足球篮球联赛体育道德风尚奖	2017 年	林周县政府
江热夏乡人武部	2016 年夏秋征兵工作先进单位	2017 年	林周县政府

说明：由于各单位资料提供不全，可能有遗漏

受县(区)级以上表彰的先进个人名录

表 5

姓名	性别	民族	工作单位	获奖名称	表彰时间	授予单位
旦增曲培	男	藏	林周县民宗局	西藏自治区宗教工作优秀干部	2017 年	自治区党委、自治区政府
巴桑卓嘎	女	藏	卡孜乡政府	自治区优秀驻村工作队队员	2017 年	自治区政府
德吉央宗	女	藏	强嘎乡政府	自治区优秀驻村工作队优秀个人	2017 年	自治区政府
索朗次仁	男	藏	林周县司法局	2016 年全区普法工作先进个人	2017 年	自治区党委宣传部、区司法厅、区普法办
熊博锋	男	汉	江热夏乡政府	西藏自治区 2017 年脱贫攻坚知识竞赛一等奖	2017 年	自治区脱贫攻坚指挥部、自治区党委宣传部
仁青多吉	男	藏	阿朗乡政府	2017 年全区社会治安综合治理工作先进个人	2018 年	自治区党委政法委
何海贝	女	汉	林周县人民法院	全区法院办案标兵	2017 年	西藏自治区高级人民法院
顿珠卓嘎	女	藏	共青团林周县委员会	自治区优秀团干部	2017 年	共青团西藏自治区委员会
巴桑	男	藏	中国邮政集团公司西藏自治区林周县分公司	工会工作积极分子	2017 年	中国邮政集团公司工会西藏自治区委员会
索朗德吉	女	藏	林周县移动分公司	2017 年度优秀员工	2017 年	中国移动通信集团西藏有限公司
宋平发	男	汉	林周县纪委	西藏纪检监察系统嘉奖	2017 年	自治区纪委
周彩彩	女	汉	林周县纪委	2016 年度西藏自治区纪检监察系统信息报送工作先进个人	2017 年	自治区纪委
潘志嘉	男	汉	中共林周县委员会	西藏自治区民族团结先进个人	2017 年	自治区党委统战部
次旦	男	藏	林周县公安局	自治区优秀辅警	2017 年	自治区公安厅
张燕林	男	汉	林周县强基办	自治区创先争优强基础惠民生活动 2017 年度先进工作者	2017 年	自治区强基办
朱海莲	女	汉	林周县强基办	拉萨市创先争优强基础惠民生活动 2017 年度先进工作者	2017 年	自治区强基办
尹强	男	汉	林周县中学	自治区骨干教师	2017 年	自治区教育厅
贡嘎	男	藏	林周县中学	自治区骨干教师	2017 年	自治区教育厅
普布卓玛	女	藏	林周县中学	自治区骨干教师	2017 年	自治区教育厅
李少文	男	汉	林周县妇女联合会	2016—2017 年度大学生志愿服务西部计划西藏专项优秀志愿者	2017 年	共青团西藏自治区委员会、自治区青年志愿者协会
陈昭伟	男	汉	林周县委宣传部	全市“四讲四爱”主题教育实践活动先进工作者	2017 年	拉萨市委
其美	男	藏	林周县委宣传部	全市第六批先进驻村(居)工作队员	2017 年	拉萨市委、市政府

续表5

姓名	性别	民族	工作单位	获奖名称	表彰时间	授予单位
旦增曲培	男	藏	林周县民宗局	拉萨市宗教工作优秀干部	2017年	拉萨市委、市政府
洛桑扎西	男	藏族	松盘乡政府	2016年度全市社会治安综合治理工作先进个人	2017年	拉萨市委、市政府
刚　琼	男	藏	卡优村村委会	拉萨市民族团结进步模范个人	2017年	拉萨市委、市政府
梅青松	男	汉	林周县政府办公室	2016年度全市政务服务先进个人	2017年	拉萨市政府
李惠惠	男	汉	共青团林周县委员会	拉萨市创先争优强基惠民活动先进个人	2017年	拉萨市政府
张　涛	男	汉	林周县统计局	2016年度全市统计调查工作先进集体	2017年	拉萨市政府
德吉央珍	女	藏	林周县信访局	拉萨市2016年度信访工作先进个人	2017	拉萨市政府
德庆曲珍	女	藏	林周县工业和信息化局	拉萨市2016年度招商引资先进个人	2017年	拉萨市政府
牟维军	男	汉	林周县中学	优秀教师金奖	2017年	拉萨市政府
高文连	女	汉	林周县中学	优秀教师铜奖	2017年	拉萨市政府
牟维军	男	汉	林周县中学	优秀教师（金奖）	2017年	拉萨市政府
高文连	女	汉	林周县中学	优秀教师（铜奖）	2017年	拉萨市政府
扎西巴珠	男	藏	林周县中学	藏语文工作先进个人	2017年	拉萨市政府
张小娜	女	汉	林周县中学	民族团结先进个人	2017年	拉萨市政府
德吉旺姆	女	藏	林周县苏州小学	优秀教师铜奖	2017年	拉萨市政府
索朗卓嘎	女	藏	林周县边交林乡中心小学	优秀教师铜奖	2017年	拉萨市政府
顿珠加措	男	藏	林周县边交林乡中心小学	优秀教师银奖	2017年	拉萨市政府
拉巴次仁	男	藏	林周县春堆乡中心小学	优秀教师铜奖	2017年	拉萨市政府
念　扎	男	藏	林周县江热夏乡中心小学	优秀教师铜奖	2017年	拉萨市政府
旦增多吉	男	藏	卡孜乡人民政府	拉萨市驻村工作队先进个人	2017年	拉萨市政府
欧珠边巴	男	藏	林周县阿朗乡中心小学	优秀教师铜奖	2017年	拉萨市政府
扎　西	男	藏	林周县强嘎乡中心小学	优秀教师铜奖	2017年	拉萨市政府
小阿米	男	藏	林周县松盘乡中心小学	优秀教师铜奖	2017年	拉萨市政府
巴桑次仁	男	藏	林周县唐古乡中心小学	优秀教师铜奖	2017年	拉萨市政府

续表5

姓名	性别	民族	工作单位	获奖名称	表彰时间	授予单位
珠　扎	男	藏	林周县人民检察院	2011—2015全市法治宣传教育先进个人	2017年	拉萨市委宣传部、市司法局、市普法办
旦增曲觉	男	藏	林周县委组织部	2016年组织编制老干部统计工作先进个人	2017年	拉萨市委组织部
旦增曲觉	男	藏	林周县委组织部	2016年组织编制老干部统计工作先进个人	2017年	拉萨市委组织部
潘志嘉	男	汉	林周县委	拉萨市民族团结先进个人	2017年	拉萨市委统战部
明玛卓嘎	女	藏	林周县人力资源和社会保障局	强基础惠民生驻村先进个人	2017年	拉萨市强基办
珍　嘎	女	藏	林周县人力资源和社会保障局	人社系统优秀个人	2017年	拉萨市人力资源和社会保障局
熊博锋	男	汉	江热夏乡政府	拉萨市2017年脱贫攻坚知识竞赛二等奖	2017年	拉萨市脱贫攻坚指挥部
次仁卓嘎	女	藏	边交林乡政府	拉萨市“民族团结闪光行动”优秀个人	2016年	共青团拉萨市委员会
尼　玛	男	藏	林周县公安局	拉萨市公安局三等功	2017年	拉萨市公安局
米玛次仁	男	藏	林周县公安局	拉萨市公安局先进个人	2017年	拉萨市公安局
多布拉	男	藏	林周县公安局	拉萨市公安局先进个人	2017年	拉萨市公安局
尼玛次仁	男	藏	林周县公安局	拉萨市公安局先进个人	2017年	拉萨市公安局
尤东冰	男	汉	林周县公安局	拉萨市公安局先进个人	2017年	拉萨市公安局
索朗边旦	男	藏	林周县公安局	拉萨市公安局先进个人	2017年	拉萨市公安局
白玛顿珠	男	藏	林周县公安局	拉萨市公安局优秀辅警	2017年	拉萨市公安局
罗　布	男	藏	林周县公安局	拉萨市公安局优秀辅警	2017年	拉萨市公安局
洛桑群宗	女	藏	林周县公安局	拉萨市公安局三等功	2017年	拉萨市公安局
阿旺德列	男	藏	林周县公安局	拉萨市公安局三等功	2017年	拉萨市公安局
土松多吉	男	藏	林周县公安局	拉萨市公安局嘉奖	2017年	拉萨市公安局
杨长华	男	汉	林周县公安局	拉萨市公安局嘉奖	2017年	拉萨市公安局
平措拉吉	女	藏	林周县人民法院	全市法院信息化工作先进个人	2017年	拉萨市中级人民法院
胡　姝	女	汉	林周县人民法院	2016年度全市法院优秀党务工作者	2017年	拉萨市中级人民法院
次仁觉旦	男	藏	林周县人民法院	2016年度优秀纪检干部	2017年	拉萨市中级人民法院
普布卓玛	女	藏	林周县人民法院	2016年度全市法院办案标兵	2017年	拉萨市中级人民法院

续表5

姓名	性别	民族	工作单位	获奖名称	表彰时间	授予单位
杨志艳	女	汉	林周县人民法院	2016年度驻村工作先进个人	2017年	拉萨市中级人民法院
德吉央卓	女	藏	林周县人民法院	2016年度荣记三等功	2017年	拉萨市中级人民法院
卓嘎	女	藏	林周县人民法院	2016年度优秀法官	2017年	拉萨市中级人民法院
旦增康卓	女	藏	林周县国土资源规划局	2016年度全市国土资源工作先进个人	2017年	拉萨市国土资源局
公保才旦	男	藏	林周县中学	优秀党务工作者	2017年	拉萨市教育局
拉巴次仁	男	藏族	拉木村	2017年度全市“四讲四爱”主题教育实践活动优秀宣讲员	2017年	拉萨市主题教育“四讲四爱”办公室
李少文	男	汉	林周县妇女联合会	2016—2017年度拉萨市优秀大学生志愿服务西部计划西藏专项志愿者	2017年	共青团拉萨市委员会、大学生志愿服务西部计划西藏专项拉萨市项目办
索朗曲珍	女	藏	林周县人民法院	2016—2017年度预防青少年违法犯罪工作先进个人	2017年	林周县委
刚琼	男	藏	边交林乡卡优村委会	优秀共产党员	2017年	林周县委
旦曲	男	藏	江热夏乡政府	2017年度优秀党务工作者	2017年	林周县委
马吉宾	男	汉	江热夏乡政府	优秀公务员	2017年	林周县委
多吉次培	男	藏	江热夏乡政府	林周县优秀团员	2017年	林周县委
刘兆静	女	汉	松盘乡政府	2016—2017年优秀党务工作者	2017年	林周县委
布布	男	藏	唐古乡恰扎村	好群众	2017年	林周县委
杰布	男	藏	唐古乡藏雄村	“四讲四爱”优秀宣讲员	2017年	林周县委
张林保	男	汉	林周县政协委员会	2017年度优秀公务员	2017年	林周县委、县政府
格桑次仁	男	藏	林周县委组织部	优秀党务工作者	2017年	林周县委、县政府
旦增曲珍	女	藏	林周县委组织部	民族团结进步模范个人	2017年	林周县委、县政府
陈昭伟	男	汉	林周县委宣传部	全县民族团结先进个人	2017年	林周县委、县政府
陈昭伟	男	汉	林周县委宣传部	全县“四讲四爱”主题教育实践活动先进工作者	2017年	林周县委、县政府
常莉莉	女	汉	林周县委宣传部	2016年度社会治安综合治理工作先进个人	2017年	林周县委、县政府
拉姆次仁	女	藏	林周县委统战部	林周县民族团结模范个人	2017年	林周县委、县政府
梅青松	男	汉	林周县政府办公室	六五普法先进个人	2017年	林周县委、县政府
拉巴次仁	男	藏	林周县政府办公室	2016年度社会治安综合治理工作先进个人	2017年	林周县委、县政府

续表5

姓名	性别	民族	工作单位	获奖名称	表彰时间	授予单位
次仁曲珍	女	藏	林周县人大常委会办公室	2011—2015 年全县法治宣传教育先进个人	2017 年	林周县委、县政府
格桑拉姆	女	藏	林周县政协办公室	社会治安综合治理先进个人	2017 年	林周县委、县政府
益西卫色	女	藏	林周县民族宗教事务局	林周县“四讲四爱”优秀工作者	2017 年	林周县委、县政府
益西卫色	女	藏	林周县民族宗教事务局	县级优秀宗教工作者	2017 年	林周县委、县政府
旦增曲培	男	藏	林周县民族宗教事务局	县级优秀宗教工作者	2017 年	林周县委、县政府
杨婷婷	女	汉	林周县妇女联合会	2011—2015 年全县法治宣传教育先进个人	2017 年	林周县委、县政府
拉姆次仁	女	藏	林周县人民检察院	2011—2015 全县法治宣传教育先进个人	2017 年	林周县委、县政府
次仁觉旦	男	藏	林周县人民法院	法治宣传教育先进个人	2017 年	林周县委、县政府
张昆	男	汉	林周县财政局	2011—2015 年全县法治宣传教育先进个人	2017 年	林周县委、县政府
索朗德吉	女	藏	林周县移动分公司	民族团结进步模范个人	2017 年	林周县委、县政府
郑杰	男	汉	甘旦曲果镇政府	民族团结模范个人	2017 年	林周县委、县政府
赵国强	男	藏	甘旦曲果镇政府	民族团结模范家庭	2017 年	林周县委、县政府
旦增桑姆	女	藏	甘旦曲果镇政府	先进驻村工作队队员	2017 年	林周县委、县政府
徐欲释	男	汉	甘旦曲果镇政府	2011—2015 年全县法治宣讲教育先进个人	2017 年	林周县委、县政府
贾欢欢	女	汉	甘旦曲果镇政府	“四讲四爱”主题教育实践活动先进工作人员	2017 年	林周县委、县政府
仓拉	女	藏	江热夏乡政府	先进驻村工作队员	2017 年	林周县委、县政府
黄幸蒙	男	汉	江热夏乡政府	民族团结进步先进个人	2017 年	林周县委、县政府
张宏	男	汉	旁多乡政府	2017 年“四讲四爱”先进工作者	2017 年	林周县委、县政府
赵睿	男	汉	强嘎乡政府	六五普法先进个人	2017 年	林周县委、县政府
洛桑	男	藏	松盘乡政府	2011—2015 年全县法治宣传教育先进个人	2017 年	林周县委、县政府
丁增	男	藏	春堆乡春堆村	2017 年度“县级先进双联户”	2017 年	林周县委、县政府
扎西	男	藏	春堆乡洛巴堆村	2017 年度“县级先进双联户”	2017 年	林周县委、县政府
次仁卓嘎	女	藏	边交林乡政府	2016 年度统计调查工作先进个人	2017 年	林周县政府
泽仁拉宗	女	藏	江热夏乡政府	“六五”普法工作先进个人	2017 年	林周县政府

续表5

姓名	性别	民族	工作单位	获奖名称	表彰时间	授予单位
刘　杰	男	汉	卡孜乡政府	2017年优秀统计人员	2017年	林周县政府
达瓦桑珠	男	藏	旁多乡政府	2017年县政府统计个人优秀奖	2017年	林周县政府
尼玛次仁	男	藏	松盘乡政府	2016年度统计调查工作先进个人	2017年	林周县政府
边巴扎西	男	藏	林周县中学	优秀教育工作者	2017年	林周县政府
苏远庆	男	汉	林周县中学	优秀教育工作者	2017年	林周县政府
赵　金	男	汉	林周县中学	师德先进个人	2017年	林周县政府
刘胤辉	男	汉	林周县中学	师德先进个人	2017年	林周县政府
普布卓玛	女	藏	林周县中学	李氏教育奖	2017年	李氏教育奖励促进会
达娃央宗	女	藏	林周县苏州小学	李氏教育奖	2017年	李氏教育奖励促进会
琼达卓玛	女	藏	林周县江热夏乡中心小学	李氏教育奖	2017年	李氏教育奖励促进会
巴　桑	男	藏	林周县强嘎乡中心小学	李氏教育奖	2017年	李氏教育奖励促进会

说明：由于各单位资料提供不全，可能有遗漏

索 引

说 明

一、本索引采用主题分析法编制。索引范围包括篇目、类目、部(门)目、条目等。
二、本索引按主题词首字汉语拼音音序(同音按音调)排列,若首字拼音相同则按第二字音序排列,以此类推。
三、索引款目后的数字表示内容所在的页码,数字后的拉丁字母(a、b、c)表示栏别(从左至右)。
四、篇目、类目、部(门)目用黑体字。

A

B

C

D

E

F

G

K

L

M

N

P

Q

R

S

T

W

Z